JN098472

エコノミック・ヒットマンの世界侵略

Confessions of an Economic Hit Man〔3rd Edition〕

米中の覇権が交錯する グローバル経済の ダークサイド

ジョン・パーキンス
John Perkins

権田敦司 訳
Atsushi Gonda

二見書房

著者の創作意欲をかきたて、執筆当初から記述内容に目を通し、
修正すべき点を指摘してくれたキマン・ルーカスへ。
廃棄前提の「死の経済」から脱却し、再生可能な「命の経済」をめざす、
世界中の多くの人たちへ。

Confessions of an Economic Hit Man, 3rd Edition
by John Perkins
Copyright © 2004, 2016, and 2023 by John Perkins
Japanese translation rights arranged with
Berrett-Koehler Publishers, Oakland, California
through Tuttle-Mori Agency, Inc., Tokyo

はじめに

エコノミック・ヒットマンの報酬は高額だ。その見返りに、世界中の国々から何兆ドルというカネを騙《だま》しとる。そして、世界銀行や米国際開発庁など国際援助機関から得た資金を、巨大企業の口座や、世界の天然資源を握る一部の富豪の懐《ふところ》へと流すのだ。その手口は、粉飾決算や不正選挙、賄賂《わいろ》、恐喝、ハニートラップ、殺しなど、多岐にわたる。いずれも、帝国主義時代に端を発する伝統的な手法だ。

しかし、である。グローバル時代の今、こうした手法は、新たに恐ろしい一面を帯びはじめた。

私は自戒すべきだろう。かつて、みずからがエコノミック・ヒットマンだったことを。

右記は、二〇〇四年に出版された本書の第一版の冒頭部分だ（訳注1）。同書の中で私は、米大手コンサルタント会社のチーフ・エコノミストとして、みずからが犯してきた「あるまじき悪行」を告白し、その背後で暗躍した米中央情報局（ＣＩＡ）の諜報員、通称ジャッカルによる犯罪を白日のもとにさらした。著書は『ニューヨーク・タイムズ』紙のベストセラーリストに七三週にわたって掲載され、瞬《また》く間に世界的ヒットを記録した。

（なお、該当者の中には女性も多く含まれるが、前版の第一版、第二版のタイトルを引き継ぎ、本書でもエコノミック・ヒットマンと呼称する）

第一版の刊行後、私は同書を読んだハワード・ジンにランチに招かれた。ハワードは、ベストセラーとなった名著『民衆のアメリカ史　１４９２年から現代まで』（明石書店）の著者であり、私の大学時代の担当教授でもある。

私は食事の席で、みずからの過去について、罪悪感に苦しんでいる胸の内を明かした。「みな同罪さ」。ハワードは言った。「騙されている状況に甘んじているのだから。たしかに、プロパガンダ（政治宣伝）機関は大企業に握られている。それでも私たちは、この、現状に甘んじているという事実に目を向けなければならない。惰性という力は恐ろしいんだ。人びとは、さんざん裏切られてきたにもかかわらず、ともすれば現行の経済システムを必死に守ろうとしてしまう」

その「現行の経済システム」を推進したのが、エコノミック・ヒットマン（ＥＨＭ）戦略である。ＥＨＭ戦略は、中国が二〇〇〇年代はじめに世界の覇権争いに参入してからというもの、従来にない、きな臭さを帯びるようになった。そこで私は、中国とアメリカ、その他の国家間をめぐる情勢の変化について、あらためて筆をとることにしたのである。

掘りさげるべき主題は三つあった。一つは、世界の覇権争いの武器が、軍事から経済に変わったこと。もう一つは、その覇権争いにおいて、中国の新シルクロード構想（正式には「一帯一路」構想）や、アメリカ主導の国際金融構造など、新たな枠組みが始動したこと。そして最後に、地球の未来のために、こうしたＥＨＭ戦略と永遠に決別し、「死の経済（death economy）」と呼ばれる廃棄前提の破綻的な経済システムから、「命の経済（life economy）」と呼ばれる再生可能な経済システムに転換する必要性について、である。

ところが本書の執筆中、二つの歴史的な出来事が起こり、これらの主題に対し、新たな角度で論じる必要が生じた。つまり、新型コロナウイルスのパンデミック（世界的大流行）と、ロシアによるウクライナ侵攻である。

私たちは、新型コロナウイルスのパンデミックを通じて、予期せぬ危機に瀕した際の、国際社会の脆弱さを痛感することになった。と同時に、いざ変化の必要に迫られれば、世界は変わることができる、ということも知った。

一方で、ロシアによるウクライナ侵攻は、私たちを一気に冷戦時代の軍事政策へと引きずり戻し、核兵器による大量殺戮《さつりく》の恐怖にさらした。しかしそれによって、あらためて、世界各国が一丸となって国際問題に対応する重要性が浮き彫りになったとも言えるだろう。また、中国に限れば、こうした事態において、新たなチャンスを手にすると同時に、大きな課題を突きつけられることにもなった。

私は冷戦時代、アメリカのエコノミック・ヒットマンとして、アフリカやアジア、ラテンアメリカ、中東などで、実際にEHM戦略を展開した。表向きは「共産主義の拡大を断固として止めるべく、みずからの戦略が貧困を根絶し、民主主義を推進する」と国内外に発信しながら、である。しかし現実には、豊かな権力者をより豊かにし、危機的な気候変動を招き、社会的な不平等や環境破壊、種の絶滅を加速させていた。それだけでなく、二〇二二年になってはじめてわかったこともある。当時の私たちは、ロシアの現大統領プーチンが、ソビエト連邦の非情な独裁者スターリンを追随する、その下地さえも整えていたということだ。

冷戦が終わり、二一世紀に入ると、新種のエコノミック・ヒットマンが世界で暗躍するようになる。この新世代のエコノミック・ヒットマンたちが、引き続き低所得国に狙いを定め、アメリカをはじめとする高所得国に利益を還元するからくりは、二〇一六年に刊行された、本書の第二版（訳注2）で述べた通りだ。要するに、社会的費用や環境コストを顧《かえり》みず、物質消費と短期的利益を優先する経済政策が、世界各国に浸透したのである。はたして、その後に生まれた価値感や法律、科学技術、組織、経済活動などとあいまって、ひたすら資源を消費するだけの、非持続的な死の経済が構築された。そこで私は、先の第二版において、死の経済からサステナブルで再生可能な経済システム、つまり命の経済へと移行する必要性を論じた。この命の経済では、自然と人間、両者の長期的利益の最大化を第一義とする。つまり、地球環境を汚染し破壊するような行為ではなく、汚染を除去し、破壊された環境を回復させ、リサイクルを促し、すべての生物に豊かな未来をもたらす技術やシステムの開発に対価が支払われるのだ。

第一版と第二版は、多くの国々で反響を呼んだ。あわせて三八か国語に翻訳され、二〇〇万部以上を売り上げた同二冊の内容は、国や地域を問わず、国際的な経済サミットや環境会議、大学の授業などで取りあげられることになった。私自身もそのような会合に招かれ、演壇に立つ機会に恵まれた。「噂には聞いていたが、事実だとは思わなかった」と、聴講者から何度も言われた。私の実体験による告白を受け、このような出来事が現実に起こっていたことをあらためて知った、というわけだ。また拙著の刊行後、「ライフ・エコノミスト」と自称する学生や活動家たちが登場した。ローマ教皇フランシスコ肝煎りの経済教育プログラム「エコノミー・オブ・フランシスコ」の参加者たちが、その一例である。

さらに私は、さまざまな国の首脳や、その補佐官たちと交流する機会も得た。中でも貴重な機会となったのが、二〇一七年の夏にロシアとカザフスタンでそれぞれ開催された、二つの国際会議である。ロシア大統領ウラジーミル・プーチンや国連事務総長アントニオ・グテーレス、インド首相ナレンドラ・モディなどの要人とともに、私は講演者として登壇した。非持続的な経済システムを脱し、再生可能な経済システムへと本格的に移行する必要性に関して、講演を依頼されたのである。私が勇躍、この二つの国際会議にのぞんだことは言うまでもない。

しかし、現地では予期せぬ展開が待ちうけていた。フランスやカザフスタン、キルギス、ポーランドの元首相など、中国の新シルクロード構想にかつて携《たずさ》わった人物や、政治やビジネス、思想の各分野の世界を代表するリーダーたちと言葉を交わすうち、中国のエコノミック・ヒットマンが今、強力かつ恐ろしい、革新的なＥＨＭ戦略を繰りひろげていることを知ったのである。つまり、これから本書で詳述する「新ＥＨＭ戦略」だ。しかし、この数十年で文化大革命の荒廃から立ちなおり、世界の中心的存在として死の経済を牽引するまでに成長した国家に対し、待ったをかけるのは、もはや非現実的のようにも思えた。私の脳裏に浮かんだのは、先のハワード・ジンの言葉である。

ハワードは言った。「惰性という力は恐ろしいんだ。人びとは、さんざん裏切られてきたにもかかわらず、ともすれば現行の経済システムを必死に守ろうとしてしまう」と。しかし彼は、罪悪感に苦しむ私に、こう助言してくれた。「だからこそ、豊かな未来を築くために、過去を反省し、現行の経済システムを変えなければならないと、人びとに訴えつづけるべきだ」

私はその後もハワードと対話を重ねた。そして、ＥＨＭ戦略による弊害を世に伝えるべきだと、何度も背中を押された。そのおかげで、自分の過去を少しずつ受け入れられるようになった。私はこれまで、アメリカのＥＨＭ戦略がもたらす近代科学や近代医療、最先端技術といった、好材料にしか目を向けてこなかった。しかし今となれば、ＥＨＭ戦略が人類の存続自体を脅かす数々の危機を招いているという点を、否定できないのである。

いずれにせよ、本書で語られていることは「真実」なのだ。回想録として記されている出来事は、余すところなく、私が身をもって経験してきた「事実」である。景色、音、におい、動き、人物、言葉、そして感情――。これらはいずれも、偽《いつわ》りなき描写だ。

なるほど、それらは、私の個人的な体験談にすぎないかもしれない。しかし、国際社会という大局に立てば、こんにちの危機を招いた史実の一場面として、とらえることもできるのではないだろうか。こうした、一つひとつの史実の積みかさねが子どもたちの未来を築くと考えるならば、私たちは、本書が語る史実の本質に目を向け、何かしらの改善策を講じるべきだろう。

なお、本書を執筆するにあたり、一連の体験談や人物の描写、会話内容に関して、正確性を期すために最大限の努力を払ったことを付記しておきたい。最新の時事や歴史的な出来事をめぐる記述、他者との会話の述懐は、すべて複数の情報源に基づいている。例えば、既刊の文献、個人の記録やメモ、(私自身または関係者の)記憶、みずから執筆したかつての原稿、歴史的な記述などだ。歴史的な記述については、かつての機密情報や非公開情報が載る近刊書籍も参考にした。また、会話の流れを優先し、一人の人物による別個の発言を、まとめて記載している箇所がある点も断っておく。

私たちは一人残らずＥＨＭ戦略の犠牲者である。その事実をまず認識する必要があるだろう。アメリカや中国、ロシアをはじめ、アフリカ、アジア、ヨーロッパ、ラテンアメリカの各国、ひいては南洋の島々に暮らす人たち全員が、富裕層、貧困層を問わず、危機に瀕しているのだ。そこには、人間に限らず、地上の生きものすべてが含まれる。もちろん、政治や国家、宗教などの問題については、さまざまな意見があるかもしれない。しかし、いざ地球の死活問題となれば、こうした問題の重要性などは、かすんでしまうのではないだろうか。このままＥＨＭ戦略が続いていけば、地球を待ちうけるのは、間違いなく死である。子どもたちの命を守るためには、一致団結してＥＨＭ戦略に終止符を打つよりほかないのだ。

したがって、中国の指導者たちは(未来の指導者も含めて)、近親者への孝行を第一とする自国の一般的な思想、儒教の教えを、国際社会にも適用しなければならないだろう。アメリカの指導者たちは(未来の指導者も含めて)、国内の分断を克服して各州を束ねた上で、他国との連携を深め、いま直面する危機の解決に全力を注がなければならないだろう。ロシアの人びとは、自国の安全が、領土の拡大ではなく、東西諸国の協力体制に立脚するということを認識しなければならないだろう。

そして、何より私たちは、ＥＨＭ戦略に別れを告げ、死の経済を命の経済に転換すべく、国境を超えて手をとりあわなければならない。

あなたの力が今、求められている。そう気づいてもらうことこそが、本書の目的なのだ。

（訳注１）『Confessions of an Economic Hit Man』（『エコノミック・ヒットマン　途上国を食い物にするアメリカ』東洋経済新報社、二〇〇七年）。抜粋部は新訳。

（訳注２）『The New Confessions of an Economic Hit Man』（エコノミック・ヒットマンの新たなる告白・原版『Confessions of an Economic Hit Man』の増補改訂第二版）

目次

はじめに――3
序章 中国によるEHM戦略の第三次興隆――14

第1部 未来への警鐘――27

第1章 不屈の大統領――28
第2章 救世主の悪夢――35
第3章 籠の中のカナリア――40

第2部 1963年－1971年――49

第4章 けがれた仕事――50
第5章 エコノミック・ヒットマンの誕生――62
第6章 死ぬまで秘密――75
第7章 インドネシア：EHMへの道――87
第8章 共産主義からの救出――92
第9章 魂を売る――99

第3部 1971年－1975年 ――107

第10章 邪魔者 108
第11章 試練に立つ文明 113
第12章 一世一代のチャンス 121
第13章 パナマ国民の英雄 130
第14章 運河地帯の植民地化 137
第15章 司令官との会話 140
第16章 不穏な時代へ 148
第17章 サウジアラビアでのマネーロンダリング 153
第18章 ブロンド美女と、ビンラディンへの資金供与 169

第4部 1975年－1981年 ――177

第19章 パナマ運河をめぐる交渉 178
第20章 イランの諸王の王 184
第21章 拷問を受けた男の告白 189
第22章 国王失脚 194
第23章 コロンビア：ラテンアメリカの要衝 199
第24章 アメリカ共和国vsアメリカ世界帝国 203
第25章 偽りの経歴書 213
第26章 エクアドル大統領と石油会社の闘い 220
第27章 辞職 226

第5部 1981年－2004年 ——231

第28章 エクアドル大統領の死——232
第29章 パナマ：もう一人の大統領の死——238
第30章 新会社設立とジョージ・W・ブッシュ——241
第31章 賄賂に屈する——247
第32章 アメリカのパナマ侵攻——255
第33章 イラクでの失策——267

第6部 2004年－2016年 ——279

第34章 密計：私は毒を盛られたのか——280
第35章 イスタンブール：死の経済vs命の経済——287
第36章 新たな金融スキャンダル——295
第37章 新ミレニアムのエコノミック・ヒットマンたち——302
第38章 新ミレニアムのジャッカルたち——313

第7部 中国の新EHM戦略 —— 321

第39章 中国による形勢逆転 —— 322
第40章 中国のエコノミック・ヒットマン —— 334
第41章 ラテンアメリカ —— 339
第42章 アジア —— 354
第43章 アフリカ —— 372
第44章 中東 —— 393
第45章 ヨーロッパ —— 409
第46章 アメリカ —— 425

結論 EHM戦略と決別するために一人ひとりができること —— 431
ディスカッション・ガイド —— 444
付録 死の経済vs命の経済 —— 452
ジョン・パーキンス略歴年表 —— 458
著者略歴 —— 461

序章

中国によるEHM戦略の第三次興隆

まず、地球上のすべての人たちがEHM戦略の犠牲者である、という点をあらためて記しておく。私たちは騙されているのだ。私たちの多くが、自国が掲《かか》げる正義を鵜呑みにしている。ロシア人しかり、中国人しかり。また、ナイジェリア人しかり、アメリカ人しかり。さらに言えば、私たちは犠牲者であると同時に、共謀者でもある。支持する者がいるからこそ、戦略が成り立つからだ。

古代の中華帝国やペルシア帝国、ローマ帝国の時代から、EHM戦略の原型にあたる統治戦略は、国内外において、人民を支配する側に利をもたらしてきた。歴史上、思想や戦術の面で変化こそすれ、戦略の狙いは常に同じである。資源を搾取し、当面の物質的需要を満たし、一握りの支配層の富と権力を増大することだ。そして、その狙いに煙幕を張ることこそが、統治戦略を展開する上での要《かなめ》となる。重用されるのは、「相手側にも利をもたらす」との理念だ。現代で言えば、EHM戦略を正当化する役目を担《にな》うのが、この理念にあたる。つまり、民衆に豊かな生活をもたらし、低所得国を高所得国へと成長させ、貧困層を中流層に引きあげるという大義名分だ。なるほど「他国の利益のために」との文句は、大学の経済学や経営学の課程でも教えられ、世界銀行や国際通貨基金（ＩＭＦ）の報告書にも謳《うた》われている。何を隠そう私自身も、長年その大義に救いを求め、理念の浸透に力を尽くしてきた。こうした開発事業にかかわる多くの人たちと同様、正しいことをしていると自分に言いきかせてきたのだ。同僚たちとともに、魅力的な統計資料を作成し、緻密に計算された経済モデルを提示し、私たちの戦略がさらなる繁栄と平等、民主主義を相手にもたらすことを「証明」してきたのである。だが、私は悟った。自分たちが、嘘を推進しているだけであることを。

電気や上下水道、テレビ、携帯電話を新たに利用できるようになった人たちの統計人数を、複雑な計量経済学モデルに照らして眺めれば、インフラに対する巨額の投資が経済成長を促し、すべての国民に富をもたらすように映るかもしれない。しかし、本書で数々の実例を示す通り、そのような認識はあくまで、ＥＨＭ戦略を推進する機関が作成した国内総生産（ＧＤＰ）や国民総生産（ＧＮＰ）といった指標をもとにしている。そして、それらの指標の数値は、たとえ上昇したとしても、全国民の富の創出を意味するものではない。むしろ、限られた人間の富と権力のさらなる向上と、貧富の差の拡大を表すのだ。また、環境破壊や気候変動の悪化としてとらえることもできるだろう。たしかに、携帯電話を持つ人は増えたかもしれない。だが一方で、携帯電話を持ちながらも、華やかな高層ビルが落とす影のもと、劣悪な住環境で暮らす人は数知れないのである。住居に電気が通っているとはいえ、建材には毒性物質が含まれているかもしれない。上下水道が整備されているとはいえ、汚染された大気や土壌に囲まれ、発がん性物質の入った低栄養の食事を口にしているかもしれない。さらには、犯罪や薬物に手を染める者も多いだろう。いずれにせよ、地球に暮らす何十億という人間は今、地球とともに危機に瀕している。それまで「推奨」されてきた経済システムによって。

現代のＥＨＭ戦略の概要は次の通りである。

まず、石油などの資源を抱えていながら、採掘技術が低かったり、資源を活用する意思がなかったりする低所得国に、高所得国が狙いを定める。高所得国は狙いを定めた低所得国に対し、エコノミック・ヒットマンを送りこみ、未開発資源を担保に、巨額の資金を借り入れるよう説得する。ただし、借入金によるインフラ整備計画の立案は、融資側の企業に発注することを前提とする。とりわけ、主要なエネルギー分野（こんにちでは電力）の開発であれば、その条件が必須となる。はたして、低所得国からインフラ開発を依頼された高所得国側の企業は、莫大な利益を手にする。そして低所得国では、実業家などの一部富裕層がインフラ向上の恩恵を受ける。一方で庶民たちは、健康保険や教育などの公共サービスに本来投入されるはずの資金が債務返済にあてられるため、割を食うはめとなる。もちろん借入金は巨額なため、返済の見通しは立たない。つまり低所得国に残された道は、デフォルト（債務不履行）しかない。この過程は一般に、「借金漬《づ》け外交」と呼ばれる。

次にエコノミック・ヒットマンは低所得国に対し、デフォルトの救済措置として、担保である石油や鉱物などの資源を、捨て値同然で高所得国に販売することを要求する。その際、環境保全に関する法規や社会的規制は（あったとしても）お構いなしだ。この担保の資源をもってしても債務を返済できない場合は、いわゆる「新自由主義」政策が導入される。富裕層への税の優遇や、労働者の賃金引き下げ、社会福祉の縮小、政府介入の低減、公共事業の民営化ならびに融資側の投資家への譲渡、労使交渉の抑制など、一連の緊縮財政政策が取られるのである。いずれも、グローバル企業に有利となる「自由」市場を推進する政策だ。なるほど、新自由主義を標榜する者たちは、こうしたグローバル企業や富裕層の富が、一般国民に「トリクルダウンする（訳注：こぼれ落ちる）」と謳うかもしれない。しかし実際には、新自由主義の諸政策を機に、ほぼ間違いなく社会格差は拡大するのだ。

この枠組みは、私をエコノミック・ヒットマンに育成した女性（詳細は後述）が言うところの、「ＥＨＭ戦略の四つの戦術」に基づく。すなわち、脅威、債務、（食料や住居などの）需給逼迫《ひっぱく》への危機感、分断・統治という、四つの戦術だ。歴史をひもとくと、まずは軍事侵攻による脅威に重きが置かれ、この脅威を皮切りに、残りの三つの戦術が展開されるというケースが多い。例を見てみよう。ある戦争において君主Ａの軍が君主Ｂの軍に勝利し、Ｂの領土に壊滅的なダメージを与えたとする。すると、ＡはＢに対して「貸し」を作る。みずからの娘を嫁がせ、荒廃したＢの領土に資源を投じ、Ｂの人民の暮らしを豊かにすると約束するのだ。そのようなＡの「寛容さ」の見返りとして、ＢはＡによる近隣諸国への分断・統治戦術を支援する、といった要領である。

各戦術の重要度は、時代と国際情勢に応じて多少変化したが、統治戦略の基本的な流れというものは、有史以来、長きにわたって変わらなかった。しかし、私がエコノミック・ヒットマンを務めた一九七〇年代になると、劇的な変貌を遂げる。

その契機は、世界で最も規模が大きく、最も優れた兵器を備える軍、つまりアメリカ軍が、ベトナム民主共和国（北ベトナム）の征服に失敗したことだった。さらに、核兵器による大量殺戮という、冷戦時代の恐怖も色濃く影響した。それらを背景に、脅威を他国の人びとに植えつけるのではなく、標的国に債務を負わせる戦術が、ＥＨＭ戦略の中心に据《す》えられるようになったのである。その結果、軍隊や軍事産業はあまねく、債務という戦術を支援する「脇役」にまわった。クーデターや暗殺、軍事侵攻などの脅威は、なお見え隠れしたものの、私がエコノミック・ヒットマンになるころには、すでに債務戦術がＥＨＭ戦略の主役を演じていた。この、きわめて効果的な改革の立役者こそ、第二次世界大戦後初となるＥＨＭ戦略の興隆を演じた、エコノミック・ヒットマンたちである。その詳細は、本書の第2～5部で紹介したい。また本書では以降、この興隆をＥＨＭ戦略の「第一次興隆」と呼称する。なお、その第一次興隆は二〇〇一年九月一一日に終焉を迎える。

同日、世界貿易センタービルと米国防総省（通称ペンタゴン）を標的とした同時多発テロが発生したことで、アメリカの軍事力が再び表舞台に躍り出ることになったのだ。そして、軍需品の製造販売業や、それに関連する投資や保険などの産業が活況を呈する。イラク戦争やアフガニスタン戦争に代表されるように、テロ組織の巣窟と疑われる国はいずれも、アメリカの軍事標的となった。もちろん、米中央情報局（CIA）や米国家安全保障局（NSA）などの機関も、活発な動きを見せる。一方で、過去四〇年にわたりEHM戦略の第一次興隆で絶大な効果を発揮した低所得国への債務戦術もまた、承継されていく。その結果、EHM戦略は「第二次興隆」を迎え、新たなエコノミック・ヒットマンたちが、アメリカなどの高所得国を舞台に暗躍するようになるのだ。この流れは、本書の第6部で詳述する。

その後、好機をつかんだのが中国だった。中国の指導者たちは、EHM戦略の四つの戦術を、アメリカよりはるかに進化させ、世界の覇権争いで優位に立とうと考えたのである。さらに、アメリカが中東政策に手を焼いている隙に、なおざりにされた地域にあまねく新戦略を適用し、主導権を確実にしようともくろんだ。やがて、このような中国の一連の動きは、EHM戦略の「第三次興隆」へと結びつく。その真相は、本書の第7部にある通りだ。

EHM戦略の要：理念

現実を作るのは理念である。これは、企業のマーケティング担当役員にとっても、心理療法士にとっても、そして政治家にとっても常識だ。現実を変えるために行動を起こす。その行動を促す理念に、多くの人が賛同する。国家や文化、宗教、企業が成り立つゆえんである。他国をみずからの支配下に収めようとたくらむ国家は、理念こそが、成功のカギを握ることを心得ているのだ。

「永遠の救いを求めるならば、野蛮な心を捨てなければならない」「共産主義の赤い波が世界中に広がる前に、食いとめる必要がある」「短期利益や株価の上昇、貿易収支の黒字化こそが成功である」。これらは、国民の心理に長く刻まれてきた理念の一例だ。先のハワード・ジンが言うところの「プロパガンダ機関」が残してきた「実績」とも言えるだろう。こうした理念の数々は、学校で教えられ、政治家の高尚な主張を裏で支え、メディアの報道姿勢に影響を及ぼし、兵士を戦地へと向かわせ、人種や文化に関する偏《かたよ》った国民感情を醸成する。そして、ＥＨＭ戦略を正当化するのだ。

アメリカが主導したＥＨＭ戦略の第一～二次興隆で打ちだされた理念は、次のような趣旨である。「自国を繁栄させたいのであれば、ワシントン・コンセンサスからの融資をもとに、インフラ整備事業の展開をアメリカ企業に発注し、新自由主義を採用すればよい」。ワシントン・コンセンサスとは、世界銀行やＩＭＦ、米財務省、その他の関係機関の総称である。実際に融資を行い、新自由主義を押しつける主体とも言える。

その後、アメリカが中東情勢に気を取られ、多くの国々で反米感情が高まる中で、中国がＥＨＭ戦略の第三次興隆を演出するのだが、そこで提唱された理念は、アメリカのそれとは一線を画すものだった。

中国による新ＥＨＭ戦略

習近平は二〇一三年、中国の国家主席に就任するなり、アフリカとラテンアメリカにおいて経済戦略を展開しはじめた。習自身、そして習のエコノミック・ヒットマンたちがアピールしたのは、およそ奇跡とも言える中国の実績である。いわば新自由主義を突っぱね、独自の経済モデルを採用したことでなしとげた、驚異の経済成長だ。中国は過去三〇年間、毎年一〇％に届くほどの年間経済成長率で発展しつづけ、七億人以上の人びとを極度の貧困から救った。文化大革命による荒廃から立ちなおり、世界第二位の大国へとのしあがったのである。それほどの発展は、かつてどの国も成しえたことがなかったし、ましてや、比肩する例すらなかった。

中国政府は国民に向けて、中国という国が、高度経済成長を果たした成功モデルであると喧伝した。その一方で、諸外国に対しては、従来のＥＨＭ戦略を大幅に改変した新ＥＨＭ戦略を展開する。

習政権はまず、ＥＨＭ戦略の要である「理念」に手を加えた。他国政府の政策には口を出さない、と謳ったのである。「自国を繁栄させたいのであれば、ワシントン・コンセンサスからの融資をもとに、インフラ整備事業の展開をアメリカ企業に発注し、新自由主義を採用すればよい」とのアメリカの理念にかわって、「自国を繁栄させたいのであれば、国際貿易におけるパートナーとして、他国の内政に干渉しない中国を選び、中国からの融資をもとに、インフラ整備を中国企業に発注すればよい」と呼びかけたのだ。融資側から要求されてばかりの諸外国のリーダーたちにとって、新自由主義の強制という融資条件にかわる「内政不干渉」の保証は魅力的だろう。もっとも、この保証の破棄が、中国の常套手段なのだが。

ＥＨＭ戦略の第三次興隆では、この理念の変更に基づき、四つの戦術についても修正が加えられた。

脅威

脅威という戦術に関して言えば、中国は近年まで、ほとんどの国に対し、その領域内に軍を駐留させたり、軍事的脅威を与えたりすることはなかった。ただし、南シナ海や台湾、香港、チベット、インドとの国境付近、ブータン、ミャンマー、ロシアは別である。中国のエコノミック・ヒットマンが重きを置くのは、そのような軍事的な脅威ではなく、貧困や低開発という脅威、他国での政変と要人暗殺を繰り返してきたアメリカという脅威だ。それらは、かつて植民地主義のヨーロッパ諸国によって何世紀も侵略されつづけ、第二次世界大戦後にはアメリカ軍に支配された人びとにとって、真の脅威に違いない。しかし、中国という独裁国家が、帝国主義時代の列強とさして変わらない点を見逃すわけにはいかないだろう。中国はまるで一夜にして、アメリカ海軍に引けをとらない海軍を整備してしまった。近年では、ジブチ共和国に軍事基地を築いたほか、カンボジアやミャンマー、パキスタン、タジキスタン、ソロモン諸島なども、中国軍の軍事拠点の拡大に向けて協議している。こうした一連の動向は、香港での民主化運動弾圧も踏まえて、中国に過度に依存することへの警鐘である。

債務

中国版の債務戦術は、長所短所を含め、以下にあげるいくつかの点において、アメリカ版の債務戦術とは異なる。長所：①アメリカと違い、中国は債務国に対する内政不干渉を約束する。②融資をもとにした事業の展開に関して、一般にアメリカが「異国」の考え方に偏見をもつ自国の「専門家」を採用するように求めるのに対し、中国は地元当局に裁量を与える。短所：①内政不干渉を約束したにもかかわらず、中国は自国の政策を支持するよう債務国に求める。特に台湾や香港、チベット、ウイグル自治区、その他少数民族をめぐる政策について、その傾向が強い。②融資の活用法をめぐる地元当局への裁量の付与は、理屈の上では長所だが、地元当局の担当者が職権を濫用して私腹を肥やす可能性があり、不正の温床となりかねない。③中国製品でしか代替できない製品と、自国の人材を使用するよう求めるため、永続的な依存が成立してしまう。④中国主導の事業の多くは技術的に未熟で完成度が低く、環境や安全面において、しばしば重大な問題を引き起こす。本書の第1~3章、第5章で述べるように、独裁国家である中国では報道の自由が著しく制限されるため、その建築技術の低さ、社会的損害、環境破壊、不当な労働慣行、汚職行為を指摘する声が、債務国側に届かないのである。

需給逼迫への危機感

需給逼迫への危機感という戦術に限れば、アメリカと中国の展開方法に、大きな差は認められない。「自国を繁栄させたいのであれば、私たちの融資をもとに、私たちの企業に開発事業を発注すればよい」とのメッセージは、いずれも同じだ。ただし、中国のエコノミック・ヒットマンには、自国が近年なしえた夢物語とも言える経済発展の実績が武器となる。さらには、新シルクロード構想を通じて、さまざまな国と通商関係を結べるとアピールできる点も強みだろう。これは、アメリカの提案にはない魅力と言える。しかし、この売り文句にこそ危険がひそむ。よく「うまい話には裏がある」と言うが、まさにその通りなのだ。新シルクロード構想の魅力は、ややもすれば参加国の目をくらませ、通商関係が逆にアダとなる可能性を見えにくくする。例えば輸送網の拡大は、他国による軍事侵攻を含め、搾取の危険性を高めるだろう。融資によるインフラ整備で需給逼迫への危機感と決別できるというアピールは、粗末な事業実態や舞台裏の政治腐敗、そして不正行為といった現実を隠す詭弁ともなる。

分断・統治

最後の分断・統治という戦術については、中国によるEHM戦略の第三次興隆において、最も大きく進歩した戦術である。中国は新シルクロード構想によって、分断・統治ではなく、全世界を貿易で結び、地上から飢餓を撲滅するという題目に置きかえたのだ。その言葉をはじめて聞いたとき、私は思った。「なぜ、我々は考えつかなかったのだろう?」と。こんにち、新シルクロード構想は世界に広く浸透している。相互依存を深めつつある世界各国の心をとらえただけではなく、歴史を変えた古代の隊商交易路を彷彿させ、多くの人の郷愁を誘ったからだ(私が、正式名称の一帯一路構想ではなく、新シルクロード構想との通称を好む理由でもある)。しかし、短所もある。それは、新シルクロード構想が、中国という一国によって主導されている点だ。指導部の陣容の変化に影響されるのである。ロシアによるウクライナ侵攻を見れば、独裁政権は突如として、従来路線を変更することがわかるだろう。中国やロシアのように、一人もしくは閉鎖的な集団に権力が集中していると、何の前触れもなく政変が起こる恐れがあるのだ。中国は今、かつて分断されていた国々を再び統治しようとしているが、それはあくまで、国内での政権評価や批判が抑圧された、独裁体制のもとでの話である。

中国が新EHM戦略において唱える美辞麗句の裏には、アメリカの戦略同様、何世紀も前から承継されてきた「基本戦術」が存在する点を看過してはならない。主導者が誰であろうと、EHM戦略は資源を搾取し、格差を広げ、複数の国を借金漬けにし、特権階級をうるおし、気候変動を促進させ、地球が直面する危機的状況をさらに悪化させるのである。

本書を執筆した理由

中国は現在、さまざまな国を対象に、非常に効果的に新EHM戦略を展開している。そのため、世界はその目的や危険性に目を向ける必要がある。中国を最大の貿易相手国とする国は今や、どの大陸にも存在する。本書の第7部で詳述する通り、中国は新ＥＨＭ戦略の四つの戦術を駆使して、エネルギーや交通、情報通信など、世界各地の開発事業において、アメリカをしのぐ勢いを見せているのだ。

人びとが中国をどのように見ようが、中国の真の狙いがどこにあろうが、中国の経済成長とＥＨＭ戦略が、世界中に影響を及ぼしていることは確かである。しかし振りかえると、私自身、そのような情勢を正確に把握していたわけではなかった。政策立案の世界の第一人者が一万二〇〇〇人以上も参加したロシアとカザフスタンの国際会議に講演者として参加し、はじめて認識するに至ったのである。その会場では、講演者が次から次に、中国の台頭とアメリカの失速を比較した。もっぱら引き合いに出されたのは以下の事実である。一九七三年から現在にかけて、アメリカではインフレ調整後の平均時給が停滞し、中流階級の割合が総人口の六〇％から五〇％に縮小したのに対し、中国は平均時給が跳ねあがり、数億もの人びとが極貧から脱して中流階級の仲間入りを果たしたのだ。

私たちは今、地球の生態系や世界経済、国際社会などの観点から見て、かつてない危機に足を踏み入れつつある。であれば、誤った危険な理念をこれまで受け入れてきたことを、正直に認めなければならないだろう。目先の利益と消費を優先し、ＥＨＭ戦略を許容すれば、待ちうけるのは破滅である。私が本書の執筆を決めたのは、こうしたＥＨＭ戦略を分析すると同時に、全世界に刻々と迫る、数多くの危機との因果関係をひもとく使命感に駆られたからだ。私たち一人ひとりが、犠牲者ではなく、変化の立役者となるべく、新たな道筋を示すために。

一人ひとりの力こそ

中国の収容所の痛ましい実態や、ウイグル族などの少数民族に対する人権侵害のニュースは、アジア一部地域への帝国主義政策とあいまって、世界に中国社会の闇をさらし、警鐘を鳴らした。一方で、アメリカ社会の裏側を明るみに出した報道もある。選挙による民主主義をおとしめようとする白人至上主義者の暴力や、社会的差別と人種差別、刑務所や移民者収容施設の劣悪な環境に関する報道がそれだ。一連のニュースは、両国家の真の姿をあぶりだしたと言える。とはいえ、他国のマイナス面ばかりに注目すれば、偏見が定着しかねず、地球規模の危機が迫る今、一刻も早く実現すべき国際協力への道は確実に断たれるだろう。

私は、アメリカ出身の白人男性として、肌の色や性別、人種が異なる人たちよりも、特権に恵まれてしかるべきという偏見のもとで大人になった。たしかに私を含めたベビーブーマーの多くは、アフリカやアジア、中東の人びとをさげすむような映画やテレビ、漫画を見て育っている。ただし、私はこれまで世界中を渡り歩いてきたが、いずれの土地においても、他者への偏見はつきものだということを知っている。当然、私個人に対する偏見を耳にする機会もある。中国の経済モデルは他国にとっても参考になりうると書けば「親中派」と非難され、中国の戦略を批判すれば「反アジア主義」と揶揄《やゆ》され、自国アメリカのEHM戦略は過ちであると指摘すれば「非国民」と後ろ指をさされる。

ゆえに、あなたの力が必要なのだ。

私は執筆活動において、できるかぎり客観的に、そして公平な視点で、真摯に言葉を連ねてきたつもりである。それでも、見過ごされている偏見があるだろうし、実際にそのような表現が本書の中にあるかもしれない。もしそうであれば、どうか容赦してほしい。決して誰かを傷つけようとしているわけではないことを、どうか理解してほしい。私は、中国の経済モデルを擁護しようとしているわけではない。アメリカの経済モデルを支持しようとしているわけでもない。ＥＨＭ戦略をこの世から永遠に葬りさろうとしているだけなのだ。いかなるＥＨＭ戦略をも。完全に。

本書を読み終えたとき、あなたがその考えに共感し、国際協力を旗印とする新時代に貢献しようとしてくれるならば、著者としてこれ以上の喜びはない。国際協力こそが、この命ある惑星で、人類が繁栄する最善の道なのだから。

第1部

未来への警鐘

第1章　不屈の大統領

エクアドル大統領ラファエル・コレアは、カロンデレ宮殿（大統領府）のバルコニーに一人立ち、眼下のキト独立広場を見おろし、大きくなりつつある人の群れに笑顔で応えた。それに対して群衆は、手を振ったり、携帯電話のカメラを向けたりして反応する。大統領二期目の任期満了が年内に迫る中、任期を定める規定通り、コレアは二〇一七年中に大統領の座を退くことになっていた。エクアドルという国に大きな勝利をもたらして、である。中国国家主席の習近平との会合で、彼は世紀の協定を妥結。アメリカのエコノミック・ヒットマンを返り討ちにしたのである。

コレアの人生の中で、アメリカは常に大きな位置を占めてきた。父親がアメリカの刑務所に収監されたのは、彼が五歳のときである。アメリカに麻薬を密輸し、不正に販売したとして、有罪判決を受けたのだ。家族の養育費を稼ぐための犯罪行為だった。そしてコレアが一一歳になると、米中央情報局（CIA）が画策したクーデターにより、憧れの人物の一人が命を落とす。民主選挙で当選したチリ大統領サルバドール・アジェンデだ。やがてコレアは、まだ一〇代という若さにもかかわらず、私がエコノミック・ヒットマン時代に標的としたエクアドル大統領ハイメ・ロルドスとパナマ共和国司令官オマール・トリホスに大きく傾倒するようになる。政府や企業、銀行のトップが結託し、両国の資源の搾取をもくろむアメリカに対して、毅然とした態度で立ち向かった二人に、コレアは感銘を受けたのである。国際石油資本にによる支配との決別を英断したロルドスと、自国を東西にへだてる運河の返還を決然と訴えたトリホスに、だ。両者はいずれも、私の個人的な買収策に応じず、ほかのエコノミック・ヒットマンの甘言にも乗らず、さらには、ジャッカルがちらつかせた死の恐怖にも屈しなかった。そのため、ロナルド・レーガンとアメリカの大手企業を敵にまわしたのは言うまでもない。そしてコレアが一八歳のとき、レーガンがアメリカ大統領となり、敬愛するロルドスとトリホスはそれぞれ、暗殺の可能性がきわめて高い飛行機事故でこの世を去った（詳細は後述）。

父親の裁判と有罪判決に加え、憧れの人物の死に見え隠れするCIAの闇。さらにはベトナム戦争に、アメリカに根づく人種差別と社会的不和。それらの要素がコレア青年を勉学の道へと駆りたて、アメリカの裕福な白人やアメリカ企業に有利と思われる経済システムについて、知識を深めることになった。勉強に打ちこんだコレアは、エクアドル大学を卒業後、ベルギー大学で修士課程を修了。さらには、イリノイ大学で経済学の博士号を取得するに至る。侮辱や差別は彼にとって日常茶飯事だった。それらをバネに、世界経済の専門家になったのである。エコノミック・ヒットマンによって推進された、資本主義という経済システムの専門家に。

「気づいたんだよ」コレアはのちに語った。「君の国のエコノミック・ヒットマンが展開する戦略は、標的国を借金漬けにすることが目的だってことにね。そうすることで、私たちを支配するのさ」。彼はアメリカのEHM戦略の狙いを見透かしていた。その上で、より公平で平等な世界経済の枠組みに、自国を参入させる手段を模索していた。私の著書を読んだコレアは、私にこう宛てている。「共生への道を確かに、そして大胆に歩むべく、普遍的な手法を新たに示してくれたことに感謝したい」。そんなコレアの肝煎りで、エクアドルでは世界ではじめて、自然の絶対的権利が憲法で定められた。また、ブエン・ビビール

（訳注：スペイン語で「自然と調和した豊かな生活」の意）省も新設され、エクアドル国民の生活全般において、社会と経済、環境の協調をめざすことになった。

ブエン・ビビール相フレディ・エーラスは、エクアドルの首都キトのエル・エヒード公園を私と歩きながら、コレアの考えを端的に説明してくれた。「我が国の大統領は、国際社会の現状について理解しています。世界中の人びとが苦境に立たされていることも、世の中の仕組みを変えなければならないことも。彼はこの国を、自然環境とともに豊かにしたいと考えています。そうすることで、世界の国々の模範になろうとしているのです」

コレアは一段と膨《ふく》らんだ群衆に向かって両手をあげた。彼に対する支持は日を追うごとに増していた。アメリカによる支配が終わりつつあることを、国民は実感していたのである。その実現に向け、コレアがやむなく手を組んだ相手が、中国だった。

二〇〇六年、民主選挙においてエクアドル大統領に当選した彼は、就任早々、私が過去に加担したEHM戦略の調査に乗りだした。選挙によらない軍事政権への世界銀行の融資について、調査委員会を設置したのである。経済学を学んできたコレアは、アメリカのEHM戦略による支配は、債務の上に成り立つとの認識だった。その後、調査委員会は次のような疑問を呈する。国民の賛同を得ておらず、なおかつ、国民ではなく軍指導部に寄与する借入金に対して、エクアドル国民にその利子を支払い、元金を返済する義務があるのだろうか、と。コレアは委員会の答申を受け、債務の一〇〇億ドルの多くは非合法であると宣言した。その後まもなく、私がエネルギー・鉱山相アルベルト・アコスタの事務室を訪ねると、彼はこう言った。「一部の富裕層を豊かにし、庶民を痛めつける事業に資金が使われると承知で、金融機関は選挙によらない独裁政権に融資している。そのような金融機関は、エクアドル、ひいては大半の国において、当該融資の大半が非合法であるとの非難を受け入れるべきだ。真の民主主義選挙が行われたならば、当選した政治家は、民意のために立ち上がらなければならない」。アコスタはドイツのケルン大学で経済学の学位をおさめた人物である。コレアと同じく、脱ＥＨＭ戦略の重要性を理解していた。

　コレアの政策に対する報復として、格付け会社であるスタンダード＆プアーズとフィッチ・レーティングは、エクアドルの信用格付けを大幅に引き下げた。ＥＨＭ戦略を拒み、世界銀行や米金融機関の債権を認めようとしない国は、どんな国であろうと罰を受ける。格下げに込められたのは、そのようなアメリカ側のメッセージである。エクアドルは、ひざまずくしかないように思われた。

　しかし、コレアは屈しなかった。ＥＨＭ戦略を振りかざし、他の列強をはねのけて覇権を握ること。それこそが、アメリカの提唱する現代資本主義の本質であると彼は見抜いていた。加えて、覇権争いのトップを走るアメリカが早晩、その座を著しく脅かされることにも気づいていた。なるほど、アメリカによる世界統治という筋書きは、ほころびを見せはじめていた。「中国の龍《チャイニーズ・ドラゴン》」が目覚めたのである。そして、その龍は、不当な格付けに頼ったりはしなかった。

　中国は、エクアドルに一〇億ドルの救済融資を行った。その後、すぐさま一〇億ドルを追加融資した。すると、エクアドルの信用格付けは、瞬く間に上昇した。こうしてコレアは、新自由主義やワシントン・コンセンサスとの決別を果たしたのである。つまり、ラテンアメリカをはじめ、他地域の国々との交易拡大を約束する中国系金融機関と、華麗に手を組んだのだ。エクアドルは新シルクロード構想の恩恵を受けるべく、中国からの融資をもとに、電力システムや高速道路、港湾、空港を整備することになった。そして、一連の開発事業は、学校や病院の新設とあいまって、指導者コレアのカリスマ性を揺るぎないものとした。自国の熱帯雨林に広がる油田を担保に、国民を貧困から救い、他国に希望を示さんとする姿に、エクアドル国民は英雄像を重ねたのである。

コレアは手すりにもたれかかり、眼下の群衆を見渡した。人の数はなお増えつづけている。手を振る者もいれば、笑顔を見せる者も。さらには、声を張りあげる者も、写真を撮りつづける者もいた。コレアの大統領としての実績は申しぶんなかった。憲法改正やブエン・ビビール省の新設に加え、いまだかつてない政局の安定をエクアドルにもたらした。コレアが就任する前の一〇年間、エクアドルの大統領は七人を数える。同国の政局の歴史は、クーデターと軍部独裁にいろどられてきたのだ。だがコレアは、みずからにとっての英雄、ロルドスの政治家としての志を継ぎ、一期目において、海外石油企業の規制に踏みきった。二期目に入ると、インフラ整備に傾注したほか、民衆の生活向上には社会福祉制度が欠かせないと判断し、社会福祉制度を本格的に導入した。はたしてエクアドル経済は、世界が金融危機におちいった二〇〇八〜〇九年においても、成長曲線を描きつづける。最低賃金は二倍以上に増加し、ラテンアメリカ屈指の水準に到達。一〇〇万人以上の人びとが、貧困層から脱した。いずれも、コレア政権での出来事である。彼は片手をあげ、広場に集まった人たちに親指を立ててみせた。中国との協定は、エクアドルに恩恵をもたらしたのだ。

しかし、きな臭さも渦巻いていた。コレアは記者団から質問ぜめにあった。「中国はアメリカよりも搾取を行わないとお考えですか?」。その後、記者たちが言及したのは次のような問題である。少数民族ウイグル族への人権侵害や、香港やチベットにおける弾圧、南シナ海や香港、台湾を舞台にした帝国主義政策の強化、言論の自由など人権問題をめぐる当局の不当な対応の数々。一連の問題を指摘したのは、何も記者だけではなかった。野党からも、疑問視する声があがった。さらには、コレア側近の顧問からも。

何を隠そう、コレア自身も自問していた。それでもなお彼は、国際貿易網の拡大という中国の理念に賭けたのである。新シルクロード構想は、二か国間における事業と貿易にこだわるアメリカの政策とは、明らかに一線を画していた。それだけではなく、債権を武器に内政干渉するようなまねはしないとの、国家主席習からの言質《げんち》があった。そして何より、もう後戻りが許されなかった。コレアは意を決して、歴代大統領による極度の対米依存に別れを告げたのである。

エクアドルは二〇一五年末までに、中国から六〇億ドル近い融資を受け入れた。同国の対外債務の約三〇％にあたる額である。そして、その額は今なお、膨らみつづけている。以下、『ニューヨーク・タイムズ』紙の記事だ。

中国の金融機関がエクアドルの石油精製施設の建設事業に対して七〇億ドルの融資を検討している。実現すれば、ガソリンや軽油などの石油製品に関して、エクアドルが主要生産国となる公算が高い。

エクアドルでは現在、農村部、市街地を問わず、中国資本が幅をきかせている。一般道路や高速道路、橋梁《きょうりょう》、医療機関の建設が、その代表例だ。ガラパゴス諸島まで網羅する監視システムの整備事業も、中国資本が支える。中国の国営銀行によるエクアドルへの融資額は、現在までに一一〇億ドル近くに到達。地元当局は、さらなる増額を求めている。

人口一六〇〇万人ほどのエクアドルが、国際社会に与える影響は小さい。一方で、同国で急速に強まる中国の存在感は、世界の序列の変化を物語る。中国が躍進し、アメリカが徐々に失脚しつつある現状を、だ。

中国からの借入金の一部は、中国企業シノハイドロが手がける、大型水力発電ダム開発の事業費にあてられた。エクアドルの電力需要の三分の一以上をまかない、ビジネスと産業を活性化させ、数十万もの雇用を生み、国際貿易を拡大させるとの触れ込みでスタートした、ダム事業である。コレアは、電力産業がエクアドル発展のカギを握ると考えていた。水力発電ダムの建設は、まさに大統領の実績に花を添える、一大事業だったのである。

しかし、その華やかさの反面、コストは膨らんだ。中国は、追加融資で応えた。もう一度、そして、もう一度。言い換えれば、借金に次ぐ借金である。

はたして、事態は暗転する。まるで虚をつかれたかのように――。

第2章
救世主の悪夢

二〇一八年のクリスマスイブ、『ニューヨーク・タイムズ』紙は、シノハイドロのダム事業について、こう報じた。

中国によって融資・建設されたジャングルの中の巨大ダムは、エクアドルの悲願をかなえるはずだった。つまり、エネルギー需要を満たし、南アメリカの小国を貧困から救いだすと思われていた。だが蓋を開けると、国家的スキャンダルの導線となり、エクアドルは汚職と多重債務にまみれることになった。そして、国家の未来を中国に握られたのである。

記事を読んだ私は、コレアが精神的、そして政治的に直面している難局に思いを馳《は》せた。その難局は、そびえる高峰から転落した奈落とも言えた。

二年前、エクアドルに来訪した習近平への歓待は、コレアにとってアメリカへの復讐でもあった。父親や家族、憧れの人物、母国、そして南アメリカ大陸全体をないがしろにしてきたアメリカという国への復讐だ。世界銀行に対するデフォルトの宣言は、エクアドルにとって大胆な決断だった。さらに言えば、単なる原油輸出国とのレッテルを脱ぎすて、中国からの融資をもとに石油精製工業国へと成長し、国際金融市場の信用をとりもどすという青写真は、決死の挑戦と言えた。それでも、両国が交わした最終合意は、一〇〇年先、一〇〇〇年先の未来に向けての偉大な足がかりとして、国民から称賛されたのである。

二〇一六年一一月、習が夫人を伴って飛行機のタラップを降り、エクアドルの地に足をつけると、ラファエル・コレアとその多くの側近たちが、歴史的な一歩とばかりに、歓迎の意を表した。一八二三年から続くアメリカとの従属関係は終わりを迎えようとしていた。第五代米大統領ジェームズ・モンローがモンロー主義を提唱したのが一八二三年のこと。以降アメリカは、そのモンロー主義をよりどころに、西半球各国への侵略を正当化してきた。だが中国が、アメリカによる信用の格付け引き下げという報復からエクアドルを救った。そして今、習が直接エクアドルを訪れ、主要エネルギーや交通、農業、製造業などの分野において、両国が協力することでコレアと合意を交わしたのである。ここに、アメリカのモンロー主義が、地政学上の藻屑《もくず》と化したのだった。

コレアとの対談からかなりの時を経て、習がアメリカを訪問したという事実は、国際情勢の変化を如実に表しているだろう。習は二〇一七年になってようやく、アメリカ大統領ドナルド・トランプと握手を交わした。だが、それ以前に訪れた国は、何もエクアドルに限らなかった。すでに、アルゼンチン、ブラジル、チリ、コスタリカ、キューバ、メキシコ、パナマ、ペルー、トリニダード・トバゴ、ベネズエラを歴訪ずみだった。エクアドルと同じような協定をめぐり、多くの国々と交渉していたのである。対照的に、トランプが大統領就任中の四年間で、ラテンアメリカ・カリブ海地域の国を訪問したのは、わずか一か国、アルゼンチンだけだった。それも、G20サミットに参加するための訪問である。コレアを含め、ラテンアメリカ・カリブ海地域のすべての国家元首たちにとって、この事実が言わんとするところは明らかだろう。あなたたちの国を気にかけ、モンロー主義をはじめとするアメリカの圧力には屈しない、と中国は訴えていたのである。いわば、当該地域の「救世主」を演じようとしていたのだ。新自由主義ではなく、交易という旗印を掲げて。

そもそも二〇一四年の原油価格の急落と、それ以降の安値水準のあおりを受けて、中国による諸外国との協定交渉は軒並み中止されていてもおかしくなかった。結局のところ、その種の協定は、債務の担保となる油田の価値に基づくためである。しかしエクアドルやその近隣諸国には、石油以外の天然資源も存在した。したがって中国は、そのような天然資源に目をつけ、融資を重ね、事業拡大を図《はか》ったのである。事実、エクアドルでは鉱物資源を採掘し、貿易取引を加速させた。香港の『サウスチャイナ・モーニング・ポスト』紙はこう記している。

ミラドール・プロジェクトは、銅を中心に銀や金も採掘する、一四億ドル規模の一大露天掘り採掘事業だ。……事業の立ち上げと運営は、中国国営の中国鉄建銅冠投資公司の子会社エクアコリエンテで、……エクアドルはもともと鉱山国ではないが、コレア政権のもと、鉱山業がより重要な役割を担うようになった。……

このミラドール・プロジェクトはエクアドル最大の採掘事業として知られるが、そのほかにも近年、いくつかの大規模採掘事業が許可されている。その事業主の多くは中国企業だ。

私はエクアドルの鉱山地帯に馴染《なじ》みがあった。一九六〇年代後半、平和部隊（訳注：米国政府が運営する支援組織。日本の青年海外協力隊に類する）のボランティアとして活動していたアマゾンの熱帯雨林地域に、くだんの鉱山地帯は広がっていた。その一帯は、地球上で最も生物多様性に富み、かつ環境変化の影響を受けやすい土地だった。アンデス山脈の東に位置することから、「オリエンテ」と呼ばれ、ヒバロ族などの先住民族が代々生活してきた場所である。一帯を流れる川は、どれもアンデス山脈の氷河や高山湖に源を発している。それらの水流は、エクアドルのジャングル地帯をペルーへと抜け、徐々に流れを集めて、アマゾン川としてブラジルを横断し、大西洋に注ぐのだ。

環境問題の専門家たちから、「アマゾンの聖なる源流」と呼ばれるほど重要なこの一帯において、中国は巨大ダムを建設し、鉱山開発を進めていた。数々の過ちを犯しながら。

その過ちの筆頭が、ダムである。そもそもシノハイドロが建設したこの巨大ダムは、地震の影響を受けやすい熱帯雨林の中にある。しかも、非常に活発な活火山レベンタドールのすぐ近くに、だ。また、中国から押しよせた一〇〇〇人近い労働者たちが、約二四キロメートルの地下トンネルや、八つのタービン発電機ユニットなどの設備を施工したため、地元労働者にとっては悲しいかな、多くの雇用が奪われる形となった。しかも完成後には、二年と経たぬうちに、発電機棟に多数の亀裂が発生。さらには貯水池が、沈泥や木片、ジャングルの岩くずなどで埋まるようになった。ダムの上流と下流に目を向ければ、無残にも侵食された大地が痛々しい姿をさらす。美しい景観を誇った生態学的にも貴重な滝は、人気観光スポットになると期待されていたにもかかわらず、破壊されてしまった。加えて、石油を輸送するパイプラインの劣化を招き、亀裂から噴出した石油がジャングルに降りそそぐ事態になる。あげく、操作員がダムの発電機を作動させると、国の電力網がショートする始末だった。

新型コロナウイルスが大流行する以前、私はエクアドルに足しげく通った。そして、中国事業の被害が直接及ぶ地域をめぐり、地元の指導者や学生、行政官たちの話に耳を傾けた。市街地にも、地方の農産物市場にも足を運んだ。私は、見聞きしたことについて、深く憂慮した。エクアドルはコレアの意に反して、かつてアメリカが用いたEHM戦略と何ら変わらぬ毒牙にかかっていた。要は、首謀者がアメリカから中国に変わっただけの話である。

コレアが大統領を退任し、（夫人の母国である）ベルギーに居を移すころには、くだんのダム事業は、一国の浮沈にかかわる事態となっていた。以下、『ニューヨーク・タイムズ』紙の二〇一八年の記事である。


当該ダム事業にかかわったエクアドルの政府高官のほとんどが、収賄容疑で収監もしくは処罰された。……残ったのは債務である。コカ・コード・シンクレアと呼ばれるこのダムをはじめ、他の六基のダム、橋梁、高速道路、灌漑《かんがい》施設、学校、医療機関の建設のために中国から借り入れた約一九〇億ドルの返済が、エクアドル政府の首を絞める。

しかし、支払い能力の有無は関係ない。いずれにせよ、中国が得をするからだ。

返済が滞れば、エクアドルで最大の輸出額を誇る、ある資源の八〇％が中国の手にわたる。――そう、石油だ。……

「エクアドルは中国の術中にはまっている」とエネルギー相カルロス・ペレスは話す。「中国の狙いは見え見えだろう。標的国を経済的に支配することだ」


コレア自身も汚職容疑で欠席裁判にかけられ、懲役八年の有罪判決を受けた。

ダムをめぐる国難に続き、その後エクアドルを待ちうけていたのは、中国主導による鉱山開発の惨劇である。その顛末は次章にゆずる。ともあれ、救世主の夢は急転直下、悪夢と化したのだった。

第3章

籠の中のカナリア

香港の『サウスチャイナ・モーニング・ポスト』紙が、中国による採掘事業ミラドール・プロジェクトについて、こう報じている。

当該地域の山々は削られ、森林破壊が進み、鉱山からの流出物で河川は変色している。……エクアドル政府と中国企業エクアコリエンテの契約は二〇一二年に締結された。……当時の期待感は、まだ記憶に新しいだろう。道路や学校、病院の新設に、国民の期待は膨らんだ。……

環境団体アマゾン・ウォッチによれば、採掘事業による当該地域の森林破壊の面積は、二〇一〇年から二〇一七年末にかけて、一三〇七ヘクタールにのぼるという。

自然との調和に関する国連ネットワークで委員を務める専門家デビッド・ディーンとジュリオ・プリエートは、鉱滓《こうさい》ダム（訳注：鉱物の精錬工程で生じる不純物、鉱滓〔通称スラグ〕を堆積させる施設）の設計自体が、周辺地域の自然環境に適しておらず、損害をもたらす危険性が高いと指摘する。

環境雑誌『エコロジスト』は、以下のように警告する。

スラグを堆積させる鉱滓ダムは、現在建設中のものも含め、いずれ決壊することになるだろう。事実、先般はじめてブラジルで決壊事故が起こり、数百人もの人が亡くなった。

鉱滓ダムが決壊すると、毒性物質が津波のごとく一気に流出する。水銀やヒ素、シアン化物、酸、重金属を含んだ数億トンもの有害廃棄物が、急斜面上の水系になだれこみ、アマゾン川に注ぐのだ。

これは、繁栄という名を借りて他国の資源を搾取しようとたくらむ一国による、無慈悲で、無責任で、破滅的な行為にほかならない。私は新型コロナウイルスによるパンデミックの影響で、エクアドル訪問を一時中断せざるをえなかったが、現代ならではの高度な衛星通信技術を介して、アマゾンの熱帯雨林の奥深くで生活する先住民のリーダーたちと、連絡を取りつづけた。また、多くの専門家や監視者たちとも、情報交換を継続した。前掲の『サウスチャイナ・モーニング・ポスト』紙の記事に登場し、現地の状況に精通するデビッド・ディーンも、その一人である。

「君が平和部隊のボランティアとして活動していた場所に今行っても、そこがどこだかわからないんじゃないかな」とは彼の談だ。私は二〇二〇～二一年にかけて、スペインの自宅にいるデビッドと、電話で何度も話をした。「今じゃ、大きな道路ができて、巨大な建設機材や採掘装置が搬入され、中国人労働者向けの宿泊施設なんかもある。あと、ズタズタになった自然もね。かわりに、ヒバロ族がいなくなった。先住民が姿を消したんだ。それに、動物も。さらには、森も。ミラドール・プロジェクトは、アマゾン川流域の全生態系にとって、数ある脅威の中でも、最も危惧すべき問題だ。『スラグ』という半液体状の毒性物質を、広大な湖よろしく貯めこむ鉱滓ダムは、その不適切な設計と施工ゆえに、手に負えない脅威になりつつある。しかも、あと二基が建設中だ。一基は高さ六三メートルで、もう一基は二六〇メートル。いずれも、環境アセスメントの指導を順守することなく、工事が進められている。ましてや、その傾斜角度には、安全基準のかけらもない。技術的な観点から、決壊の危険性がきわめて高いし、さまざまな要因で倒壊しかねない。例えば、地震や内部侵食、土砂崩れ、それと地質学的に脆弱な地盤に建設したことによる構造的な欠陥などがあげられる」

私は、前大統領コレアがベルギーの自宅から電話で語った言葉を思い出した。その言葉を、デビッドに伝えた。「コレア前大統領はこう話していたよ。エクアドルの経済発展のためには、資金と事業開発において、他国の支援が必要なんだ、と」

「それは政治家の言い分さ」。デビッドは断じた。「ミラドール・プロジェクトは、エクアドルでは『王冠の宝石』と呼ばれるほど期待されている一〇年プロジェクトなんだ。その事業で、鉱山使用料としてエクアドルが希望する額は四五億ドルほどだ。一方で、中国の採掘業者の懐に入る額は、約六九〇億ドルと推定されている。エクアドルにとっては、国の宝である資源の純輸出高を、まるまる持っていかれる計算だ。おまけに、採掘の代償として、何百万トンもの有害廃棄物や河川の水質汚染、事業にまつわるすべての社会的損失と国民のQOL（生活の質）の低下を負うことになる。そして、それらの計り知れない代償は、さらに大きな代償として、ブラジルやペルーなどの周辺諸国、ひいては大西洋にも、被害を及ぼすことになるんだ」。そこで少し間を置いて、彼は言った。「これは謀略さ。生活そのものの搾取なんだ。君がよくよく知っている通りのね」

私は電話を切ったあと、自分のエコノミック・ヒットマン時代を回想し、アメリカによる謀略の影響について、考えをめぐらせた。ほどなくして、とりわけ苦い過去がよみがえる。私たちは一九七〇年代、アメリカのEHM戦略を推し進める中で、「ソビエト連邦がラテンアメリカ諸国を支配下に収め、共産化しようとしている」と吹聴した。「キューバを傀儡《かいらい》として操り、チェ・ゲバラ率いるキューバのゲリラ軍を、南アメリカ大陸全土に送りこんでいる」と。

それは、まったくのでっちあげだった。ソ連がそのような大計をたくらんでいたとしても、一九六二年のキューバ危機（訳注1）を機に、計画は白紙に戻されただろう。また、ボリビアのジャングルで、ＣＩＡの諜報員フェリックス・ロドリゲスの監督のもと、チェ・ゲバラが暗殺された一九六七年には、この「キューバ軍」の実態が、約二〇人の理想主義者からなる装備の乏しい孤立無援の寄せ集め集団であることが判明した。アメリカが新自由主義政策を他国に広げるために、「共産主義の赤い波」を脅しに利用していることは、もはや公然の秘密だった。しかし私たちのでっちあげは、プロパガンダ機関によって喧伝され、その恩恵を受ける有力グローバル企業や地元の支配層、アメリカ政府から支持されたことで、その後も幅をきかせたのである。

私は現在に思考を戻し、こう悟った。アメリカの今の政治家や識者たちは、中国の拡張主義を冷戦時代のソ連の戦略になぞらえて、新たなでっちあげを広めようとしている、と。しかし、エクアドルなどラテンアメリカ諸国に限れば、その試みは失敗に終わっていた。ラテンアメリカの人びとが、中国とソ連とのあいだに大きな相違を見てとっていたからだ。かつてのソ連の場合は、戦略を引き立たせる要素に事欠いたと言える。中国と異なり、科学技術や製品、サービスの提供などを、見返りとしてアピールしなかった。ましてや、他国がうらやむような経済成長の実績もなかった。海外投資や貿易に対する意欲が低く、その成功例も限られていたのが実情である。そして何といっても、ＥＨＭ戦略の要が何たるかを、指導部が理解していなかったのだろう。——そう、理念だ。当時、ソ連のよりどころとなる思想と言えば、独裁者スターリンによってひどく曲解されたマルクス主義、つまりスターリニズムだった。だが国内を舞台に、そのスターリニズムからの脱却をめざす改革運動ペレストロイカが起こり、ソ連の崩壊につながった。かたや、文化大革命による混乱から、みごとな復活を果たしたのが中国である。周知の通り、その後中国は、輝かしい成長と実績を世界に披露していく。

アメリカ人が中国をどのように考えようと、また中国企業による建設事業が漏れなく危険をはらんでいようと、中国の「サクセス・ストーリー」は、他国にとって希望にほかならない。以下、二〇二一年二月刊行の『タイム』誌の記事である。

当該地域（南アメリカ）の国々は、経済発展に向けて幾多もの課題に取り組む中、しだいに北ではなく東の方向に視線を注ぐようになった。こんにち、南アメリカ諸国の最大の貿易相手国は中国である。二〇一九年現在、中国企業によるラテンアメリカへの投資額は、前年から一六・五％増の一二八億円。その投資は、港湾や道路、ダム、鉄道などの地域インフラ事業に集中する。二〇〇八年の金融危機の際には、中国が鉱物や農産物を買い付けたおかげで、南アメリカ諸国は最悪の事態を回避した。

中国のＥＨＭ戦略は、多くの弊害をもたらしながらも、指導部の期待を上回る成果をあげていた。国家主席の習は二〇一五年、ラテンアメリカ・カリブ海地域との貿易を二〇二五年までにアメリカをしのぐ五〇〇〇億ドル規模に拡大する方針を発表した。そして二〇一九年、貿易額は三一五〇億ドルに到達。「アメリカの裏庭」とも呼べる地域で、経済戦争を制していたのは中国だった。

米国防総省は、私の現役時代のエコノミック・ヒットマンと同じように、一国の経済を支配するためには、電力システムの掌握が決め手になると見ていた。そのため、ラテンアメリカ全土において、中国が急速に電力供給網を支配しつつある現状に強い懸念をいだく。米陸軍戦略大学が同地域の中国事業を一覧としてまとめた背景には、そのような事情があった。次は、二〇二一年発表の報告書の冒頭である。

三月三一日、チリの規制当局は、同国のエネルギー会社コンパニア・ヘネラール・デ・エレクトリシダード（CGE）を中国国有企業の国家電網が三〇億ドルで買収することを無条件で承認した。また過去には、同じく中国国有の中国南方電網が二〇一八年にチリ送電大手トランスエレクの株式二七・七%を一三億ドルで取得、中国水力電力（CWE）がアティアイア・エネルヒアを買収、国家電網がチルキンタ・エネルヒアを二二億三〇〇〇万ドルで吸収合併している。以上をまとめると、中国企業がチリの送電網の五七%を保有する計算になる。

続いて報告書は、北は中央アメリカとの境界から南はアルゼンチン南端まで伸びる「南アメリカ地域の水力、風力、太陽光、原子力など多岐にわたる発電事業」に関して詳述する。その結びは以下のように、警告を伴う内容だ。

おそらく最も懸念されるのは、新クリーンエネルギーを含めた発電・送電産業において、中国が独占的な地位を確立しつつあることだ。それによって中国は、いたるところで事業の優位性を獲得し、戦略対象のすべての産業分野において、新たに創出される経済的価値をさらに支配することになる。……特定分野での独占的地位を生かし、中国企業の国際取引を拡張させながら、だ。いずれにせよ、中国が地域最大の電力供給者であるという事実は、中国系企業に有利に働く。電力供給や主要インフラの整備において、経営戦略を使いわけることで、協力者を優遇し、敵対者や競争相手を不利な立場に追い込むことができるからだ。

エクアドルとチリの状況は、ラテンアメリカ全土で起きていることの縮図と言えた。そして、そのラテンアメリカの情勢は、世界各地で起きていることの縮図でもあった。大西洋の向こうに目を転じれば、まさにそれは的を射た表現だろう。二〇〇三年に七五〇〇万ドルだった中国の対アフリカ海外直接投資額は、二〇一九年には二七億ドルにまで膨張。この額は、アメリカをはじめとする他国の追随を許さない規模である。中国はアメリカと欧州連合（ＥＵ）を抜き、アフリカ最大の貿易相手国となったのだ。

米ニュース専門放送局ＣＮＢＣは、中国の対外政策の効果について次のように報じた。

アフリカ諸国間の相互支援や、貿易を支える港湾や道路、鉄道の建設に、中国企業がこれまで以上に力を注いでいる。新機軸としてアフリカ大陸自由貿易圏（ＡｆＣＦＴＡ）を掲げるアフリカ大陸にとって、その構想を具現化する直近の動きと言えるだろう。ＡｆＣＦＴＡはまだ運営段階に入ったばかりだが、長期的には、アフリカ連合に加盟する全五五の国と地域を一つに束ね、人口一二億人からなる世界最大の自由貿易圏の形成をめざしている。

中国が現在、アフリカの最大の貿易相手国である一方で、アメリカは近年、アフリカとの貿易額を落としている。……アフリカの二〇一七年の貿易総額を見ると、対アメリカはわずか三九〇億ドル。……対中国は一四八〇億ドルにのぼる。

午後遅く、私はキトの街を見渡すバーに腰かけ、ピチンチャ山の向こうに沈む夕日を眺めていた。活火山であるピチンチャ山が、エクアドルの首都に不穏な影を落としている。一九七〇年代後半、ワシントンDCで行われた会議が脳裏に浮かんだ。私がエコノミック・ヒットマンとしてこの地を訪れることになった会議である。私の任務は、大統領ロルドスを説きふせることだった。ロルドスは当時、米大手石油会社テキサコに対して、エクアドルの油田で得た利益のうち適切な額をエクアドルの人びとに還元すべきだと主張していた。その見解を覆すことが私の仕事だった。米国務省のある高官は、エクアドルを「籠の中のカナリア」と表現した。炭鉱で毒性ガスを感知するカナリアのように、迫りつつある危険に警告を発するのがエクアドルだ、と。そして「もしロルドスが成功すれば、南アメリカ大陸の残りの国々も、ソ連の共産主義になびくだろう」と警鐘を鳴らした（その高官は、ロルドスが社会主義者であるにもかかわらずソ連の共産主義を嫌っており、またアメリカの真の懸念材料はイデオロギーではなく石油である事実を看過していた）。

太陽がピチンチャ山の背に隠れるにつれ、暗い影がその濃さを増しながら街を覆っていく。まるで、エクアドルは暗闇で覆われたカナリアだ、と語るかのように。

その暗闇のごとく、中国は一国、また一国と、他国を飲みこんでいた。アフリカをはじめ、アジア、中東、ヨーロッパ、そしてラテンアメリカの国々を。事業開発で過ちを犯した例は、エクアドルでの開発事業を含めて数多くあるにもかかわらず、なぜ各国が中国を歓迎するのか、私は不思議だった。私がエコノミック・ヒットマンだったころに、アメリカ企業によって作られた水力発電ダムや電力システムは、技術的な問題もなく、今なお電力を生みつづけている。一方、中国企業の産物は、目も当てられないほどの技術力不足を露呈していた。にもかかわらず、なぜ中国はこれほどまで成功を収めているのだろうか？

その答えは、アメリカの思いあがりにあるのかもしれない。次にあげる至極《しごく》まっとうな疑問に対し、真剣に考えてこなかった怠慢さに、だ。なぜ、米国務省やCIA、世界銀行、米国際開発庁、ビジネススクールやシンクタンクに属する高学歴で優秀な人たちは、アメリカのEHM戦略が永続的に成功すると考えたのだろうか？　なぜ、みずからの提唱する理念が、いずれ裏目に出ると露にも思わなかったのだろうか？　なぜ、労働者の賃金や社会福祉を減らして富裕層を税で優遇すれば国民が豊かになるとの考えが、（私たちも含めて）広く受け入れられると信じてしまったのだろうか？　なぜ、アメリカは中国のように、世界貿易における協力体制を推進してこなかったのだろうか？　なぜ、アメリカはソビエト連邦が崩壊したことで、我を忘れるほど有頂天になってしまったのだろうか？　なぜ、アメリカは国内の政権争いや中東の紛争ばかりに気をとられ、中国の新EHM戦略の脅威を見過ごしてしまったのだろうか？

これらの問いに対する答えは、第2部以降で明らかにしていく。しかしその前に、まずはこの問いに答えなければならないだろう。「なぜ、ニューハンプシャー州の片田舎出身の教師の息子が、かくも汚れた仕事に手を染めるようになったのか？」

（訳注1）【キューバ危機】ソ連がキューバに核ミサイル基地を設置したのに対し、アメリカがミサイル搬入を阻止すべくキューバの海上封鎖に乗りだし、米ソ間の緊張が高まった危機。交渉により、武力衝突の危機は寸前で回避された。

第2部

1963年－1971年

第4章

けがれた仕事

　一九六八年、私はビジネススクールを卒業した。すでに、ベトナム戦争には参加しないと心に決めていた。私はアンと結婚したばかりだった。彼女もベトナム戦争に反対の立場で、好奇心も手伝ってか、私とともに平和部隊に参加することになった。

　はじめてエクアドルの首都キトに足を踏み入れたのは一九六八年、その年である。私は二三歳だった。平和部隊のボランティアとして、アマゾン熱帯雨林の奥深くにある村に、信用・貯蓄協同組合を作ることが私の仕事だった。アンの担当は、地元女性に対する衛生・育児教育である。

　ヨーロッパに行ったことがあるアンとは違い、私は北アメリカを離れること自体がはじめてだった。とはいえ、搭乗した飛行機の目的地キトの標高が、世界の首都の中でも、指折りの高さであることはわかっていた。また、最も貧しい首都の一つであることも。おそらく、それまで見てきた景色とは、まったく別の世界が広がっている。事前にそう考えてはいたものの、待ちうけていたのは、想像を絶する現実だった。

　マイアミ空港発の飛行機が目的地の空港へと高度を下げていく。私は目を疑った。目に飛びこんできたのは、滑走路に沿って建ちならぶ、廃墟のような木造バラックの数々。窓側に座っていた私は、中央シートのアンの前に体をせりだし、通路側に座るエクアドル人のビジネスマンに、窓の外を指さして、こう尋ねた。「本当に人が住んでいるんですか？」

「この国は、貧しい国なんです」。彼は真剣な表情でうなずき、そう答えた。

市街地へと向かうバスの中から見た風景は、さらに衝撃的だった。ぼろきれのような布に身を包んで、道端で物乞いをする者たち。ごみが散らかった道を、手づくりの杖でよろよろと歩く人たち。死を予感させるほど腹部が膨らんだ子どもたち。骨と皮だけの犬。そして、家とは呼べないような段ボールのボロ家がひしめく、みすぼらしい集落が、窓の外を通り過ぎていく。

バスに乗る私たちが着いた先は、キトの五つ星ホテル、インターコンチネンタルだった。大海のごとく広がる貧しさの中に、孤島のようにぽつねんと浮かぶ「ぜいたく」である。私を含め三〇人ほどの平和部隊のボランティアスタッフが、現地ブリーフィングのために数日間滞在する予定だった。正直なところ、ホテルのロビーに入った私は内心、安堵した。しかし、その安堵は、のちに罪悪感へとつながることになる。そして、アメリカ出身の白人男性としての生い立ちが、みずからに誤った特権意識を植えつけていたことに気づかされるのだ。

ブリーフィングの冒頭、私たちはエクアドルという国が、封建制時代のヨーロッパと開拓時代のアメリカが入りまじった国であると教えられた。そして、この地にひそむ危険が列挙され、注意を促された。危険な対象とは、毒ヘビやマラリア、アナコンダ、殺人寄生虫、「好戦的な首狩り族」などである。もちろんエクアドルには、明るい要素もあった。私たちの活動拠点からほど近い場所で、米大手石油会社テキサコによって大規模な油田が発見されたのである。西半球で一、二を争う貧困国エクアドルが、その油田のおかげで、上位富裕国の仲間入りを果たす。誰もがそう信じていた。

ある日の午後。私はホテルのエレベーターホールで、エレベーターが来るのを待つあいだ、背の高いブロンドの男性と言葉を交わした。彼はテキサス訛《なま》りだった。地震学者で、テキサコのコンサルタントを務めているという。彼は、アンと私が手持ちわずかの平和部隊のボランティアで、熱帯雨林の奥深くで活動する予定であることを知ると、ホテル最上階にある高級レストランのディナーに誘ってくれた。思いがけない幸運である。私はそのレストランのメニューを目にしたことがあった。おそらく食事代は、自分たちの一か月の生活費よりも高くつくだろう。

その夜、私は高級レストランの窓からピチンチャ山を望みながら、マルガリータを堪能した。そして、男性の生き方に心を奪われた。

事あるごとにヒューストンからコーポレート・ジェットに乗って、じかにジャングルの中の滑走路に降りたつと彼は話した。「出入国管理事務所も税関も通る必要がないんだ」と自慢げに言う。「エクアドル政府から特別許可が下りているのさ」。熱帯雨林での生活は彼にとって、冷暖房完備の移動式住宅と、高級な皿に盛られたフィレ肉、そしてシャンパンだった。「君たちの場合は、そうじゃないと思うけどね」そう言って、笑い声を立てた。

その後、彼が担当する報告書に話題が及んだ。彼の言葉を借りれば、「ジャングルの下に広がる広大な石油の海」に関する報告書である。世界銀行によるエクアドルへの巨額融資を正当化し、オイルマネーを見込むテキサコなど米企業への投資を促進することが、その報告書の目的とのこと。

かくも順当に石油ブームが訪れるとの予想に、私は驚きを隠せなかった。すると彼は、いぶかしげに私を見た。「ビジネススクールで何を勉強してきたんだい？」

私は答えに窮《きゅう》した。

「いいかい」彼は言った。「これは、お決まりのゲームなんだ。これまでアジアでも、中東でも、アフリカでも見てきたよ。で、今度はここさ。今回掘り当てた、噴き出すような魅力的な油田に、地震学の報告書。そうとくれば……ブームタウンの誕生さ！」

石油によって、エクアドルの人びとの生活が豊かになる。そう聞いて、アンが感嘆の言葉を並べた。彼女の反応を受け、彼は言った。「ただし、ゲームに参加できるのは、頭の良い人間に限られるけどね」

私の故郷であるニューハンプシャー州の町の名前は、町全体を見渡す丘の上に豪邸を建てた男の名に由来する。一八四九年のカリフォルニア・ゴールドラッシュで一攫千金を狙う者たちを相手に、シャベルやブランケットを売って財を成した男だ。「頭の良い人間とは、商《あきな》いに長《た》けた人間のことですね」私は言った。「ビジネスマンだったり、銀行員だったり」

「その通り。こんにちだと、そこに大企業も加わる」。彼は椅子の背にもたれた。「この国は我々のものさ。通関免除という特権以上のものを、私たちは手にしているんだ」

「具体的に教えてもらえませんか」

「いや、まいったな。君はまだ、知らないことがたくさんあるね」彼はそう言って、マティーニが入ったグラスを、キトの街に掲げた。「そもそも、この国の軍を動かしているのが私たちなのさ。兵士の給与を支払い、装備を提供しているのが私たちっていうわけさ。かわりに軍は、石油の採掘に反対する先住民から私たちを守ってくれる。ここラテンアメリカでは、軍を操る者が、大統領を操り、司法を操るんだ。ひいては、法律さえ作ることになる。石油流出時の罰金額や、労働者の賃金といった、関連法規いっさいをね」

「資金はすべてテキサコが出しているのですか？」アンが尋ねた。

「いや、正確にはそうじゃない……」。彼はテーブルの前に乗りだして、アンの腕を軽く叩いた。「君さ。

もしくは君の父親かな。つまり正確に言うと、アメリカの納税者さ。USAID（米国際開発庁）や世界銀行、CIAや国防総省から、資金が流れてくるのさ」。窓の外に広がる街の全景を、片手でなぞってみせる。「でもここの人たちは、テキサコが主《あるじ》であることを知っている。いいかい、エクアドルのような国の歴史は、政変の連続だ。そして、そのような政変はたいてい、地元当局が我々の用意したゲームへの参加を拒否したときに起こる。よくよくひもとけば、君にもわかるはずさ」

「テキサコが政府を転覆させてきたということですか？」と私は確認した。

彼は笑い声をあげた。「仮に、協力しない政府がソビエトの手下というレッテルを貼られるとする。アメリカの利権と民主主義を脅かす政権と見なされるわけだ。となれば、CIAが黙っていない」

かくしてその夜、今みずからがEHM戦略として認める概念に、私ははじめて出合ったのである。

その後、アンと私は、アマゾンの熱帯雨林で一年半を過ごした。そして、新たな活動場所であるアンデス山脈高地の町に移動した。そこでは、レンガ職人の一団を支援することが私の役目だった。一方でアンは、ハンディキャップを持つ人たちが地元で就労するための訓練を担当した。

私が事前に聞いたところによると、レンガ製造の生産性を上げるため、昔ながらの「かまど」を改良する必要があるとのことだった。しかし、レンガ職人が次から次へと私のもとにやってきて口にするのは、少し離れたところでトラックと倉庫を管理する男たちへの不満だった。

エクアドルには、ソーシャル・モビリティ（訳注：個人の社会的地位の流動性）がほとんどなかった。一握りの富裕層たち、通称リコス（訳注：スペイン語で「金持ち」の意）が、ビジネスや政治など、すべてを支配していたのである。私が赴任した町でも、そのリコスの代理人たちが、叩き値でレンガ職人からレンガを仕入れ、その十倍もの値段で売りさばいていた。そのため、業を煮やした一人の職人が、ある日、不満を訴えるために市長を訪ねた。だが数日後、彼はトラックにひかれ、命を落としたのである。

町全体に恐怖があふれた。彼は殺されたんだ。住人たちは口々にそう話した。私もそう思った人間の一人である。のちに、死亡したのはエクアドルを共産主義国にしようとたくらむキューバ側の人間だったと地元の警察署長が発表したとき、私はその思いをさらに強くした（チェ・ゲバラがCIAの作戦によって暗殺されてから、まだ三年も経っていなかった）。この警察署長のコメントは、問題を起こすレンガ職人は全員、造反者として逮捕すると言っているようなものだろう。

事態の改善に向けてリコスと協議してほしいと、私はレンガ職人たちから懇願された。リコスの恐ろしい怒りを何とかして鎮《しず》めてほしい、と。彼らは、権力に屈しさえすれば、自分たちの身は守られると考えていた。

正直、どうすべきかわからなかった。私は市長に対して影響力を持っているわけではなかったし、もし私なんかが、つまり二五歳の若造である外国人が介入すれば、事態がいっそう悪い方向に進むとも考えられた。したがって私は、彼らの言葉に耳を傾け、気持ちに寄りそうことに終始した。

だがその後、リコスという存在の背景に、より大きな戦略がひそんでいることに思い至った。リコスの存在は、スペインによる征服以来、脅威をもってアンデスの人びとを従わせてきた戦略の一端にすぎないと気づいたのである。レンガ職人への同情は、この町の無抵抗を支援しているようなものだった。リコスに立ち向かうべきは私ではない。立ち向かうべきは彼ら自身だったのである。彼ら自身が、胸の内に収めていた怒りを認め、苦しめられてきた不当な扱いに声をあげるべきだった。

私は、行動を起こすべきだと彼らに伝えた。子どもたちの未来を豊かにし、平和な生活を導くのであれば、みずからの身命を賭す行為も含めて、いかなる手段も避けるべきではない、と。

こうして町の進むべき方向性を見出したことは、私にとってかけがえのない財産となった。私は学んだのである。ときに、虐《しいた》げられている者たち自身が、知らぬうちに虐げている者を支持していることを。そして、行動こそが、その状況を打開する唯一の解決手段であることを。以下の通り、身をもって。

レンガ職人たちは協同組合を結成した。それぞれの製造所が協同組合に無償でレンガを提供し、協同組合がそれらのレンガをもとに、リコスとは別のところから一台のトラックと一棟の倉庫を借りた。それを知ったリコスは、協同組合の職人たちが作るレンガの購入を中止した。しかし、当地で学校を新設するノルウェーのキリスト教布教団が、学校建設に必要なレンガをすべて、協同組合から購入することを決めた。リコスがそれまで職人たちから仕入れていた約五倍もの値段で、である。しかしその価格は、布教団にとっては、リコスから購入する額の半値だった。つまり、リコスを除いたすべての関係者にとって都合がよかったのである。はたして協同組合の運営は、軌道に乗った。

アンと私が平和部隊での任務を終えたのは、それから一年ほどのことである。私はすでに二六歳で、軍から招集のかからない年齢に達していた。そして私は、エコノミック・ヒットマンになった——。

駆けだしのころ、私はみずからが正しいことをしていると思うようにしていた。当時は、ベトナム共和国（南ベトナム）が共産国家のベトナム民主共和国（北ベトナム）の軍門にくだり、世界はソビエト連邦と中国による脅威にさらされていた。ビジネススクール時代を振り返れば、世界銀行の巨額融資を通じてインフラ事業に投資することが、低所得国を貧困から救い、共産主義の魔の手から守る方法であるとの授業内容がよみがえる。私は世界銀行や米国際開発庁の専門家たちとの交流を重ねるうち、やはりその方法が正義であると、強く信じるようになった。

みずからが信じた正義に錯誤を見出したときには、すでに抜けだすのが難しい状況だった。私は大人になるまで、（周囲の家と比べて）貧しい出自だと思っていた。ニューハンプシャー州の教師の息子である私は、超富裕層の子どもたちが集う全寮制の学校に通っていたからである。そんな私が一転、大金を稼ぐようになっていた。長く憧れていた国々をファーストクラスでめぐり、最高級のホテルに宿泊し、一流のレストランで食事をとり、国家元首たちと言葉を交わすようになっていた。つまり、成功を収めたのである。その成功の味を教えてくれた仕組みを見限るなんて、できるはずもなかった。

みずからの生い立ちが非常に恵まれていると知ったのは、それからずいぶん経ってからのことである。世界の多くの人たちのように、次に食べものを口にできるのがいつかと心配したり、雨風をしのぐ場所を探すのに苦労したりといった経験は、私にはなかった。それどころか、教育を受けるという機会に恵まれた、ごく一部の人間の一人だった。

おそらく潜在意識の中で、それらをうすうす感じてはいたのだろう。なぜなら、悪夢はこうして始まったからだ。

私は暗いホテルの部屋で、全身を汗で濡らしながら、目を開けていた。この目で見てきた光景の数々がよみがえり、怯《おび》えていた。タイヤ付きの木箱にくくられ、ジャカルタの通りを行く脚のないハンセン病患者たち。糞便を垂れながす者たちの隣で、ドロドロの緑色の運河に浸《つ》かる人びと。ウジやハエの群がったごみの山の中に転がる人間の死体。段ボールのボロ家に住み、吠えたてる犬たちと、ごみ同然の残飯をめぐって争う子どもたち。脳裏に浮かぶそれらの人たちのことを、私はこれまで自分と異なる人種として、感情と切り離して考えてきた。ほかのアメリカ人と同じように、それらの人たちを人間として見てこなかった。それらの人たちは、私に言わせれば、「物乞い」や「はみ出し者」、つまり、単に「そういう人種」だったのである。

ある日のこと。私を乗せたインドネシア政府のリムジンが信号で停まった。そのとき、ハンセン病を患《わずら》う一人の男性が、病魔に侵され、わずかしか残されていない手を、ウィンドウの隙間から、車内にいる私めがけて突きだした。リムジンの運転手が、その男に向かって何事か叫ぶ。すると男は、口端を歪ませニヤッと笑い、歯のない口の中を覗《のぞ》かせ、引きさがった。運転手がアクセルを踏んだ。しかし、その男の魂は、私から離れなかった。まるで、私を追いつづけるかのように。

彼の、わずかに残された、血のにじんだ手は、警告だった。そして彼の歪んだ笑みは、忠告だった。「変えろ」。男の手はそう告げていた。「懺悔《ざんげ》しろ」。男の笑みはそう迫っていた。

私は、みずからが置かれた環境をしっかり見つめ直すことにした。もちろん、自分自身のことも。すると、成功でいろどられた生活を送っているにもかかわらず、自分をみじめに感じるようになった。精神安定剤なしでは寝られなくなり、痛飲する機会が増えた。朝起きてコーヒーと強壮剤を口に流しこみ、体を引きずるようにして数億円規模の契約交渉にのぞむ日々を、いつしか送るようになっていた。

そのような毎日が淡々と過ぎた。私の頼りは、EHM戦略が掲げる「偽りの正義」だった。華やかな生活と引き換えに、みずからを傷つけながら、その日その日をやり過ごしていた。私は、恐怖から逃れるために任務を遂行していた。共産主義という恐怖、職を失うという恐怖、失敗するという恐怖、持つべきものを持っていないという恐怖。それらの恐怖から逃れるため、けがれた仕事に手を染めていたのである。

夢にうなされて、夜中に目を覚ますこともあった。

私はある国家元首の執務室へと入っていく。その国は、少し前に大量の石油が発見されたばかりである。「私たちの国の建設企業がですね……」と私は国家元首に話を振った。「あなたのご友人であるジョン・ディアア氏の会社から機材をお借りしましょう。相場の二倍の料金をお支払いいたします。そうすれば、その分の利益を、ご友人とあなたとで分けることができます」。夢の中の私は、国家元首のほかの友人たちとも、同様の契約を結ぶ意向があることを伝える。ほかの友人たちとは、その国でコカ・コーラの製造工場や、その他の製造業、人材派遣会社などを営む実業家たちだ。そして、あとは世界銀行との融資契約書にサインして、自国のインフラ整備事業をアメリカ企業に発注するだけです、と言い添える。

ほどなく、断った場合はジャッカルが登場することを、さりげなく口にする。「いいですか、何が起こるかといいますと……」、そう前置きして、淀みなく名前を並べていく。イランのモサッデク首相、グアテマラのアルベンス大統領、チリのアジェンデ大統領、コンゴのルムンバ首相、南ベトナムのジエム大統領、といった具合に。「今あげた人物は、いずれも失脚したか、もしくは……」手刀で首を切るまねをしてみせる。「なぜなら、私たちのゲームに参加してくれなかったからです」

ベッドに横たわる私は、冷たい汗にまみれていた。そして、いま見た夢が、みずからの現実であることを悟る。すべてが実話だった。

私にとって、そのような夢に登場する政府関係者に対し、開発融資を正当化するに足る魅力的な資料を作成することなど、お手のものだった。私のスタッフには、経済学者や金融の専門家、統計学者、数学者など、高度な経済モデルの構築に長けた人物がそろっていた。できあがった経済モデルを見れば、電力システムや高速道路、港湾、空港、工業団地などに投資すれば経済成長が見込めると、納得すること請《う》け合いだった。

私は長年、そのような経済モデルをよりどころに、世に役立つ仕事をしていると自分自身をも言いくるめてきた。また、インフラ整備後にGDPがたしかに成長したという事実に、仕事の意義を見出してきた。ところがしだいに、数字の裏に隠された真実が見えてきたのである。実のところ、統計資料の数字の裏側には、きわめて歪んだ現実がひそんでいる。アメリカ主導のインフラ整備で得をする地元の製造業や銀行、ショッピングモール、スーパーマーケット、その他、諸々の事業を営む「富豪」たちに、富が大きく偏重しているのだ。

富裕層は、より豊かに。

大衆は、より貧しく。

本来、医療や教育などの社会福祉に向けるはずの予算が、債務の利子の返済にあてられる。最終的に、利子負担の軽減措置は取られない。国家は借金漬けとなる。すると、国際通貨基金（ＩＭＦ）のエコノミック・ヒットマンが現れ、石油などの資源をアメリカ企業に格安で提供するように迫る。さらには、電気や上下水道などの公共サービス機関を民営化し、コーポレートクラシー（訳注：大企業の経営者など、富を独占する支配層の総称）に譲渡するようにも要求する。かくして、大企業が勝者となるのは、必然の事態なのだ。

この種の融資では決まって、アメリカのエンジニアリング・建設企業に事業を発注することが、重要な契約条件として盛りこまれる。そのため、ほとんどの場合、アメリカの外に資金が流れることはない。例えば、ワシントンの金融機関から、ニューヨークやヒューストン、サンフランシスコのエンジニアリング企業に送金される、といった具合だ。なお、私たちエコノミック・ヒットマンは、航空機やトラクター、コンピュータ技術などの製品やサービスについても、アメリカ企業と取引する旨の同意を、標的国から確実に取りつけていた。

このように、コーポレートクラシーにほどなく資金が還流されるにもかかわらず、標的国（債務国）は元金と利子をすべて返済するように求められる。エコノミック・ヒットマンの仕事が完璧ならば、債務があまりに巨額なため、標的国は数年後にデフォルトの宣告を余儀なくされる。さすれば、私たちは厳しい要求を相手に突きつける。国連会議の決議における指示通りの投票、軍事基地の受け入れ、石油などの貴重な資源の譲渡など、一つ、もしくは複数の条件を呑むように迫るのだ。もちろん、それでもなお、標的国は債務を負っていることに変わりはない。かくして、アメリカという世界帝国の傘下に収まるわけだ。

以上のような無慈悲な現実と向き合うことで、私は、みずからが理想と異なる人生を歩んでいると感じるようになった。私はアンデス山脈の町のレンガ職人のように、自分の生き方に責任を持たなければならなかった。自分自身はもとより、自分とかかわる人びと、かかわる国々に責任を持たなければならなかった。しかし、うごめきだした心の声に耳を傾ける前に、私にはやるべきことがあった。いったい何が私をこの仕事へと突き動かしたのか。まず、その答えを見つける必要があったのである。

第5章

エコノミック・ヒットマンの誕生

それは、汚れなき、はじまりだった。

一九四五年、私は中流階級の家庭の一人息子として生まれた。両親はいずれも、三世紀続くニューイングランド（訳注：ニューハンプシャー州など米北東部六州の総称）の、白人の家系の出自だった。二人の厳格で、道徳心が高く、共和党志向の強い考え方は、先祖代々禁欲的な生活が受け継がれてきた裏づけとも言えた。それぞれの家系において、はじめて大学に入学したのが父親と母親だった。ともに奨学金制度による入学である。大学を卒業後、母親は高校のラテン語教師の職に就《つ》いた。一方、父親は海軍大尉として第二次世界大戦に参加し、大西洋を航行する非軍事目的の海軍タンカー上で、引火する危険のきわめて高い船体を護衛する、武装した砲員たちの指揮にあたった。私がニューハンプシャー州のハノーバーで生まれたとき、父親は腰部骨折の治療のため、テキサス州の病院に入院中だった。彼がはじめて私の顔を見たのは、私が一歳のころである。

その後、父親はニューハンプシャー州の田舎町にある全寮制の男子高校ティルトン・スクールで、語学教師として教壇に立った。ティルトン・スクールのキャンパスは丘の上にあり、誇らしげに、また一部の町民に言わせれば、偉そうに、眼下に広がる同じ名前の町を見おろしていた。どこか町になじまないこの学校は、各学年の生徒数を五〇人以下に限定していた。生徒の多くは、裕福な名家の御曹司で、アルゼンチンの首都ブエノスアイレスやベネズエラの首都カラカス、アメリカのボストンやニューヨークなどから集まっていた。

私の家庭に経済的な余裕はなかった。しかし私たち家族は、自分たちが貧しいとは思っていなかった。教師としての給与は非常に安かったものの、生活に必要なものはすべて無償で提供されていたからである。食事にはじまり、住宅、暖房設備、水道、そして芝刈りや雪かきの人夫まで。私は、四歳のころにはすでに学校の食堂で食事をとり、父親が監督を務めるサッカー部でボール集めを担当し、ロッカールームで選手にタオルを渡していた。

ティルトン・スクールの教師とその配偶者たちが、地元住民に対して優越感をいだいていなかったといえば嘘になるだろう。父親はよく冗談で、自分たちは、卑《いや》しい小作、つまり町民たちを治める荘園領主だと話していた。おそらく本音も、少し混じっていたのではないだろうか。

私の小学校と中学校時代の友人たちは、言うなれば、卑しい小作の出身だった。すなわち、非常に貧しい家庭の子どもたちである。彼らの親は、農夫や林業従事者、工場労働者だった。そして、ティルトン・スクールの学生を「丘の上のプレッピー（訳注：名門進学校に通う学生の俗称）」と呼んで、さげすんでいた。対して私の両親は、そのような家庭の友人たちとは付き合うのをやめるよう、私に忠告していた。特に、「タウニー（訳注：学校の周辺地域に住む学校関係者以外の者への蔑称）の女性」については、うるさかった。

私たち家族は毎年夏になると、父親の長期休暇にあわせて、一九二一年に祖父が建てた湖畔のコテージで三か月間を過ごした。コテージのまわりは木々が生いしげり、夜になるとフクロウやピューマの鳴き声が聞こえた。近隣に住居はなく、徒歩圏内に私以外の子どもの姿は見られなかった。幼いころの私は、木立を円卓の騎士（訳注：ヨーロッパ中世の宮廷文学『騎士道物語』に登場する騎士の一団）や、囚《とら》われの姫に見たてて、来る日も来る日も過ごした。

私は一四歳のとき、授業料免除でティルトン・スクールに入学した。入学後は両親の忠告通り、それまでの友人との付き合いを控え、丘の下の町と、かかわらないようにした。学校が長期休暇に入り、クラスメートたちが実家の邸宅や高級マンションの最上階に帰郷すると、私だけが丘の上に取りのこされた。クラスメートたちの多くはガールフレンドを伴い、まもなく社交界デビューである。一方、私に交際相手はいなかった。私は孤独を覚えた。そして、ひどく鬱屈した。

私にも社交界デビューの資格があるのだから、いずれは幸せを味わえるだろう。そう言って両親は私をなぐさめた。いつの日か、私たち家族の高い道徳心にかなった理想の伴侶を得られる、と。しかし、私の心は渦巻いていた。まだ満たされたことがない、異性に対する欲望で。

とはいえ私はやけにならず、欲望を鎮め、ほかの生徒より秀《ひい》でることで不満を解消しようとした。はたして学業優秀学生となり、二種のスポーツで学校選抜チームのキャプテンを務め、学校新聞の編集にも携わることになった。私は、金持ちのクラスメートたちの鼻を明かしてから、ティルトン・スクールときっぱり決別しようと考え、必死に努力を重ねたのである。そして高校三年生のときに、全額支給奨学金の奨学生として、ブラウン大学に合格した。

アイビーリーグの各大学には、正式なスポーツ奨学金制度はなかったが、このブラウン大学の全額支給奨学金制度は、大学でサッカーに打ちこみたいという私の希望を、十分かなえてくれるものだった。また、学業だけを対象とする給付奨学金奨学生としてミドルベリー大学にも合格を果たしたが、私はブラウン大学を希望した。スポーツを続けたかったのと、キャンパスが市街地にあった点が理由だった。しかし、ミドルベリー大学は母親の出身校であると同時に、父親が修士号を取得した大学でもあった。そのため、ブラウン大学が名門アイビーリーグの一校であるにもかかわらず、両親はミドルベリー大学への進学を望んだ。「脚を折ったらどうするんだ?」。父親は言った。「学業対象の奨学金制度を選ぶべきだ。ミドルベリーに行きなさい」。私は妥協した。

ミドルベリー大学は、私からしてみれば、単にティルトン・スクールを大きくしたような学校だった。所在地が、ニューハンプシャーの田舎町から、バーモント州の田舎町に変わったようなものである。たしかに、ティルトン・スクールとは違って女子の学生もいた。とはいえ、まわりの学生を見渡せば、私のほうがたいてい貧しかったし、何より私には、高校生活で女子と机を並べた経験すらなかった。私は自信を失い、疎外感を覚え、みじめさを感じた。

振り返ると、人生は偶然の連続であると、つくづく思う。一つひとつの偶然に対して、どのような行動をとるかで、専門的に言えば、どのような「自由意志」を発揮するかで、自分の人生が決まるのだ。運命の綾の中で何を選択してきたかによって、今の自分があると言えるだろう。私の場合、人生を左右した二つの大きな偶然が、ミドルベリー大学で待ちうけていた。一つは、あるイラン人との出会いで、その人物は、イラン国王の私設顧問を務める司令官の息子だった。もう一つは、アンという女性との出会いである。

前者は、かつてイタリアのローマでプロサッカー選手だった経歴を持ち、本書では仮にファルハードと呼ぶことにする。カールした黒髪に、つぶらで柔らかな瞳という容貌で、身体能力にも恵まれていた。それまでの経歴や華やかな個性とあいまって、多くの女性をとりこにする男性だった。多くの点で、私とは対極の存在と言えた。それでも私はどうにか手を尽くし、彼と友人になることができた。そしてファルハードから、人生で大切なことを数多く学んだ。一方、アンとの出会いも、大きな偶然の一つだった。当時、彼女は別の大学に通う男性と交際していたが、私にも好意的に接してくれた。プラトニックな関係にあった彼女への気持ちは、同年代の女性に対して私がはじめていだいた、純粋な恋愛感情だった。

私はファルハードから、両親の忠告など気にせず、積極的にパーティに参加して、飲酒の場を楽しもうと誘われた。それをいいことに、私は父親への反抗心にまかせ、わざと学業をおろそかにした。もちろん成績は急降下した。大学側は、私への奨学金を給付から貸与に変更した。私にとって、はじめて経験する「債務」である。卒業後に、元金の返済に加えて利子の支払いにも苦しめられる貸与という制度は、私には割に合わないように思えた。そこで、二年生の途中で、私はミドルベリー大学を退学することに決めた。父親からは勘当すると脅された。しかし、ファルハードが私の背中を押してくれた。私は学部長室に行き、退学届けを提出した。それは、まさに人生を大きく左右した出来事だった。

ミドルベリーを発《た》つ前夜、私はファルハードと地元のバーで最後の夜を祝っていた。その最中、酔っぱらった巨漢の農夫が、自分の妻にちょっかいを出しただろうと言いがかりをつけてきた。そして次の瞬間、男は私の体を宙に持ちあげ、店の壁へと投げつけたのである。それを見たファルハードは、私と男の間に割って入り、ナイフを取りだし、一閃《いっせん》させた。男の頰が切りさかれた。ファルハードは私の体を反対側の窓まで引きずり、外へ押しだした。そこには、オッター川をのぞむ高い岩棚があった。私たちはジャンプして、川沿いを走り、学生寮へと戻った。

明くる朝、学内警察の尋問を受けた。私は嘘をついて、事件のことは何も知らないと言いはった。にもかかわらず、ファルハードは二者択一を迫られることになった。大学を退学するか、刑事処分を受けるかのどちらかである。彼は前者を選んだ。はたして私たち二人は、ボストンに行き、そこでいっしょに部屋を借りて心機一転を図ることにした。やがて私は、『レコード・アメリカン』紙と『サンデー・アドバタイザー』紙を刊行するハーストグループの新聞社で、『サンデー・アドバタイザー』紙の編集長付アシスタントとして働きはじめた。

その年、つまり一九六五年の後半、新聞社の同僚数人に召集令状が届いた。私は彼らと同じ運命をたどるのを避けようとボストン大学の経営学部に再入学した。ちょうどそのころ、アンは交際していた恋人と別れ、ミドルベリーからボストンにたびたび来るようになった。私は嬉しかった。明るく冗談好きな彼女と過ごすと、ベトナム戦争に対する怒りがやわらぐのを感じた。彼女は英文学を専攻しており、私は彼女の影響で、ちょっとした短編小説を書いたこともあった。アンは一九六七年に卒業を迎えたが、そのとき私には、まだボストン大学での課程が一年残されていた。彼女は、婚姻関係を結ばない同棲を、かたくなに拒んだ。それは結婚を迫るための脅迫だと私は茶化したが、その実、自分の両親の古風で堅苦しい道徳的価値観を彷彿させる彼女の考え方に、嫌悪感を覚えた。さりとて、アンとの時間は楽しかったし、もっと長く過ごしたいとの思いは変わらなかった。だから、私たちは結婚した。

彼女の父親は優秀なエンジニアで、ミサイル誘導システムの開発を指揮した経験があり、海軍省の要職に就いていた。その父親の親友で、アンが「フランクおじさん（フランクは仮名）」と呼ぶ男性は、米国家安全保障局（ＮＳＡ）の最上層部の高官だった。ＮＳＡとは、アメリカ国内で最大規模と噂される、知る人ぞ知る諜報機関である。

アンと結婚してまもなく、私は軍から、身体検査のための召集を受けた。身体検査の結果は問題なしとの判定で、大学卒業と同時に一兵卒としてベトナム戦争を戦うかに思われた。東南アジアの戦闘現場で敵の戦士とあいまみえることを想像すると、精神的につらかった。だが一方で、戦いは私にとって、幼いころからの憧れでもあった。幼少期に、トマス・ペインやイーサン・アレンなどの植民地時代の英雄にまつわる物語を、頻繁に読んだり聞かされたりしたからである。ニューイングランド地方とニューヨーク州北部に実際に足を運び、フレンチ・インディアン戦争と革命戦争の戦地をすべてこの目で確かめるほどの熱の入れようだった。歴史小説も手当たりしだいに読みあさった。したがって、アメリカ陸軍の特殊部隊がはじめて東南アジアに入ったとき、私は入隊に前向きだった。しかしその後の報道を通じて、自国の残忍で一貫性に欠ける対ベトナム政策が露《あら》わになるにつれ、私の気持ちは揺らいだ。トマス・ペインであれば、どちらの側につくだろうか。そう考える自分がいた。そして確信した。トマス・ペインであれば、私たちの敵、ベトコン（訳注：南ベトナム解放民族戦線の俗称）につくだろう、と。

救いの手を差しのべてくれたのは、「フランクおじさん」だった。NSAに入れば徴兵されないことを教えてくれたのである。加えて彼は、NSAに入るために必要な一連の面接についても調整してくれた。だが、そのうちの一つは、いわゆる嘘発見器で監視された中で行われ、私にとっては神経をすりへらす、つらい面接だった。もちろんそれらの面接は、NSAへの入局や、その後の訓練に私が適しているか否かを判断することが目的だった。もし、適していると見なされた場合は、面接で得られた情報をもとに、私の長所と短所を分析した資料が作成され、入局後のキャリア形成に活用されることになる。しかし、ベトナム戦争に対する個人的な見解を考慮すれば、面接の通過は難しいだろうと思われた。

実際、私は面接で、自国を想うアメリカ国民の一人として、ベトナム戦争に反対していることを認めた。ところが驚いたことに、面接官はそれ以上、戦争の話題を掘りさげなかった。かわりに、私の生い立ちや両親への態度、裕福で享楽的なプレッピーに混じってただ一人、貧しい禁欲主義者のように育てられた心理的影響などに焦点を当てた。また、人格形成期である高校時代の女性やセックス、金銭にまつわる不満や、それに伴う歪んだ価値観にも、質問が及んだ。ファルハードとの関係や、学内警察に嘘をついて彼を擁護した動機にまで面接官が興味を示したときには、さすがに私も驚きを禁じえなかった。

短所にしか思えなかったそれら一連の要素は、NSAが不合格の烙印を押す根拠にするのだろうと、当初私は考えていた。その考えとは裏腹に、面接は回数を重ね、思わぬ展開となった。NSAにしてみれば、私にとっての短所は、実のところ長所だった。私がそれを知ったのは、入局面接から数年後のことである。面接官は、国家に対する忠誠心よりも、私が生きる中でいだいた個人的な不満に着目していた。両親に対する怒り、女性への執着心、経済的成功を夢見る野心は、どれもNSAにとって都合のよい材料だった。要するに、手なずけやすかったのである。学業とスポーツで人を上回ろうとする意志の強さ、父親へのきわめて強い反発心、外国人とすぐに打ちとける気さくな性格、警察にシラを切ろうとするしたたかさ。そのような要素こそ、NSAが求めていた資質だった。また、のちにわかったことだが、ファルハードの父親は、イランにあるアメリカの諜報機関に属していた。ゆえに、ファルハードと友人関係にあったことも、大きなプラス要素として働いたのである。面接から数週間後、私はNSAから採用の知らせを受け、順調にボストン大学で学位を取得できたならば、諜報員としての訓練に入ってほしいと伝えられた。

その後、まだNSAへの入局を正式に決める前のこと。私はボストン大学で行われた平和部隊の採用セミナーに、何とはなしに参加した。その採用セミナーでは、NSA同様、平和部隊に入れば徴兵を回避できる点が、最大の売りとして紹介されていた。

セミナーに参加したことは当時、それほど意味のない、単なる巡り合わせのように思えた。だが蓋を開けてみれば、人生を大きく変える出来事となった。採用担当者は説明の中で、とりわけボランティアスタッフが不足している地域を、数か所あげた。その一つがアマゾンの熱帯雨林地方で、担当者が言うには、ヨーロッパ人が到来する以前のネイティブ・アメリカンと同じような生活を、地元の先住民族がおくっているとのことだった。

私は常々、一度はアブナキ族のように暮らしてみたいと考えていた。アブナキ族とは、私の祖先が植民地化する前に、現在のニューハンプシャー州の地域に居住していた先住民族である。アブナキ族がよく知る「森の知恵」のようなものを学んでみたかったのだ。そこで、説明を終えた採用担当者のもとへ行き、アマゾンで活動できるチャンスについて尋ねてみた。すると、アマゾン地域はボランティア不足が深刻で、希望者が赴任できる可能性は非常に高いと教えられた。私はNSAのフランクに電話した。

意外なことに、フランクは私の平和部隊への入隊に賛成だった。当時、フランクのような立場の人間は、ベトナム民主共和国（北ベトナム）の首都ハノイの陥落など、時間の問題であると考えていた。彼は、ハノイの陥落後は、アマゾンが注目の場所になると教えてくれた。

「石油が眠っているんだ」。フランクは言った。「だから、優れた人材が必要になる。地元住人のことをよく知る人材がね」。彼は、平和部隊での経験が、必ず将来の役に立つと請け合った。そして、スペイン語だけではなく、地元先住民の方言も、うまく操れるようになるべきだと話した。「もしかしたら」フランクは小さく笑った。「君は政府機関ではなく、民間企業で働くことになるかもしれないいな」

そのときの私は、彼の言葉の真意を読みとれずにいた。実際は、諜報員よりも高等な、エコノミック・ヒットマンとしての道が、私の前に用意されようとしていたのだ。だが当時は、エコノミック・ヒットマンという言葉なぞ聞いたことがなかったし、その存在を知るのも、それから数年後のことである。コンサルティング会社などの民間企業に属しながら、いかなる政府機関からもビタ一文もらわず、アメリカの帝国主義に資する人間が、世界各地に何百と散らばっていることなど、夢にも思わなかった。ましてや、玉虫色の肩書きで活動する新たなエコノミック・ヒットマンが、二〇世紀末までに千人規模に膨らみ、その中で私が重要な役割を演じるなんて、予想だにしなかった。

私は、アンとともに平和部隊に応募し、アマゾンでの活動を希望した。その後、二人に入隊許可の通知が届いた。しかし、その書面を見たとたん、私はひどく落胆した。赴任地の欄に「エクアドル」と記載されていたのである。

まいった、そう思った。アマゾンを希望していたのに、アフリカなんて。

さっそく世界地図を手にとり、エクアドルを探した。だが、アフリカ大陸を見まわしても載っていない。私は困惑した。そこで地図の索引を確かめてみると、エクアドルがラテンアメリカの国であることがわかった。学校で長く勉強してきたにもかかわらず、世界地理の基礎知識すら頭に入っていなかったのである。私は地図上で、アンデス山脈の氷河を源とする水系が、雄大なアマゾン川の上流域を形成していることを確認した。さらに参考資料に目を通し、エクアドルのジャングルが、世界屈指の多様性と危険を伴う場所であることを知った。また、先住民が今なお、数千年前と同じ暮らしを営んでいることも。私とアンは、エクアドル行きを決めた。

私たちは南カリフォルニアでの訓練を終え、一九六八年にエクアドルへと発った。そして、ヒバロ族とともにアマゾンで生活した。ヒバロ族の生活はたしかに、植民地時代以前のネイティブ・アメリカンの暮らしに似ていた。その後、アンデス山脈の町に移動し、インカ族の子孫である地元住人のレンガ職人たちを支援した。そこは、現代に存在しているとは、とても思えないような場所だった。それまで、私の知るラテンアメリカの人間といえば、ティルトン・スクールの裕福なプレッピーたちである。そのため、狩猟や農業に従事しながら地元で採れる粘土を成形し、原始的な窯《かま》で焼いてレンガを作る先住民を見て、私は最初、哀れに思った。と同時に、妙な親近感も湧いた。かつて私が関係を絶った「タウニー」の気配を、そこはかとなく感じたのである。

アンデス山脈での、ある日のこと。ビジネススーツに身を包んだ、アイナー・グリーブという名の男が、近くの滑走路に降りたった。国際コンサルティング会社「Chas. T. Main, Inc.（MAIN《メイン》）」で本部長を務める人物である。MAIN社は、その事業内容を公表していなかったが、その実、エクアドルやその近隣諸国の調査を請け負っていた。世界銀行がその調査資料をもとに、水力発電ダムなどのインフラ事業に数十億ドル規模の融資を実施するか否かを判断するのである。なお、アイナーはアメリカ陸軍の出身で予備軍の大佐でもあった。

彼は、私との会話の中で、MAINのような企業で働く利点について語った。私が、平和部隊の前にNSAから内定を得ており、将来NSAで働くことも視野に入れている旨を伝えると、アイナーは、自身も頻繁にNSAの連絡役を務めていることを打ちあけた。彼の表情からして、私の能力査定も、エクアドル訪問の目的の一つであるように感じた。今からしてみれば、アイナーは私の身上記録を更新するために来ていたように思う。北アメリカのほとんどの人が敬遠するような環境でも生活できる能力を確認することが、目的だったのかもしれない。

アイナーと私は、エクアドルで数日間をともにしたあとも、連絡をとりあった。その中で私は、エクアドルの経済展望に関する報告書の作成を依頼された。書くことが好きで、ポータブルの小型タイプライターを持参していた私は、喜んでその依頼を引き受けた。その後、一年という期間にわたってアイナーに宛てた長文の報告書は、一五本にも及んだ。私は一連の報告において、エクアドルの政治経済の見通しだけではなく、地元住民のあいだで高まる不満についても分析した。地元住民は当時、地域一帯の開発をめざす石油会社や国際開発機関の動きに苦しめられていた。

こうして平和部隊での活動を終えた私は、ボストンにあるMAINの本社で、アイナーによる就職面接を受けることになった。その一対一の面接で彼は、MAINの主要事業がエンジニアリングであることを説明し、彼の最大の顧客である世界銀行から近年、エコノミストによる重要な経済予測の作成を依頼されている旨を強調した。その予測をもとに、世界銀行がエンジニアリング事業のフィジビリティ（訳注：実現可能性）や適正規模を判断する、というわけである。そのため、輝かしい経歴を誇る、きわめて優秀なエコノミストをすでに三人採用したとのこと。二人は修士で、一人は博士だった。しかし哀れにも、その三人は期待はずれだったという。

「誰ひとりとして、統計資料の材料に乏しい地域で経済予測を立てることができなかったんだ」。アイナーは説明した。エクアドルやインドネシア、イラン、エジプトなど、遠く離れた国々に実際に足を運び、現地の当局者から情報を収集し、当該地域の経済開発の見通しについて、個人的評価をくだすことが、それぞれの任務だった。ところが、一人に関しては、パナマのさびれた村でノイローゼになってしまったとのこと。結局、パナマ警察によって空港まで搬送され、飛行機でアメリカに送還されたという。

「以前もらった報告書を読んで、君なら、根拠となるデータがなくても、現地でいろいろ動きまわってくれると思ったんだ。それに、エクアドルでの暮らしぶりからして、場所がどこであってもやっていけると確信したのさ」。アイナーいわく、採用したエコノミスト三人のうち、一人はすでに解雇し、残りの二人についても、もし私がエコノミストの仕事を引き受けるのであれば、クビにするとのことだった。

かくして一九七一年一月、私はMAINからエコノミストの仕事を打診されたのである。年齢はすでに二六歳。もう徴兵委員会から声がかからない年齢に達していた。私はアンの家族に相談した。返ってきた答えは、入社に賛同するものだった。その反応には、フランクの意見が反映されているように思えた。振り返れば、彼はかつて、私が民間企業で働くことになるかもしれないと口にした。はっきりと聞いたわけではないが、MAINからの話は、フランクが三年前、私のNSA入局を後押ししてくれたおかげに違いなかった。加えて、エクアドルでの生活経験と、同国の政治経済動向について報告した意欲が買われたのだろう。

それでも私は数週間、心の整理がつかなかった。とはいえ、自尊心をおおいにくすぐられたことは、言うまでもない。たしかに私は、ボストン大学で学士を修めていたものの、一流コンサルティング会社でエコノミストを務めるには、力不足と言えた。軍入隊に不適格と見なされ、大学院に進学し、MBAなどの修士号や博士号を取得した大学時代のクラスメートの多くは、私がMAINのエコノミストになると知ったならば、嫉妬に狂うことだろう。ふと私は、秘密諜報員として活躍する自分の姿を思い描いてみた。異国の地を駆けめぐり、ホテルのプールサイドでくつろぎ、ビキニ姿の美しい女性に囲まれ、マティーニのグラスを揺らしている姿を。

当時は、ただの妄想にすぎなかった。だがのちに、現実の一場面として私自身を出迎えることになる。ともかく、私はアイナーの手引きで「エコノミスト」になった。そして、真の任務が、まったく別のところにあることを知る。それはまるで、ジェームズ・ボンドを演じるようなものだった。私の想像をはるかに超えた舞台で。

第6章

死ぬまで秘密

法律に照らして言えば、MAINは非公開企業である。その株式を握るのは、MAINで働く二〇〇〇人のうち、およそ五%にあたる一部の人間だ。彼らは、パートナーもしくはアソシエイトと呼ばれる。いわゆる、憧れの役職である。パートナーは、組織をあまねく統率する権力を持つだけではなく、巨額の報酬を手にする。パートナーのあいだの金科玉条は、業務の秘匿だ。付き合う相手は国家元首やその他の高官で、弁護士やカウンセラーと同じく、コンサルタントにも機密保持の徹底が厳しく求められる。報道関係者と言葉を交わすなど、もってのほかだ。絶対に許されない。はたして、外部の人間はMAINのことをほとんど知らない。競合他社は広く知られているにもかかわらず、だ。具体例をあげれば、アーサー・D・リトル（Arthur D. Little）、ストーン&ウェブスター（Stone & Webster）、ブラウン&ルート（Brown & Root）、ハリバートン（Halliburton）、ベクテル（Bechtel）などがそうである。

ただ彼らを「競合他社」と呼ぶと、少し誤解を招くかもしれない。MAINは、その道において、他社の追随を許さないからだ。社員の大半はエンジニアだが、私たちは機材を持たず、倉庫すら作らない。働く人たちの多くが、軍出身ではあるものの、国防総省や軍事関連機関を契約相手とするわけではない。「売るもの」が、一般企業のそれとあまりにかけ離れているため、私は最初の三か月間、MAINが何をする会社なのかわからなかったくらいだ。知りえた内容といえば、私の最初の赴任地がインドネシアで、

――人構成のチームの一員として、ジャワ島のエネルギー供給に関する基本計画の策定に携わる、ということだけである。

私は事前説明の際、アイナーなどから、ジャワ島の経済が急成長すると幾度となく言われた。そして、もし優秀なエコノミストとして評価されたいのであれば（つまりMAINで出世したいのであれば）、その評価にふさわしいだけの予測を立てる必要があると念を押された。

「ぐーんと」それがアイナーの口癖だった。みずからの指を頭上へと走らせ、宙に上昇曲線を描いてみせるのだ。「鳥が舞い上がるように、経済が急成長するのさ！」

アイナーはよく出張に出たが、たいてい二～三日でオフィスに戻ってきた。彼の出張を話題にする者はおらず、誰も行き先を知らない様子だった。彼は社内にいると、私に声をかけて隣に座らせ、コーヒーを飲みながら、少しの時間、雑談することがあった。話題はアンや、新しく借りたマンション、エクアドルから連れてきたペットの猫などについてである。彼との距離が縮まるにつれ、私はいろいろなことを知りたくなった。例えばアイナー自身のことや、私に期待されている仕事など。だが、そうした話題については、煙に巻かれるのが常だった。彼は質問をはぐらかす達人と言えた。その証拠に、あるときなど、いぶかしげな表情で私を覗きこんでこう言うのだった。

「心配無用さ。君にはおおいに期待しているんだ。そういえば先日、ワシントンで……」しだいに声をひそめ、なぜか笑みを浮かべる。「とにかく、ビッグ・プロジェクトがあるんだ。クウェートでね。君がインドネシアに発つのは、まだ少し先だろう？　時間があるときに、クウェートについて調べてみたらどうだい。ボストン公立図書館に行けば、山ほど資料がある。なんなら、MIT（マサチューセッツ工科大学）とハーバード大学の図書館も利用できるように手配しておくよ」

その後、私はそれらの図書館で多くの時間を過ごすようになった。特にボストン公立図書館は、オフィスからほど近く、私のマンションと目と鼻の先にあったため、よく利用した。図書館に通いつめたおかげで、私はクウェートに詳しくなっただけでなく、国際連合や国際通貨基金（ＩＭＦ）、世界銀行などの刊行物に載る経済統計にも精通するようになった。当時、私には、計量経済学に基づき、インドネシア全土およびジャワ島の経済モデルを構築する役目が期待されていた。そのため、私はまず、クウェートの経済モデルを試しに作成してみようと考えたのだ。

しかし、経営管理学の学士としての知識だけでは、経済モデルの作成は至難のわざだった。したがって、私はどう対応すべきか、頭を悩ませた。モデル構築に関する講座もいくつか受講したほどである。だがそうするうちに、統計資料をうまく活用すれば、多種多様な結論を導けることに気がついた。もちろん、アナリストが個人的に望む結論でさえも。

ＭＡＩＮは男性中心の職場だった。一九七一年の時点で、総合職に就く女性は四人しかいなかった。一方で、秘書として働く女性は、二〇〇人近くいたかもしれない。本部長や部長クラスには、おのおの一人の秘書がつき、残りの一般職員については、少数の秘書がまとめて担当する体制だった。私は、この男性偏重の職場にすっかり馴染んでいた。よって、ボストン公立図書館の閲覧コーナーでのある日の出来事には、すっかり意表を突かれてしまったのである。

その日、好みの女性がゆっくり歩いてきたかと思うと、私の向かいの席に座った。ダークグリーンのスーツを着た彼女は、いかにも聡明な女性に見えた。自分より少し年上かなと思いつつ、彼女の存在に気づいていないふりをして、私は無関心を装った。そのまま数分が経過しただろうか。おもむろに、彼女は黙ったまま一冊の本を開いて、私に差しだした。そのページには図表が記載されていたが、よく見ると、まさに私がクウェートについて探していた情報だった。そして、ページの片隅には名刺が置かれていた。そこには、ＭＡＩＮ担当スペシャル・コンサルタント、クローディン・マーティンと記されていた。視線を上げて、彼女の柔らかいグリーンの瞳に結びつけると、彼女がこちらに手を伸ばし握手を求めた。

「あなたの指導を担当させてもらうわ」と彼女は言った。私は狐につままれたような思いだった。

翌日から、私たち二人はクローディンが住むマンションで顔を合わせるようになった。彼女の自宅は、ボストンのＭＡＩＮ本社が入る複合施設プルデンシャル・センターから数ブロック離れた、ビーコン・ストリート沿いにあった。はじめて訪れた日、クローディンは最初の一時間を使って、守秘義務について説明した。私の役職が特殊であり、業務にかかわるすべてのことを絶対に口外してはならないと、私は釘を刺された。守秘義務の説明を終えると、彼女は自嘲ぎみに笑いながら、私をエコノミック・ヒットマンに育成することが、みずからの任務だと話した。

エコノミック・ヒットマンという言葉を聞いた私は、かつて見たスパイ映画を連想した。不安がよぎり、思わず笑顔が引きつる。クローディンは顔をほころばせ、半《なか》ば冗談でその言葉を使っていると話した。そして「それなら、本当に存在するなんて、誰も思わないでしょう?」と継いだ。

私は、エコノミック・ヒットマンが何をするのか、まったく見当がつかないと正直に伝えた。

「エコノミック・ヒットマンは、あなた一人じゃないの」そう言った彼女の内面で一瞬、自尊心が揺らいだように感じた。「私たちは稀少な人種なの。汚れた世界の住人よ。それと、誰も、あなたのかかわることについて知りえないわ。あなたの奥さんですら、ね」。そして、真剣な顔つきになった。「率直に言うわ。来週以降、私が知っていることをすべて、あなたに伝える。それを踏まえて、あなたは決断するの。一度決心したら、もう後戻りできない。足を踏み入れたら最後、死ぬまで汚れた世界の住人よ」

それっきり、彼女の口から、エコノミック・ヒットマンという言葉が発せられることはなかった。私たちはもう、EHM戦略を遂行する、単なるEHM《イーエイチエム》という存在だった。

当時の私には知るよしもなかったが、いま振り返ればわかることがある。それは、NSAによる身上記録に載る私の精神的な弱みを、クローディンが最大限に利用していた、ということだ。彼女に情報提供した人物については見当がつかない。アイナーかもしれないし、NSAもしくはMAINの人事担当者かもしれない。それ以外の可能性だってあるだろう。ただ、彼女がみごとに、その情報を活用したことだけは確かである。女性としての肉体的なアピールに、巧みな言葉遣いを交えてのアプローチは、私の弱みにうまくつけこんだ作戦と言えた。それでいて、任務遂行の基本にかなうものでもあった。のちに学ぶことになるのだが、ハイリスク・ハイリターンの契約を、高まる重圧の中で相手に結ばせるためには、任務の種類を問わず、このような手口が常套手段なのだ。クローディンと彼女の上司は、私が、秘匿すべき活動を妻に口外して、婚姻生活を犠牲にしたりはしないことを、はじめからわかっていた。なるほどクローディンはその後、私がこれから手を染める闇の世界について、残忍なほど、偽りなく語ったのである。

彼女がどこから報酬を得ているのか、私にはわからなかった。ただ、確証はなかったが、名刺が示唆するように、MAIN本体ではないと思った。当時の私は、目の前の汚れた世界にあまりにうとく、ただ圧倒され、そして魅了されていた。そのため、今となっては当たり前のことでも、臆面なく尋ねることができなかった。

クローディンによれば、私の任務には、大きくわけて二つの目的があった。一つは、他国における大規模なエンジニアリング・建設プロジェクトへの巨額融資を正当化し、MAINをはじめとするアメリカ企業（ベクテル、ハリバートン、ストーン&ウェブスター、ブラウン&ルートなど）に資金を還流させること。そして、もう一つは、巨額融資を受け入れた標的国を（ＭＡＩＮなどアメリカ企業への債務返済が完了したあと）破産に追い込み、永続的に従属させることだった。かくして、軍事拠点の整備や国連決議の投票、石油などの天然資源の採掘に関して、アメリカの意思が反映されるというわけである。

それらの目的の達成に欠かせないのが、彼女いわく、ＥＨＭ戦略の四つの戦術だ。つまり、脅威、負債、需給逼迫への危機感、分断・統治、である。クローディンはそれらの戦術に関する歴史をひもときながら、近年は脅威から負債に重きが置かれるようになったと強調した。ただし、需給逼迫への危機感と、分断・統治という戦術も、重要であることに変わりないと補足した。

数十億ドル規模の融資がその国にもたらす経済効果を予測するのが私の仕事だった。具体的には、現在から二〇～二五年後にかけての経済成長を予想し、その中で、プロジェクトごとに経済効果を分析するのである。例えば、ある国に対して一〇億ドルを融資して、政府当局にソビエト連邦と協力しないよう求めるとする。その際に、発電施設の建設、全国的な鉄道網の整備、電気通信システムの構築など、それぞれの事業への投資による経済効果を割りだして比較する、といった具合だ。ときには相手国側から、最新鋭の発電所システムの導入を検討している、と言われることもあるだろう。そのような場合、融資を正当化すべく、当該システムが大きな経済成長をもたらす根拠を示すことが、私の仕事となる。いずれにしても、決定的根拠となるのが、国民総生産（ＧＮＰ）である。ＧＮＰにおいて最も高い年間平均成長率を示すプロジェクトこそ、最良のプロジェクトと見なされるのだ。もし、一つのプロジェクトしか検討されていないのであれば、そのプロジェクトがＧＮＰを飛躍的に成長させる根拠を提示すればよかった。

だがプロジェクトが何であれ、裏に隠された真の狙いは、アメリカ側の請負業者に多額の利益をもたらし、債務国側のカネと権力を握る一握りの者たちを喜ばせておきながら、その国の経済を長期的に支配することである。そうすることでアメリカは、傀儡《かいらい》政権を世界中に作ろうとたくらんでいた。すなわち、融資が巨額であればあるほど、都合がよかった。標的国に負わせた債務が、その国の最貧困層から医療や教育、その他の社会福祉を受ける機会を奪うことなど、はなから頭になかったのである。

私はある時点で、クローディンから教えられたことがある。それは、融資受け入れの決定権を握り、それを実行する立場にいる相手に対して、私が言うべきセリフだった。その文句は次の通りである。「自国を繁栄させたいのであれば、世界銀行からの融資を受け入れ、世界銀行とIMFの提示した条件に忠実に従えばよいのです」。彼女の言う通り、私はその文言をノートに記して暗記した。そして、それからの数年間、幾度となく口にすることになった。やがて、世界銀行やIMF、米財務省、その他の関連機関は、ひとくくりにワシントン・コンセンサスと総称され、その政策は新自由主義に分類されるようになる。それを受け、クローディン直伝のセリフもリニューアルされた。「自国を繁栄させたいのであれば、ワシントン・コンセンサスからの融資をもとに、インフラ整備事業の展開をアメリカ企業に発注し、新自由主義を採用すればよいのです」、と。

ところで当時、彼女と私が公然と口にしていたのが、GNPがいかにあてにならないか、という事実である。例えば、利益を得るのが一人だけでも、GNPは成長しえるのだ。つまり、公益事業会社のオーナー一人だけが儲《もう》けて、大衆が借金を抱えても、GNPは伸びるのである。金持ちがさらに金持ちになり、貧乏人がより貧乏になる。そうであったとしても、統計上では、経済成長として記録されてしまうのだ。これは、国内総生産（GDP）でも同じである。

アメリカに住む一般市民と同じように、MAINで働く人たちの大半は、事業を展開する国々のために、発電施設や高速道路、港湾を整備すると考えている。事実、アメリカ市民は学校教育やメディアを通じて、アメリカの対外事業は、あまねく利他的なものであると教えられる。ただし近年、次のような発言を耳にする機会が増えた。「星条旗を燃やしたり、アメリカ大使館前で抗議デモを行ったりするような、ふざけた国で事業をするのはやめて、やつらに貧しさをたっぷり味わわせてやればどうか？」

私の認識では、そのような発言をする人たちの多くが高学歴の持ち主である。しかし、そもそもアメリカが国益の追求を最大の目的として、世界各国に大使館を設置したという史実が看過されている。二〇世紀後半を振り返れば、史上初となる真の世界帝国の構築、すなわちアメリカ政府の主導・支援による国際経済の支配こそが、大使館設置の主な目的だった。相応の教育を受けてきたにもかかわらず、そのような発言をする人たち（私もかつてはその一人だった）は、誤った認識に立脚していると言えるだろう。みずからの土地を守るために戦ったネイティブ・アメリカンを「悪の使い」と称した、一八世紀の開拓者と同じように。

インドネシアのジャワ島へ発つ日が、数か月後に迫っていた。インドネシアは当時、地球上で最も人口密度が高い国だった。石油が豊富に眠るイスラム教国で、共産主義の温床と目されていた。ソビエト連邦だけでなく、中国も、インドネシアを足がかりとして東南アジア全域に影響力を強めようとしていた。「インドネシアは、ベトナムの次のドミノ牌よ」。これはクローディンのたとえである。「インドネシアの人びとを取りこむことは至上命題だわ。もし共産主義に飲みこまれてしまうなんてことになれば、私たちは……」そう言って、指で首を切るふりをした。そして微笑《ほほえ》んだ。「あなたが、非常に楽観的な経済予測を作るように迫られたとするでしょ。発電所や送電網がすべて整えば、うなぎ登りに経済が伸びるといったような。そうすれば、ＵＳＡＩＤや国際金融機関が融資する根拠ができるわけ。で、あなたはもちろん称賛されて、また異国の地で、新たなプロジェクトを手がけることになる。もう、望むものは何だって手に入るわ」

　私はある日、ジャワ島で活動するMAINのプロジェクトチームには、自分のほかに一〇人いることをクローディンに確認した。そして、その一〇人は私と同様の訓練を受けているのか尋ねてみた。彼女は、受けていない、とはっきり答えた。

「ほかの一〇人はエンジニアだわ。発電所や送配電網、それに燃料を輸送するための海港や道路をデザインするのが仕事よ。経済動向の予測を担当するのは、あなただけ。あなたの予測によって、残りのメンバーが計画する事業規模が決まるの。そして、融資額もね。わかる？　あなたがカギなのよ」

　クローディンのマンションからの帰り道、私は決まって、自分が過ちを犯しているのではないかと苦悩した。心のどこかでは、そうかもしれないと感じていた。しかし私はまだ、かつての鬱屈を引きずっていた。MAINで仕事をすれば、それまでの人生で欠落していたピースがすべて手に入るように思えた。カネ、権力、セックス――。最終的に、私は自分自身に妥協した。実態をもう少し知って、それをみずから体験してから、世に訴えても遅くないのではないか、と。

　クローディンにその気持ちを伝えたところ、彼女は困惑した顔つきになった。「馬鹿なこと考えないで。一度入ったら、二度と出られない世界なのよ。決めるのは、あなた自身。手遅れになる前にね」。彼女の言わんとするところは理解できた。と同時に、恐怖を覚えた。彼女のマンションを出た私は、通りをあてもなく歩き、交差点をいくつか曲がった。自分だけは違う、みずからにそう言いきかせながら。

　それから数か月が経ったある日の午後、私はクローディンとともに、窓際の椅子に腰かけ、ビーコン・ストリートに舞いおちる雪を眺めていた。「私たちは、住む世界が違う、限られた人間なの」。彼女は言った。「報酬を得て、そう、巨額の報酬をもらって、世界中の国々から何十億ドルもの大金をまきあげるのよ。その中で、アメリカに商業利益をもたらす広域経済圏に加わるよう、世界の指導者たちを説きふせるのが、あなたの主な仕事。そのために、まず共産主義を脅威として吹きこみ、いざとなれば、アメリカによる脅威もちらつかせる。そして金融機関からの融資の受け入れが唯一の解決策であることを伝える。その融資をもとに、アメリカ企業にインフラ整備を発注すれば貧困から抜けだせる、って——。シンプルでしょ。結局、相手の指導者たちは借金で首がまわらなくなって、アメリカに忠誠を誓うしかなくなる。事あるごとに、私たちの意に従わざるをえなくなるの。政治、経済、軍事に関してね。そのかわり、自国の社会に工業団地や発電所、空港などをもたらすことで、自分たちの地位は、より確かなものになる。その一方で、アメリカのエンジニアリング・建設企業のオーナーたちは、うんと儲かるってわけ」

クローディンのきれいに片づけられた部屋の窓際から、窓の外でひらひらと舞いおちる雪を穏やかに眺めていたその日の午後、私は、みずからがこれから足を踏み入れようとしている世界の過去を知った。彼女はまず、これまでの歴史において、ほとんどの帝国が軍事力そのものや軍事的脅威によって構築されてきたことに言及した。その上で、第二次世界大戦後にソビエト連邦が台頭し、核兵器による大量虐殺の恐怖が広がると、軍事力に頼るやり方が、あまりにも危険になったと説明した。

分水嶺は一九五一年だったという。その年、イランにおいて市民と天然資源を搾取していたイギリスの石油会社に対して、イラン政府が反旗を翻《ひるがえ》したのだ。当該石油会社は、現在のBP、ブリティッシュ・ペトロリアム（British Petroleum）の前身にあたる企業である。民主選挙により当選を果たし、きわめて高い人気を誇った当時のイラン首相モハンマド・モサッデク（一九五一年の『タイム』誌のパーソン・オブ・ザ・イヤー）が、まず石油会社への対抗措置として、自国の石油資産を余すところなく国有化。その行為に腹を立てたイギリスは、第二次世界大戦時の同盟国アメリカに協力を要請した。しかし米英両国は、ソ連の大々的な軍事活動を呼ぶ恐れがあるとし、イランに対する軍事的報復に二の足を踏む。

はたしてアメリカは、海軍を派遣するかわりに、ＣＩＡ諜報員カーミット・ルーズベルト（第二六代米大統領セオドア・ルーズベルトの孫）を現地に送りこんだ。そして、そのカーミットが、みずからの手腕をいかんなく発揮する。彼は賄賂や脅迫、反共産主義プロパガンダなどを駆使して、大衆の心をつかむことに成功した。人びとはやがて、カーミットに扇動される形で、次々と市街地で暴動を起こしたり、過激なデモを敢行したりするようになる。すると、モサッデクの求心力が低下しているとの見方が広がり、その手腕を疑問視する声が高まった。結局、モサッデクは失脚し、自宅軟禁に置かれたまま、残りの人生を過ごすことに。かわって、親米派のパーレビ国王（訳注：モハンマド・レザー・パフラヴィー）が、絶対的独裁者として首長の座に就いたのである。以上のようなカーミットの諜報活動を契機に、汚れた仕事がこの世に生まれたのだ。そしてその職業に、私が今、手を染めようとしている。

カーミットによる謀略は、中東の歴史を塗りかえただけでなく、帝国構築の常套手段とされてきた統治戦略を、時代遅れのものとした。また、くしくも、「核兵器なき軍事活動」という試みが始まったのも、そのころである。くだんの試みはのちに、朝鮮半島やベトナム、アフガニスタンにおけるアメリカの屈辱へと結びつく。私がＮＳＡの面接を受けた一九六八年の時点で、もしアメリカが世界帝国構築という夢を果たしたいのであれば、カーミットがイランで展開した戦略を模範とすべきことは明らかだった。核戦争開戦のリスクを伴うことなく、ソ連を打倒するには、その選択肢しか残されていなかったのである。

だが、一つだけ問題があった。それは、カーミット・ルーズベルトがＣＩＡの人間だったことである。もし彼が拘束されていたならば、大変な事態になっていただろう。カーミットはアメリカの諜報活動を指揮して、はじめて他国の政権を転覆させた人物である。そして彼の前例を機に、そのような諜報活動が本格化しようとしていた。そこで、アメリカ政府をほのめかす要素を排除する必要が生じたのである。

アメリカの戦略家にとって幸運なことに、一九六〇年代は、別の変化の波も押しよせていた。当時、グローバル企業が台頭し、世界銀行やIMFなどの国際機関がその影響力を拡大。そのような国際機関の主な出資国は、アメリカと、アメリカ帝国主義の支援者とも言えるヨーロッパの親米国だった。したがって政府、グローバル企業、国際機関の三者による共生関係が生まれつつあったのである。

私がボストン大学経営学部に入学するころには、すでに、カーミットがCIA課報員だったことに伴う懸案は解決を見ていた。NSAを含むアメリカの諜報機関は、グローバル企業での雇用を見据えたうえで、エコノミック・ヒットマンにふさわしい有望な人材を見つくろっていたのである。ここで留意すべきは「報酬を支払うのが政府ではない」という点である。雇い主は、民間企業なのだ。したがって万が一、汚れた仕事が白日のもとにさらされたとしても、それはあくまで、一企業の「あこぎな」なビジネスとされるに留まり、政府に累が及ばないのである。おまけに、所属先が民間企業であれば、政府機関や国際金融機関から資金が流れることはあっても、強化されつつあった商標法や国際商取引法、情報公開法など、一連の法規制のおかげで、議会による監視や公開審査の対象とならずにすんだ。

「わかったでしょ。私たちは、あなたが小学一年生のときに産声をあげた、誇り高き仕事を継ぐ『ニュー・ジェネレーション』ってわけ」。クローディンはこう結んだ。

第7章

インドネシア：EHMへの道

みずからの仕事のあらましについて学ぶかたわら、私は書籍を読んでインドネシアに関する知識を蓄えた。「その国に関する知識が多ければ多いほど、赴任してからの仕事が楽になるわ」。そうクローディンから事前にアドバイスを受けたためである。その忠告を肝に銘じたというわけだ。

一四九二年、大海へ乗りだしたコロンブスがめざした先は、当時スパイス・アイランドと呼ばれていたインドネシアだった。植民地時代を通じて、インドネシアはアメリカ大陸よりはるかに価値のある土地と考えられていた。その中でも、多種多様な織物や高価なスパイス、華やかな王国に代表されるジャワ島は、他国にとって最も魅力的な場所であり、スペインやオランダ、ポルトガル、イギリスの探検家たちが幾度となく争いを繰りひろげた。最終的にオランダが一七五〇年、戦いに勝利し、ジャワ島を支配下に収めたが、周辺諸島を従属させるまでには、さらに一五〇〇年以上もの年月を要した。

だが第二次世界大戦中に、日本がインドネシアに侵攻すると、オランダ軍はさしたる抵抗を見せずに敗走した。そのためインドネシア市民、特にジャワ島の住民は甚大な被害を受けることになった。第二次世界大戦で、日本が降伏すると、傑出した指導者スカルノが独立を宣言した。その後、独立をめぐりオランダと戦争になったが、四年後の一九四九年一二月二七日、オランダはインドネシアの独立を承認した。はたして、三世紀以上にわたる「抵抗のち支配」という辛酸を味わってきた一般市民に、ようやく主権が戻されたのである。そしてスカルノが、インドネシア共和国初代大統領に就いた。

だが、インドネシアという国の統治には、オランダとの戦争をはるかに上回る困難が待ちうけていた。およそ一万七五〇〇もの島々からなる群島国家インドネシアは、驚くほど多様性にあふれた国で、民族や文化のるつぼである。人びとが話す言語や方言は数十種類にのぼり、民族どうしの敵対関係は数世紀にわたり解消されないままだった。よって、各地で苛烈な争いが頻発し、スカルノは弾圧に乗りだした。その後、彼は一九六〇年に国会を休会にし、一九六三年には終身大統領となった。中国など世界の共産国家と親密な関係を築き、かわりにそれらの国々から、兵器や軍事訓練の提供を受ける。そして、ロシアの指導により武装化した軍をマレーシアに派遣し、東南アジアに広く共産主義を浸透させようとした。その結果スカルノは、世界中の社会主義指導者たちから信頼を得ることになった。

スカルノ政権打倒の機運が高まり、クーデターが勃発したのは一九六五年のことだ。スカルノは夫人のとっさの機転により、暗殺の難を逃れた。だが、軍高官や側近の多くは遅きに失した。アメリカの支援を受けた反スカルノ派による一連の出来事は、一九五三年にイランで起きたクーデターを彷彿させた。いずれにせよ、インドネシア共産党、特に中国寄りの派閥は、責任を問われることになった。政変はその後、軍による武力行使へと発展し、推定五〇万もの人が虐殺された。その死者数は、一部推計では二〇〇万以上ともされている。そして一九六八年、軍を率いる将軍スハルトが大統領に就任した。

アメリカは一九七一年にはすでに、インドネシアにおける反共産主義の動きを支援していた。その背景には、ベトナム戦争での不利な戦況があった。大統領ニクソンは一九六九年の夏から、アメリカ軍をベトナムから次々と撤退させ、より国際的な政策に重きを置くようになった。一国、また一国と、ドミノ倒しのように共産主義化が進むことを恐れ、大局的な政策へと舵《かじ》をきったのである。それに伴い、アメリカが重視した数か国のうち、中でも重要国とされたのが、インドネシアだった。つまり、同国で展開されたMAINの電化事業は、東南アジアでの影響力強化という大局的方針の一部にすぎなかったのである。

このアメリカの対外政策の根底には、イランのパーレビ国王よろしく、インドネシアのスハルトも懐柔できるとの目算があった。アメリカは、インドネシアが経済発展するさまを、ほかの東南アジア各国に顕示したいとたくらんでいた。また、インドネシアでの成功を足がかりに、あわよくばイスラム世界への影響力を強化できるとの目論見《もくろみ》もあった。特に、政情が不安定な中東に対して、その思惑が強かったと言える。たとえその目論見が外《はず》れたとしても、インドネシアには石油があった。インドネシアに眠る石油の埋蔵量と質に関しては、まだ何も確証を得られていなかったが、石油会社の地震学者たちが、その可能性に色めきだっていたことは事実だった。

ボストン公立図書館で書籍に目を通すにつれ、私の興奮は高まるばかりだった。目の前に広がる冒険に、思いを馳せつつあった。私はMAINで働くことで、平和部隊での殺伐とした日々を、優雅で華やかな生活に置きかえようとしていた。もっとも、クローディンとの時間の中で、すでに人生に欠けていたピースの一つを堪能していた。セックス。そう、婚姻関係にない女性と、むさぼるように。それは、かつて描いた幻想に生きているような時間だった。全寮制の男子校でつのらせた鬱憤が、多少なりとも晴れたように私は感じていた。

また別の意味でも、私は人生の転機を迎えていた。アンとの関係に、溝が生まれつつあったのである。私たち二人は、事あるごとにケンカするようになっていた。彼女は、私が変わってしまったと嘆《なげ》いた。もう結婚当初の私ではない、と。平和部隊で何年もいっしょに過ごした相手ではない、と。もしかすると、彼女はすでに、私に別の居場所があることを感じとっていたのかもしれない。

私はみずからの行動を、そもそも結婚にこだわった彼女への当然の報《むく》いとして都合よくとらえていた。エクアドルでの苦難の日々を支え、私を成長させてくれたことなど、頭から消えていたのである。両親の安易な忠告に屈した過去を、彼女との結婚に投影させていた。今にして思えば、アンが別の女のにおいを嗅ぎとっていたことは、ほぼ間違いないだろう。いずれにしても、私たち二人は、別々の場所で暮らすことを選択した。

インドネシアへの出発が約一週間後に迫った一九七一年のある日のこと。私がクローディンの部屋を訪ねると、ダイニングルームの小さなテーブルに、チーズとパンとともに、高級ワインが一本、置かれていた。彼女は私にグラスを掲げた。

「おめでとう」。笑顔でそう言った。だが、私にはなぜか、心からの祝福には聞こえなかった。「いよいよ、私たちの仲間入りね」

その後、私たちは三〇分ほど雑談しただろうか。ちょうどワインがなくなりかけたころ、彼女の顔つきが、これまで見せたことのない表情に豹変した。「私たちが会っていたことは他言無用よ」。ドスのきいた声だった。「もし口外したら、私は許さない。永遠にね」。クローディンの視線が私を射抜いた。おそらく、私が彼女に恐れをいだいた、はじめての瞬間だったかもしれない。彼女が冷淡な笑みを浮かべる。

「私たちのことをしゃべったら、あなたはただじゃすまされない」

言葉を失った。身を切られたような思いだった。その後、私は一人、プルデンシャル・センターのオフィスへと引きかえした。歩きながら、この計画の周到さに舌を巻くよりほかなかった。私がクローディンとともにした時間は、一刻も余すところなく、彼女のマンションの部屋の中に限られていたのである。私たちの関係を裏づける痕跡が残されているわけでも、MAINの人間が何らかの形でかかわっているわけでもなかった。ただし、私にとって救いがあるとすれば、それは、彼女が正直だった、ということかもしれない。ティルトンの町の人たちやミドルベリー大学に関して私の両親が弄したような詭弁を、彼女は使わなかったからだ。

第8章

共産主義からの救出

これから三か月を過ごすことになるインドネシアという国に対して、私は耽美な思いをいだいていた。エキゾチックで魅惑的な写真が載る書籍を、何冊も読んだためである。サロンと呼ばれる鮮やかな腰布を巻いた女性、バリ舞踊の踊り子、火を吹くシャーマン。そして、煙を上げる火山を背に、長い丸木舟に乗ってエメラルドグリーンの水面を走る戦士。中でも心を奪われたのが、悪名高きブギスの海賊の、堂々たる黒帆ガレオン船だった。今なおインドネシア海域を航行しているブギスの海賊は、その昔ヨーロッパの帆船をよく襲撃したため、帰国したヨーロッパの船乗りたちが、よくこう言って子どもたちを叱ったという。「行儀よくしないと、ブギスが襲いにくるよ」と。さておき、私はブギスの海賊船にすっかり魅了されてしまった。

インドネシアの歴史や伝説に目を向けると、この国がいかに神秘で満ちあふれているのかよくわかる。怒れる神々に、コモドドラゴン、民族のスルタン（訳注：イスラム世界における、君主の称号の一つ）。この地をいろどる神秘と言えば、そのほか、古代から伝わる数々の物語も該当するだろう。それらの物語はキリスト誕生よりはるか昔に紡がれ、アジア大陸の山並みを超え、中東の砂漠を抜け、地中海を渡り、世界各地の人びとの心深くに刻まれてきた。さらには、ジャワ、スマトラ、ボルネオ、スラウェシなど、神聖な島々の名前自体も魅惑的と言える。つまりインドネシアは、神秘の国であり、神話の国であり、また、妖艶な国でもあった。他を寄せつけない魅惑の地は、かつてコロンブスでさえもたどりつけなかった。スペインも、オランダも、ポルトガルも、そして日本も。いくら手を伸ばそうとも、この魅惑の地を収めた者はいなかったのである。インドネシアはまさしく幻想の地、夢の地だった。

かつての偉大な探検家たちと同じように、私は胸の高鳴りを覚えた。しかしコロンブスにならって、過度な期待は控えるべきだったかもしれない。目の前に現れる現実が、決して思い描いた通りではないことを、頭に入れておくべきだっただろう。インドネシアが夢の地であることには違いない。だが、私の想像していた世界が、寸分たがわず広がっていたわけではなかった。事実、一九七一年の夏、欲望渦巻く首都ジャカルタで過ごした日々は、私に衝撃を与えた。

なるほど、美しい街だった。鮮やかに染められたバティック（訳注：多彩な文様が特徴の布地）に身を包む人びと。南国の花々がまばゆいばかりに咲きほこる庭園。乗客用箱型シートの両脇に、色とりどりの装飾がみごとに施された自転車タクシー。その一段高いシートに座る乗客のすぐ目の前で、運転手がペダルをこいでいる。さらには、オランダ植民地時代の邸宅に、小塔を備えたモスク。

しかし、その一方で、ジャカルタには卑俗で痛ましい一面もあった。もはや手とは形容できない、血痕だらけの代物を前に突きだすハンセン病患者たち。食べるためにみずからの体を売るしかない、社会の底辺に生きる妙齢の女性たち。オランダ建築の瀟洒《しょうしゃ》な運河の面影など微塵《みじん》もない、糞便たれながしのドブ川。異臭を放つ、濁った河川のごみだらけの土手に、家族がこぞって暮らす段ボールのボロ家。クラクションが鳴りひびき、壮絶な臭気がたちこめる街。美と醜、貴と卑、聖と俗。それがジャカルタだった。チョウジやランの花がかもしだす上品な香りと、むきだしの下水溝が放つ悪臭とが、つばぜり合いを演じる舞台。それがジャカルタだったのである。

もちろん、それまでにも貧しさを目にしたことはあった。ニューハンプシャー州の小中学校時代のクラスメートの中には、給湯設備のないタール紙の小屋に住んでいる者もいたし、氷点下の寒い日に薄手のジャケットに穴のあいたテニスシューズという格好で学校に来る者もいた。そのような友人たちは大概、シャワーを浴びておらず、古い汗と牛糞のすえたにおいを、まわりにまきちらしていた。また、アンデス山脈の農夫たちとともに、乾燥トウモロコシやジャガイモを主に食べながら、泥壁の小屋で暮らしたこともあった。そこでの生活は、乳児の約半数が一歳前に亡くなってしまうような、厳しいものだった。したがって、私は貧しさを十分に見てきたと思い込んでいた。しかし、それが単なる思い込みにすぎないことを、ジャカルタで痛感させられたのである。

私たちプロジェクトチームの宿泊先は当然、インドネシアで最も高級なホテル、インターコンチネンタルだった。世界中に散らばるほかのインターコンチネンタル・ホテル同様、パンアメリカン航空がオーナーを務めており、ホテルスタッフは、裕福な外国人客の気まぐれな要求にも親切に対応していた。中でも、石油会社の重役とその家族に対するサービスは手厚かった。私たちが到着した日の夜、プロジェクトマネージャーのチャーリー・イリングワースの音頭で、チームメンバーのための夕食会が、最上階の豪華なレストランで開かれることになった。

チャーリーは戦争を知りつくした人物だった。暇さえあれば、優れた軍指導者や主要な戦争に関する歴史書や歴史小説を読んでいた。彼はベトナム戦争の典型的な傷痍軍人で、車いす生活者だった。チャーリーはその夜、軍隊の肩章が付いたカーキ色の半袖シャツに、同じくカーキ色のスラックスといった、彼にとってはお馴染みの服装に身を包んでいた。

私たちメンバーを出迎えると、彼は葉巻に火をつけた。「豊かな生活を祈念して乾杯」。シャンパンの入ったグラスを掲げ、かすれ声で言った。

私たちも加わる。「乾杯」――。そう言って、お互いにグラスを合わせた。

葉巻の紫煙がチャーリーをゆっくりと取りまいていく。彼は会場を見渡した。

「我々は必ず、期待通りの結果を得られるだろう」。力強く、うなずいてみせる。「インドネシアの人びとは、間違いなく我々に協力してくれる。もちろん、アメリカ大使館の関係者もだ。しかし、我々には達成すべき任務があることを忘れてはならない」。手もとの小さな用紙に視線を落とした。「そう、私たちの目的は、ジャワ島の電化事業の基本計画策定にある。世界で最も人口密度が高いジャワ島の、だ。しかし、それはあくまで、より大きな目的を達成するための手段にすぎない」

真剣な表情に変わった。その顔つきは、ジョージ・C・スコット演じるパットン米陸軍大将を思わせた。パットンは、チャーリーにとっての英雄の一人である。「この国を共産主義の魔の手から、何としてでも救わなければならない。周知の通り、インドネシアは長いこと災いに見舞われてきた。そして今、新たな危機に瀕している。インドネシアが、ベトナムやカンボジア、ラオスといった北方周辺諸国の後塵を拝さないよう、力を尽くすことが我々の使命だ。そこで重要となるのが、総合電力システムである。この国に資本主義と民主主義を根づかせるためには、(石油以外の)いかなる要素よりも、まず総合電力システムが重要なのだ」

そこでチャーリーは葉巻を吸って、用紙をペラペラとめくった。「石油について言えば、アメリカが石油に極度に依存していることは、みなよく知っているだろう。その意味で、インドネシアはアメリカにとって非常に意義深い同盟国になりうる。したがって、ジャワ島の電化事業の基本計画策定に全力で取り組んでほしい。そして、二五年という計画期間にわたって、石油産業のほかすべて、つまり港湾やパイプラインなど全建設事業に必要と思われる電力を、すべて網羅してほしい」

彼は手もとの用紙から顔を上げ、私をまっすぐ見据えた。「遠慮して低く見積もるのではなく、思いっきり高く予測してくれ。インドネシアの子どもたち、ましてや自分の子どもたちが、みずからのせいで苦しむ姿は見たくないだろう。ソ連や中国の赤い国旗のもとで、子どもたちに暮らしてほしいとは思わないはずだ！」

その夜、街をはるかに見おろす高級スイートルームという、安全が確約された優雅な場所で、私はベッドに身をあずけた。ほどなく、クローディンの顔が脳裏に浮かんだ。彼女から伝えられた、他国に債務を負わす裏の目的を思い出し、心が波立つ。動揺を抑えようと、かつてビジネススクールで学んだマクロ経済学に救いを求めた。そして最終的に、みずからにこう言いきかせた。インドネシアが時代遅れの経済システムから脱却し、近代工業国の仲間入りを果たすために私はここに来たんだ、と。しかし朝になって窓をのぞけば、ホテルの豪華な庭やプールの向こうに、何千もの家族が生活する段ボール小屋が、数キロメートル先まで広がっているに違いなかった。一帯では、食べものや飲み水が不足し、乳児が命を落としているかもしれない。劣悪な環境の中で重い病に苦しむ人たちがいるかもしれなかった。

私は何度も寝返りを打った。チャーリーをはじめとするプロジェクトチームのメンバー全員が、自己中心的な動機でここに来ていることを、どうしても否定できなかった。私たちはアメリカの対外政策のため、アメリカ企業のため、そして自分たちのために動こうとしていた。インドネシアの一般市民の生活向上という大義ではなく、己《おのれ》の飽くなき欲望のために動こうとしていたのだ。ある言葉が浮かんだ。コーポレートクラシー。他人から聞いた言葉なのか、自分が作った言葉なのかは判然としない。が、その言葉は、まさに言い得て妙だった。世界の支配を本気でたくらむ、新しいエリート層を表す言葉として。

コーポレートクラシーこと、新しいエリート層に名を連ねるのは、同じ目的のもと、緊密な関係を保つ、一部の限られた人間たちである。そのような人間は、企業の重役と国の要職のあいだを苦もなく行き来する。当時、世界銀行の総裁を務めていたロバート・マクナマラが好例だろう。マクナマラは、フォード・モーターの社長を辞したあと、ケネディ政権とジョンソン政権で国防長官の座につき、その後、世界で最も影響力のある金融機関のトップに就任した。

また私は、大学時代の教授たちがマクロ経済の本質を看過しているとも感じた。マクロ経済における経済成長は、多くの場合、ピラミッドのトップを占める富裕層をより豊かにするだけで、最下層に位置する貧困層に富を配分するわけではない。それどころか、貧困層をより貧しくするケースすらある。その証拠に、資本主義を推し進めると、かつての封建制度のような社会構造ができあがることが一般的だ。ただし、たとえ大学時代の教授陣がその事実を把握していたとしても、それを認めなかっただろう。おそらく、大企業やその経営者たちが大学に出資しているからだ。事実をありのまま伝えれば、みずからの職を危うくするのは目に見えている。私が真実を語れば、お払い箱になるのと同じように。

インドネシアのインターコンチネンタルに滞在中、毎晩のようにそのような思いが去来し、私の眠りをさまたげた。もはや、きわめて個人的な事情に、逃げ口を求めるしかなかった。私はこれまで、ニューハンプシャー州の田舎町や、ティルトン・スクール、軍の徴兵から逃れるように生きてきた。その中で遭遇したさまざまな巡り合わせと己の努力によって、こんにちの豊かな生活があった。その生活は、みずからの専門性に照らせば、十分に満足できるキャリアとも言えた。尊敬を集めるトップ・エコノミストへの道が、目の前に延びていたのである。私はこれから、ビジネススクールでの学びを世に生かそうとしているのだ。世界最高峰の研究機関の頭脳たちが「正しい」とする経済モデルの構築に貢献するのだ。そう言いきかせた。

それでもなお、真夜中になると葛藤に苦しむ日々が続いた。そのようなときは、いつの日か真実を白日のもとにさらそうと心に誓うのだった。そして眠りに落ちるまで、西部開拓時代のガンマンが登場する、ルイス・ラムーアの小説を読んで過ごした。

第9章

魂を売る

私たちプロジェクトチームの一一人は、ジャカルタでの六日間を、アメリカ大使館で登録手続きをしたり、さまざまな役人に会ったり、必要な準備を整えたりしながら過ごした。ときには、ホテルのプールサイドで羽を伸ばすこともあった。驚いたことに、非常に多くのアメリカ人がインターコンチネンタルで生活していた。その中に混じる若い美女たちを見て、私は眼福を味わった。美女たちはいずれも、アメリカの石油会社や建設会社の重役夫人で、日中はプールで時間を潰し、日が暮れると、ホテル内やその周辺にあるいくつかの高級レストランで過ごすのを日課としていた。

その後、チャーリーの指示で、私たちは高地にある都市バンドンに移動した。バンドンは気候が穏やかで生活困窮者が目につくこともなく、平穏な空気が流れていた。自治体が管理する、ウィスマと呼ばれるゲストハウスが宿泊先である。マネージャーに料理人、庭師、給仕スタッフがそろっており、申し分ない施設だった。オランダ植民地時代に作られた建物で、まさにそこは安寧の地と言えた。広々としたベランダの向こうには、緩やかな丘陵地帯一面に茶畑が広がり、その先にジャワ島の火山が連なっていた。私たちには、トヨタのオフロード車一一台も、各車運転手と通訳付きで当てがわれた。さらには、会員制のゴルフクラブやテニスクラブの会員資格までもが付与される厚遇ぶりである。仕事場については、国営電力会社（PLN）の地方本部のオフィスの数室を、ひと続きで借用した。

バンドンでの最初の数日間、チャーリーとハワード・パーカー、私の三人は、何度も会議を開いた。ハワードは七〇代で、ニューイングランド・エレクトリック・システム社において、かつて需要予測のチーフを務めた人物である。彼の担当は、ジャワ島全土で向こう二五年間に必要とされるエネルギー量と発電能力（負荷）を推計した上で、都市と地域ごとに予測値を割りだすことだった。電力需要は経済成長との相関がきわめて強く、ハワードが推計を導く根拠となるのが、私の経済予測である。残りのメンバーは、発電所と送配電線、燃料輸送システムの配置と設計に関して、ハワードの予測値を最も効率よく満たすプランを策定し、基本計画としてまとめる役目だった。チャーリーは会議の中で、私の仕事が重要であると幾度となく強調した。加えて、非常に楽観的な予測をたてるべきだと、口を酸っぱくして言うのだった。クローディンは正しかった。基本計画の全体像を決するのが、私の経済予測なのである。

「はじめの一～二週間は、データの収集にあてる」とチャーリーが説明した。彼専用の豪華なオフィスで、ハワードと私を含めた三人は、大きな籐の椅子に座っていた。オフィスの壁は、サンスクリット語の長編叙事詩『ラーマーヤナ』の絵があしらわれたタペストリーで装飾されている。チャーリーが、太い葉巻を一服し、煙を吐いた。

「エンジニアたちの調査によって、電力システムや港湾能力、道路、鉄道など、あらゆるインフラの現況が、隅々まで明らかになるだろう」。葉巻の先を私に向ける。「君には急ピッチで仕上げてもらわないと困る。一か月以内に、電力システム構築による経済成長を最大限、前向きに見積もって、ハワードに色よい経済予測を渡してほしい。そこからさらに掘りさげて、二か月目の終わりまでには、地域ごとの予測値を弾きだしてくれ。そして三か月目に最終調整に入る。きわめて大事な時期だ。総力戦でのぞむことになるぞ。つまり、ここを離れる前には確実に、必要な資料すべてをそろえなくてはならない。感謝祭までにアメリカに戻ることが目標だ。私たちは、やるしかないんだ」

ハワードは親しみやすく寛大なように見えて、その実、みずからの人生に不満をいだく気難しい男だった。彼は、かつての勤務先ニューイングランド・エレクトリック・システムで出世街道をのぼりつめることができず、それをいまだに深く悔やんでいた。「会社の方針に異議を唱えたから、出世コースから外されたのさ」。何度となく、そうこぼすハワード。仕方なくリタイアしたものの、妻と自宅で過ごす時間に耐えかね、コンサルタントとしてMAINで仕事をすることにしたのだという。今回が、彼にとってMAINで二度目となる任務だった。私は事前に、アイナーとチャーリーの二人から、ハワードには気をつけるようにと忠告されていた。「融通がきかず」「意地が悪く」それでいて「根にもつタイプ」だから、と。

だが実際には、当時は思い至らなかったが、彼は私にとって最良の教師の一人だった。私がクローディンから受けたような訓練を経ずに、ハワードはコンサルタント職に就いていた。おそらく高齢であることを考え、MAIN側が訓練を控えたのだろう。もしくは、彼の頑固な性格を見越しての判断だったのかもしれない。より使い勝手のよい私のような者を正規雇用するまでの、つなぎの人材としてとらえていた節もある。いずれにせよ、アイナーやチャーリーのような立場の人間からすれば、ハワードは厄介者だった。MAINの内情と、それを踏まえたみずからの役割を十分認識した上で、ダシに使われるのを良しとしなかったからである。その意味で、私が事前に聞かされていた彼の人物像は正しかった。ただし、自分は決して言いなりにはならないという強い意志が、彼をより頑固にさせていたとも言える。おそらくハワードは、エコノミック・ヒットマンという言葉を知らなかっただろう。しかし、帝国主義よろしく世界を統治するという、受け入れがたき目的のために利用されようとしていたことは承知していた。

チャーリーとの会議のあと、ハワードから個人的な話がしたいと持ちかけられたことがあった。二人きりになると、補聴器を付けていた彼は、胸ポケットの中の小さな箱型の機器をいじって、音量を調節した。

「これから言う話は、君と私とのあいだだけに留めておいてくれ」と静かな声で言った。私たち二人は、共用オフィスの窓際に立っていた。窓の外には、ごみの散乱する淀んだ運河が、建物の向こうへと蛇行している。一人の若い女性が、その汚い運河で沐浴《もくよく》していた。ハワードが継いだ。「君はこれから、この国の経済が劇的に成長すると刷りこまれるだろう。チャーリーには良心がない。言いくるめられないように注意しなさい」

彼の言葉を聞いて、気持ちがふさぐのを感じた。私は逆に、チャーリーが正しいということをハワードに説明しようと思った。つまるところ、私のキャリアは、MAINの上司をいかに喜ばすかにかかっているのだ。

「間違いなく、この国の経済は発展しますよ」。私はそう言って、運河で沐浴する女性に視線を投じた。

「この国で今、起きていることを考えてみてください」

「ということはだね」ハワードがぼそっと返した。窓の外の出来事には、気づいていない様子だった。

「君はもうすでに、やつらのいうことを信じているってことかい?」

やにわに運河で何かが動き、私の視線をとらえた。一人の老いた男が土手をくだっていた。岸辺につくとズボンをおろし、しゃがみこむ。男は用を足した。沐浴中の女性はその男の方を向いたが、気にするそぶりは見せなかった。運河の水で引きつづき、体を洗っている。私は部屋の中へと視線を戻し、ハワードに正対した。

「私には経験があります。たしかに、まだ若いかもしれません。ですが、少し前まで南米で三年間生活していたんです。石油が発見されたらどうなるか、この目で見てきました。状況は一変します」

「経験なら、私にもいろいろあるがね」。彼は鼻で笑うように言った。「いやになるほど多くの経験が。だから、ひとこと言っておくよ、まだ若い君に。君が言う石油の発見や、なんやかんやに、ケチをつけるつもりはない。だが、私はこれまでずっと電力需要の予測に携わってきた。世界大恐慌のときも、第二次世界大戦のときも、また、好景気のときも、不景気のときもね。ルート128の建設によって、ボストンが『マサチューセッツの奇跡』と呼ばれる経済発展にわいたときもだよ。そして今、確実に言えることがある。それは、電力需要が年間九％以上で伸びつづけることなんて、ありえないってことさ。絶対に。どんなに好条件がそろっていたとしても、だ。せいぜい六％が妥当だろう」

私はハワードを見すえた。心のどこかで、彼が言っていることは正しいと思った。にもかかわらず、保身に走った。何としてでも自分を正当化したいという気持ちが勝ったのだ。よって、彼を説得するよりほかなかった。私は記憶に刻んだクローディンから教わった言葉を反芻《はんすう》した。インドネシア指導部を納得させるだけの資料をそろえることが、私の任務なのだ。「自国を繁栄させたいのであれば、世界銀行からの融資を受け入れ、世界銀行とＩＭＦの提示した条件に忠実に従えばよいのです」

私は言った。「ハワードさん、ここはボストンじゃありません。今まで電気が通っていなかった国なんです。状況が違いますよ」

彼は背を向けて、私を追いやるかのように手を振った。

「好きにしろ」。声に怒りがにじんでいた。「魂を売ればいい。君が弾きだす数字を否定するつもりはないから」。そう言って、後方のデスクの椅子を乱暴に引っぱりだし、身を沈めた。「私は、自分が正しいと思った数字に基づいて電力需要を予測する。青写真でしかない、経済予測の数字ではなくてね」。そう言うと、ペンをとってメモ用紙に何かを書きはじめる。私が近寄って彼のデスクの前に立つと、彼はこう言った。

「逆に、私がＭＡＩＮのご要望通り、カリフォルニアのゴールドラッシュに匹敵する経済成長を予測して、君が一九六〇年代のボストンに並ぶ、奇跡のような電力需要の拡大を予測すると考えてみてくれ。君はただの能無しだろう」

言い終えるとハワードはペンを叩きつけ、私をにらんだ。「馬鹿にもほどがある！　これが、君たちがやろうとしていることなんだぞ。君や、やつら全員が」。壁を隔てたオフィスに向かって、彼は両腕を振りまわした。「君は悪魔に魂を売ったんだ。カネのためにな……」。そう言うと、作り笑いを浮かべ、胸ポケットに手を伸ばす。「さてと、補聴器の電源を切って、仕事に戻るとするか」

自我が揺らぐのを感じた。足を引きずるようにして退室し、チャーリーのオフィスへと向かった。途中で、ふと足をとめた。自分は何をしようとしているのだろう。そう思いなおし、行き先を変え、階段をくだった。ドアを開け、外に出る。午後の陽光が降りそそいでいた。運河に目をやると、くだんの女性が土手をのぼっていた。サロンをしっかり腰に巻きつけている。老いた男は、もういなかった。かわりに、運河の中で遊ぶ少年たちの姿が目に入った。水しぶきをあげ、大声ではしゃいでいる。ほかにも、中年の女性が一人、膝まで水に浸かり、歯を磨いていた。衣服を洗う別の中年女性の姿もあった。

心の中のわだかまりを抑えきれなかった。私は割れたコンクリート板に腰をおろした。運河から漂う痛烈な悪臭が、いやでも鼻につく。私は涙をこらえるのに必死だった。なぜ、これほどまで自分がみじめに感じるのだろう。そう自問した。

「カネのためにな」。ハワードのセリフが何度もよみがえる。彼の言葉は私にとって、まさに痛打だった。

少年たちが引きつづき、運河でしぶきをあげている。はしゃぎ声が、あたり一面に響いていた。今の私に必要なことは何だろうか。どうすれば、彼らのように心の底から人生を謳歌できるのだろうか？　私は心が引き裂かれる思いだった。両目には、一点の曇りもない澄んだ心で遊びに興じる少年たちの姿が映っていた。悪臭を放つ水の中で遊ぶ危険性など、彼らの頭にはないだろう。そう思った矢先、皮肉な現実を突きつけられた。白人男性である私は、それまで多くの特権を労せず手にし、多くの欲望を満たしてきた。一方の少年たちは、私が仕組む経済の罠《わな》にはまり、下水のような運河の水を浴びている。そんな少年たちを、当の私がうらやんでいるのである。

運河脇の土手沿いを、節くれだった杖をつきつつ、よれよれと歩く腰の曲がった老人がいた。その老人がふと足を休め、少年たちに目を向ける。歯のない口を目いっぱい広げ、破顔した。

もう一度、正直な気持ちをハワードに伝えてみようか。彼と協力すれば、解決策が見出せるかもしれない。そう思ったとたん、胸のつかえがおりるのを感じた。私は小石を拾い、運河めがけて投げこんだ。水面に波紋が広がる。だが波紋は、静かに姿を消した。まるで、その動きと同調するかのように、私のかりそめの思いも霧散した。そんなことができるはずもなかった。ハワードは、哀れな年寄りなのだ。彼にとって、もう出世の道は残されていない。であれば、圧力に屈せずして当然だろう。一方、私はまだ若いのだ。エコノミストとしてのキャリアをスタートさせたばかりである。むろん私は、彼のようになりたいとは思わなかった。

異臭を放つ運河の水面に視線を落とすと、ニューハンプシャー州の丘の上に建つ、全寮制のティルトン・スクールが脳裏によみがえった。長期休暇に入ると、社交界デビューの舞踏会に参加するため、学生たちは寮から出払い、残るのは私ひとりだけだった。当時のみじめな情景が、ゆっくりと浮かんでくる。あれから月日が経ち、私はなお、孤独だった。

その夜、ベッドに横たわった私は、これまで出会ってきた人たちのことを、延々と思い浮かべた。ハワード、チャーリー、クローディン、アン、アイナー、フランク。一人ひとりと出会っていなかったら、私の人生はどうなっていただろう。今ごろ、どこに住んでいただろうか？　インドネシアではないことだけは確かだった。また私は、自分自身の将来についても思案した。私はどこへ向かっているのだろう？一方で、迫りくる決断のときが頭をもたげた。ハワードと私はそれぞれ、一七％以上の年間成長率を見込んでほしいと、チャーリーから言われていた。はたして私は、どのような予測を立てるべきなのか？

期せずして、ある考えが浮かび、スッと楽になるのを感じた。なぜ、今までそう思えなかったのだろうか？　ハワードは、私の経済予測のいかんによらず、みずからが信じる数字をもとに予測すると口にした。だとしたら、私は私で上司の望みどおりの高度な経済成長を予測し、ハワードはハワードで彼自身の決断に従えばよいじゃないか。私の仕事だけが、基本計画を左右するわけではないのだ。君の仕事が重要なんだと口々にそう言われてきたが、実際のところは、そうではないのである。にわかに、全身の力が抜けていく。やがて私は眠りに落ちた。

数日後、ハワードが病に倒れた。重い感染症だった。私たちは至急、彼をカトリック系の病院へと搬送した。搬送先の病院で、医師から薬が処方され、ただちにアメリカに帰国すべきだと言われた。ハワード本人によれば、電力需要の予測に必要なデータはすでにそろっており、ボストンからでも問題なく資料を作成できるとのことだった。彼は別れぎわ、私にあらためて忠告した。

「数字をいじる必要はないからな。私は詐欺に加担したりはしない。君が、奇跡の経済成長やら何やらとぬかして、どんなに見ばえをよくしようと関係ないぞ！」

第3部

1971年−1975年

第10章 邪魔者

インドネシア政府やアジア開発銀行、米国際開発庁との契約の関係で、プロジェクトチームの誰かが、基本計画の対象地域に含まれる主要な人口密集地すべてに足を運ばなければならなかった。そこで白羽の矢が立ったのが、私である。チャーリーいわく、「アマゾンでの生活経験がある君なら、虫だって、ヘビだって、汚水だって平気だろう」とのことだった。

はたして私は、運転手と通訳を伴い、多くの地を訪れた。ジャワ海を望む風光明媚な漁村をまわったこともあったし、ほかのメンバーであれば、たじろぐような場所に寝泊まりしたこともあった。その中で、経済発展の見通しに関する生の声を聞くため、政治やビジネスの世界で地域の顔と呼べる人たちと面会した。だが、残念なことに、ほとんどの人が腹を割って話そうとしない。私の姿を見ると、身構えるような態度をとるのである。上司や政府関係者、またはジャカルタの本社に確認する必要がある、と言われることがほとんどだった。何か背後で陰謀めいたものが働いているのではないか。そう勘繰りたくなったほどである。

現地訪問の日程は短く、二～三日で戻ることが多かった。そして次の目的地に発つまで、バンドンのウィスマで過ごした。ウィスマを切り盛りする女性には、私より少し年下の息子がいた。ラスモンという名だったが、母親以外の人たちからは、ラシーと呼ばれていた。ラシーは地元の大学で経済学を専攻しており、私の仕事にすぐさま興味を持った。ただし、いずれは職を得ようと私に近づいたというのが本当のところだったのかもしれない。やがて彼は、インドネシア語を私に教えてくれるようになった。

またラシーはスクーターを持っており、バンドンの街とそこに暮らす人びとを私に紹介する役を買って出てくれた。「あなたの知らないインドネシアをお見せしますよ」。ある晩、彼はそう言って、私にスクーターの後ろに乗るよう勧めた。

影絵劇や、伝統楽器を奏でるミュージシャン、火を吹いたりジャグリングしたりするパフォーマーたち。スクーターが通過した路上には、禁制品であるアメリカ製のカセットテープから、希少な地元の民芸品まで、種々雑多なものを並べる商人たちの姿もあった。そして、最後に私たちを出迎えたのが、若者でにぎわう小さなカフェである。ラシーはその店に入ると、テーブル席に座る一団に私を紹介した。その後、私とともに席についた。

テーブル席にいた若者は全員、うまいへたはあれ、英語を話した。とはいえ、私がインドネシア語で意思疎通を図ろうとすると、その姿勢を尊重し、手助けしてくれた。私が現地の言葉を使おうとしたことについて、ざっくばらんに話すうち、インドネシアにいるアメリカ人がインドネシア語を学ぼうとしない理由に話題が及んだ。私は答えに窮した。ましてや、バンドンの街のこの一画に、私を除いて欧米人の姿が見えない理由もわからなかった。ゴルフクラブやテニスクラブ、一流レストランに映画館、そして高級スーパーでは、あれほど見かけるにもかかわらず、である。

ラシーの友人たちは、私がまるで仲間であるかのように接してくれた。私は気分が高揚するのを感じた。地元の若者たちと同じ空気を吸い、同じ環境の中で同じ食べものを味わい、同じ音楽を楽しむ自分がいた。鼻を掠めるクレテック〔訳注：タバコの葉にクローブ〔チョウジ〕や他の香料を混ぜたインドネシア原産のタバコ）などの香りは、まさにラシーたちにとっての日常だろう。冗談を言い、笑いあう。それは、平和部隊で過ごした日々と同じような時間だったかもしれない。ではなぜ、私はファーストクラスで移動して、みずからと異なる文化や経歴を持つ人たちと距離を置こうとしているのだろうか。おのずとそう考えていた。一方、ラシーの友人たちはしだいに、私の母国アメリカがベトナムで繰りひろげる戦争や、インドネシアという国に対する私個人の印象に興味を持ちはじめた。その場にいる全員が、いわば「侵略行為」というものに対して、恐れをいだいていた。私がその気持ちに共感を示すと、一同は安堵の表情を浮かべるのだった。

その夜の出来事に限らず、ラシーなどインドネシアの若者たちとともに過ごした時間は、インドネシア各地への現地訪問とあいまって、私の心に変化をもたらした。私はもはや、同郷のアメリカ人を、以前と同じような目で見ることができなかった。若い重役夫人たちも、さほど美しいとは思わなかった。かつてはさして気にならなかった、ホテルのプール外周に張りめぐらされた金網フェンスや、低階層の窓を覆う鉄格子に、違和感を覚えるようになった。ホテルの豪華なレストランの食事が、香味豊かで滋味深い地元料理に比べ、味気なく感じるようになった。

また、ほかにも気づいた点があった。私は、地元の政治やビジネスのリーダーたちと面会を重ねるうち、相手側の対応に、心の機微を見てとるようになった。それまで認識することはなかったが、多くの場合、自分が歓迎されていないことが読みとれた。なるほど、私のことを仲間内に紹介する際には、たいていインドネシア語が使われていたが、その表現を辞書で確かめてみると、「尋問者」や「詰問者」との意味である。私はわざと、インドネシア語の知識を伏せておき、専属の通訳者の前でも二～三の表現を使うに留めていた。その上で、優れたインドネシア語の辞書を購入し、面会の場を辞去したあとに、しばしば意味を確認していたのである。

彼らの表現は、言葉の綾にすぎないのだろうか？　それとも、辞書が間違っているのだろうか？　私は、そのどちらかだろうと思うようにした。しかし、そのような男たち（当時のインドネシアでは要職に就く女性はいなかった）と長く過ごせば過ごすほど、彼らにとって私は邪魔者で、協力するようにどこからか指示が出ており、その指示に従うしかないのだと、確信するようになった。指示の出どころについては、政府なのか、銀行なのか、軍なのか、はたまたアメリカ大使館なのか、判然としなかった。ただ一つはっきりしていたのは、私をオフィスに招き、茶を供し、質問にていねいに答えるなど、表面的には漏れなく歓迎しているように見えて、その実、胸の中では拒絶と憎しみが渦巻いているということだった。

質問に対する回答や、提供されるデータの信憑性についても、私は疑問を感じた。例えば、通訳とともにその場でオフィスに通され、誰かと会うといった機会は、一度たりともなかった。つまり、事前に面会予約をとる必要があったのである。しかも電話での依頼は、たいていが拒否されるため、私たちは車で出向くしかなかった。ただし、交通量がきわめて多い上に、道路が複雑にいりくんでいるため、わずか数ブロックしか離れていない建物に行くだけで、一時間かかることもあった。また、到着したらしたで、複数の書面を記入するように求められる。記入がすむと、ようやく相手の男性秘書が登場する。男性秘書は、私がどのような情報を欲しているのかをうやうやしく尋ね、その後、面会の日時が決まる、という段取りだった。

面会日は決まって、どんなに早くても数日先に設定された。その後、ようやく面会がかなうと、事前に準備された書類一式が手渡される。相手が実業家であれば五〜一〇か年計画書が、銀行員であれば図表がちりばめられた資料が、行政当局者であれば経済刺激策として実行に移されたプロジェクトの一覧が、差しだされるのである。そして、いずれの資料や説明も、いまだかつて見たことがない前代未聞の活況がジャワ島に到来すると謳っているのだ。誰ひとりとして、その青写真を疑う者はおらず、悲観的な情報を提供する者など、いっさい存在しなかった。

バンドンへの帰路、私はこう思った。私がインドネシアでやっていることは、現実というよりも、むしろゲームに近いのではないか、と。私たちはそれぞれ自分の手札を相手に見せたりはしない。そのため、仲間を信頼しきれなかったり、チームの共有情報を鵜呑みにできなかったりする。それでも、このゲームは大勝負なのだ。しかも、ゲームの結末は、以後数十年にわたり、何百万もの人の命にかかわるのである。

第11章

試練に立つ文明

「ダランの芝居を見にいきましょう」。ラシーは顔を輝かせてそう言った。「ほら、ダランというのは、有名なインドネシアの人形つかいたちのことですよ」。私がバンドンに戻ってきて、彼は嬉しさを隠しきれない様子だった。「この街で今夜、とても重要な演目が行われるんです」

ラシーと私が乗るスクーターが、街の中を疾走した。はじめて見る街の姿が、私の目に飛びこんでくる。走りぬける地区にずらりと建ちならぶ、伝統的なインドネシア家屋の数々。いずれも、小さな瓦ぶき寺院を貧しい大衆向けに改装したような建物だ。私が予想していたオランダ統治時代の荘厳な邸宅やオフィスビルなどは、どこにも見当たらなかった。人びとは見るからに貧しかったが、誇りに満ちあふれていた。つば広の麦わら帽子をかぶり、色鮮やかなシャツを上半身にまとい、着古しではあるものの、清潔感のあるバティックのサロンを腰に巻いていた。行く先々で、私たちは笑顔と笑い声に包まれた。ラシーがスクーターを停めると、子どもたちが駆けよってきて、私の体を触ったり、はいていたジーンズの感触を確かめたりする。ある少女が、芳醇な香りのフランギパニの花を一輪、私の頭にさしてくれた。

私たちは、道端にある劇場近くにスクーターを置いた。劇場にはすでに数百もの人たちが集まっていた。立っている者もいれば、折りたたみ椅子に座っている者もいる。美しく澄んだ夜だった。そこは、バンドンで最も歴史の深い街の中心部だったが、街灯はなく、夜空に燦然と星がきらめいていた。焚火や、香辛料の効いたピーナッツソース、クローブのにおいが、あたりにたちこめている。

ラシーが人の群れに消えたかと思うと、先日カフェで出会った若者たちを連れて戻ってきた。ホットティーや小さなケーキ、そしてサテと呼ばれる肉の串焼きにピーナッツソースをかける料理を私にくれた。私は思わず、サテをそのまま口に入れようとした。すると、一人の女性が小さな焚火を指さした。「まだナマですよ」。彼女は笑った。「火を通してから食べるんです」

ほどなくして、音楽がきこえてきた。それは、「ガムラン」と呼ばれるインドネシアの伝統音楽で、どこか梵鐘《ぼんしょう》を思わせる打楽器を演奏者が打ちならし、畏怖を覚えるほど魅惑的な音色を会場全体に響かせていた。

「このダランは、自分一人ですべてを演奏しているんです」。ラシーが小声で説明した。「人形もすべて一人で操ります。さらには、複数の声色も。セリフは私たちが通訳しますよ」

その後披露された芝居は、歴史上の人物と昨今の出来事とを絡めた演目で、まさに秀逸だった。のちに知ったことだが、そのダランはシャーマンで、トランス状態の中で演目をこなすという。操る人形は一〇〇体以上にのぼり、それぞれ異なる声色で演じるとのこと。さておき、私がその夜の芝居を忘れることは、永遠にないだろう。それは、私にとって人生を変える経験になったからだ。

古代インドの長編叙事詩『ラーマーヤナ』の代表的場面を一通り演じたあと、ダランは第三七代米大統領リチャード・ニクソンの人形を舞台に登場させた。彼の特徴である、大きな鼻とたるんだ顎がそっくりだった。舞台上のリチャード・ニクソンは、アンクルサム（訳注：アメリカ政府を擬人化した架空のキャラクター）よろしく、星条旗柄のシルクハットに、燕尾服といういでたちである。また、子分を一人、伴っていた。こちらは、ピンストライプのスリーピース・スーツという格好だ。子分を演じる人形は、ドルマークがあしらわれたバケツを片手にさげていた。もう片方の手で星条旗を握り、あたかも主人に仕える召使いのように、大統領の頭上で振りまわしている。

二人の背後には、中東と極東の地図が掲げられ、それぞれの国が、それ相応の場所にフックで吊りさげられていた。おもむろにニクソンが背後の地図に近づいたかと思うと、ベトナムをフックから外して、口の中に放りこむ。そして、何事か叫んだ。私に通訳された内容はこうである。「苦い！　ごみだ。もう食べるに値しない！」。その後、ニクソンはベトナムをバケツに投げ捨て、ほかの国についても同じような行為を繰り返した。

だが驚いたことに、ニクソンが選んだ国の中には、共産化のドミノ倒しが懸念される東南アジアの国が含まれていなかった。すべて中東の国だったのである。パレスチナにはじまり、クウェート、サウジアラビア、イラク、シリア、イラン。さらにはパキスタン、アフガニスタンと続いた。ニクソンは各国に対し、そのつど悪態をついてから、バケツの中に放りこんだ。そして彼が浴びせる雑言は、もれなくイスラム教をさげすむ内容だった。「醜いイスラム国家め」「ムハンマドの極悪な残党どもめ」「イスラムの悪魔め」といった具合である。みずからの母国アメリカが、それほどひどい差別を行うような国だと思われていることに、私は恥ずかしさを覚えた。

一つ、また一つと、中東の国がバケツに投げ入れられるたび、会場は盛りあがり、観衆の熱気が高まっていく。笑い、驚き、怒りといった反応が次々とわきおこった。時折、人形つかいのセリフに観衆が腹を立てているのが私にも伝わる。恥ずかしさは、恐怖に変わった。まわりの人たちに比べて背が高かったぶん、私はこの会場で目立つ存在だった。観衆の怒りの矛先が私に向くのではないかと恐れたのである。そう思った直後、ニクソンが何ごとかを発した。ラシーの通訳を聞いたとき、私は軽い頭痛に見舞われた。

「この国は世界銀行に預けよう。世界銀行が我々の懐を温めてくれるか、お手並み拝見だ」。ニクソンはそう言って、インドネシアを地図から外して、バケツに落としたのである。しかし次の瞬間、一体の人形が暗闇から颯爽《さっそう》と現れた。地元のインドネシア人男性とおぼしきこの人形は、バティックのシャツにカーキ色のズボンをはいていた。シャツには、しっかりと名前が記されている。

「バンドンの人気政治家です」。ラシーが補足してくれた。

その政治家は、ニクソンとその子分のあいだを文字通り、行ったり来たりしたかと思うと、勢いよく片手を突きあげた。

「やめろ！」。政治家は叫んだ。「インドネシアは独立国家だ」

拍手喝采が起こる。ふいに、ニクソンの子分が星条旗を持ちあげ、政治家めがけて槍のように突きさした。あえなく政治家はよろめき、劇的な死を遂げた。会場から、ブーイングや野次が飛ぶ。悲鳴をあげたり、拳を振りまわしたりする者までいた。ニクソンと子分はその場に立ったまま、観衆を見据えていたが、やがて一礼し、舞台袖にさがった。

「もう行こうか」。私はラシーに言った。

彼は私を守るかのように肩に手をまわして、こう言った。「心配いりません。あなた個人とは、何も関係ありませんから」。だが私は、その言葉をまるまる信じることはできなかった。

しばらくして私たち一同は、先日のカフェに集合した。ラシーたちはそこで、今夜ニクソンと世界銀行のくだりがあるとは知らなかったと教えてくれた。一人の女性いわく、「あのダランの演目は、いつも予想がつかないのです」と言う。

私が観客の中に混じっていたから、あのような芝居に仕立てたのだろうか。そう思った私は実際に尋ねてみた。すると男性が笑い、それは自意識過剰な思い込みだと指摘した。そして「いかにもアメリカ人らしいですね」と言って、私の背中をポンと叩いた。

「インドネシア人は政治動向に敏感なんです。アメリカ人は、今夜のような芝居を観に行ったりはしませんか?」。隣に座る男性が言う。

大学で英語を専攻する細身の女性は、こう尋ねた。「ですが、あなたの仕事も世界銀行のため、ですよね?」

私は現在の仕事が、アジア開発銀行と米国際開発庁のためであることを、以前、彼女に話していた。

「世界銀行とは違うんですか?」。私の返答を待つことなく彼女が言った。「今夜の人形劇の通りではないんですか? アメリカ政府にとって、インドネシアなどの国々は、ただの……」そこで言葉に詰まる。

「使い捨て」。彼女の友人が継いだ。

「そう。使い捨て。アメリカは好き放題。相手がイギリスであれば、手もとに取っておく。中国であれば、倒しにかかる。そしてインドネシアであれば、ポイと捨てる」

「石油を取りつくしてからね」。別の女性が添えた。

私は自分を正当化しようとしたが、無理だった。だがそれでも、街のこの場所まで実際に足を運び、私個人に対するあてつけともとれる反米色の濃い演劇をすべて観賞した事実には、誇りを持ちたかった。この場にいる若者たちに、私の勇気を認めてもらいたかった。プロジェクトチームの中で唯一、インドネシア語を学んだり、文化を吸収しようとしたりしていることを知ってもらいたかった。唯一の外国人として、今この議論に参加していることを認識してもらいたかった。だが、いずれの思いも、口に出さないほうが得策だと思った。私はあらためて、目の前の会話に意識を傾けた。そして、なぜ今夜のダランがベトナムを除き、イスラム教国ばかりを選んだのか尋ねてみた。

英語専攻の女性が一笑に付した。「だって、それがアメリカの計画だからです」

「ベトナムは通過点にすぎないんです」。一人の男性が言葉を挟む。「ナチス・ドイツにとってのオランダのようなものです。踏み台ですよ」

先の女性が継ぐ。「真の標的は、イスラム世界です」

今度は私も、何も言わずにはいられなかった。私は反論した。「アメリカが反イスラムとは言えないと思うけど」

「え、違うのですか？」。女性が尋ねた。「いつからです？　西側の歴史家が書いた本を読んでみてください。トインビーというイギリスの歴史家です。彼は一九五〇年代、来たる世紀において、真の戦いが、資本主義対共産主義ではなく、キリスト教対イスラム教という構図になると予想しています」

「アーノルド・トインビーが、そう書いているのかい？」。私は驚きを禁じえなかった。

「はい。『試練に立つ文明』と『世界と西欧』という著作です」

「だが、キリスト教とイスラム教のあいだで、それほどの敵対意識が生まれるだろうか？」。私は疑問を呈した。

一同が目を見合わせる。そのような質問が出ること自体、信じられないという様子だった。

「その理由はですね」彼女が、ゆっくりと言う。飲みこみが悪かったり、耳が悪かったりする者を相手にするかのようだった。「西側は、そのリーダーであるアメリカを中心に、史上最大の帝国を築くべく、必死に覇権を握ろうとしています。そして、その実現まであと少しのところまできています。たしかに近年、ソ連がアメリカの前に立ちはだかっていますが、長くはもたないでしょう。トインビーはそう指摘しています。ソ連には、国家のイデオロギーを支えるべき宗教や信仰、財産がないからです。歴史をひもとけば、信仰こそが決定的要素であることは明らかです。つまり、指導部の心、信念こそが重要なのです。私たちイスラム国家には、それがあります。その意味においては、キリスト教信者を含め、世界を見渡しても、私たちに肩を並べる者はいないでしょう。ですから私たちは今、雌伏《しふく》のときを過ごしているのです。強くなるために」

「いつか私たちの時代が来ます」。ある男性が続ける。「そのときは寝首を掻いてやりますよ」

「なんて恐ろしい！」。私は感情を抑えることができなかった。「別の道はないのかい？」

女性の目が私を射抜いた。「欲望に身をまかせないでください。そして、自己中心的な考えを捨ててください。世の中が、立派な住宅やオシャレな店だけではないことを認識してください。飢えに苦しむ人たちを尻目に、アメリカ人は自分たちの車のために石油のことばかり気にしています。飲みものがなく死んでいく赤ん坊を尻目に、ファッション雑誌で最先端のスタイルをチェックしています。インドネシアのような国々は、貧困にあえいでいます。ですがアメリカの人びとは、助けを求める叫びに耳を傾けようとしません。耳をふさいで、窮状を訴える者たちを無視しているのです。あげく、仮にその存在を認めたとしても、過激派やら共産主義者やらのレッテルを貼ります。搾取に苦しむ貧しい人たちを奈落に突きおとして従属させるのをやめ、アメリカの人たちは心を開く必要があります。残された時間は多くありません。あなたがたが変わらなければ、いつか本当に寝首を掻かれますよ」

数日後、バンドンの人気政治家が車にひかれ、死亡した。人形劇でニクソンと対峙し、その子分に刺された地元政治家、当人である。

それからまもなく、私はインドネシアを発った。

私はアンと話し合うため、パリに向かった。しかし、口論が絶えることはなかった。彼女と過ごす時間が残り数日に迫ったころ、私はほかの女性の存在について問われた。正直に答えた。ずっとそうだと思っていた、とアンは言った。私たち二人は、セーヌ川をのぞむベンチに腰かけ、何時間も話した。そして、これまで互いにつのらせてきた怒りや恨みを乗り越えるのは難しいとの結論に達した。その後、帰国の途につき、私たちは別々の道を歩むことになった。

第12章

一世一代のチャンス

インドネシアは私にとって、いろいろな意味で自分が試された場所だった。しかし、ボストンに戻った私を待ちうけていたのは、さらなる試練だった。

帰国後初の出社日、私は朝一番にプルデンシャル・センターの本社に向かった。そして、ほかの従業員数十人に混じって、エレベーターが来るのを待っていた。アイナーが昇任したことを知ったのは、そのときである。MAINの会長兼CEOで、謎めいた人物でもある八〇代のマック・ホールによって、アイナーはポートランド州・オレゴン州の支局長に任命されたとのこと。アイナーの栄転に伴い、私は新たな上司ブルーノ・ザンボッティのもとで勤務することになった。

髪の色と、社内のライバルを軒並み蹴落としてきた才覚から、ブルーノ・ザンボッティは「シルバー・フォックス（訳注：魅力的な白髪男性の意）」と呼ばれていた。甘いマスクの持ち主で、イギリスの俳優ケーリー・グラントを彷彿させた。話術に長け、エンジニアリングの学位とMBAの取得者でもあった。計量経済学をよく知る彼は、本部長としてMAINの電力事業や、国際プロジェクトのほとんどを指揮していた。かつて彼を指導した高齢のジェイク・ドーバーが社長を退けば、後継者の筆頭候補になるのは既定路線だった。大半の従業員と同じく、私はブルーノに対して畏怖を覚え、身構えた。

私は昼休み前、彼のオフィスに呼ばれた。私たちはインドネシアについて忌憚なく意見を交わした。だがその後、彼の発した言葉を聞いて、私は腰を抜かしそうになった。

「ハワード・パーカーはクビにする。ここで詳しくは語らないが、彼は現実を把握できていないんだ」。デスクの書類を指でトントンと叩きながら、ブルーノが披露した笑みは、不気味なほど明るかった。「年間八％――それがハワードの電力需要の成長予測なのさ。信じられるかい？　インドネシアのような可能性であふれた国に対して！」

いつしか彼の笑みは消えていた。私の目をしかと覗きこむ。「チャーリー・イリングワースによると、君の経済予測は理にかなっているそうだね。一七～二〇％の電力需要の拡大を裏づける予測だと聞いたが、どうなんだね？」

私は首肯した。

ブルーノが立ち上がり、握手を求める。「おめでとう。昇任だ」

同僚たちと街に繰りだし、高級レストランで祝杯をあげるのが、その夜の正しい過ごし方だっただろう。せめて、私ひとりだけでも、喜びをかみしめるべきだったのかもしれない。しかし、私の心はクローディンにあった。昇任やインドネシアでの出来事、アンとの別れなど、私は今すぐにでもクローディンに伝えたいとの思いに駆られていた。

アメリカ国外から電話してはいけない、と私は彼女から指示されていた。そのため、私は海外滞在中、彼女宛ての電話を控えた。だが予期せぬことに、いざ帰国してからかけてみると、電話が通じない。転送されるわけでもなかった。私は彼女を探した。

クローディンのマンションの部屋には、若いカップルが住んでいた。訪ねたのは昼だったが、二人は明らかに寝起きだった。不機嫌さを隠そうともせず、クローディンなぞ知らないという。私は親戚のふりをして不動産屋に出向いた。だが不動産屋によれば、クローディン名義の賃貸書類はないとのこと。当該物件の前の借主は男性で、本人の希望により、契約終了後も名前は出せないという。私は本社に戻り、採用課に確認してみたが、こちらも彼女の記録はないとの返答だった。「スペシャル・コンサルタント」というファイルが存在することは認めてくれたが、それ以上は何も教えられないと告げられた。

夕方には、疲れはて、私はすっかり消沈していた。追い打ちをかけるかのように、ひどい時差ぼけにも見舞われた。自宅のマンションに帰ると、強烈な孤独感と疎外感に襲われる。昇任など無意味に思えたし、むしろ、昇任しないほうがよかったとさえ感じた。単に、魂を売った証拠でしかなかった。私は絶望に震え、ベッドに倒れこんだ。クローディンに使われ、そして突きはなされたのだ。心を埋めつくす苦しみに屈しまいと、私は感情を断った。ベッドに横になったまま、殺風景な壁を眺めつづけた。そのまま数時間ほど経過しただろうか。

私はようやく、気をとりなおした。起きあがり、ビールをあおって、空き瓶をテーブルに叩きつけた。ふと、窓の外に目を向けた。マンションから離れた通り上を、クローディンがこちらに向かって歩いてくるように見えた。私は玄関に行きかけたが、振り返ってもう一度、窓の外を確認した。

その女性が近づいてくる。洗練されたファッションに身を包み、ゆったりと歩くその姿は、たしかにクローディンそっくりだった。だが、本人ではなかった。私は肩を落とした。その後、怒りや憎しみのような感情が湧いたが、それらはやがて恐怖へと変わった。彼女は死んだのかもしれない。いや、殺されたのかもしれない。そう思った。私は精神安定剤をアルコールで流しこみ、ベッドに横たわった。

翌朝、もうろうとする私の意識を覚ましたのは、MAIN人事部からの電話だった。人事部長のポール・モルミノは、私が精神的に休息する必要のあることを理解してくれた。ただし、その日の午後に一度だけ顔を出してほしいと彼は言った。

「吉報さ。直接伝えたほうがいいと思ってね」

私はポールの意向通りに出社した。そして、ブルーノの発言が本当であることを知った。私は昇任して、クビになったハワードの職務を引き継ぐだけではなく、チーフ・エコノミストの肩書きも得ることになった。昇給も決定ずみだった。それを聞いて、わずかに心が晴れた気がした。

その後の勤務時間は休みをとって、一クォート（訳注：約〇・九五リットル）のビール片手に、チャールズ川沿いをあてもなく歩いた。途中、腰をおろして、行きかうヨットを眺めながら、時差ぼけとひどい二日酔いの入りまじった不快な気分を落ち着かせた。クローディンは自分の仕事を遂行したまでであって、今は新たな任務に就いていることだろう。そう思いなおした。彼女は常々、情報を口外してはならないと繰りかえしていた。だが、いつかきっと私に連絡してくれるのではないか。そう思案するうち、時差ぼけが不安とともに薄らいでいくのがわかった。

翌週以降、私はクローディンのことをなるべく考えないようにした。インドネシア経済に関する資料作成と、かつてハワードが作った電力需要予測の修正に力を注いだ。そして、上司の期待に沿うような分析内容を作りあげ、新たな経済システムが構築されれば、向こう一二年間は電力需要が年平均一九％で急伸し、その後八年間は一七％で移行、残りの五年間は一五％を維持するとの長期見通しを盛りこんだ。

私はその内容を、主要国際機関との正式な会議で発表した。一連の会議では、相手側の専門家たちから、ありとあらゆる質問を、容赦なく浴びることになった。だが、私はある意味、覚悟を決めて会議にのぞんでいた。やけにならずにクラスメートより秀でようとした、高校時代の気持ちに近かったかもしれない。いずれにせよ、私の意識には、常にクローディンの影がまとわりついていた。なるほど、名を成そうと必死のアジア開発銀行の生意気な若手エコノミストから午後の会議時間中、延々と質問ぜめにあったときも、私は何か月も前にビーコン・ストリート沿いの部屋で、隣に座る彼女から受けたアドバイスを思い出していた。

「二五年先のことなんて誰がわかるっていうの？」。私はそう問われた。「あなたの予測も、相手側の予測も、似たようなもの。いちばん大切なのは自信よ」

私は専門家なんだ、とみずからに言いきかせた。これまで長きにわたって開発途上国を実際に経験してきたんだ、と。私の発表内容を吟味すべく目の前に座る者たちの中には、自分の倍ほどの年齢の男性も含まれていたが、そのような経験を持つ人物は少ないはずだった。私には、誰も行きたがらないようなアマゾンの奥地で生活したり、ジャワ島の貧しい地域をこの目で確かめたりした経験があった。また、いくつかのエグゼクティブ向け集中講座で学んだ、難易度の高い計量経済学の知識もあった。私は、計量経済モデルを重んじる新進気鋭の若手エコノミストの一人として、フォード・モーター元社長で、ケネディ政権で国防長官を務めた保守派の世界銀行総裁ロバート・マクナマラにアピールするんだと、みずからを奮い立たせた。そのマクナマラが現在の名声を手にしたのは、確率論や数学モデルなど、数字に裏づけを求めてきたからである。そして、私が思うに、常に大手を振って歩いてきたからでもあった。

マクナマラや、直属の上司であるブルーノは、私にとってよい手本だった。スピーチの仕方については前者の技術を取り入れ、歩き方に関しては、アタッシェケースを揺らして毅然と歩く後者のまねをした。だが、今にして思えば、みずからの無謀さにあきれてしまう。実際のところ、私は限られた知識しか持ちあわせていなかった。そのため、知識不足と場数の少なさを、厚かましさで補っていたのである。

しかし、その虚栄が奏功した。専門家の一団は、私の発表内容の正当性を最終的に認め、太鼓判を押したのである。

その後、来る月も来る月も、予定は会議で埋まった。テヘラン、カラカス、グアテマラシティ、ロンドン、ウィーン、ワシントンDC。私は世界各地で、イラン国王や各国の元大統領、そしてロバート・マクナマラ本人など、要人たちと顔を合わせた。ティルトン・スクール時代と同じように、豪華な顔ぶれに囲まれたのである。非常に驚いたことに、チーフ・エコノミストという新たな肩書きと、国際融資機関を納得させた直近の実績によって、まわりの私を見る目は、以前と大きく変わっていた。

まず、誰もが私に意見を求めるようになった。私はまるで、マーリン（訳注：『騎士道物語』に登場する魔術師）にでもなったかのような気分を味わい、魔法の杖を国土に振りかざし、明かりを灯らせ、花を咲かせるがごとく産業を芽吹かせているような錯覚におちいった。だが幻想に浸る時間は、そう長くなかった。自分をはじめ、関係者全員の動機に疑問を感じはじめたのである。ジャカルタの汚水まみれの運河脇に暮らすハンセン病患者の窮状を理解するのに、輝かしい肩書きや、博士号が役に立つとは思えなかった。おまけに、統計データを操る小手先の技術が、社会の将来を正しく占うとも思えなかった。世界を動かしている人たちを知れば知るほど、私は、そのような人たちの能力や目的に、疑念をいだくようになったのである。

限られた資源の中で、全世界がアメリカと同じ生活水準を手に入れるのは土台、無理なのではないだろうか。しかも、アメリカでさえ貧困にあえぐ人たちが数百万人いるのである。そもそも、ほかの国の人たちが、アメリカ人の生活をうらやんでいるとも思えなかった。暴力、うつ病、薬物乱用、離婚、そして犯罪。それらの統計データを見れば、アメリカは史上まれに見る経済大国であると同時に、最も不幸な国の一つとも言える。なぜ、他国もアメリカのようになってほしいと我々は考えているのだろうか？　私とともに会議に出席している人たちの顔をよく眺めてみる。すると、えてして、膨らんだ疑念が一転、偽善に対する静かな怒りへと変わるのだった。

だが、やがて私はこう思うようになった。会議出席者のほとんどは、自分たちが正しいと考えているのではないか、と。自分や祖先がとってきた行動への反動として共産主義をとらえるのではなく、チャーリーのように、はなから悪の化身と決めつけ、母国や子どもたち、ひいては神のために、資本主義を世界に浸透させることが義務であると信じこんでいるのではないか。もしくは、適者生存の原理にしがみついているだけなのかもしれない。すなわち、段ボールのボロ家ではなく、特権階級の出自という幸運に恵まれたからには、その幸運を我が子に継承しなければならないと考えているのではないだろうか。

根っからの偽善なのか、はたまた、単に世界を支配しようと一致団結する集団なのか。私は確証を得られないでいた。しかし時間が経つにつれ、南北戦争前のアメリカ南部におけるプランテーション経営者たちに、共通点を見出すようになった。彼らは、秘密の潜伏場所で悪事を懸命に練る排他的な集団というよりも、同じ理念のもとで利権をわけあいながら、相互にゆるくつながる男たちだった。小作や奴隷を従えることで自分たちの権力を確立し、「野蛮人」の面倒を見て、自分たちの信仰や世界観に染めあげることこそが正義であり、さらには義務でもあると教育された男たちである。たとえ奴隷制が自分たちの哲学に反するとしても、第三代米大統領トーマス・ジェファソンのように、制度廃止は社会や経済に混乱を招くとして、奴隷制を正当化したのである。私には、コーポレートクラシーと称される現代の寡頭支配層が、そのような男たちそっくりに思えた。

また私は、こう疑問を覚えるようにもなった。戦争や兵器の大量生産、河川のダム建設、開発地域の環境や文化の破壊によって、いったい誰が得するのだろうか、と。数十万もの人びとが食料不足や水質汚染、治るはずの病で命を落としている中で、得する者はいるのだろうか。私はさんざん考えたあげく、長期的に見れば、誰も得しないという結論に達した。唯一、ピラミッドの頂点を占める人間たち、私の上司や私自身などが、せいぜい目先の物質的な欲求を満たすにすぎないだろう。

さらに、新たな疑問も浮かんだ。なぜ、こうした経済システムが維持されているのだろうか？　しかもなぜ、これほどまでに長期にわたって？　その答えは、「力こそ正義」との格言通り、権力を持つ人間が首謀者なのだろうか？

私には、権力のみが現在の経済システムを支えているとの見解は、説得力に欠けるように感じた。たしかに、力こそ正義という見方にも一理あるだろう。だが、ほかにも原因があるに違いないと思った。そのとき、ふと、ビジネススクール時代のある経済学教授の顔がよみがえった。インド北部出身の男性教授である。彼は、資源の有限性や人間の果てなき欲求、奴隷労働の原理などについて教えていた。その教授によれば、資本主義の成功例にはあまねく、確たる階層構造からなるヒエラルキーが存在するという。最上部に一握りの支配層が陣取り、被支配層が下層をそれぞれ構成する、といった具合だ。なお、最下層を占めるのは、大衆にあたる労働者層であり、比較経済学に厳密に照らせば、奴隷に分類される。そこでようやく私は、アメリカ国民が現行の経済システムを支持する背景に思い至った。一握りのアメリカ人がヒエラルキーの頂点に君臨するという資本主義経済を世界に広めることが、神に授けられた使命である。そうコーポレートクラシーに洗脳されているのだ。

そのように大衆をとりこむやり口は、何も現代のアメリカだけに留まらない。古代の北アフリカや中東、アジアの各帝国に端を発し、その後、ペルシアやギリシア、ローマ、十字軍で展開され、ひいては大航海時代後のヨーロッパ列強へと受け継がれてきた。そして、その帝国主義者たちの謀略はこれまで、戦争や環境汚染、食料不足、種の絶滅、大量殺戮を幾度となくもたらし、今なお、もたらしつづけている。言うならば、帝国で暮らす市民の良心と財産に、深刻な損害を与えつづけてきたのだ。はたして、そうした支配者側の身勝手な振る舞いは、社会不安へと結びつく。事実、史上まれに見る経済的豊かさを誇る国々では今、自殺や薬物乱用、暴力が、かつてないほど頻発する事態を招いている。

このように一連の疑問について考えを掘りさげたはいいが、私は、みずからの役割については、その本質から目をそむけていた。エコノミック・ヒットマンではなく、チーフ・エコノミストとして、自分自身を見ていたからである。そのほうが自尊心を保つことができた。もし不安になることがあれば、給与明細を確認すればよかった。そこに載る支払い主は、MAINだけである。そう、民間企業だ。私は米国家安全保障局（NSA）や、ほかの政府機関からは、ビタ一文もらっていなかった。それゆえ、チーフ・エコノミストとして自認できたのである。一抹の不安を残しつつも。

ある午後、私はブルーノのオフィスに呼ばれた。彼は、腰かける私の背後にまわり、ポンと肩を叩いた。「すばらしい仕事ぶりだった」。満足そうに言う。「その仕事ぶりに報いるため、一世一代のチャンスを用意しようと思ってね。歳を二倍重ねても、そうそうめぐってこない、選ばれし人間だけが手にできるチャンスを」

第13章 パナマ国民の英雄

一九七二年四月某日、深夜。私はパナマ共和国のトクメン国際空港に到着した。現地は雨季に入っていた。複数のエグゼクティブたちとともに、当時の慣行に従い一台のタクシーに相乗りした。スペイン語を話せる私は、助手席に座った。発車後、フロントガラスの向こうをぼんやりと眺める。雨の中、一枚の屋外広告板が車のヘッドライトに浮かんだ。くっきりとした眉に鋭い目つき。ハンサムな男性がこちらを見ていた。つば広の帽子の一端が粋な感じでめくれている。広告の中の男性は、現代のパナマ国民の英雄、オマール・トリホスだった。

私はパナマに来るにあたり、従来通り、ボストン公立図書館の閲覧室で事前学習に努めた。私の知る限り、国民に広がるトリホス人気は、国家の主権と、パナマ運河の管理権を断固として主張する彼の政治姿勢が要因だった。トリホスはみずからの政権下で、恥辱にまみれた自国の歴史に終止符を打とうと、意欲を燃やしていたのである。

スエズ運河の建設を指揮したフランスのエンジニア、フェルディナン・ド・レセップスが中央アメリカの地峡に、大西洋と太平洋を結ぶ運河を通そうと決めたとき、パナマはコロンビアの支配下にあった。レセップスが莫大な労力を費やしたおかげで、運河開発は一八八一年にスタートしたが、いざ施工の段になると、難局に次ぐ難局だった。そしてついに一八八九年、資金難のため頓挫してしまう。だが、くだんの運河事業はすでに、セオドア・ルーズベルトの心をつかんでいた。なるほどアメリカは二〇世紀に入ると、北米の共同事業体に事業権を譲渡するようコロンビアに迫った。しかし、コロンビアはアメリカの要求を拒否する。

一九〇三年、ルーズベルトは戦艦ナッシュビルを周辺海域に送りこんだ。上陸を果たした米軍は、地元の人気軍司令官を捕らえ、暗殺。パナマの独立を宣言する。こうしてアメリカの傀儡政権が誕生し、運河条約がはじめて締結された。その条文には、アメリカが運河の両沿岸地帯を管理すると謳われていた。つまり、軍事介入が法的に許されたのである。新たに生まれた「独立」国パナマは事実上、アメリカの従属国だった。

興味深いことに、その運河条約は、米国務長官ジョン・ヘイと、初期の運河開発にも携わったフランスのエンジニア、フィリップ・ビュノー＝バリヤとのあいだで結ばれており、パナマ人はいっさい蚊帳《かや》の外だった。すなわち、アメリカ人とフランス人による条約締結のために、パナマは無理やりコロンビアのもとを追われ、アメリカに従属させられたのである。

その後パナマではアメリカと深くかかわる、裕福な寡頭支配層が半世紀以上にわたって実権を握った。いずれも右派の独裁者たちで、アメリカの利益のためならば、いかなる手段もいとわなかった。アメリカにおもねるラテンアメリカのほかの指導者たちと同じく、大衆を扇動するような、社会主義をにおわす動きがあれば、理由のいかんを問わず、弾圧に乗りだした。また西半球全域の反共運動においてCIAやNSAの活動を支援し、ロックフェラー設立のスタンダード・オイルや、〔ジョージ・H・W・ブッシュ〔父〕設立のザパタ石油会社がのちに買収する〕ユナイテッド・フルーツといったアメリカの大企業にも便宜を図った。もちろん、そのような傀儡政権は、きわめて貧しい環境で暮らす人びとや、大規模なプランテーションで実質奴隷のように働く人びとの生活を向上させることが、アメリカの利益につながるとはまったく考えていなかった。

一方で、パナマの寡頭支配層は、親米政策の恩恵に多分にあずかった。独立宣言から一九六八年まで、傀儡政権のためにアメリカ軍が軍事介入した例は二桁にのぼる。しかし、私がまだエクアドルで平和部隊のボランティア活動に従事していた一九六八年、パナマの歴史が突如、一変した。アルヌルフォ・アリアス政権がクーデターにより転覆し、延々と権力を独占してきた独裁者の系譜がとぎれ、オマール・トリホスが新たに国家元首の座に就いたのだ。政変の首謀グループに名を連ねていなかったトリホスの、意表をつく就任劇だった。

トリホスは中流階級以下の人たちのあいだで、きわめて人気が高かった。パナマの地方都市サンチアゴの出身で、両親はともに教師である。一九六〇年代、貧困層を支持基盤とするパナマの主力軍事組織、国家警備隊に入隊すると、瞬く間に階級を上げた。やがて、貧しい者にも耳を傾ける人物として評判になる。彼は貧困地区をみずからの足で歩き、政治家が近づかないようなスラム街で対話を重ね、仕事にあぶれた人たちの職探しに一役買い、病気や不幸な出来事で打ちひしがれる家族に、みずからの限られた資産の一部を寄付した。

そんなトリホスの、人生に対する愛や、人に対するやさしさは、国境の外へも向けられた。パナマという国を、迫害で亡命を余儀なくされた他国の人びとの受け皿にしようと尽力したのである。政治思想が右だろうと左だろうと、亡命者を庇護する姿勢に変わりはなかった。チリでピノチェト政権と対立していた左派も、キューバでゲリラ活動をしていた反カストロの右派も受け入れた。その結果、平和の実践者として、西半球からあまねく尊敬を集めることになった。またトリホスは、さまざまな勢力間の対立で調整役を務めたリーダーとしても、高く評価された。ラテンアメリカでは当時、非常に多くの国々が対立を深めていた。ホンジュラス、グアテマラ、エルサルバドル、ニカラグア、キューバ、コロンビア、ペルー、アルゼンチン、チリ、パラグアイなど。対照的に、人口二〇〇万人の小さな国パナマは、社会改良の模範を世界に示し、ソビエト連邦の解体を模索する労働組合の上層部や、リビアのカダフィ大佐のようなイスラム武装勢力まで、世界のさまざまなリーダーたちに感化を及ぼしていた。

さて、パナマ到着日の夜。タクシーは赤信号で停まっていた。うるさく行き来するワイパーの先へと、私はなおも視線を送りつづける。笑顔で見おろす看板の男は、すでに私の心をも動かしていた。面構えがよく、カリスマ性があり、勇敢。ボストン公立図書館で長く資料に目を通すうち、私はトリホスが強い意志を持つ人間であることを悟った。事実、パナマは今、有史に名を刻んで以降、はじめてのときを迎えていた。つまり、アメリカの傀儡でもなければ、誰の手下でもない、パナマの新時代である。彼はソ連や中国の甘言にも、決して屈しなかった。社会改良に取り組み、貧しい環境に生まれた者たちに手を差しのべる一方で、共産主義を良しとしなかった。カストロとは違い、アメリカの敵と手を結ぶことなく、アメリカから自由を勝ちとる。それが、トリホスの意志だったのである。

私が図書館の棚で偶然手にした、知る人ぞ知る雑誌の記事には、長く支配してきたアメリカの牙城を崩し、南北アメリカ大陸の歴史を変えた人物として、トリホスを称賛する言葉が並べられていた。なお、その記事の執筆者は冒頭、マニフェスト・デスティニー（明白なる使命）をとりあげていた。マニフェスト・デスティニーは一八四〇年代、アメリカに広く浸透したスローガンで、北アメリカの征服は神に与えられた使命との趣旨である。つまり私たちは、みずからの意思ではなく神に与えられた使命のもと、アメリカ先住民を大量虐殺し、森林を破壊し、アメリカバイソンを半ば絶滅させ、湿地を消滅させ、水路を開発し、労働者と天然資源の長期の搾取に基づく経済システムを作りあげた、というわけだ。

記事を読んだ私は、アメリカが現在、国際社会とどう向き合っているのか、おのずと考えていた。第五代米大統領ジェームズ・モンローが一八二三年にはじめて提唱したモンロー主義は一八五〇～六〇年代、マニフェスト・デスティニーをさらに掘りさげる形で拡大解釈され、反米政策をとる中央アメリカや南アメリカの国々に対する侵攻など、西半球全域におけるアメリカの特権を正当化する根拠となった。事実、セオドア・ルーズベルトはモンロー主義を掲げてドミニカ共和国とベネズエラに侵攻し、パナマのコロンビアからの「解放」を実現させた。その姿勢は、歴代の大統領、とりわけ第二七代ウィリアム・タフト、第二八代ウッドロウ・ウィルソン、第三二代フランクリン・ルーズベルトに引き継がれ、第二次世界大戦の終戦まで、アメリカはモンロー主義のもと、西半球で権勢を振るったのである。やがて二〇世紀後半に入ると、共産主義を脅威と位置づけ、ベトナムやインドネシアなど世界各国にモンロー主義を押しひろげていく。

そして今、一人の男がアメリカの前に立ちはだかっていた。もちろん、彼が先陣を切ったというわけではない。キューバのカストロやチリのアジェンデなど、先人がいたことは事実である。しかし、トリホスは共産主義というイデオロギーに染まることも、みずからの政治活動を革命と吹聴することもなかった。単に、パナマには国民や国土、そして領土を貫く運河を治める権利があると訴えていたのである。それらの権利は、アメリカが享受するあらゆる権利同様、不可侵かつ神聖なものである、と。

トリホスは、運河地帯に位置する米陸軍米州学校（二〇〇一年、西半球安全保障協力研究所に改称）と、米南方軍の熱帯戦闘訓練センターの両施設にも、反対の姿勢を示していた。アメリカ陸軍は長年、ラテンアメリカ諸国の独裁者や大統領に働きかけ、その子息や軍幹部を、北アメリカ以外の地域で最も規模が大きく、最も設備の整ったそれら二つの施設に集め、共産主義勢力との戦いに役立つ軍事戦術だけではなく、尋問や諜報技術などについても手引きしていた。その訓練は、参加した各国幹部にとって、みずからの財産や石油会社など民間企業の資産を守る上でも、貴重な経験だった。また、アメリカ側の要人と接点を作る、格好の機会でもあった。

それらの軍事拠点は、一部の特権階級にとっては有意義な施設だったかもしれないが、ラテンアメリカ全体にとっては、迷惑以外の何ものでもなかった。この二つの訓練施設が、右派の暗殺部隊の育成の場となっていることは明らかだった。ひいては暴君を作りだし、ラテンアメリカに次々と独裁政権をもたらす温床となっていることも。トリホスが、運河地帯はパナマの領域であり、国内に軍事訓練施設を望まないと声高に叫んでいたゆえんである。

広告板には、ハンサムな司令官の顔の下に、短いセリフが添えられていた。「自由という理想を胸に。いかなる兵器も、理想を殺せやしない!」。胸が波立つのを感じた。二〇世紀という時代は、これからパナマに試練を与えようとしている。そんな思いがよぎった。トリホスは難しい時代に主席の座に就いたのかもしれない。いや、むしろ悲劇の時代と言ったほうが適切だろうか。

熱帯地方特有の激しい雨が、フロントガラスでしぶきをあげている。信号が青に変わった。運転手が目の前の車に対し、クラクションを鳴らす。私は、みずからの立場に目を向けた。私がここに来たのは、きわめて大規模な総合開発計画の契約をとりつけるためである。実現すれば、MAIN初の快挙と言えた。世界銀行や米州開発銀行、米国際開発庁が、この貴重な小国のエネルギーや交通、農業などの産業に、何十億ドルもの資金を投じることになるのだ。だが、もちろん、それは表向きの筋書きだった。真の狙いは、パナマを借金地獄におとしいれ、傀儡として再び従属させることである。

闇夜に向かって、タクシーが発進する。ふと、良心の呵責《かしゃく》が頭をもたげた。だが、私は無理やりそれを抑えこんだ。何を気にしているんだ？　ジャワ島に飛びこんで魂を売ったんだぞ。そして今、ブルーノが言ったように、一世一代のチャンスを手にしているんだ。私はこのチャンスをものにすることで、大金をつかみ、名を成し、地位を築こうとしていた。

第14章

運河地帯の植民地化

私は翌日、パナマ政府が手配した男性に、街を案内してもらった。案内役の男性はフィデルといい、私はすぐに彼を気に入った。フィデルは長身瘦軀《そうく》で、パナマ人であることに強い誇りを持っていた。彼の高祖父はかつて、シモン・ボリバル（訳注：一九世紀初頭、ラテンアメリカ諸国のスペインからの独立を指導したベネズエラの軍人、政治家）率いる軍の一員としてスペインと戦い、独立の実現に貢献したという。私がトマス・ペインに馴染みがあると伝えると、彼はペインの著作『コモン・センス』をスペイン語で読んだことがあると話し、私をおおいに喜ばせた。私たちは当初、英語でやりとりしていた。だが途中で、私がスペイン語を話せることを知ると、彼は胸を熱くしてこう言った。「パナマにいるアメリカ人の多くは、何年も住んでいるにもかかわらず、スペイン語を学ぼうとしないんですよ」

フィデルが私を乗せた車を、街の中心部へと駆ると、驚くほど華やかな地区がお目見えした。彼いわく、ニューパナマとのこと。ガラスと鋼鉄からなる近代的な高層ビルが、車のウィンドウの外を通りすぎていく。フィデルの説明によると、リオ・グランデ川（訳注：米コロラド州に源を発しメキシコ湾に注ぐ川。スペイン語で「大きな川」の意）以南の国々の中で、最も国際金融機関の数が多い国が、パナマだという。

「パナマは、南北アメリカ大陸のスイスだと言われています。顧客にほとんど注文をつけないんです」

ニューパナマを後にした私たちは、彼が言うところのスラム街に向かった。

「一番ひどい地区ではないんですが」とフィデルが言う。「におうと思います……」

道に沿って、木造のあばら屋が建ちならんでいた。平行して走る排水溝を覗くと、あちこちで淀みが生じている。ぼろぼろの家屋は、汚水に沈みかけている朽ちた舟のようだった。たちまち車内は、腐敗物と下水のにおいで満たされた。気がつけば、腹部の膨らんだ子どもたちが車の両脇を走っている。フィデルがスピードを緩めると、子どもたちは「おじさん！」と呼びかけながら私のほうに群がり、恵みを乞うた。ジャカルタを連想させる光景だった。

壁面は、落書きで埋め尽くされていた。ハートの中に恋人どうしの名を記した、よく見る落書きも、ちらほらあったが、その大半は、アメリカに対する憎しみのメッセージだった。例えば、「よそ者は失せろ」「俺たちの運河で勝手なまねをするな」「アンクルサムよ、主に仕えよ」などなど。「パナマはベトナムではないとニクソンに伝えとけ」というのもあった。中でも次の文句を見たとき、私は肌が粟立つのを感じた。「自由の死は、キリストへの道」。それらのメッセージに混じり、オマール・トリホスのポスターが随所に掲げられている。

「では、別世界を見にいきましょう」。フィデルが言った。「私には正式な書類がありますし、パーキンスさんはアメリカ市民ですから、問題ありません」。赤みを帯びた空のもと、彼は運河地帯へと車を走らせた。私は、運河地帯の光景を事前に予想していたものの、現実は私の想像以上だった。一帯に広がるぜいたくさに、私は自分の目を疑った。巨大な白い建物に、手入れの行きとどいた芝生、豪邸、ゴルフコース、華やかな店舗に映画館など。

「正確に言いますと、ここにあるすべてのものはアメリカの財産です。そして、スーパーマーケットや理髪店、美容室、レストランなどの事業はすべて、パナマの法律の適用対象外で、税も免除されます。敷地内には一八ホールのゴルフコースが七つあり、適度な間隔を置いて郵便局が設置されています。裁判所や学校もあります。まさに、国の中にもう一つの国があると言えるでしょう」。そこまで言って、フィデルが私を覗きこんだ。そして、街のほうを指さした。「向こう側は、一人あたりの年収が一〇〇〇ドル以下で、失業率は三〇％です。もちろん、先ほどの小さなスラム街に限れば、年収一〇〇〇ドルに届く人間など、まずいないでしょう。仕事にあぶれた人たちばかりです」

「アメリカによる植民地化の最も深い闇ってわけか。対策は取られているのかい？」。私は尋ねた。

振り返ったフィデルの表情には、怒りではなく、悲しみがにじんでいるように見えた。

「私たちに何ができるのでしょう？」。そう言って彼は首を横に振った。「その答えは見つかっていません。ただし、これだけは言えます。トリホス司令官が今、挑戦しているんです。もしかしたら、命が狙われるかもしれないと私は思っています。ですが、司令官は全身全霊をかけて取り組んでいます。彼は、国民のために戦うことができる人間なんです」

第15章

司令官との会話

それは、予想だにしない招待だった。パナマ滞在中のある朝、私は国営電力会社の水資源・電化公社において、みずからに割り当てられたオフィスで仕事をしていた。手元の統計データをよくよく確認していたところ、開け放していたドアをやさしくノックする音が聞こえた。理由が何であれ、数字から目を離す口実ができたことが嬉しく、私はノックの主を招き入れた。男性は司令官の運転手であることを告げ、司令官が所有するバンガローの一つに私を招待するために来たと説明した。

それから一時間後、私はテーブルを挟んで、パナマ国家警備隊司令官オマール・トリホスと対面していた。トリホスは飾らず、パナマの日常的な服装に身を包んでいた。具体的には、薄緑の柄が入った水色の半袖シャツを、前面ボタンを留めて着こなし、カーキ色の長ズボンをはいていた。彼は長身で、血色がよく、ハンサムだった。司令官のような要職に就く人間にしては、驚くほどリラックスしているように見えた。広い額に前髪が少しかかっている。

トリホスは、私が少し前にインドネシアとグアテマラ、イランを訪問したことについて尋ねた。彼はいずれの国の話にも関心を示したが、とりわけイランのパーレビ国王に心を動かされたようだった。パーレビ国王が皇帝に即位したのは一九四一年のことである。イギリスとソ連からヒトラーとの協力関係を非難され、退位を迫られた父親に代わっての即位だった。

「考えられるかい？」。トリホスは言った。「自分の父親を失脚させる謀略に一枚かむなんて」

パナマ共和国の最高指導者は、遠く離れた地の歴史について熟知していた。私たちは、パーレビ国王をとりまく政局が一九五一年に一転し、国王がみずからの王政下の首相、モハンマド・モサッデクによって亡命に追い込まれた件について話した。そのモサッデクを共産主義者とし、イランの政情に干渉して、パーレビ国王の失地回復を実現させたのがＣＩＡである。その背景は、ほぼ世界中に知れ渡っており、トリホスも把握ずみだった。しかし、私がクローディンから教わった情報については知らなかった、もしくは、少なくとも口にしなかった。カーミット・ルーズベルトによる華麗な謀略と、その謀略によって新帝国主義の時代が幕を開け、大国どうしの弱肉強食の争いへと進展した事実については。

彼は次のように続けた。「パーレビ国王は復権後、革新的な政策を次々に打ちだして、産業部門の発展と、国家の近代化をめざした」

なぜ、イランに関してそれほど多くの情報を知っているのか、私は尋ねた。

「知るように努めているのさ」。トリホスは答えた。「私はパーレビ国王の政略をそれほど尊重していない。みずからの意思で父親を失脚させて、ＣＩＡの傀儡に身を落としたことをね。だが、イランにはプラスに働いているように見える。だから、彼から学ぶことがあるかもしれないね。彼の命がこの先、続くのであれば」

「続かないとお考えですか？」

「手ごわい連中を敵に回しているからね」

「ですが、世界屈指のボディーガードたちに守られています」

トリホスは嘲笑するような顔つきを見せた。「イランの秘密警察ＳＡＶＡＫ《サバク》は、冷酷非情な暴力組織として有名だ。だとすれば、多くの味方は望めない。パーレビ国王はこの先、あまり長くないだろう」。そう言ってひと呼吸おくと、小馬鹿にした表情を作ってみせる。「ボディーガード？　私にも数人ついているがね」。ドアの方に向かって、手を振った。「君の母国が私を始末すると決めたとき、彼らが守ってくれると思うかい？」

その想定を本気で考えているのか、私は尋ねた。

彼は眉を軽く上げてみせた。その仕草を見た私は、質問をした自分が愚かに思えた。「私たちには、パナマ運河がある。それは、アルベンスやユナイテッド・フルーツよりも、はるかに大きな存在さ」

グアテマラについて、すでに調べていた私は、その言葉の真意を理解した。政治上、グアテマラにとってのユナイテッド・フルーツは、パナマにとってのパナマ運河のような存在と言えた。同社は一九世紀末に設立されると、みるみるうちに、中央アメリカで指折りの大企業にまで成長した。グアテマラでは一九五〇年代はじめ、西半球の人びとから民主化の模範として歓迎された選挙において、左翼候補のハコボ・アルベンスが大統領当選を果たした。当時のグアテマラは、人口の三％に満たない富裕層が、国土の七〇％を所有していた。貧困層の飢餓からの脱却を公約していたアルベンスは当選後、包括的な農地改革政策を推し進める。

「ラテンアメリカ中の中流階級と貧困層からアルベンスは称賛された」。トリホスは言った。「私自身にとっても、彼は英雄の一人だった。しかし一方で、私たちは固唾《かたず》を飲んで見守っていた。地主としてグアテマラで屈指の規模と権力を誇るユナイテッド・フルーツが反対するのは、目に見えていたからね。しかも、ユナイテッド・フルーツは、さまざまな国で大規模プランテーションを運営していた。コロンビアやコスタリカ、キューバ、ジャマイカ、ニカラグア、ドミニカ共和国、そして、ここパナマでも。だから、アルベンスの改革をラテンアメリカ全土に波及させるなんて、許すはずもなかったんだ」

その後の展開は私も知っていた。ユナイテッド・フルーツはアメリカで広報活動を大々的に繰りひろげ、政治家や市民に対し、アルベンスが共産主義者の一味であると吹きこんだのだ。つまり、グアテマラはソビエト連邦の従属国である、と。はたして一九五四年、CIA指揮によるクーデターへと結びつく。首都グアテマラシティはアメリカのパイロットが乗る航空機によって爆撃され、民主選挙によるアルベンス政権はあえなく転覆。かわりに、軍大佐のカルロス・カスティージョ・アルマスが、右翼独裁者として圧政を敷いた。

新政権はユナイテッド・フルーツあっての体制だった。そのためカスティージョは、アルベンスの農地改革を白紙に戻し、海外投資家への利息や配当金を課税対象から外した。さらには、秘密投票制を廃止し、数千人もの反体制派を投獄。カスティージョを表立って批判する者を、あまねく処罰した。以降、グアテマラは世紀が変わるまで、暴力とテロにまみれていく。歴史家の言葉を借りれば、その源となったのが、カスティージョ独裁政権下のユナイテッド・フルーツ、CIA、グアテマラ軍、この三者による半ば公然の蜜月関係だった。

トリホスが続ける。「そして、アルベンスは暗殺された。それは政治的暗殺でもあり、人物破壊でもあった」。ひと呼吸おいて、顔をしかめた。「君の国ではなぜ、CIAのインチキがこれほどまかり通るのだろう? まあ、私はそうは簡単にいかないがね。軍も我々の味方だ。政治的暗殺をくわだてても、うまくはいくまい」。そう言って白い歯を見せる。「CIAは直接、私を手にかけるしかないんだ!」

トリホスと私は、それぞれみずからの思案にふけり、しばし口を閉ざした。沈黙を破ったのはトリホスだった。

「ユナイテッド・フルーツのオーナーを知っているかい？」

「ジョージ・ブッシュのザパタ石油会社です。アメリカの国連大使を務めるジョージ・ブッシュの」。私は言った。

「そう、野心家の男のね」。そう言って彼は身を寄せ、声を下げた。「私は今、ベクテルにいる彼の仲間とやりとりしているんだ」

それは私にとって、驚愕の一言だった。ベクテルは世界最有力のエンジニアリング企業で、MAINと頻繁に共同事業を行っていた。パナマの総合開発計画においても、同社が強力なライバルになると私は考えていた。

「と言いますと？」

「新しい水路の建設を計画しているのさ。閘門《こうもん》のない海水面の水路をね。実現すれば、これまで通れなかった大型船が通過できるようになる。あるいは、日本から資金調達ができるかもしれない」

「日本はパナマ運河の最大の利用国ですよね」

「その通り。もちろん、日本が資金を出してくれるなら、新水路の建設は日本企業に発注することになる」

まさかの展開だった。「その場合、ベクテルは用なしというわけですか」

「これは、近年で最も大きな建設事業なんだ」。トリホスはそう言って、一拍おいた。「ベクテルには、ニクソンやフォード、ブッシュの仲間が、わんさかいる（アメリカ国連大使のブッシュと、下院少数党院内総務であり共和党全国大会議長のフォードが、共和党の実力者であることを、彼は把握していた）。どうやら、ベクテルが共和党を裏で操っているそうだね」

話を聞いて、私は苦虫を噛みつぶした。私は、トリホスが忌み嫌う経済システムを何とか維持しようとしている人間の一人だった。彼は間違いなくそのことを知っている、そう思った。国際金融機関の融資をもとに、アメリカのエンジニアリング・建設企業に事業を発注するようにトリホスを説きふせる。その私の任務は今や至難のわざと言えた。ならば正面からぶつかろう、私は腹を決めた。

「司令官。私がここに招かれた理由は何でしょうか?」

彼は腕時計を見て、笑みを浮かべた。「おお、そろそろ本題に入らないといけないな。率直に言って、パナマは君の力を必要としているんだ。私に力を貸してほしい」

私は唖然とした。「私の、ですか? いったい、どうすればよろしいのでしょうか?」

「私たちは、いずれ運河を取りもどす。だが、それだけでは十分ではない」。トリホスはそう言って、椅子の背にもたれた。「パナマは世界の模範となるべきなんだ。貧困層に寄りそう姿勢を示し、ソ連や中国、キューバの傘下に入らずして、独立を必死に勝ちとろうとする姿勢を確実に見せなければならない。パナマは正しい、ということを世界に証明しなければならないんだ。アメリカに反対するためではなく、貧困層の人権を守るために、動いているということを」。彼は私の素性を調査した上で、話をするべき相手に選んだと打ちあけた。平和部隊の活動を通じて貧困者を支援した経験があり、スペイン語が堪能で、ラテンアメリカに対して明らかに好意をいだいている点が、彼の心を動かしたという。

トリホスが足を組んだ。「そのために、私たちはまず、経済基盤を固める必要がある。ラテンアメリカのほかの国にはないような盤石な経済基盤をね。そう、だからこそ電力の話になるんだ。ただし、資金を確保して、最も貧しい人にも恩恵が届くような電力システムを構築しなければ意味がない。交通網や情報通信網の整備に関しても同様だ。農業ならば、なおさらだろう。したがって、融資が必要なんだ。君の提案する融資がね。世界銀行や米州開発銀行からの」

彼は、あらためて身を乗りだした。そして私の目を見て、言った。「君の会社がたいてい、事業規模をかさ増しして、プロジェクトを大きく見積もることは知っている。適正規模より広い高速道路や、大きな発電所、水深の深い港湾といった具合にね。だが、今回は話が別だ。パナマ国民に最も適したものを提案してくれ。であれば、君の望む企業に、すべての仕事を発注する」

私は完全に意表を突かれた。だが、驚いた反面、血が騒ぐのを感じた。たしかに彼の言葉は、私がMAINで学んだ想定を裏切るものだった。トリホスは間違いなく、外国援助のプロセスが出来レースであることを知っている。また、知らなければならなかった。アメリカの外国援助の真の狙いは、彼個人の私腹を肥やし、彼の国を借金漬けにすることである。換言すれば、パナマという国を未来永劫、アメリカとコーポレートクラシーに従属させることだ。ひいては、ラテンアメリカ諸国をマニフェスト・デスティニーという理念に縛りつけ、アメリカ政府とアメリカ経済に永遠に従属させることである。しかしトリホスは、その謀略の大前提に、権力者はみな私利私欲に屈するもの、との考えがあることを見抜いていた。私にとって、彼の「私欲に屈しない」との姿勢は、まさに脅威と言えた。その勇断は、新たな選択肢としてほかの指導者たちに波及し、EHM戦略自体を覆す恐れがあったからだ。

コーヒーテーブルを挟んで座るその男に、私は目をやった。彼は、みずからの特殊で稀有《けう》な影響力が、運河に帰することを理解していた。そして、その運河があるがゆえ、みずからが危険な立場にいるということも。彼は気をつけなければならなかった。すでに低所得国の中のリーダーとして世界から認知されていた。彼自身にとっての英雄アルベンスのように毅然とした態度を貫くならば、世界の注目を集めるのは必至である。となれば、彼はどうなるのだろう? 具体的に言えば、アメリカ政府はどう打って出るのだろう？　とりもなおさず、ラテンアメリカの歴史は、数々の英雄の死を静かに物語っていた。

私はそれまで、自分は正しいことをしていると、みずからに言いきかせてきた。だが私の正面に座る男は、そんな私の自己弁護をも試していた。もちろん、その男にも相応の欠点はあるだろう。だが少なくとも、みずからの海賊行為を正当化して好き放題に略奪を繰り返した、海賊ヘンリー・モーガンやフランシス・ドレークのような人間ではなかった。広告板に載る彼の顔は、上辺だけの陳腐な政治家のそれとは明らかに違った。「自由という理想を胸に。いかなる兵器も理想を殺せやしない！」。在《あ》りし日のトマス・ペインも、同じような理想を掲げていたのではないだろうか。

とはいえ、私はある思いを抑えられずにいた。たしかに、理想は殺せやしないかもしれない。だが、理想を掲げた人間はどうだろうか？　チェ・ゲバラ、ハコボ・アルベンス、そしてサルバドール・アジェンデ。生きているのはアジェンデだけだ。あまつさえアジェンデの命も、時間の問題のように思えた。ふと、一つの疑問が頭をかすめた。トリホスがこの事業にみずからの命を賭すのであれば、私はどうすべきなのだろう？

ＭＡＩＮが総合開発計画を策定するとの合意を交わし、私は彼のもとを辞去した。トリホスの「要望」については、検討すると言い残して。

第16章

不穏な時代へ

私は当時、MAINの一つの部署を統括するチーフ・エコノミストとして、世界各地で実施する調査に責任を負うと同時に、最先端の経済理論はもちろん、世界経済の最新動向に精通すべき立場にあった。その世界経済は、一九七〇年代はじめ、大きな転換期を迎えようとしていた。

石油産出国数か国による連合体、石油輸出国機構（ＯＰＥＣ）が設立されたのは一九六〇年代のことである。国際石油資本の力に対抗することが主な目的だった。イランも主要加盟国の一つとして名を連ねた。前述の通りイランのパーレビ国王は、アメリカが裏で指揮したモサッデク失脚により、君主の座に返り咲いていた。おそらく彼の命があるのも、アメリカのおかげと言えたかもしれない。そのような状況を認識してか、パーレビ国王は、いずれみずからも詰め腹を切らされるという危機感をつのらせていた。はたして彼の懸念がほかの産油国の君主にも波及し、過剰な危機意識が醸成される。「セブン・シスターズ」と呼ばれる国際石油資本が結託して原油価格をコントロールし、つまり仕入れ値を安く抑え、暴利をむさぼるさまは、産油国側の目にも映っていた。ＯＰＥＣはその対抗措置として、設立されたのである。

そして一九七〇年代初期、とうとう国際石油資本がＯＰＥＣの前にひざまずくことになった。ＯＰＥＣが短期間のうちに諸々の対抗措置を打ちだし、一九七三年に石油禁輸に踏みきったのだ。アメリカではガソリンスタンドに長蛇の列ができ、世界大恐慌に匹敵する経済危機が到来した。それは、誰しもが予想しえなかった規模であり、先進国の経済は、総じて大打撃を受けたのである。

このオイルショックは、アメリカにとって、まさに最悪のタイミングでの出来事だった。ベトナム戦争での恥辱を引きずり、恐怖と自信喪失であふれる社会は混迷を極め、大統領ニクソンは退任を迫られていたのである。ニクソン政権の問題は何も、東南アジア政策やウォーターゲート事件だけではなかった。世界の政治経済に新時代の波が押しよせる中で、ニクソンは非常に難しい舵取りを強いられた。当時は、OPEC加盟国のような「弱小国」が、反撃に転じつつあったのだ。

私は、こうした国際情勢から目が離せなかった。たしかに私の日々の生活は、コーポレートクラシーによって支えられていたが、心のどこかで、経営陣が煮え湯を飲まされている状況に快哉を叫んでいた。そのような状況を歓迎することで、みずからの罪悪感をやわらげていたのかもしれない。

石油禁輸措置がとられたとき、その影響を正確に予測できた者は誰ひとりとしていなかっただろう。私たちなりの理論に照らしても、その後の展開は想定外だった。いま確認すると、オイルショック後のアメリカの経済成長率は、インフレ圧力が高まる中、一九五〇〜六〇年代のおよそ半分の水準で推移している。ただし、一般的な経済成長とは構造が異なり、雇用がさほど創出されなかったため、アメリカの失業率は上昇した。さらには国際金融システムに激震が走る。第二次世界大戦以降、広く確立されてきた固定相場制が事実上、崩壊したのだ。

私はそのころ、昼食を食べたり、仕事終わりにビールを飲んだりしながら、知人たちとよく一連の動向について意見を交わした。部下たちと意見交換することもあった。私の部下の多くは、若いにもかかわらず非常に優秀で、少なくとも従来の基準からすれば、自由な発想の持ち主と言えた。また、ボストンのシンクタンクの上層部や、地元の大学教授を相手にするときもあった。中には、州議会議員の秘書を務める人物もいた。もちろん正式な会合というわけではなく、一対一での意見交換も多かったが、参加者が一〇人以上になるときもあった。ともかく、互いに活発に意見を出しあい、おおいに議論した。

今にして思えば恥ずかしいことだが、そのような議論の中で、私はよく優越感をいだいていた。口外できない内幕を知っていたからである。州政府や連邦政府関係者、大学教授、博士研究員など、優れた経歴をもって堂々と意見する相手に対して、私はあくまで、ファーストクラスで世界を飛びまわる大手コンサルティング企業のチーフ・エコノミストの役回りを貫いた。オマール・トリホスなど要人との個人的な面会や、大陸を問わず世界各地で展開する謀略について、口にすることはなかったのである。

特に弱小国の台頭に話題が及ぶと、多くのことについて、私は口を閉ざさなければならなかった。コーポレートクラシーや、コーポレートクラシーに属するエコノミック・ヒットマン、その背後に控えるジャッカルによって、弱小国の勢力拡大が阻止されていることなど、みな知るよしもなかった。したがって私は、アルベンスやモサッデクの過去の例や、民主選挙で大統領に就任したチリのサルバドール・アジェンデが一九七三年、CIAの工作により失脚した直近の出来事などを引き合いに出すぐらいしかできなかった。しかし心の中では、OPECの盛衰のいかんを問わず、帝国主義がますます進展するとわかっていたのである。さらに言えば、当時はまだ確信するには至らなかったが、OPECの協力によって、逆に帝国主義が加速するとも考えていた。

議論では、当時の一九七〇年代初期の状況と、一九三〇年代の世界大恐慌との共通点に着目することが多々あった。その後の研究によって認められることだが、一九三〇年代の大恐慌は、世界経済にとって大きな分岐点と言えた。その一〇年を契機にケインズ経済学が支持されるようになり、政府は積極的に市場に介入し、医療や失業補償などの福祉サービスを充実させるべきとの考えが広がったからである。

やがて世界大恐慌は、ニューディール政策へと結びつき、一連の復興策の中で、経済規制や政府による財政操作など、包括的な金融政策が講じられた。さらには、第二次世界大戦へと続き、世界銀行やIMFが産声《うぶごえ》をあげ、GATT（関税および貿易に関する一般協定）の締結につながる。その後、一九六〇年代を経て、新古典派経済学からケインズ経済学へと移行する。アメリカではケネディとジョンソンが政権を握った時代であり、一個人に関して言えば、おそらく最も強い影響力を振るっていたのが、ロバート・マクナマラだろう。そのマクナマラは、私たちの議論にたびたび登場した。もちろん、名前が、である。フォード・モーターの企画・財務分析担当部長から、社長へとのしあがり、国防長官を経て、世界銀行総裁に就いた彼の華々しい経歴は、私たち全員の知るところだった。

マクナマラは国政に携わると、ケインズ経済学を熱烈に支持、数学モデルや統計的手法に基づき、部隊規模や資金配分などベトナム戦争における戦略を立案した。彼の標榜する「積極的リーダーシップ」は、政府高官だけではなく企業経営者のあいだでも、旗印としてもてはやされた。国内の名門ビジネススクールでは、積極的リーダーシップという概念を、ビジネスの基礎をなす新たな経営哲学として採用。進取の気性に富んだCEOたちが輩出され、世界各地において帝国主義政策が加速するに至った。

テーブルを囲んで世界情勢を議論する中で、私の仲間はマクナマラを軍産複合体（訳注：軍、政府、軍事関連企業が権力や利益の拡大のために癒着した連合体）の象徴として位置づけた。そして、権力の一極集中が強まる傾向を深く案じた。そのような動きが、さほど驚きではなかったのは、私ひとりだけだったかもしれない。ロバート・マクナマラが歴史に残した最大の実績は、かつてないほど大胆に世界銀行を帝国主義の推進機関へと変革し、恐るべき前例を作ったことだろう。それは、彼が世に刻んだ最も不穏な足跡とも言えた。マクナマラは「自国を繁栄させたいのであれば、世界銀行からの融資を受け入れ、世界銀行とＩＭＦの提示する条件に忠実に従えばよい」と提唱し、コーポレートクラシーによる支配を推進したのである。コーポレートクラシーの代表的な人物たちのあいだをうまく取りもった彼の仕事はその後、後任に引き継がれ、さらに巧妙化する。

私のエコノミック・ヒットマン時代に始まったこの動きは、今なお続いている。例えば、ジョージ・シュルツはニクソン政権で財務長官を務めたあと、ベクテルの社長を経て、レーガン政権で国務長官の座に就いた。また、ベクテルの副社長兼顧問弁護士だったキャスパー・ワインバーガーは、レーガンから国防長官に指名されている。リチャード・チェイニーは、ジョージ・Ｈ・Ｗ・ブッシュ（父）政権で国防長官を務め、その後ハリバートンの社長となり、ジョージ・Ｗ・ブッシュ（息子）の大統領就任と同時に、副大統領のポストに収まった。ビル・クリントン政権の財務長官ロバート・ルービンは、ゴールドマン・サックスの共同会長からの転身である。そのほか、例をあげればきりがない。バラク・オバマ、ドナルド・トランプ、ジョー・バイデンと大統領が変わっても、同様の例は星の数ほど存在するのだ。

いま振り返ると驚くが、私がエコノミック・ヒットマンを務め、マクナマラが世界銀行を率いていたころは、まだ正攻法が幅をきかせていた。私たちは世界帝国の構築に向け、まだ多くの点で、古典的手法に頼っていたのである。たしかに、イランの民主政権を倒して国王による独裁体制を樹立したカーミット・ルーズベルトによって、統治戦略は生まれ変わろうとしていた。また、私たちエコノミック・ヒットマンがインドネシアやエクアドルなどで、その新たな戦略を多数展開していたのも事実である。だが一方で、私たちはベトナム戦争を通じ、いとも簡単に軍事力を重点とする従来の戦略に戻りえることを痛感させられていた。そんな私たちに真の変革を迫ったのは、ＯＰＥＣの中心国、サウジアラビアである。

第17章

サウジアラビアでのマネーロンダリング

一九七四年、私はサウジアラビアの外交官から、首都リヤドの写真を見せてもらったことがあった。そのうちの一枚は、国家機関の建物の外で、ごみの山をあさるヤギの群れを写したものだった。その状況について尋ねた私は、返ってきた答えに唖然とした。リヤドのごみ処理システムは、主にヤギが担っているというのだ。

「自尊心が高いサウジアラビア人は、ごみを集めたりしません」。彼は言った。「だから動物にまかせているのです」

ヤギである！　それも、世界最大の産油国である王国の首都で。私は耳を疑った。

私は当時、アメリカのある経済顧問団の一人として、石油危機の回避策を模索していた。ごみをあさるヤギの群れは、そんな私にとって格好のヒントと言えた。特に、過去三世紀におけるサウジアラビアの歴史を見るならば、である。

サウジアラビアでは一八世紀、地元豪族の首長ムハンマド・イブン＝サウードと、イスラム原理主義の超保守派ワッハーブ派が手を結んだ。この盟約を土台として、サウード家とワッハーブ派が以後二〇〇年にわたり、イスラム教の聖地メッカとメディナを含め、アラビア半島の大半を支配してきた。

建国者たちの禁欲的な思想が色濃く残るサウジアラビア社会は、イスラム教の聖典コーランの厳格な解釈を戒律としている。宗教警察によって、一日五回の礼拝の義務が徹底され、女性であれば、頭から足の爪先まで覆い隠さなければならない。また、犯罪者に対する処罰も厳しい。公開処刑や石打ちによる死刑は日常的に行われている。私はリヤドをはじめて訪れたとき、青空市場の近くにロックもせずに車を停めた運転手から、カメラやバッグ、そして財布さえも、外から丸見えの車内に残しておいて問題ないと言われ、驚いた記憶がある。

「ここでは誰も盗みを働きません。両手首を切り落とされますから」

運転手はその後、チョップ・チョップ広場と呼ばれる公共スペースで公開斬首を見てみたいか、と私に尋ねた。リヤドの街を窃盗から守っていたのは、私たちからすれば極度に禁欲的と言えるワッハーブ派の戒律である。戒律を犯した者は、究極の体刑に処せられるのだ。私は、運転手の提案を断った。

西側諸国を混乱におとしいれた産油国側の石油禁輸措置の背景には、政治や経済において宗教的見解を重要視するサウジアラビアの国家事情があった。エジプトとシリアがそろってイスラエルを攻撃したのは一九七三年一〇月六日(ヨム・キプールと呼ばれるユダヤ暦で最も神聖な日)のことである。この攻撃を機に、十月戦争が勃発した。十月戦争は、アラブ諸国とイスラエルとのあいだで起きた四度目の戦争(第四次中東戦争)で、それまでの中東戦争の中で最も規模が大きく、世界にかつてないほど深刻な影響を及ぼした。十月戦争開戦に伴い、エジプト大統領サダトはサウジアラビア国王ファイサルに対し、みずから言うところの「石油武器戦略」で、イスラエルと共闘するアメリカに復讐するよう圧力をかけた。はたして同年一〇月一六日、サウジアラビアを含めた湾岸諸国の五か国とイランが、原油価格の七〇%引きあげを発表した。

アラブ諸国の石油相たちはクウェートの首都クウェート市で会議を開き、さらなる対抗措置を検討した。その中でイラクの代表が、アメリカを標的にすべきであると強く主張。会議の参加国に対して、アメリカを含めた親イスラエル国向けの石油輸出を全面的に禁止するほか、アラブ世界におけるアメリカの事業を国営化し、アメリカの金融機関からすべての資金を引き揚げるべきだと提案した。アラブ諸国の巨額の預金を引き出せば、一九二九年の世界恐慌のような大混乱を引き起こすことができるとの指摘である。

イラクが提案するこうした急進的な措置に対して、各国の石油相たちは難色を示したが、同年一〇月一七日、より限定的な禁輸措置をとることで合意した。その内容は、原油生産量を当面五％減らし、アラブ諸国側の政治的要求が通らなければ、さらに毎月五％ずつ削減するというものである。親イスラエル路線を鮮明にするアメリカへの報復措置との見解で各国が一致し、アメリカには最も厳しい措置がとられることになった。また一部の参加国は、原油生産量を五％ではなく一〇％削減すると発表した。

その二日後の一〇月一九日、米大統領ニクソンが連邦議会に対し、イスラエル支援として二二億ドルの予算確保を要求。対して、サウジアラビアなどアラブ諸国は翌日、アメリカへの全面禁輸に踏みきった。

最終的に、石油禁輸措置は一九七四年三月一八日に解除された。期間こそ短かったが、その影響は甚大だった。一九七〇年一月一日に一バレル一・三九ドルだったサウジアラビアの原油価格は、一九七四年一月一日には八・三二ドルまで高騰した。一九七〇年代初期から半ばにかけての一連の出来事は、当時の政治家はもちろん、その後の政府当局者にとっても、長く記憶に刻まれる貴重な教訓となった。また、わずか数か月間の混乱ではあったが、長期的に見れば、コーポレートクラシーの体制強化につながったとも言える。つまり、巨大企業や国際金融機関、政府が、従来以上に連携を深めたのだ。その盤石な体制は、現状の通りである。

石油禁輸は、アメリカの政治姿勢や政治方針においても、大きな変化をもたらした。財界、政界を問わず、アメリカにとって前段のような厳しい措置は二度と許容されるものではなかった。我が国が必要とする石油量を何としてでも確保しなければならない。一九七三年以降、アメリカはその考えにとりつかれるようになる。そして一躍、国際政治の舞台に躍り出たサウジアラビアを、自国経済に影響を及ぼす重点国家として位置づけた。それに伴いコーポレートクラシーは、サウジアラビアのオイルマネーを自国に還流させる方法を模索する。そこで目をつけたのが、急増する資金を適切に活用しきれていないサウジアラビアの社会制度だった。

サウジアラビアにとって、原油価格の上昇に伴う収益拡大は、諸刃《もろは》の剣《つるぎ》と言えた。たしかに、何十億ドルという財源が新たに国庫を潤した。だが一方で、ワッハーブ派の厳格な宗教解釈が一部、おとしめられる状況を招いた。サウジアラビアの富裕層は、世界各地を見てまわるようになった。加えて、欧米の大学や教育機関で学ぶ学生が増加。さらには高級車を乗りまわし、洋風の家財道具をそろえる者まで現れるようになった。その結果、保守的な信仰が薄れ、新たに、物質主義が浸透したのである。アメリカにとって、オイルショックという危機的状況を回避するための答えは、その物質主義の中に隠されていた。

石油禁輸措置が解除されると、アメリカ政府はさっそくサウジアラビア当局との交渉に入った。アメリカ側の提案は、科学技術や軍事装備品、軍事訓練、最新の企業経営や投資に関して支援するかわりに、その対価として、オイルマネーをアメリカに流してほしいとの趣旨だった。もちろん交渉の最大の狙いは、二度と石油禁輸措置が講じられないようにする点である。はたして、アメリカ・サウジアラビア合同経済委員会という異例の組織が設置された。そして、通称ＪＥＣＯＲと呼ばれるこの委員会が、従来の外国援助とは異なる画期的な理念を実現していく。要するに、アメリカ企業がサウジアラビアから報酬を受けとり、サウジアラビアという国を発展させていくのだ。

運営全般と財務責任は米財務省に委任されていたが、ＪＥＣＯＲ自体は限りなく独立した組織だった。二五年以上にわたって数十億ドルもの予算を費やしたが、連邦議会の監督は実質、受けていない。米財務省に運営が委任されていたものの、アメリカ側の資金が絡まないため、連邦議会に監督義務が生じなかったのである。ＪＥＣＯＲの機能を広く調査したデビッド・ホールデンとリチャード・ジョーンズは、次のように総括している。「アメリカがそれまで開発途上国と交わした協定の中で、最も大きな影響力を持つのがＪＥＣＯＲによるものだろう。相互依存との理念を推進するＪＥＣＯＲによって、アメリカはサウジアラビアに深く依存しようとしていた」

ＭＡＩＮには早い段階で、米財務省からＪＥＣＯＲの顧問を打診する話が来ていた。そこで白羽の矢が立ったのが、私というわけである。私は今回の仕事がきわめて重要で、職務内容や知りえたことは、すべて極秘事項であると注意された。私にとって、それは極秘工作も同然だった。私は当初、ＭＡＩＮがコンサルティングを統括すると考えていた。だが実際は、複数のコンサルティング会社が米財務省から打診を受けており、ＭＡＩＮはそのうちの一社にすぎなかった。

すべての業務が秘密裡に進められたため、ほかのコンサルティング会社と米財務省とのやりとりについては、私の知るところではない。事実、私はこの先駆的な取組みにおいて、みずからの果たす役割がどれほど重要なのか、計りかねていた。ただし、支配側のうまみを増幅させる、従来にはない画期的な手法が構築され、エコノミック・ヒットマンに新たな指標が示されることは確実だった。私は、みずからの経済予測に基づく開発計画が順調に採用され、ＭＡＩＮがサウジアラビアと大型契約を交わす初のコンサルティング会社の一社になる、つまり多大な利益を計上する青写真を描いた。そして、私自身も多額の報酬を手にすることを夢見ていた。

私の仕事は、サウジアラビアのインフラ整備に多額の資金を投じることで得られる経済効果を予測し、その経済成長の概況を段階的に示すことだった。換言すれば、できるかぎり予測に色をつけ、サウジアラビア経済への数億ドルもの資金投入を正当化することである。もちろん、アメリカのエンジニアリング・建設企業への発注が前提条件だった。私は一人でこの仕事を担当しなければならず、部下に頼ることが許されなかった。したがって、担当部署が入るフロアより数階上の小さな会議室にこもって仕事を進めた。この職務が国家機密であると同時に、MAINにとっては非常に魅力的な一大プロジェクトであると、釘を刺されたのは言うまでもない。

もちろん当の私も、この仕事の趣旨が、通常のプロジェクトとは異なると認識していた。資金が豊富で、国際政治に大きな影響力を持つ今回の相手国は、そもそも融資を必要としていなかった。そのため、多額のオイルマネーをアメリカに還流させる新たな方策を見出すことが、私の任務と言えた。サウジアラビア国王を説得できれば、同国の経済とアメリカ経済との結びつきは、ますます深まるだろう。サウジアラビアは経済的にいっそうアメリカに依存することになる。サウジアラビアでの西洋化が進めば、私たちの経済システムに対する理解が深まり、その枠組みの中に取りこめると考えられた。

いざ仕事をはじめると、私はリヤドの街をさまようヤギの群れに、重要なヒントが隠されているように思えた。自家用ジェットで世界を飛びまわるサウジアラビアの富豪にとって、街なかのヤギの群れは、自国の泣き所のはずだった。ヤギの群れではなく、近代国家の仲間入りを渇望する砂漠の王国にふさわしいシステムが、まさに求められていた。また私は、OPECのエコノミストたちが、アラブ世界の主要産油国に対し、自国の原油から付加価値のある石油製品を作る必要性を訴えている点にも注目した。原油の輸出に終始するのではなく、自分たちの力で産業を興し、原油をもとに石油製品を生産すれば、原油価格よりも高値で他国と取引できると、エコノミストたちは指摘していたのである。

私はこれら二つのヒントを足がかりに、すべての関係者が必ず満足するであろう、ある戦略を見出した。もちろんヤギの群れは、糸口にすぎない。要は、サウジアラビアが石油による利益を元手に、アメリカ企業に発注して、ヤギにかわる世界最先端のごみ収集・廃棄処理システムを整備する。そうすればサウジアラビア国民も、自国の最新鋭システムを誇らしく思うのではないか、と考えたのである。

私は、サウジアラビア経済のほぼすべての分野に適用可能な一つの方程式を想定し、左辺にヤギの群れを置いた。言うなれば、サウジアラビアの王族、米財務省、MAIN上層部、三者にとっての成功の方程式である。この方程式によって導かれる解は、原油を輸出向け最終製品に加工する産業分野に、資金を投入することである。さすれば、大規模な石油化学コンビナートが砂漠地帯に建設され、その周辺にも、巨大な工業団地が造成される。もちろん、数千メガワットの出力をもつ発電所や、送配電線、高速道路、パイプライン、情報通信網、交通システムの整備もあわせて求められる。そのほか、空港の新設や海港の再整備だけでなく、あらゆるサービス産業を充実させることも必要だ。一連の事業を円滑に進めるためのインフラ構築は言うまでもない。

私たちはみな、このサウジアラビアでのプロジェクトが新たな外国援助の在り方に先鞭をつけ、他国のモデルになると期待を膨らませていた。成功すれば、世界各地で豪遊するサウジアラビアの金満家たちが、アメリカの実績を吹聴する。多くの国の指導者たちがサウジアラビアに招かれ、アメリカによる奇跡を目撃するだろう。そして、サウジアラビア同様の開発事業をアメリカに依頼する。私たちとしては、依頼主がOPEC加盟国以外の国であれば、世界銀行を口説いて融資させるか、相手国を借金漬けにする別の方法を選択すればよい。いずれにしても、アメリカという世界帝国が栄えることになるのだ。

そのようなシナリオを煮詰めていたところ、ヤギの姿が頭に浮かぶと同時に、かつて聞いた運転手のセリフがよみがえった。「自尊心が高いサウジアラビア人は、ごみを集めたりしません」。私はその後、表現こそ違えど、同じ内容のセリフを幾度となく耳にした。工業施設での勤務だろうと、建設現場での仕事だろうと、サウジアラビア人事業主がそのような単純労働に、自国民を雇うつもりがないことは明らかだった。そもそも、サウジアラビア人だけでは、労働力をまかないきれなかった。加えて、王家であるサウード家も、国民に一定水準の教育と、単純労働とは異なる仕事を提供したいと考えている様子だった。サウジアラビアの人たちは、他国の労働者を監督することはあっても、みずからが工場や建設現場で働くということについては、その動機も意欲も持ちあわせていなかったのである。したがって、賃金が安く労働力の豊富な国々から、労働者を呼びよせる必要があった。できれば、エジプトやパレスチナ自治区、パキスタン、イエメンなど、同じ中東地域もしくはイスラム教国からの労働者が望ましかった。

そのように想定すると、開発事業の構想がさらに膨らんだ。外国から労働力を輸入するならば、大規模な住宅団地を用意する必要がある。それだけではなく、複合商業施設や医療機関、警察・消防の庁舎、上下水道処理施設、電力網、情報通信網、交通網なども整備しなくてはならないだろう。要するに、砂漠が広がる土地に、近代都市を作ることが最終目標と言えた。であれば、海水淡水化プラントやマイクロ波システム、医療複合施設、コンピュータ技術などにおいて、やはり最先端技術の導入が求められる。

サウジアラビアは開発計画の立案者にとって、まさに理想の国であり、エンジニアリング・建設会社の関係者であれば、誰しもが憧れるような場所だった。歴史をひもといてみても、サウジアラビアほど経済発展の可能性を秘めた国は存在しなかった。実質、限りないほどの財源を有し、それでいて、非常に短期間のうちに劇的に近代化を成しえようとする国など、他に類を見なかったのである。

何を隠そう、私はこの仕事の可能性に胸を躍らせていた。なぜなら参考データが、サウジアラビア国内にいっさい存在しなかったからである。そのほか、いつものボストン公立図書館など、どこを探しても、私の想定する経済統計モデルを裏打ちするようなデータは見当たらなかった。ただ、一つの国をまるまる一気に変革するという、歴史でもまれに見るスケールの大きさを考えれば、たとえ過去に類似例があったとしても、あまり参考にできなかっただろう。

また、少なくとも当時の時点において、このような定量分析の経験があるエコノミストも存在しなかった。そのため、私はもっぱら想像力を働かせて、報告書の中に王国の栄《は》えある未来を描いたのである。もちろん、それまでの経験から、おおまかな予算を弾きだすことはできた。具体的に言えば、発電電力量一メガワットあたりの費用や、道路一マイルあたりの建設費に加え、上下水道や住居、食事、公共サービスに関する労働者一人あたりの適正費用などである。ただし、それらの推測値の正確性を高めることや、最終的な結論を導くことは、私には求められていなかった。私の任務は単に、一連の計画（正確に言えば、おそらく「展望」）の中で、実現可能と思われる将来像を示し、それに伴う経費を概算することにすぎなかったのである。

ともあれ私は、本来の目的を見失わないよう、常に心がけていた。本来の目的とは、アメリカ企業への報酬を最大化し、サウジアラビアのアメリカへの依存度をさらに高めることである。だが仕事を進めるうち、二つの目的が非常に密接にかかわることに気がついた。新たにインフラ開発を行えば、開発後にインフラの機能向上と持続的なサービスが求められる。ただし、開発にはきわめて高い技術が用いられるため、開発後の維持や性能向上にも、もともとの業者が携わる必要があった。そこで私は、計画書を作成するにあたり、提案するプロジェクトごとに内容を二つに分けることにした。一つは、当初予定していた設計と建設に関する計画で、もう一つは、長期におよぶサービスと管理に関する計画である。その案に従えば、MAINをはじめ、ベクテル、ブラウン&ルート、ハリバートン、ストーン&ウェブスターなど、アメリカの多くのエンジニアリング・建設会社が、向こう数十年にわたって多額の利益を得ることになる。

また、単なる経済という枠を超えて、まったく別の側面からサウジアラビアをアメリカに依存させる要素もあった。そもそも、潤沢な石油を抱えるこの王国が近代化すれば、他国から敵視されるだろう。保守的なイスラム教徒が怒りの矛先を向けたり、イスラエルなどの近隣諸国が脅威をいだいたり。であれば、サウジアラビアの経済発展は、一般的なインフラとは別の産業も必要になる。すなわち、アラビア半島の防衛を担う軍需産業だ。それは、アメリカ軍だけではなく、軍需産業に特化する民間企業にとっても、採算性の高い契約を結ぶ格好の機会と言えた。しかも実現すれば、これまた継続的なサービスと管理があらためて必要となる。なぜなら、空港やミサイル基地、駐留施設に加え、軍事にかかわるすべてのインフラを、新たに建設・維持しなければならないからだ。

私は、作成した計画書を封筒に入れ、しっかりと封をして、社内便で「財務省プロジェクト担当部長」宛てに送った。それまで折に触れ、このプロジェクトの担当者数人——MAINの本部長や私の上司など——とは、顔を合わせていた。だが、あくまで調査や提案の準備段階であり、JECORの正式な案件でもなかった当プロジェクトには、まだ名前が付けられておらず、私たちは単にSAMAと呼んでいた。しかも小声で、である。SAMAは、Saudi Arabian Money-Laundering Affair(サウジアラビアでのマネーロンダリング事業)の略称だったが、ちょっとした言葉遊びでもあった。サウジアラビアの中央銀行の名称がSaudi Arabian Monetary Agency ——つまりSAMAだったのだ。

私たちの会議には、財務省側の担当者もたびたび出席していた。その会合では、私が質問することはまれだった。仕事の進捗ぶりを報告し、出席者の反応を確認し、要望にはすべて応えると約束して終わることがほとんどだった。MAINの部長と財務省の担当者たちは、継続的なサービスと管理にかかわる契約内容に、特に魅力を感じた様子だった。その内容を聞いた部長の一人は、サウジアラビアのことを「我々がリタイアするまで、ミルクを搾《しぼ》れる乳牛」と呼ぶようになり、そのフレーズが私たちのあいだで広がった。ただし、私はその文句を聞くたび、乳牛ではなくヤギを思い出した。

私は一連の会議を通して、MAINの競合他社も、サウジアラビアの開発計画の作成に携わっていることを知った。自分たちの努力に見合った魅力的な契約を望んでいるのは、どの社も同じはずだった。計画立案に要する費用は、おそらく一様に自社負担で、いずれの社も短期的なリスクを負って、このコンペティションに参加していると思われた。その思いが確信に変わったのは、私の労働時間手当が、一般管理費の勘定に計上されているのを知ったときである。なるほど、そのような手段は、あくまで調査や計画作成といった準備段階プロジェクトにおいてめずらしくはなかった。だが今回のプロジェクトは、初期投資の額が一般的なプロジェクトとはケタ違いである。それでもMAINの部長たちは、投資に見合った契約を結べると自信満々に考えている様子だった。

コンペティションであることはわかっていたが、私たちはどの社にも何かしらの仕事がまわってくると想定していた。この業界である程度キャリアを積んでいた私も、各社の提案に対する財務省の評価に応じて、仕事が分配されると考えていた。そして、最終的に選ばれた計画を提案した社が、最も魅力的な契約を勝ちとることも。その中で、実際に設計・建設に至るシナリオを描くことは、私にとって個人的な挑戦とも言えた。当時、MAINの社内において、私の評価は急速に高まりつつあった。今回のSAMAで名を上げ、MAINに成功をもたらしたならば、その評価がさらに高まることは確実だった。

そのSAMAと、JECOR全体の活動を通じて、まさに新たな経済開発モデルが構築されようとしていた。私たちは会議の中で、その実現性についても率直に意見を交わした。実現すれば、国際金融機関からの融資を必要としない国において、魅力的な開発事業を創出した初の事例となる。その例に追随しそうな類似の国を考えれば、イランやイラクなどの名が、労せずあがるだろう。さらに、そうした他国の成功を見た他の産油国の指導者たちが、こぞってサウジアラビアをまねするとも考えられた。当初は惨劇でしかなかった一九七三年のオイルショックは、時を経て、エンジニアリング・建設業界に予期せぬ幸運をもたらそうとしていた。そして、世界帝国構築をもくろむアメリカに、追い風を吹かそうとしていたのである。

私はおよそ八か月を費やし、このプロジェクトの構想を練った。数日続けてかかりきりということはなかったが、社内の専用会議室や自宅にこもり、立案に励んだ。その間、私の部下は別の仕事にあたっており、定期的にその仕事ぶりを確認したが、上司がいなくとも、特段の問題はない様子だった。だが、そうこうするうちに、私が秘密裡に進めている仕事が、社内で徐々に知られるようになっていた。サウジアラビアに関する大きなプロジェクトが進行しているらしい、と多くの社員が口にするようになったのである。社内は盛りあがり、さまざまな噂が飛びかった。そのころには、MAINの本部長や財務省の担当者たちも、表立って話題にするようになっていた。私が思うに、この画期的なプロジェクトの詳細が、明らかになりつつあったからかもしれない。

アメリカ政府は、サウジアラビアとの交渉に際して、アメリカとその同盟国に対する石油供給の保証を望んでいた。しかも、許容できる安定した価格水準で、である。そうすれば、たとえイランやイラク、インドネシア、ベネズエラなどの国々が石油禁輸をちらつかせたとしても、豊富な石油埋蔵量を誇るサウジアラビアが、その分を埋め合わせてくれるはずだった。また、サウジアラビアがアメリカに石油を安定供給するならば、ゆくゆくは、他国が石油禁輸措置を検討すらしなくなるとの思惑もあった。石油供給を保証してくれるかわりに、サウード家にとって喉から手が出るほど魅力的な条件を、アメリカ政府は用意していた。それは、全面的かつ明確な政治的支援を提供するだけでなく、必要であれば軍事協力を惜しまず、サウード家が一国の長でありつづけることを約束する、というものである。

イランやシリア、イラク、イスラエルのような近隣諸国の脅威と常に隣り合わせという地理的条件に加え、自国の軍事力の欠如を考慮すれば、アメリカの示す条件は、サウード家にとって、まさに渡りに船だった。はたしてアメリカは、その弱みにつけこみ、さらなる決定的な条件を盛りこんだ。その新たな条件は、世界各地で暗躍するエコノミック・ヒットマンの任務を再定義し、のちに、ほかの標的国にも適用されることになった。その最たる例がイランである。私はいまだに、サウジアラビアがなぜその条件を呑んだのか、理解に苦しむことがある。事実、アラブ世界の国々やＯＰＥＣ加盟国、ほかのイスラム教国のほとんどが、その条件に意表をつかれ、サウード家がアメリカ政府の要求におとなしく従うことに首をかしげた。

くだんの条件とは、オイルマネーを使ってアメリカ国債を買い入れる、というものだった。そのかわり、国債の利息をそのまま米財務省に戻せば、時代の流れにとりのこされた自国を近代化し、先進工業国の仲間入りを果たせる、というわけである。つまり、石油による何十億ドルもの大金が次々と生みだす利息をアメリカ企業に流せば、私（そして、おそらく競合他社のエコノミスト数人）が作成した計画に基づき、近代的な工業立国へと変貌できる、という意味だ。私たちは、サウジアラビアの資金で米財務省に雇われ、アラビア半島全域におけるすべての都市を対象に、インフラ整備計画を立案していたのである。

一連の開発事業が持つ意義に関して、サウジアラビア国民が意見することはなかったが、アラビア半島の将来像と経済構造を（イスラム教徒にしてみれば異教徒と言って差し支えない）他国のエリート集団が勝手に決めている、というのが実際のところだった。しかも、保守的なワッハーブ派の教義のもと建国され、数世紀にわたり、その厳格な宗教解釈が国の戒律とされてきた王国の未来を、である。サウジアラビア側にとっては、信仰上、大胆な挑戦のように思われたが、世界情勢や、アメリカが焚きつけた政治的かつ軍事的な不安を考慮すれば、サウード家にさほど選択の余地は残されていなかったのかもしれない。

一方、私たちの立場からすれば、得られるであろう利益の大きさは計り知れなかった。まさに垂涎もののプロジェクトであると同時に、時代を画すような実績を世界に示すチャンスでもあった。さらに都合がよいことに、企業が忌み嫌う連邦議会の承認を得る必要もなかった。そのような承認手続きは、ＭＡＩＮやベクテルをはじめとする民間企業は、特にうとんじていた。財務状況の公開や企業秘密の外部との共有は、企業にとって得にならないからである。中東研究所の非常勤講師で元ジャーナリストのトーマス・Ｗ・リップマンは、このプロジェクトの妙味を、いみじくも次のように概説した。

オイルマネーをもてあますサウジアラビアから支払われた数億ドルを、アメリカ財務省が抱え込み、開発事業者や開発担当者の報酬にあてる。この枠組みによって、サウジアラビアの資金がアメリカ経済に還流することが保証された。……それと同時に、両国間で合意に達したプロジェクトはすべて、連邦議会の承認がなくとも実施可能であることを、合同経済委員会の役員たちに約束するものでもあった。

この歴史的な仕事において、経済成長の予測値が出そろったのは、誰もが予期せぬほど早い段階だった。ただし、アメリカ側にはその後、契約締結の糸口を探す、という作業が待っていた。そこで、プロジェクトの実現に向け、トップレベルの政府高官がサウジアラビアに派遣された。もちろん、極秘のうちに、である。その人物の正体はいまだ闇の中だが、おそらくヘンリー・キッシンジャーだったと私は考えている。

いずれにせよ、その人物の最初の任務は、隣国のイランでモサッデクが石油採掘におけるイギリスの利権を排除しようとしたときに何が起きたのか、サウード家にあらためて認識させることだった。その上で、選択の余地がないことを暗にほのめかしつつ、彼らにとって喉から手が出るほど魅力的な条件を提示したのである。二者択一を迫られている、サウード家は、そう受けとったに違いない。つまり、条件を呑んで、みずからの国家君主としての地位をアメリカの支持により盤石にするか、もしくは、提案を拒否してモサッデクと同じ道を歩むか、どちらかである。その後、ワシントンに戻ったくだんの人物から、サウジアラビア側には提案に従う意向があると伝えられた。

ただし、些細な問題が一つだけあった。サウジアラビア側の有力者たちの意見をまとめる必要があったのである。私たちが聞いたところによると、それは王家内の問題だった。つまり、民主国家ではないサウジアラビアでは、王家であるサウード家で、意見の一致を見なければならなかったのだ。

一九七五年、私はある有力者の担当に指名された。私は常にその相手がプリンスWであると考えていたが、彼が王位を継ぐ皇太子であるか否かは、最後までわからなかった。ともかく、アメリカが提案するプロジェクトによって、サウジアラビアという国だけではなく、彼個人にも利益がもたらされると、プリンスWを説得することが私の任務だった。

その任務は、当初考えていたよりも、簡単ではなかった。なるほど、プリンスWは厳格なワッハーブ派で、西側諸国のような商業化に対して反対の立場だった。また、私たちの提案の裏に狡猾な謀略がひそんでいることもお見通しだった。彼いわく、アメリカの目的は、約千年前の十字軍のそれと、さして変わらないとのこと。つまり彼にとっては、キリスト教徒によるイスラム世界への侵攻も同然だった。たしかに、プリンスWの見解には一理あった。私たちと十字軍のあいだに違いがあるとすれば、それは単に程度の差だろう。十字軍を結成した中世ヨーロッパのカトリック教徒はかつて、イスラム教徒を煉獄《れんごく》（訳注：カトリックの教義で、罪を犯した死者の霊魂が天国に行く前に浄化される場所）から救うことが侵攻の目的だと主張した。対してこんにちの私たちが掲げる大義は、サウジアラビアの近代化の支援である。いずれにせよ、十字軍の真の狙いも、現代のコーポレートクラシーよろしく、自分たちの領土拡大にあったことは間違いない。

宗教的見地はさておき、プリンスWには一つ弱みがあった。ブロンドの美女に目がなかったのである。時代遅れの価値観について触れるのは気が進まないが、私が知るサウジアラビア人の中では、プリンスWが唯一、そのような嗜好の持ち主だったことを付記しておく。あるいは、本音を吐露した唯一の存在、と表現したほうが正しいかもしれない。ともあれ、彼のブロンド美女への執着が、このプロジェクトの行方を大きく左右することになった。そして、その任務を遂行するため、私があれこれ奔走するはめにも。

第18章

ブロンド美女と、ビンラディンへの資金供与

会うなり彼は言った。ボストンを訪れるときはいつも、好みの女性によるもてなしを期待している、と。さらに、ただ行動をともにするだけでなく、それ以上の関係を望んでいる、とも。ただし、プロの売春婦はまったく望んでいないとのこと。彼自身や親族が、街なかやパーティなどで出くわすような娼婦は願い下げだという。私とプリンスWは、秘密裡に顔を合わせていた。私はその分、彼の要求に応えやすかったと言える。

「サリー」はボストンに住んでいた。ブロンドの髪に青い瞳、という彼女の容姿に、きっとプリンスWは惹かれるだろうと私は考えた。サリーの夫はユナイテッド航空のパイロットで、仕事でもプライベートでも絶えず各地を飛びまわっており、隠し立てせずに、妻以外の女性と関係を持つような男だった。だが、そんな夫の振る舞いなど、彼女は気にもしていない様子だった。サリーにしてみれば、パイロットとしての夫の給与や、ボストンの高級住宅、手厚い福利厚生のほうが重要だったのである。彼女は、プリンスWと会うことを了承してくれた。ただし、条件を一つ付けた。プリンスWとの関係をその後どうするかは、もっぱら彼の行動と態度によって決める、と。

私は運がよかったかもしれない。二人はそれぞれ、お互いの条件をクリアした。

プリンスWとサリーの情事は、サウジアラビアでのマネーロンダリング事業の舞台裏での話である。

よって、舞台裏ならではの問題に私は悩まされることになった。そもそもMAINは幹部社員に対して、いかなる違法行為も固く禁じていた。だが、私のしていたことは法律上、性行為の斡旋、つまり売春の斡旋にあたり、マサチューセッツ州の州法に照らせば違法行為だった。したがって、サリーの相手であるプリンスWから金銭を受けとるわけにはいかず、別の方法でサリーへの報酬を準備する必要があった。幸い、私は当時、それなりに大きな額でも経理部に経費として請求できる立場にあった。そこで、チップをふんだんに用意し、ボストンの最高級レストラン数店に出向き、ウェイターを何とか説得して、未記入の領収書を切ってもらったのである。当時はコンピュータではなく、人がみずからの手で領収書を発行する時代だった。

プリンスWの要求は、しだいにエスカレートした。しまいには、サウジアラビアにある自分の別荘でサリーと暮らしたいと言いだし、私に調整を依頼するほどだった。だが、そのような話は当時、さほどめずらしくはなかった。中東諸国とヨーロッパ諸国とのあいだで、若い女性の斡旋が、頻繁に行われていたのである。契約を結んだ女性は、一定期間を中東で過ごすことになるが、その契約期間が終わって自国に戻れば、銀行口座に大金が振り込まれている、という流れだった。CIA作戦本部で二〇年間、工作員を務め、中東事情に詳しいロバート・ベアは、次のように述べる。「一九七〇年代はじめ、中東にオイルマネーが舞いこみはじめると、抜け目のないレバノン人たちが裏で、サウジアラビアのプリンスたちに女性をあてがうようになった。……王家一族の中で財務管理の意味を知る者はおらず、レバノン人たちの懐は、あきれるほど潤ったのである」

私はこうした状況を把握していたし、斡旋している当人たちのことも知っていた。しかし、大きな問題が三つあった。それは、サリー本人の意向、経費の工面、そして、私の行為が道徳に反する違法行為であること、という三点である。まず、サリーがボストンを離れて、砂漠に囲まれた中東の邸宅に行くとは思えなかった。また、レストランの空白の領収書がいくらあっても、経費をまかないきれないことは明白だった。

プリンスWは私の金銭面での悩みをくんで、女性の対価は自分で負担するつもりであると話した。おかげで、私は調整さえすればよかった。また大変ありがたいことに、自国の別荘に呼ぶ「サリー」は、アメリカで深い関係になったサリーとは別の女性でも構わないと、密かに教えてくれた。私は、レバノン人とつながりを持つロンドンとアムステルダムの知人数人に連絡をとった。女性を紹介するにあたり、イギリスとオランダの知人に仲介を依頼することは、法律にまつわる私の不安を少しやわらげた。また私は、関係者全員がみずからの判断に基づき行動する立派な大人であると言いきかせ、罪悪感を抑えようとした。もちろん、私なんぞに人を評価する資格はなかった。人生に行き詰まった女性を利用する。今にして思えば、その事実から、当時の私は目を背けようとしていたのかもしれない。

プリンスWは難しい人間だった。サリーが彼の肉体的欲望を満たしたことで、水面下で協力した私は彼から信頼を得ることになった。しかし、SAMAが自国にふさわしいプロジェクトであると彼が納得したわけではなかった。私はみずからの任務を果たすため、さらに手を尽くさなければならなかった。多くの時間をさいて彼に統計データを見せた上で、かつて私がインドネシアに発つ前に、クローディンによる育成期間の数か月間で手がけたクウェートの経済統計モデルなど、他国向けの開発資料についても解説した。かくして、ようやくプリンスWは首を縦に振った。

ほかのエコノミック・ヒットマンとサウジアラビアの有力者との関係がどのように進展したのか、その詳細については定かではない。ただ一つ確かなことは、最終的に私たちの提案が、あまねくサウード家に受け入れられた、という結果である。財務省主導のもと、はじめて締結されたこの超大口契約に貢献したとして、MAINは晴れてその対価を得ることになった。サウジアラビアの、時代遅れで統一性に欠ける電力システムの全面的な実態調査と、アメリカ国内の水準に匹敵する新たなシステムの構築を、MAINが担うことになったのである。

私は通常通り、プロジェクトチームを現地に送りこみ、サウジアラビア各地域の経済予測と電力需要予測を立てる予定を組んだ。チームを構成する私の部下三人はいずれも国際プロジェクトの経験者で、リヤド行きに向けて準備に入った。MAINの法務部から、通知を受けたのはちょうどそのころである。法務部によれば、契約条項に従い、数週間のうちに現地事務所の設備を完全に整え、運営を開始しなければならないとのこと。その条項は、どうやら一か月以上も見過ごされてきたようだった。そこで財務省との契約をあらためて確認すると、すべての設備は、アメリカ国内かサウジアラビア現地で調達しなければならないことが判明。サウジアラビアにはオフィス設備を製造する工場がないため、すべてをアメリカから現地に輸送する必要があった。しかし困ったことに、アラビア半島の港に入港するため、多くのタンカーが列をなしているという。船便で設備を現地に届けるには、何か月もかかる見通しだった。

とはいえ、二〜三の事務室を備えるオフィス設備のためだけに、貴重な契約を失うわけにはいかなかった。そのためMAINの全パートナーが会議室に集まり、数時間にわたって解決策を模索した。そして最終的に合意に達した解決案は、ボーイング七四七をチャーターする、という方法だった。ボストンの店舗で調達したオフィス設備を、ボーイング七四七に搭載し、サウジアラビアに空輸するという算段である。

もし、その航空機がユナイテッド航空の便で、サウード家の説得において決定的な役割を演じた妻の夫がパイロットを務めるならば、世話がないと私は思った（サリーに関する非道徳的な行為を、私はのちに悔いることになるのだが、当時はまだ、このように正当化しようとしていた)。
その後、アメリカとのあいだで締結された開発事業により、サウジアラビアはまさに、一夜にして変貌を遂げた。ヤギの群れにかわって、二〇〇台ものアメリカ製最新ごみ収集車が街をめぐるようになり、契約したウェイスト・マネジメント社が二億ドルを手にすることになった。同様に、農業をはじめ、エネルギーや教育、情報通信に至るまで、サウジアラビア社会は、あらゆる分野で近代化が進んだ。前出のトーマス・W・リップマンは、二〇〇三年時点の状況を次のように記す。

遊牧民のテントや農夫の土壁の小屋が寂然と広がる。アメリカ人が思い浮かべるそのような景色を、アメリカ人がみずから塗りかえた。最新の公共施設を見れば、スターバックスがその一画に店を構え、車いす用のスロープも設置されている。サウジアラビアではこんにち、高速道路が走り、コンピュータが普及し、エアコンの効いた商業施設が建ちならぶ。どの商業施設も、豊かなアメリカ郊外で見かける、しゃれた店舗であふれている。そのほか、豪華なホテルやファストフード店、衛星放送、最新医療施設、高層オフィスビル、アトラクションの充実した遊園地なども見受けられる。

一九七四年に着想したサウジアラビアの開発計画はその後、ほかの産油国との交渉において、よき指標となった。SAMAとJECORはある意味、カーミット・ルーズベルトがイランで残した実績に次ぐ、新機軸を打ちだしたと言える。つまり、世界帝国の勢力拡大を担う新手のエコノミック・ヒットマンたちに、政治、経済両面において、一段と洗練された画期的な武器を授けたのだ。
サウジアラビアでのマネーロンダリング事業と、アメリカ・サウジアラビア合同経済委員会という二つの要素はさらに、国際法という観点においても、かつてない前例を作りだした。その最たる例が、イディ・アミンの亡命である。悪名高きウガンダの独裁者イディ・アミンは一九七九年、政権を追われ、亡命することになったが、そのアミンを受け入れたのがサウジアラビアだった。残虐な暴君として知られるアミンは、二〇万人とも三〇万人とも言われる市民を虐殺した責任に問われていた。にもかかわらず、サウード家から複数の自家用車とサウジアラビア人の給士をあてがわれ、優雅な生活を保証されたのである。アメリカは静かに反対姿勢を示したが、サウジアラビアと交わした協定への悪影響を恐れ、大きな問題に発展させることはなかった。亡命に成功したアミンは、釣りを楽しんだり海辺を散歩したりしながら、余生を過ごした。そして二〇〇三年、八〇歳のときに、腎不全のためジッダで死去した。

以上のような影響に比べ、より密かに、そして最終的にはより深刻な元凶として、サウジアラビアが新たに担うようになったのが、国際テロリズムの資金源という役割である。一九八〇年代のアフガニスタン紛争において、アメリカ政府は公然とサウード家に対し、ソ連軍と戦うオサマ・ビンラディンの軍事組織に資金を供与するよう求めた。結果、アメリカとサウジアラビアによるビンラディンの軍事組織への資金供与は、推計三五億ドルにものぼった。しかし、アメリカとサウジアラビアによる介入は、これに留まらなかった。

『USニューズ&ワールド・レポート』誌は、アメリカとサウジアラビア両国の関係を徹底的に調査し、その結果を「サウジアラビアとの関係」と題して二〇〇三年に発表した。数千ページに及ぶ裁判記録や、国内外における諜報活動報告、そのほかの関係資料に加え、政府関係者と、テロや中東の専門家たち数十人への取材に基づく記事だった。以下、その抜粋である。

もはや疑いようがなかった。アメリカの長年の同盟国であり、世界最大の産油国であるサウジアラビアは、いつしかテロリストの資金調達における、財務省高官いわく「中心地」となっていた。……イラン革命とアフガニスタン紛争という二つの大きな出来事を経た一九八〇年代後半から、サウジアラビアによる偽りの慈善活動が、急速に活発化するジハード（聖戦）の主な資金源となった。テロ組織はサウジアラビアから調達する資金をもとに、およそ二〇か国において、民兵の訓練施設を運営し、武器をそろえ、新兵を集めた。……

複数のベテラン諜報員によれば、サウジアラビアの豊富な資金は、アメリカ当局者の口をもふさいだ。サウジアラビアとかかわりのあった大使やCIA支局長、さらには閣僚など、さまざまな元官僚たちに、契約金や助成金、報酬という名目で、数十億ドルが流れていたのである。……

電子機器により傍受された会話内容を踏まえると、アルカイダのみならず、ほかのテロ組織の支援にも、サウード家のメンバーがかかわっている。

二〇〇一年、世界貿易センタービルと米国防総省（通称ペンタゴン）を標的とした同時多発テロが起こると、アメリカとサウジアラビアの水面下の関係が、より確かな事実として認められるようになった。二〇〇三年一〇月、『ヴァニティ・フェア』誌も「サウジアラビア人の救済」と題し、それまで公にされてこなかった事実について報じた。だが、ブッシュ家、サウード家、ビンラディン一族の関係に言及した記事内容は、私にとってそれほど驚きではなかった。その蜜月が少なくとも、一九七四年にはじまったサウジアラビアでのマネーロンダリング事業や、ジョージ・H・W・ブッシュ（父）の米国連大使時代（一九七一～一九七三年）とCIA長官時代（一九七六～一九七七年）にさかのぼることを、すでに把握していたからである。逆に驚きだったのは、その事実がついに報道されたことだった。『ヴァニティ・フェア』誌は次のように結んでいる。

ブッシュ家とサウード家という、世界で最も影響力のある二つの一族は、二〇年以上にわたって、親しい関係を保ち、政治とビジネスにおいて密接にかかわってきた。……ビジネスに焦点を当てれば、ジョージ・W・ブッシュ（息子）が出資する石油会社ハーケン・エネルギーはかつて、サウード家の支援によって業績不振を脱した過去を持つ。直近の例をあげると、世界最大級の投資ファンド、カーライル・グループの資金調達イベントにおいて、サウジアラビア人参加者の前に登場したのが、元大統領のジョージ・H・W・ブッシュ（父）と、長年側近を務めた元国務長官のジェームズ・A・ベーカー三世だった。ジョージ・H・W・ブッシュは現在、同社の上級顧問を務めているが、その出資者には、テロ支援団体との関係が指摘されているサウジアラビア人が名を連ねる。……

九・一一の数日後、ビンラディン一族のメンバーを含む、サウジアラビアの富豪たちが、プライベートジェットでアメリカの地を密かに発っている。飛行許可の出どころは永遠に闇の中だ。乗客の出国審査も実施された形跡がない。ここにも、はたしてブッシュ家とサウード家の長い蜜月が、関係しているのだろうか？

第4部

1975年－1981年

第19章

パナマ運河をめぐる交渉

サウジアラビアでの事業を通して、多くの人が出世した。すでに順調にキャリアを築いていた私も当然、この砂漠の王国での成功によって、好機をつかんだ。私が小さな帝国の主となったのは、一九七七年のこと。ボストン本社に勤める二〇人近くと、世界各地に散らばるほかの部署のコンサルタントたちを新たに部下に従えた。MAINの一〇〇年の歴史上、最年少でパートナーとなったのである。チーフ・エコノミストという肩書きのほか、経済開発・地域計画担当部長としての任も加わった。それに伴い、ハーバード大学などで講師を務め、新聞社から時事解説の執筆を依頼されるように。私生活では、自前のヨットを所有し、ボストン港に係留させるまでになった。しかも係留場所は、独立戦争後まもなくバルバリア海賊を鎮圧したとして名高い歴史的軍艦「オールド・アイアンサイズ」こと、コンスティチューションのとなり、である。高額な報酬と、保有する株式によって、三〇代のうちに億万長者になるのも夢ではなかった。結婚生活は破綻してしまったが、海外に行けば、親しい関係の女性が何人かいた。

経済的な豊かさに加え、一介の教師の息子であるにもかかわらず富裕層向けの全寮制学校で過ごした苦い過去や、思春期にいだいた女性への鬱屈した思いなどが、私をエコノミック・ヒットマンとしての任務につなぎとめていた。私は生来の肌の色や性別、国籍のおかげで、一部の人間、それも本当に限られた人間の一人として、さまざまな恩恵にあずかっていた。しかし、私を含めた一握りの人間が不相応な利権を労せず手にしている現実など、どこ吹く風で、一顧だにせず暮らしていた。愚かなことに、それが当然だと思っていたのである。

そのような中、私に転機が訪れた。上司のブルーノから、経済予測に関して、ある画期的手法の構築を提案されたのである。それは、一九世紀末から二〇世紀初期にかけて活躍したロシア人数学者の理論、マルコフ過程に立脚した斬新な経済モデルだった。端的に言うと、主観確率を用いて特定分野の経済成長を算出するのである。この方法が確立されれば、私たちが望むインフレ上昇率を首尾よく正当化でき、相手が巨額の融資を受け入れやすくなると考えられた。私はブルーノの指示を受け、新モデルの構築について検討することになった。

私はさっそく、マサチューセッツ工科大学の若手数学者で博士のナディプラム・プラサドをスタッフの一員としてみずからの部署に招き、予算をあてがった。すると、プラサドは半年もしないうちに、このマルコフ過程を応用した計量経済モデルを構築する方法を編みだした。インフラ投資が経済成長に与える影響を定量化するうえで、マルコフ過程が革新的な役割を果たす。私たち二人はそう考え、技術論文の執筆に力を注いだ。その手法は、まさしく私たちが求めていたものだった。言うなれば、返済不可能な債務を負わす行為が、相手国のためであると科学的に「証明する」手段だったのである。しかも、マルコフ過程を応用した複雑な内容のおかげで、時間にゆとりがある超有能な計量経済学者ぐらいしか、結論を疑う者はいないと思われた。私たちの技術論文は、複数の名門機関から刊行された。私たち自身も、世界各地の会議や大学で、論文の概要を公式に発表した。はたして、この技術論文は業界中から注目を集め、私たちの名は広く知られるようになったのである。

時を同じくして、オマール・トリホスとの協議も秘密裡に進めていた。その中で私は、ＭＡＩＮ側の提案内容が、あくまでパナマの現状に即し、貧困層を考慮したものであると約束した。対してパナマ側からは、自国の一般的なインフレ率に見合わず、社会主義をにおわせると否定的な意見があがった。とはいえ最終的に、MAINは複数の契約を勝ちとることに成功した。農業など伝統産業を対象とした画期的な開発基本計画を筆頭に、である。私はその交渉のかたわら、トリホスと米大統領ジミー・カーターが、運河条約をめぐって再協議に入ったことにも注目していた。

トリホスとカーターによる再協議は、世界中の人びとの関心と反響を呼んだ。世界の大半が正しいと信じる道、つまりパナマへの主権返還をアメリカが選ぶのか。はたまた、ベトナム戦争での失態で揺らぐマニフェスト・デスティニーをあらためて推し進めるのか。多くの人にとって、理性的で穏やかなカーターの大統領当選は、まさに時宜を得た出来事だった。しかし、伝統的な保守派グループや、宗教右派の指導部にとっては、屈辱とも言えた。アメリカにしてみれば、パナマ運河は国防の重要拠点であり、謀略の象徴であり、南アメリカ大陸の富をやすやすと自国の商業利益に変える水路でもあった。そのような対象を、なぜアメリカは手放すに至ったのだろうか？

「求心力のないフォード大統領は再選しないだろう」。一九七五年の時点で、オマール・トリホスはそう語っていた。パナマの要人たちが集まる会合でのことである。歴史を感じさせる優雅な会場で、私は会場に招かれた数少ない外国人の一人だった。「だからこそ、運河問題の解決を前面に押しだそうと考えたのだ。今こそ、運河を取りかえすべく、一気に政治闘争を仕掛けるべきなんだ」

トリホスの言葉は私の胸に響いた。その日、私はホテルの部屋に帰ると、急いで手紙をしたため、『ボストン・グローブ』紙に宛てた。同紙の編集者から電話がかかってきたのは、帰国後、ボストンのオフィスで仕事をしているときである。論説を寄稿してほしいとの依頼だった。リスクを伴うことは承知していた。だが、運河問題に関しては一家言を持っていたし、いま振り返れば、日に日に強まる良心の呵責を抑えようとしていたのかもしれない。さらに言えば、トリホスの歓心を買い、パナマでのＭＡＩＮの事業を拡大するきっかけになるとも期待していた。

「一九七五年、実りなき対パナマ植民地政策」と題した論説は、その年の九月一九日付『ボストン・グローブ』紙の社説対向の、ほぼ半面にわたって掲載された。

私はその中で、パナマ運河はパナマに返還すべきだと主張し、三つの理由をあげた。まず「絶対的理由として現在の状況が公正さに欠ける」とした。次に「パナマにより多くの権限を認めたほうが、安全上のリスクがはるかに少ない」ことを指摘。「もし一人の人間がガトゥンダム側に爆弾を仕掛ければ、運河の通航が二年間遮断される」という大洋間運河委員会の調査結果を紹介した。それはトリホス自身が強く訴えていた点でもあった。そして最後に「すでに問題を抱える米・ラテンアメリカ関係に、深刻な影響を及ぼしている」と論じた。以下、論説の結びである。

パナマ運河の継続的かつ効率的な運営を担保する最善の方法は、運河の管理とその責任をパナマ側に移譲することである。それは、私たちが二〇〇年前に誓った独立の精神に回帰した政策であり、胸を張って推し進めることができるだろう。……独立戦争が勃発した一七七五年当時のように、新世紀を迎えたころ（一九〇〇年代初期）は、植民地主義がもてはやされていた。そのような時代背景を考えれば、現在の運河条約の内容は理解できなくもない。しかし現代の基準に照らせば、公正さにまったく欠ける条約である。一九七五年の今、植民地政策に実りはない。アメリカは二〇〇年という時代の趨勢を受け入れ、現状を見きわめた上で、善処すべきである。

ＭＡＩＮのパートナーに昇任したばかりの私にとって、論説の寄稿は大きな賭けだった。パートナーとしてメディアへの露出を控える立場にあり、ニューイングランドで最も権威のある新聞の論評欄で政治批判を展開するなど、もってのほかだった。そのため、新聞の切り抜きが留められた批判の文書が、社内便で山ほど寄せられた。その多くは匿名だった。だが、そのうち一通は、手書きの字体から、チャーリー・イリングワースが差出人だと確信した。私がはじめて携わったインドネシアのプロジェクトでリーダーを務めた彼は、（ＭＡＩＮでの職歴が五年以下の私に対し）一〇年以上勤務していたが、まだパートナーではなかった。同封された紙面には、目立つ箇所にドクロマークが憤然と描かれており、短いメッセージが添えられていた。「こんな共産主義野郎が、本当にうちのパートナーなのだろうか？」

私はブルーノのオフィスに呼ばれた。「君は相当、批判を浴びることになるだろう。我が社はかなり保守的だからね。だが私は、君が賢明な判断をしたと思っている。トリホスは絶対、気にいるはずさ。新聞を一部、彼に送っといてくれ。まあ、君のあげ足を取るような手合いは、トリホスを社会主義者だと考えている連中だろう。パナマからの仕事が途絶えない限り、やつらが本気で文句を言うことはないさ」

ブルーノは正しかった。さすが、である。時を経て一九七七年、カーターが大統領に就き、運河条約をめぐる本格交渉がスタート。ＭＡＩＮの競合他社の多くは、加担する側を見誤り、パナマで事業をすることなく退散した。そんな他社を尻目に、私たちは受注を大幅に増やしたのである。

しかし、ふとした疑問が頭をよぎった。コーヒーテーブルを挟んで対面した一九七二年のあの日。トリホスは、彼個人の私腹を肥やすかわりに、国家を借金漬けにするという外国援助ゲームの狙いを、見透かしていたはずだ。また、そのゲームが、すべての権力者はカネになびくとの想定で成立していることも。

それゆえ私にしてみれば、私欲を排して、国民のために援助を求めるトリホスの姿勢が脅威だったのだ。ややもすれば、ＥＨＭ戦略が根底から覆される恐れがあった。今や世界中が彼の動向に注目していた。もはや、彼の影響力はパナマに留まらなかった。トリホスは慎重を期すべきだったのである。

パナマへの融資が、返済不能な債務におとしいれるのではなく、貧困層を救うために活用されたとしたら、コーポレートクラシーはどのような対応を見せるだろうか。かつて私は、そう案じていた。だが、いつしかこう思うようになった。あの日、私たちが交わした契約を、トリホスは後悔しているだろうか、と。私自身、自分の正直な気持ちがわからなかった。私はすでに、エコノミック・ヒットマンの任務から逸脱していた。過度な見積もりではなく、適正な計画内容を望んだ彼の声に耳を傾け、パナマ側のプレヤーとしてゲームに参加していた。それは、ビジネスだけに関して言えば、ＭＡＩＮにとって賢明な判断と言えた。しかし、クローディンから叩きこまれた任務遂行のイロハとは、明らかに矛盾していた。要するに、世界帝国の構築に、何ら貢献するものではなかったのである。であれば、すでにジャッカルが放たれたのだろうか？

あの日、トリホスのもとを辞去した私は、英雄の暗殺でいろどられたラテンアメリカの歴史に思いを馳せた。不正にまみれた公人が支える体制が、不正を拒否する公人を歓迎するわけがなかった。

一九七七年後半、カーターとの協議において、トリホスはみごとに新条約案の合意にこぎつけた。その条約案には、運河を含めた一帯を、パナマに返還することが盛りこまれた。アメリカでは、新パナマ運河条約を正式に批准するため、連邦議会の同意を得る必要があり、議会は長期にわたり紛糾。そして最終投票の結果、何とわずか一票差で条約批准が認められたのである。むろん、保守派は復讐を誓った。

第20章

イランの諸王の王

一九七五〜七八年にかけて、私は頻繁にイランを訪れた。ラテンアメリカまたはインドネシアを発ち、テヘランに入ることが多かった。「シャーの中のシャー（文字通り「諸王の王」の意で、イラン国王の正式な称号）」が作る社会は、私たちがそれまで経験してきた国々とは、まったく異なる世界だった（訳注：シャーとは、ペルシア語で「支配者」の意。もとはイラン国王を指したが、インドやトルコでも使われるようになった）。

イランはサウジアラビアと同じく、豊富な石油埋蔵量を誇り、大規模インフラ開発において、融資を必要としていなかった。ただし人口が多く、国民がアラブ人ではなく中東人である点が、サウジアラビアと大きく異なっていた。また、大多数がイスラム教シーア派である点も、スンニ派が大半を占めるサウジアラビアとの主な違いと言えた。なるほど、イラン国内ではスカーフを着用する女性は、まれだった。イランは内政だけではなく、近隣諸国との外交に関しても、長く混乱が続いていた。したがって、私たちは従来とは異なる切り口で対応することにした。官民一体となって、イラン国王を経済開発の象徴に仕立てたのである。

アメリカの政治経済と深くかかわるイラン国王が、リーダーシップを発揮して民主化を推し進めるさまを、世界に向けて発信しようと私たちは力を注いだ。明らかに民主主義に反する彼の称号や、民主選挙による前首相の失脚をＣＩＡが裏で首謀していた事実など、まるでお構いなしである。反米姿勢を鮮明にするイラクやリビア、中国、韓国などに対して政権交代を迫るべく、ヨーロッパの同盟国と協力して、パーレビ国王による経済発展をめざした。

パーレビ国王は不遇の革新派として世間の目には映っていた。彼は一九六三年、白色革命を断行し、さまざまな社会経済改革を展開した。そして、中東イスラム世界屈指の軍事組織を編成した。

カスピ海沿岸の北部の観光地域から、ホルムズ海峡を望む南部の秘密軍事施設まで、イランのほぼ全域を網羅する開発計画に、ＭＡＩＮは携わった。主な仕事は、軍事や商工業の発展を支える電力システムの設計である。もちろん、自社をはじめとするアメリカ企業に、多額の利益をもたらすことも、私たちの役目と言えた。

イランは表面上、キリスト教とイスラム教による協力体制の模範を示しているように見えた。しかし私は、その裏に隠された根深い憎悪を知ることになる。

一九七七年のある日の夕方、ホテルの部屋に戻った私は、ドアの下にメモ用紙が挟まれていることに気がついた。メモを開くと、ヤミンという名が記されており、私は目を疑った。直接会ったことはなかったが、政府とのブリーフィングで、過激な反体制派として紹介されていた人物だった。メモの内容は、私を食事に招待するものである。だが、以下のような但し書きが添えられていた。あなたのような「社会的地位」にある人が絶対知らないであろうイランを知りたいのであればお越しください、と。

私を乗せたタクシーは、高い塀に設けられた小さな門の前で停まった。塀が非常に高く、外から中の様子をうかがい知ることはできない。私は案内役のイラン人女性の後に続き、建物に入り、低い天井の廊下を進んだ。天井から吊るされた優雅なオイルランプが足元を照らしている。両脇の壁には、半貴石とマザーオブパールがちりばめられていた。廊下を抜けると、精巧な銅製シャンデリアが飾られており、細長いキャンドルに火が灯されていた。

濃紺のフォーマルスーツを着こなした、長い黒髪の長身の男性が近寄ってきて、握手を求めた。そして、ヤミンだと名乗った。イギリスへの留学経験をうかがわせるアクセントで、過激な反体制派にはまったく見えない。すでに、いくつかのカップルがひっそりと食事をしており、ヤミンはそれらのテーブルの奥にあるプライベート・スペースに私を案内した。彼は、今日の会話内容が外部に漏れることはないと話した。このレストランが密会のための場所であることは明白だった。その夜、色恋と無縁のテーブルは、おそらく私たちだけだっただろう。

話をするうちに、彼が私のことを単なる経済コンサルタントとして見ていることがわかった。コンサルティング以外の「任務」を負っているとは認識していない様子である。ヤミンいわく、平和部隊でのボランティア経験を買って、私を相手に選んだとのこと。イランについて積極的に学び、現地の人びととの交流を深めている点も、決め手の一つだった。

「あなたは、ほかのコンサルタントと比べて、とても若い」。ヤミンは言った。「そして、私たちの歴史やこんにち抱えている問題について、真剣に考えている。私たちの望みをかなえてくれる存在なんだ」

砂漠緑化計画を知っているか、と彼は尋ねた。「シャーは、イランに広がる砂漠がかつては肥沃な大地で、緑にあふれていたと考えている。事実はさておき、少なくともそれがシャーの見解なんだ。その見方によれば、アレクサンドロス大王の統治時代に、何百万ものヒツジやヤギを連れた大規模な軍勢が、肥沃な土地を荒らしたという。ヒツジやヤギによって、草などの植物が食い尽くされたというわけだ。そのため干ばつが発生し、ついには土地全体が砂漠化した。したがって我々に課された使命は、シャーいわく、何百万、何千万という木をこの地に植えること。そうすれば、たちどころに天から雨の恵みがもたらされ、砂漠に緑がよみがえる。もちろん、その過程において、数億ドルもの資金が必要になるのは言うまでもない」。ヤミンは鼻で笑った。「つまり、あなたの勤め先のような会社がぼろ儲けする、というわけさ」

「その展開を、まるっきり信じているわけではなさそうですね」

「砂漠はイランの象徴だからね。いずれにせよ、緑化計画は農業の枠を超えた事業になる」

複数のウェイターが、美しく盛り付けられたイラン料理をトレーに乗せて運んでくる。

「ぶしつけな質問かもしれないが、パーキンスさんに一つ聞きたい。アメリカ先住民の文化を破滅に導いたものは何だとお考えかな」

侵略者の強欲や優れた武器など、いくつかの要因があると私は答えた。

「たしかに。いずれも正解だろう。だが、とどのつまりは、住環境の破壊が最大の要因だったと言えるのではないかな?」。森林やバッファローなどの動物の生態系が破壊された上、居留地への移動を余儀なくされたため、先住民の文化は破滅した。ヤミンはそう説明した。

「おわかりの通り、同じことが今、この地で起ころうとしている」。彼は言った。「砂漠緑化計画は、私たちが長く営んできた生活を、まさに破壊しようとしているんだ。そんな計画を許すわけにはいかない」

だが私の認識では、計画を一から立案したのは、ほかの誰でもない、イランの人たちだった。その点について私は尋ねた。すると彼は、あざけるように、こう言った。シャーは操られているだけで、アメリカ政府にそのような考えを植えつけられたにすぎない、と。

「真のイラン人であれば、シャーの考えを許すはずがない」。その後ヤミンは、砂漠の住人であるアラブ系遊牧民ベドウィンと、砂漠との関係について長広舌を振るった。そして、都市部に住むイラン人の多くが、砂漠でバカンスを過ごしていると口調を強めた。家族全員が入れる大きなテントを砂漠に設営し、余暇を楽しむのだという。

「私たちイラン人は、砂漠の一部なんだ。いや、シャーによって今、圧政を敷かれている国民は、単に砂漠の一部というわけではない。砂漠そのものなんだ」

ヤミンは砂漠にまつわる、みずからの体験談を語りつづけた。やがて食事を終えると、外で待つタクシーまで私を送ってくれた。そして、公平な視点を持つ私のような若者が要職に就いていることは、彼にとっての希望であると再び口にした。

「あなたのような人と話すことができて本当によかった」。私の手を握ったまま、彼は言った。「実はもう一つだけ、頼みがあるんだ。決して、ついでに、というわけではなくてね。今日いっしょに話してみて、間違いなく有意義なものになると思ったからさ。絶対にすばらしい財産になると思う。だから、私の知人の一人を紹介させてくれないか。諸王の王、つまりシャーについて多くを知る人物なんだ。もしかしたらショックを受けるかもしれないが、会って絶対に損はないと約束する」

第21章

拷問を受けた男の告白

数日後、私はヤミンの運転する車に乗った。テヘランを発ち、貧困層が住む乱雑なスラム街を抜け、古いラクダ道に沿って走る。行き着いた先は、砂漠の辺境だった。市街地の向こうへと夕日が沈む中、ヤミンが停車した場所には、小さな泥壁のあばら屋がいくつかあった。そのまわりをヤシの木が囲んでいる。
「ずいぶんと古いオアシスなんだ」。彼は説明すると、あばら屋の一つへと歩を進める。「中にいるのは、アメリカの超一流大学で博士号を取得した男さ。じきにわかるが、事情があって、名前を明かすことはできない。だから、彼のことは博士と呼んでほしい」

ヤミンが木製のドアをノックした。くぐもった声が返ってくる。ヤミンがドアを開け、私に中に入るよう促した。そこは狭い空間で、窓がなく、片隅のローテーブルに置かれたオイルランプだけが、唯一の明かりだった。ほどなく、一人の男性のおぼろげな輪郭が浮かびあがる。ランプに向き合うように座っており、容姿は判然としない。ただ、布のようなもので身を包み、何かを頭に巻いていた。彼は車いすに座っていたが、その車いすとローテーブル以外に、生活道具と言えるものは見当たらなかった。ヤミンが私に、足元のカーペットに座るよう合図した。そして、男に近づいたかと思うと、軽く抱擁し、彼の耳元で少し話してから、私の隣に来て腰をおろした。

ヤミンは男に言った。「パーキンスさんについては、先日お話しした通りです。私たちはともに、このような機会をいただき嬉しく思っています」

「パーキンスさん、ようこそ」。男の声は低く、しわがれており、特に訛りは感じられなかった。私は自然と、男の方へ身を乗りだしていた。「みすぼらしい人間に見えるかもしれないね。だが、昔は違ったんだよ。君のように、私もかつては力にあふれていた。シャーの側近だったんだ。顧問としてシャーから信頼されていた」。しばらく沈黙が流れた。「シャーの中のシャー、諸王の王からね」。彼の声には、怒りというより悲しみがにじんでいた。

「世界の指導者たちとも面識があった。アイゼンハワーに、ニクソン、ドゴール。この国に資本主義を導入するため、私は彼らからも必要とされていた。むろん、シャーは私を信頼し、私はシャーを信頼していた。私は、イランがイスラム世界のリーダーとして、新たな時代を切り拓《ひら》くと信じていた」

車いすが、わずかにこちらを向いた。男の横顔の輪郭が、私の視界に映る。毛むくじゃらのあごひげ。そして――私は目をみはった。突起がなかった。鼻がなかったのだ！　私は震撼し、息をのんだ。

「よい見た目ではないだろう、なあ、パーキンスさん？　明るいところだと、見るにたえない顔さ。グロテスクの極みだ。だが、これは君のためでもあるんだが、私は匿名を貫かなくてはならない。もちろん、私が誰だか特定しようと思えば、できるだろう。すでに死んでいることになっているかもしれんがね。正式に言えば、私はこの世に存在しない人間なんだ。まあ、特定しようと思わんでくれ。私の素性を知らないほうが、君と、君の家族のためさ。シャーとSAVAKの諜報員の手は、どこまでも伸びるからね」

車いすがもとの位置に戻った。私はほっとした。男の横顔が見えなくなったことで、かつて彼が受けたはずの拷問自体が、取り消されたかのような気がした。一部のイスラム社会で行われているある慣習を、当時の私はまだ知らなかった。社会の戒律に背いたとされる本人や、その指導者は、罰として鼻を削《そ》がれる、という慣習を。罪人は罰として、死ぬまで罪の証《あかし》が刻まれるというわけだ。この男の顔がいみじくも物語るように。

「パーキンスさん、ここに招かれた理由を知りたいだろう」。私の返事を待たずして男は言った。「この国で今、諸王の王と自称している人物は、悪の化身だ。彼の父親は、アメリカのＣＩＡによってナチス協力者とされ、政権を追われた。言いたくはないが、私も一枚かんだ。それはともかく、次に実権を握ったモサッデクも失脚した。そして現在、この国のシャーは、ヒトラーをも上回る勢いで、悪の道を突き進んでいる。そのことを十分に認識しておきながら、アメリカ政府の支援を受けてね」

「何か理由があるのでしょうか？」。私は尋ねた。

「いたって単純さ。世界中の産業は石油、つまり中東によって支えられている。そして、アメリカにとって中東で唯一の仲間が、この国のシャーというわけさ。おっと、中東の仲間と言えば、もちろんイスラエルもあげられる。だがイスラエルは実質、アメリカにとっては負担でしかなく、頼りにならない。石油がないからね。しかし、アメリカの政治家は、政治活動の資金を得るため、ユダヤ人有権者の怒りを鎮めなくてはならないんだ。だから、イスラエルばかりに気をとられている。とはいえ、重要なのはイランさ。何しろ石油企業が必要としているからね。そう、アメリカにはシャーが必要なんだ。かつて南ベトナムの無能な権力者たちを必要としたように、シャーを抱きこうもうとしているのさ」

「イランはベトナムと同じというわけですか？」

「もっとひどくなる可能性がある。いいかい、今のシャーは長く続かない。イスラム世界からひどく嫌われているんだ。アラブ世界だけではなく、世界各地のイスラム教徒からね。インドネシアや、それこそアメリカのムスリムからも。だが、何といっても、ここイランの国民から目のかたきにされている」。ドンッという音が響いた。男が車いすの側面を叩いた音だった。「彼は悪魔だ！　イラン国民の敵だ！」。そう言って、男は押し黙った。荒い息遣いが聞こえてくる。

「博士は、シーア派の聖職者たちと非常に深い関係にあるんだ」。ヤミンが低い声で、静かに言った。「イランでは今、宗派をまたいで反体制思想が非常に強まっている。その動きは、イラン全土に広がっていると言っていいだろう。ただし、シャーの資本主義政策の恩恵にあずかる一部の実業家たちを除いてね」

「疑うわけではないですが、これまでイランを四度訪問した中で、そのような動きに接したことが一度もありません。誰しも国王に好意的ですし、高度経済成長に期待を寄せています」

「あなたはペルシア語を話さない」。ヤミンが断じた。「最も恩恵を受けている人間から話を聞いているだけだ。アメリカやイギリスで教育を受けた者たちが、結局はシャーを支えているからね。ここにいる博士は別として。まあ、少なくとも今は、という意味だが」

沈黙が流れる。話の接ぎ穂を探しているようだった。「あなたの国のメディアと同じようなものだ。身内や仲間といった限られた人間の中で話をしているだけなんだ。もちろん、アメリカのメディアのバックには、たいてい石油会社がついている。だから、メディアは彼らに都合のよい意見しか取りあげないし、広告主が望むことしか書かない」

「私たちが、こうしてすべてを話しているのは、なぜだと思うかい、パーキンスさん？」。一段としわがれた声で、車いすの男が尋ねた。「君にイランから出ていってもらいたいからさ。これ以上イランに近づかないよう、君の会社を説得してもらいたいんだ。忠告しておく。君たちは巨額の利益を得られると考えているかもしれないが、それは幻想にすぎない。現政権は、まもなく終わる。機が熟して体制が変われば、新たな指導部は君たちのような人間を容赦しない」

「私たちは対価を得られない、ということですか？」

男は突然、激しい咳に襲われ、上体を前に倒した。やがて咳がおさまると、ヤミンに対してペルシア語で何事か話した。

「話を終わりにしなければならない」。ヤミンは私に言った。「質問に対する答えは、イエスだ。つまり、君たちは対価を得られない。コンサルティングが一通り終わり、いざ代金を回収する段になれば、シャーはもういないだろう」

帰りの車の中で、私はヤミンに尋ねた。なぜ、ＭＡＩＮが大きな損失をこうむる危険性を、わざわざ教えてくれたのか、と。

「たしかに大企業が倒産するのを見るのも、痛快かもしれない。だが、それよりも、イランから離れてほしいんだ。ＭＡＩＮのような企業が一社でもイランから出ていけば、ほかの社も後に続くだろう。それを期待しているんだ。いいかい、私たちはイランを血の海にしたくはない。だが、シャーを追い出さなくてはならない。その目的が達成しやすくなるのであれば、私たちは何でもする。だから、アッラーに祈りをささげるのさ。まだ時間があるうちに、あなたたちがイランから撤退するように、と。そして、あなたが上司のブルーノ・ザンボッティに進言するように、とね」

第22章

国王失脚

一九七八年のある日の夕方、私は一人腰かけていた。場所は、テヘランのインターコンチネンタル・ホテルのロビーの片隅にある、豪華なバーである。すると、誰かが私の肩を叩いた。振り向くと、ビジネススーツに身を包んだ恰幅のよいイラン人が立っていた。

「ジョン・パーキンス！　俺のこと覚えているかい？」

元プロサッカー選手は、昔に比べ、体がだいぶ丸くなっていた。だが、声は当時と変わらなかった。そう、ミドルベリー大学時代の古き友人、ファルハードである。一〇余年ぶりの再会だった。私たちは抱擁を交わし、隣どうしの席についた。話をはじめてすぐ、ファルハードが私自身のことや私の仕事について把握していることがわかった。そして、彼自身の仕事に関しては、あまり話すつもりがないことがうかがえた。彼は、もうすぐ「危険な」ことが起こる、と私に言った。どうやら、私を確実にイランから出国させようとしているらしい。私は、ファルハードがＣＩＡなどアメリカの諜報機関に属しているのではないかと推察した。

「さっそく本題に入ろう。俺は明日、ローマに発つ。両親が住んでいるんだ。お前の分のチケットもある」。そう言って彼は搭乗券を差しだした。私は迷うことなく、彼の提案に従おうと決めた。仕事は残っていたが、トラブルを回避するため、ひいては命を守るため、彼の言葉をそう解釈したのである。

はたして私たちはローマに降りたち、彼の両親を含めて夕食を囲んだ。ファルハードの父親はイランの元軍高官で、国王の命を狙った銃弾を身を挺して防いだ経験があった。だがその父親は、かつて仕えた国王への失望を口にした。ここ数年で、シャーは馬脚をあらわし、不遜な態度と拝金主義を露呈した、と。父親いわく、イスラエルや独裁政権、私欲に走る指導部を支援するアメリカへの嫌悪感が、中東全域に広がっており、数か月以内にシャーは失脚するとのこと。

「つまり、政権転覆の機運の高まりは、アメリカがモサッデクを追放した一九五〇年代はじめに端を発するんだ。私と同様、君もよく覚えているんじゃないかな。当時の報いが今、返ってきて、アメリカに牙をむいている、というわけさ。私たち自身にもね」

彼の見解を聞いて、私は驚愕した。なるほどヤミンと、博士と呼ばれる男も、同じようなことを話していた。だが、ファルハードの父親の言葉は、別の意味で重みがあった。イスラム原理主義者による地下組織の存在は、すでに広く知られていた。しかし私たちは、イラン国王がまだ国民の大半から高い支持を得ているとの認識だった。それゆえ、現行の政治体制は盤石だと考えていたのである。対して、元軍高官の見解は、その考えを真っ向から否定するものだった。

「よく聞いてくれ」。真剣な口調だった。「シャーの失脚は序章にすぎない。イスラム世界の向かうべき方向性を示すにすぎないんだ。私たちの怒りは、砂漠の中であまりに長く、くすぶってきた。一気に表出するのは、時間の問題だ」

私は夕食の中で、アヤトラ・ルーホッラー・ホメイニという人物について、深く知ることになった。ファルハードと彼の父親は、シーア派であるホメイニの狂信的な宗教観を支持しているわけでは決してなかった。だが、反体制運動の端緒を開いたホメイニの求心力に感銘を受けていたことは確かだった。二人によれば、この宗教指導者は一九〇二年、テヘラン近くの小さな町の熱心なシーア派法学者の家庭に生まれたとのこと。アヤトラという名前は「神の徴《しるし》」との意味である。

ホメイニは一九五〇年代初期、モサッデクとパーレビ国王による権力闘争からは、距離を置いていた。しかし一九六〇年代になると、パーレビ国王による帝政に強く反対するようになる。そして、過度な批判のため、トルコに追放された。その後、シーア派の聖地であるイラクのナジャフに移り、反体制派のリーダーとしての地位を築く。手記や論説、テープに録音したメッセージなどを通して、イラン国民に改革を呼びかけた。国王政権の転覆と、宗教国家の構築がホメイニの狙いだった。

ファルハードと彼の両親と夕食をともにした二日後、イランで暴動が起きたことを、私はニュースで知った。アヤトラ・ホメイニ率いるシーア派聖職者たちが国家の実権を握るべく、反対運動を開始したのである。その後の展開は早かった。ファルハードの父親が話した通り、人びとの怒りが一気に噴出し、各地で暴動が頻発するなど、運動が過激化。一九七九年一月、パーレビ国王はエジプト亡命を余儀なくされた。国王はその後、がんと診断され、ニューヨークの病院で治療するため、アメリカに渡った。

反体制勢力の要望を受け、アヤトラ・ホメイニは亡命先からイランに戻った。そして一九七九年一一月、イスラム教信者の暴徒たちがパーレビ国王の引き渡しを求め、テヘランのアメリカ大使館を占拠し、アメリカ人五二人を人質にとる事件が発生。四四四日間にわたって、人質が拘束されることになった。米大統領カーターは当初、交渉による人質解放をめざした。だが交渉は失敗し、一九八〇年四月、軍事力による救出作戦へと舵をきる。その結果、人質事件は泥沼化し、カーター政権の支持率低下にとどめをさす格好となった。

アメリカの経済団体や政治団体から恐ろしいほどの反発を受け、がんを患うパーレビ国王は、アメリカを追われる形となった。テヘランから追放されたその日から、彼の亡命先探しは難航した。友人だったはずの他国の長たちが、こぞって手のひらを返したからである。しかし、オマール・トリホスが例によって救いの手を差しのべた。パーレビ国王の政治方針に批判的だった個人的見地を度外視して、パナマに安息の地を用意したのである。かくしてパーレビ国王はパナマに入り、新パナマ運河条約の交渉地として使われてまもないリゾート地で庇護を受けた。

シーア派聖職者たちは、アメリカ大使館の人質を解放する条件として、パーレビ国王の身柄引き渡しを要求した。また、新パナマ運河条約に反対の立場をとったアメリカの政治家たちは、トリホスがパーレビ国王と不法に結託し、人質となったアメリカ市民の命を危険にさらしていると非難。同じく、アヤトラ・ホメイニにパーレビ国王を引き渡すよう求めた。皮肉なことに、わずか数週間前までは、どちら側の要求者たちも、国王のきわめて有力な支持者だった。結局、かつての誇り高き諸王の王は、その後エジプトに移り、がんという病魔に屈したのである。

博士と呼ばれる男の予想は的中した。MAINは多くの競合他社同様、イランで数百万ドルを失った。そしてカーターは、大統領再選の機を逸した。人質を解放し、シーア派聖職者の怒りを鎮め、イランに民主主義を取りもどし、新パナマ運河条約を白紙化すると公約した大統領ロナルド・レーガンと、副大統領ジョージ・H・W・ブッシュ（父）による政権が新たに誕生したのである。

一連の出来事を通じて、私ははっきりと悟った。アメリカは国際政治において真の目的を必死に隠している、と。ともあれ、パーレビ国王と、彼に対する憎悪の鬱積をめぐり、私たちはなぜ、これほどまでに認識を誤ってしまったのだろうか。現地にオフィスがあり、社員が駐在するMAINのような企業の人間でさえ、正確な状況をつかみきれていなかった。

トリホスが一九七二年の私との会合ですでに認識していたイラン情勢を、もしかしたらNSAやCIAは把握していたのかもしれない。しかし、どのような理由があったにせよ、アメリカの諜報機関は意図的に、正確な状況を私たちに伝えようとしなかったのである。

第23章

コロンビア：ラテンアメリカの要衝

サウジアラビアとイラン、パナマにおいて、私たちは難しい対応を迫られたが、それらはいずれも、まれなケースだった。サウジアラビアとイランには大量の石油が眠っていたし、パナマには運河があった。そのため、一筋縄ではいかなかったのである。一方、コロンビアは三か国のように、特殊な事情を抱えているわけではなかった。MAINはそのコロンビアでの開発事業において、大規模な水力発電システムを設計し、エンジニアリング全般を統括した。

コロンビアのある大学教授によると、セオドア・ルーズベルトはコロンビアのことを「南アメリカ大陸の要衝」と表現していたという。なるほど地図を見れば、南米大陸の北端に冠し、まるで大陸全体を治めているかのようである。アメリカは約二〇〇年前から、政治経済の両面において、この地を南半球の玄関口として位置づけてきた。

ヤシの木が立ちならぶ美しいビーチや荘厳な山並み、北アメリカのグレートプレーンズに匹敵する大平原、そして多様な生態系が息づく広大な熱帯雨林など、豊かな大自然に囲まれた国、それがコロンビアである。ラテンアメリカの歴史をひもとけば、この国が常に主役を演じてきたことがわかる。植民地時代、北はペルーから南はコスタリカまで、スペイン領全域を統治する副王は、コロンビアに宮殿を構えた。また、スペインへと向かうガレオン船の大船団は、コロンビアのカルタヘナで金を積載した。さらには、数々の独立戦争において、戦況を左右する決定的な出来事の多くは、この地を舞台にしている。

現代に目を転じれば、財政責任を持つ民主体制に近い政権が誕生しただけでなく、ラテンアメリカを代表する作家や芸術家、哲学者たちもコロンビアから生まれた。麻薬組織の巣窟という難点はあるものの、大国ブラジルやアルゼンチンなど、ほかのラテンアメリカ諸国と異なり、コロンビアはアメリカにとって信頼できる同盟国なのだ。

しかし、コロンビアの栄光の歴史は、憎悪と暴力の代償でもある。その証拠に、スペイン領を治める副王の宮殿は、異端尋問の場でもあった。また、大規模な要塞やアシエンダと呼ばれる大農場、そして都市を建設したのは、先住民やアフリカ人の奴隷たちである。土着の文化を一掃したのは、疫病と、武力に訴えた征服者たちだ。直近で言えば、革命派や麻薬組織、準軍事組織によって平和が侵され、無数の人びとが犠牲になっている。その元凶には、環境運動や先住民運動、高い貧困率、そして、一部の富豪と貧しい大衆とのあいだの歴然とした貧富の差などが存在する。

そのような負の要素はさておき、アメリカは官民問わず、コロンビアという国を自国経済に欠かせない国として位置づけている。コーヒーやバナナ、織物、エメラルド、花卉《かき》、石油、コカインなど、多くのコロンビア産品を輸入する一方で、コロンビアはアメリカの製品やサービスの消費地でもあるからだ。

二〇世紀後半、対コロンビア輸出において大きな割合を占めたのが、エンジニアリングと建設関連の専門事業だった。私はさまざまな国で任務を遂行してきたが、コロンビアはいたって典型的な国と言えた。多額の融資を受けても、インフラ開発後の経済成長や天然資源によって返済できる、と当局を納得させるのは比較的容易だった。巨額融資をもとに電力網や高速道路、情報通信網を整備して、ガスや石油を採掘し、ほぼ手つかずのまま残るアマゾン地域を開発すれば、経済成長が見込まれ、利子や元本を十分に返済できると説明すればよかったのである。

だが、こうした私の話は、あくまで砂上の楼閣だった。実際には、アメリカが食いものにするほかの国と同じく、コロンビアを従属させ、帝国主義を推進することが真の狙いである。私の任務は、それまで数々の国をおとしいれてきたように、相手当局を説きふせ、返済不能な債務を負わせることだった。

本来の任務をめぐり、葛藤に苦しんできた私だったが、コロンビアはそんな私にとって安息の地となった。私は一九七〇年代はじめ、アンとコロンビアで数か月を過ごしたことがあった。いっしょに頭金を払い、カリブ海沿岸の山中にある小さなコーヒー農園を購入するほど、アンとの関係は良好だった。だが、やがて、私の振る舞いに彼女が心を痛めるようになり、関係が悪化。結局、私たちは別々に生きる道を選んだ。本当の意味でコロンビアが身近な国となったのは、その後のことである。

離婚した私は、沿岸の町バランキージャに事務所を構えた。そして一九七七年、この地で一人のコロンビア女性と出会う。私は一瞬にして彼女に心を奪われた。そして、人生が大きく変わることになる。

政治活動家としての一面を持つポーラは、鮮やかな緑色の瞳が特徴的で、ブロンドのロングヘアーをなびかせていた。他国の人が一般に持つコロンビア人女性のイメージとは異なるかもしれない。両親はイタリア北部からの移民で、その両親から受け継いだ才能をもって、彼女はファッションデザイナーになった。しかし、それだけでは飽きたらず、小さな裁縫工場を作り、みずからデザインした衣服を実際に生産。コロンビアをはじめ、パナマやベネズエラの高級ブティックに卸《おろ》していた。ポーラは心根がやさしく、離婚の痛手を引きずる私に、立ちなおるよう手を差しのべてくれた。私は彼女から、このまま今の仕事を続けたらどうなるか、さまざまな助言を受けた。

繰り返しになるが、人生は、自分にはどうすることもできない幾多もの偶然で成り立っている。私の場合、ニューハンプシャー州の片田舎の全寮制男子高校で青春期を過ごしたことや、アンやフランクとの出会い、ベトナム戦争の勃発、アイナー・グリーブとの付き合いなどがそうである。しかし、そのような偶然に遭遇したとき、どのような選択をするかは、自分しだいだ。どのような道を選び、どのような行動をとるかで、その後の人生が大きく変わる。学業に打ちこみ、アンとの結婚を選び、平和部隊に入隊し、エコノミック・ヒットマンになる、といった具合に。一つひとつの選択の積みかさねこそが、私の今の人生なのである。

ポーラとの出会いは、そうした巡り合わせの一つだった。そして彼女のおかげで、私は新たな人生を歩むことになった。それまで、私は繰り返し仕事に疑問をいだき、罪悪感にさいなまれてきたが、何かしらの理由を探しては、現行の枠組みに甘んじてきた。そんな私にとって、ポーラとの出会いは、おそらく絶好のタイミングでの偶然と言えた。彼女と出会っていなくとも、思いきって決断できたかもしれない。サウジアラビアやイラン、パナマでの経験が私の背中を押してくれたかもしれない。ただし、これだけは言える。クローディンという一人の女性によってエコノミック・ヒットマンの世界に導かれたように、当時の私は、ポーラという、別の世界にいざなう女神を必要としていたのだ。彼女の存在によって私は、自分の心の声に耳を傾け、現在の仕事を続ける限り、幸せにはなれないと悟ったのである。

第24章

アメリカ共和国vsアメリカ世界帝国

「はっきり言わせてもらうけど」。ある日ポーラは切りだした。私たちはバランキージャのカフェでコーヒーを飲んでいた。「あなたたちがダムを建設している川の沿岸に住む先住民はもちろん、すべての農夫たちが、あなたたちを目のかたきにしているわ。直接関係のない都市部に住む人たちでさえ、建設現場を襲撃しているゲリラに同情するほどよ。あなたの国の政府は、その手の武装勢力を共産主義者やテロリスト、麻薬密売組織なんて呼んだりするけど、実際には、家族を持つ普通の人間で、あなたの会社が破壊しているこの地で生活を営んでいるの」

私は彼女に、マヌエル・トレスについて話した。彼はMAINで働くエンジニアで、数日前にアルト・シヌのダム建設現場において、ゲリラの襲撃を受けた人間の一人だった。マヌエルがMAINに採用されたのは、コロンビア市民であることが理由だった。アメリカ市民を現地に送ることが、米国務省によって禁じられていたのである。その規制は、私たちのあいだで「the Colombians are Expendable Doctrine（CED：コロンビア人消耗品政策）」と呼ばれていた。まさに「アメリカ人は優れている」とのアメリカ至上主義を表したもので、私は腹立たしさをつのらせていた。そのような政策にいらだちを覚えるほど、私はますます自分の心と折り合いをつけることが難しくなっていた。

「マヌエルによれば、相手は自動小銃のAK‐47を、空めがけて発砲してから、足元に撃ちこんだらしい」。私は言った。「彼は落ち着いて当時の様子を振り返っていたが、襲撃されたときは、かなり動揺していたはずだ。ともかく、相手はそれ以上、撃ってこなかった。そのかわり、そこに載っている手紙をよこして、マヌエルたちを自分たちの舟に乗せ、下流まで送りとどけたという。その話を聞いて、相手がFARCだったのか、M‐19だったのか、どちらだと思っているのか彼に尋ねてみたんだ」（FARC、M‐19ともにコロンビアできわめて悪名高いゲリラである）

「で、彼の答えは？」

「どちらでもなかった。だが、手紙の内容は信用できると話した」

ポーラは私が持参した新聞を手にとり、紙面に載る手紙の内容を読みあげた。

「『毎日必死に働いて生きている私たちは、祖先の血にかけて誓う。この地を流れる川にダムを建設することを決して許さない。私たちはアメリカ先住民であり、メスティーソ（訳注：ラテンアメリカ地域に住むヨーロッパ人とアメリカ先住民の混血の人たち）である。この地が水に埋もれていくさまを傍観するのであれば、死を選択する。コロンビアの同志に告ぐ。建設会社のために働くのをやめろ』」

「こっちは、会社の方針に従うしかなかった。で、マヌエルに、本当に地元の農夫が書いた文章だと思うのか確かめた」

彼女はじっと私の方を見ていた。

「彼は肩をすくめただけだった」。私たちの視線が合う。「なあ、ポーラ、僕だって好きでやっているわけじゃないんだ」

「で、その後、あなたはどうしたの？」。彼女は話の続きを促した。

「机にこぶしを叩きつけた。脅しの意味でね。ＡＫ‐47を装備した農夫なんて考えられるのか、って。そして、ＡＫ‐47の開発者を知っているか彼に聞いた」

「彼、知っていたの？」

「ああ。聞きとれないような声だったけどね。『ロシア人』と小さな声で言ったよ。その答えは正しいと彼に断言してから、ソ連軍の高官で叙勲受章者のカラシニコフという共産主義者が設計した銃だと説明した。それで、例の手紙を書いたのは共産主義者であると彼を納得させた」

「あなたはそう信じているの？」。ポーラは尋ねた。

私は言葉に窮した。正直に答えられるはずがなかった。二つの世界をさまよう囚われの男。イランでヤミンにそう言われたことを思い出した。現場にいて、ゲリラに襲撃されていればよかったかもしれない。さもなくば、逆にゲリラの一員であればよかったかもしれない。期せずして、そのような思いが去来した。それは、ヤミンや博士と呼ばれる男、コロンビアの反逆者たちに対する嫉妬とでもいうような、奇妙な感情の現れでもあった。彼らには、確固たる信念があった。地に足をつけて生きていた。どこぞの幻想に生きる男とは違ったのである。

「仕事だったんだ」。私は声を絞りだした。

ポーラが微笑む。

「いやなんだ」。私は言葉を継いだ。そして、トマス・ペインをはじめとするフランス革命戦争の英雄たちや、海賊、開拓者など、長く憧れてきた男たちに想いを寄せた。彼らはいずれも陣頭に立ってきた人物で、中庸の世界の住人ではなかった。ときに残酷で自己中心的ではあったものの、己の考えをしっかりと持ち、現実と向き合う人間だった。「日に日に、仕事がいやになるんだ」

彼女が私の手をとった。「仕事が？」

目と目が合った。ポーラはこう言いたかったのだ。「自分自身が、でしょ」と。

彼女が私の手を握り、ゆっくりとうなずく。彼女の言う通りだと思った瞬間、心が軽くなるのを感じた。

「ジョン、これからどうするの？」

私は答えられなかった。安堵感が一転、自己弁護へと変わる。模範的な言いわけが、ぼんやりと頭に浮かんだ。社会の役に立とうとしている。内側から経済システムを変えようとしている。さらには、いま自分が辞めれば、もっとひどいやつが後任に就いてしまう、といった、お決まりの弁解。しかし、その表情からして、いずれのセリフも彼女の心には響かないだろう。ましてや、自分自身が納得できない。ポーラは私に真実を突きつけてくれたのだ。責めるべきは今の仕事ではなく、私自身なのだと。

「君は……」。やっとの思いで口を開いた。「君はどう思うんだい？」

ポーラは小さなため息をついて、私の手を離した。「話をそらそうとしているの？」

私はうなずいた。

「わかったわ」彼女は言った。そしてスプーンを手にとり、ゆっくりとそれを眺める。「たしかに、ソ連や中国で訓練を受けたゲリラも中にはいるわ」。スプーンをカフェ・コン・レチェに入れ、かきまぜてから、そのスプーンをおもむろに口に含んだ。「でも、ほかに手段がないでしょ？　新しい武器について学ばないといけないし、あなたたちの軍事訓練施設を出た兵士たちと戦うすべを身につけなければならない。たしかに、装備を買う費用を捻出するため、麻薬を売ることもめずらしくないのよ。でも、ほかにどうやって武器を買うの？　ほぼ勝ち目のない戦いにのぞんでいるのよ。あなたたちの世界銀行は、彼らの命を守ろうとはしない。それどころか、今の窮状に追い込んでいる」。そう言ってポーラは、カフェ・コン・

レチェを一口飲んだ。「彼らの主張は正しいと思うわ。電力網を整備しても、一部の富裕層が得をするだけ。あなたたちがダムを作れば、川と魚が汚染されて、数千もの人たちの命が犠牲になってしまう」

私たちを、つまり私を敵視する人びとに寄りそうポーラの話を聞いて、全身が粟立つのを覚えた。無意識のうちに、私は前腕をかきむしっていた。

「ゲリラについて、どうしてそんなに詳しいんだい?」。そう尋ねておきながら、気持ちが沈んでいく。心のどこかで、彼女の答えを拒否していた。

「同じ学校に通っていた人が何人か参加しているの」。彼女は言った。そして、逡巡してから、コーヒーカップを遠くに押しやった。「私の兄も一員だわ」

案の定、だった。気持ちが急速にしぼむ。私はポーラのすべてを知っているつもりでいた。だが、その事実を知り、まるで自宅に帰り、妻が知らない男と寝ている場面に出くわしたかのような錯覚におちいった。

「なぜ、これまで言ってくれなかった?」

「関係ないと思ったの。そもそも、言う理由がないでしょ。自慢するようなことでもないし」。彼女は間をおいた。「兄とはもう二年、会えてない。彼、とても用心しているのね」

「なぜ、生きているってわかるんだい?」

「確証はないけど、政府が最近出した指名手配リストに兄の名が載っているの。それで十分でしょ」

どういうわけか、一瞬、嫉妬心が芽生える。「お兄さんが、ゲリラに加わった動機は?」

ありがたいことに、彼女はコーヒーカップに視線を落としたままだった。「兄は石油会社の建物の外でデモを行っていたの。たしか、オクシデンタル石油だったと思う。先住民の土地を掘削するな、って訴えるためにね。その土地の森には、絶滅の危機に瀕する部族が住んでいたのよ。デモには、兄のほかに数十人が参加していた。そうしたら、軍に襲撃されて、暴力を振るわれたあげく、投獄された。法を犯したわけではないのに。言っておくけど、ただ、建物の外でプラカードを掲げて、声を張りあげていただけなのよ」。ポーラは近くの窓を見やった。「結局、兄は約半年間、牢屋に入れられたわ。その間、何があったのか、決して口を開くことはなかった。ともかく、戻ってきたときにはもう、別人だった」

その日を皮切りに、ポーラとは何度も、踏み込んだ話をすることになった。今の私があるのは、そのような彼女とのやりとりのおかげだろう。当時の私はすでに精神的に参っていたが、それでもなお、経済的な豊かさにかじりついていた。一〇年前の一九六八年、NSAによる人物評で指摘された劣等感も、払拭できずにいた。しかし、彼女との対話を契機に、現実を直視し、海賊など反逆者に憧れるみずからの胸の内に耳を傾けるようになったのである。本来の自分をとりもどしはじめたのだ。

このように個人的葛藤を深めたのもコロンビアであれば、新たな気づきを得たのもまたコロンビアだった。アメリカ共和国というかつての理念と、アメリカ世界帝国という現代の理念との違いを、はっきり認識するに至ったのである。

アメリカ共和国という理念そのものは、世界に希望をもたらす考えだった。その理念を支えるのは、物質主義的な価値観ではなく、道徳的概念や哲学的思想である。要は、すべての人びとに平等や公平を約束する、という考えだ。しかし、アメリカ共和国の現実は、理念通りではなかった。小作人や女性、少数民族には一世紀以上にわたり、投票権が認められず、そのような偏見が、現在の人種差別による暴力や、差別的な政策、警察の暴力行為を招く結果となった。また、それまで虐げられてきた者たちを社会の一員として受け入れたものの、その子どもたちを工場に就労させて奴隷のように扱い、搾取労働を世界に広げた。アメリカ共和国は、平和を導く国でもあり、戦争をもたらす国でもあった。事実、第二次世界大戦時のように、一気に武力行使へと傾く危険性をはらんでいた。理念をかなえる望みがあったとすれば、それは理念を脅かしていた大企業や金融機関、政府機関などの自省だったかもしれない。つまり、そのような組織が原点に戻り、抜本的な改革に乗りだせば、アメリカ共和国は理念通りの国家になる可能性があった。少なくとも社会制度上は、病気や飢餓、戦争の根絶に必要な情報通信網や輸送システムを管理していたのが、そのような組織だったからである。ただし、あくまで彼らに改革に取り組む意欲があれば、という仮定での話だ。

一方、アメリカ世界帝国という理念は、アメリカ共和国が掲げた理想を否定するものだった。つまり、自己本位で、強欲で、物質を第一義とする考えであり、重商主義（訳注：自国の輸出産業に重きを置き、貿易差額によって国富を拡大しようとする経済思想）に根ざしていた。歴代の帝国よろしく、資源をあさり、目に映るものすべてを手に入れ、欲望のおもむくままに自国の利益を増大させることがすべてだった。支配層の権力と富に資するのであれば、手段を問わなかったのである。

このように両者の違いを認識する中で、私が自身の役割を再確認したことは言うまでもない。考えてみれば、私はクローディンから警告されていた。そもそもＭＡＩＮでの仕事を引き受ける前に、任務の概要について説明を受けていた。にもかかわらず、私はインドネシアやパナマ、イラン、コロンビアなどでの経験を経て、ようやく彼女の真意を知るに至ったのである。ポーラのような女性の忍耐や愛、そして恋愛感情に支えられながら。

私が仕事上、よりどころとしたのは、アメリカ共和国の理念だったが、現代のアメリカが見せかけの帝国主義で推進していたのは、ベトナム戦争でめざしたものと、何ら変わりなかった。手段が軍事力ではなく、経済力に変わっただけである。東南アジアで軍事力の限界が示されたことで、エコノミストたちがより効果的な策略を考案し、外国援助機関と、それに資する（正確にはそこから利益を得る）民間建設会社を、優れた実行役に仕立てただけの話だった。ＥＨＭ戦略は総じて、脅威、債務、需給逼迫への危機感、分割・統治という四つの戦術を柱とする。クローディンからそう教わったボストンでの日々が、私の脳裏に幾度となくよみがえった。

ＥＨＭ戦略に正式にかかわっているか否かは別として、アメリカ企業の働き手の多くが、その最も悪質とも言うべき謀略の片棒を担いでいる。私はすべての大陸において、その現実を目にしてきた。あらゆる手を尽くし、もしくは、上からの指示を忠実に守ることで、ＥＨＭ戦略の実行役を務めているのである。だが、ＭＡＩＮの多くの社員同様、みずからの仕事がもたらす影響について、真に理解しているわけではない。むしろ、中世の荘園や南部のプランテーションを彷彿させる奴隷のような立場から貧困層を解放し、靴や自動車部品などを作るアメリカ企業の下請け工場で雇用すれば、彼らの貧困を根絶できると考えているのだ。かたや現代の奴隷たちは、かつて搾取されていた人びとがそうであったように、こう刷りこまれている。ヨーロッパの暗黒時代やアフリカのジャングル、アメリカ開拓時代の荒野など、極限の環境に生きた不幸な先人たちよりも、自分たちは恵まれている、と。

このままＭＡＩＮで仕事を続けるべきか、それとも辞めるべきか。心の葛藤は、もはや抑えきれないほどに膨れあがっていた。もちろん、私の良心は、辞めることを望んでいた。一方で、ふんぎりがつかない自分もいた。まさに、ビジネススクール出身者としての人格、とでも言うべきだろうか。いずれにせよ、私を君主とする帝国は勢力を拡大しつつあった。部下を増やし、実績を積み、ポートフォリオの株式資産を増加させ、うぬぼれを一段と強くしていた。一度入ったら、二度と出られない――。私は、クローディンの言葉を反芻していた。

「まったくクローディンの言う通りだった」。私はポーラにそうこぼした。

するとポーラは言った。「それ、ずっと昔のことじゃない。人生は変わるのよ。それに、そう言われたからって何なの？　あなたは今の自分に不満なんでしょ。だったら、よくする以外に道はないんじゃないの？」

彼女はその後も、しばしば同じようなセリフを口にした。そして私自身もしだいにそう思うようになった。高額な報酬や高揚感、名声をもってしても、心の葛藤や罪悪感、ストレスを抑えきれなくなっていることを自覚し、その胸中を彼女に打ちあけた。私はＭＡＩＮのパートナーとして、富裕層の仲間入りを果たしつつあった。だが、そのまま社に残れば、二度と抜けだせないことはわかっていた。

カルタヘナにある旧スペイン要塞の近くの沿岸部は、その昔、海賊による襲撃を幾度となくしのいできた場所である。そのビーチを、ポーラといっしょに散策していたときのこと。まったく思いもよらない提案を彼女から受けた。「あなたが知っていることを、いっさい口外しなければいいんじゃない？」。彼女はそう言ったのである。

「つまり……黙っているってこと？　真実を語ることなく？」

「そう。向こうにしてみれば、それで、あなたを追いかける理由がなくなるでしょ。だから彼らも、安心してあなたを野放しにできるってわけ。事を荒だてることなく」

非常に説得力のある言葉だった。なぜ、まったく思いつかなかったのだろうか。本の出版など考えたりせずに、これまで見てきた真実は、私の胸に留めておけばよい。改革の旗手など、めざさなければよいのだ。人生を楽しく生きることだけに集中すればよいじゃないか。観光旅行にも行けるし、家庭を築くこともできるかもしれない。もう潮時だろう。辞めたい。私は単純に、そう思った。

「あなたが見てきたものは、すべて嘘なの」。ポーラは言った。「あなたの人生そのものが嘘だわ」。そして、こう尋ねた。「最近になって、自分の経歴書を見たことある?」

ない、そう答えた。

「見てごらんなさい」。ポーラは言った。「先日、あなたの経歴書のスペイン語版を目にしたの。もし、英語で書かれているものがあれば、それも確認してみるといいわ。一見に値するわよ」

第25章

偽りの経歴書

私がコロンビアに滞在しているあいだ、ジェイク・ドーバーがＭＡＩＮの社長を退任するとのニュースが舞いこんできた。予想通り、会長兼ＣＥＯのマック・ホールは、ブルーノをドーバーの後任に指名したとのこと。バランキージャには、ボストンからひっきりなしに電話がかかってきた。みなが口をそろえて、私の昇任も時間の問題だと言う。たしかに、私はブルーノが最も信頼をおく部下の一人だった。

人事異動とそれに伴う噂を耳にして、私はあらためて、自分の立場について考えさせられた。コロンビアにいるうちに、私はポーラの忠告に従い、自身の経歴書のスペイン語版に目を通していた。その内容は衝撃的だった。ボストンに戻った私はさっそく、英語版のもともとの経歴書と、「新サービスを提供するＭＡＩＮのスペシャリストたち」との記事で私をとりあげた社内誌『メインラインズ』一九七八年一一月号を引っぱりだした。（次ページを参照）

かつての私は、自分の経歴書と、くだんの社内誌の記事を、とても誇りに感じていた。しかし、ポーラに促される格好で、それらの資料を読み返してみると、こみあげてきたのは怒りだった。紙面を埋める文章は、紛れもなく詭弁である。基本的な情報に偽りはないが、その背景にある事実がいっさい、抜け落ちていた。何より重要なことに、それは、私たちが現に世界帝国構築を推進している裏づけでもあった。つまり私の経歴書は、うわべだけを取りつくろい、現実を偽装するという、謀略の縮図だったのである。

経歴書：MAIN社 ジョン・M・パーキンス

経　歴

ジョン・M・パーキンスは電力・環境システム局の経済開発・地域計画部で部長を務める。

パーキンスはMAINに入社後、アメリカをはじめアジア、ラテンアメリカ、中東における主要プロジェクトを指揮してきた。具体的な職務は、開発計画、経済予測、エネルギー需要予測、市場調査、立地評価、燃料配分分析、財務的な実現可能性の調査、環境・経済影響調査、投資計画、経営コンサルティングである。さらに、担当プロジェクトの多くで部下とともに考案したスキルの活用方法についても、クライアントに指導している。

現在は、コンピュータ・プログラム・パッケージの開発に取り組み、①エネルギー需要を予測し、経済成長と発電量の相関を定量化、②開発プロジェクトが環境や社会経済に与える影響の評価、③マルコフ過程と計量経済モデルに基づく国・地域の開発計画の作成、以上三点を網羅するプログラムの実現に力を注いでいる。

パーキンスはMAIN入社以前、エクアドルで三年間、市場調査や建設資材会社の組織改編や運営に従事した経験を持つ。またエクアドル各地で信用・貯蓄協同組合の創設可能性に関する調査を実施している。

教　育

ボストン大学経営学部卒業

大学卒業後に統計モデル、エンジニアリング・エコノミー、計量経済学、確率論に関する知識を習得

言　語

英語、スペイン語

加盟団体

アメリカ経済学会

国際開発学会

著作物

『マルコフ過程に基づく電力需要予測』

『エネルギー予測におけるマクロ経済的手法』

『経済と環境の直接的・間接的相互関係を表すモデル』

『有機的システムによる電力供給』

『マルコフ過程に基づく開発計画』

実　績

予測調査／市場調査／実現可能性調査／立地選定調査／経済効果調査／投資計画／燃料供給調査／経済開発計画／研修プログラム／プロジェクト運営／配分計画／経営コンサルティング

クライアント

アラビアン・アメリカン・オイル・カンパニー（サウジアラビア）

アジア開発銀行

ボイジー・カスケード

シティーズ・サービス

デイトン・パワー&ライト

ゼネラル・エレクトリック

クウェート政府

水資源・電化公社（パナマ）

米州開発銀行

国際復興開発銀行（世界銀行）

イラン・エネルギー省

ニューヨーク・タイムズ

ニューヨーク州政府

インドネシア国営電力会社 PLN

サウスカロライナ・エレクトリック&ガス

紙パルプ技術協会

ユニオン・キャンプ

米財務省とサウジアラビア政府

新サービスを提供するMAINのスペシャリストたち

文：ポーリン・ウーレット

MAINの部署の中でも比較的新しい経済開発・地域計画部にデスクを並べる面々を見渡してみると、同部署が急成長を遂げていることがわかる。発足から7年経った今、約20人ものスペシャリストが戦力として活躍している。その顔ぶれはエコノミストだけではなく、都市プランナーや人口統計学者、マーケター、そしてMAIN初の社会学者など多彩だ。

同部署の立ち上げには複数の社員がかかわったが、その中でも特に、**ジョン・パーキンス**の貢献は大きかったと言える。

彼は1971年1月、電力負荷予測責任者のアシスタントとしてMAINに入社し、その後、当時は社内に数少なかったエコノミストの一人としてキャリアを積む。そして11人のプロジェクトチームの一員として、初めて海外事業に携わることになり、インドネシアに赴任して電力需要調査を実施した。

「3か月にわたる現地での仕事に耐えられるか試されていたんだと思う」パーキンスはそう笑って振りかえる。しかし、彼の経歴を考えれば、現地での仕事に「耐える」ことなどまったく問題ではなかった。彼にはすでに、エクアドルで3年間過ごし、建設資材の協同組合を創設するなど、インカ人の直接の末裔ケチュア族の生活を支援した経験があった。彼いわく、レンガづくりを営む地元の先住民が搾取されていたため、地元当局から協同組合の創設を依頼されたとのこと。依頼を受けた彼は協同組合を組織し、レンガを顧客に直接販売できるようにトラックを借りるなど、対策を講じたのである。その結果、レンガ販売による収益は一気に60%も拡大した。もちろん利益は協同組合の参加者に均等に配分され、協同組合は発足2年半で、200もの家族が加盟する大所帯となった。

パーキンスが（元MAIN社員の）**アイナー・グリーブ**と出会ったのは、そのころである。グリーブは当時、エクアドルのパウテで水力発電事業に携わっていた。現地で意気投合した両者はその後も連絡を取りあい、グリーブの紹介でパーキンスはMAINに入社する運びとなった。

MAINに入社したパーキンスは1年後、電力負荷予測の責任者に指名される。そして彼は、世界銀行などの国際金融機関をはじめ、クライアントからの要望を受け、MAINにもっと多くのエコノミストが必要だと判断した。「MAINはエンジニアリング企業ではあるが、クライアントはエンジニアリング以上のものを求めていたんだ」。はたして1973年、多くのエコノミストを採用し、クライアントの要望に応えていく。それが経済開発・地域計画部の原型となり、やがてはパーキンスにチーフ・エコノミストという肩書きをもたらすことになった。

彼の直近の実績は、パナマにおける農業開発である。彼は現地に1か月滞在し、先日戻ってきたばかりだ。それに伴い、MAINははじめて社会学的調査をパナマで実施している。主導したのはMAIN初の社会学者**マーシャ・ヘイズ**である。ヘイズはパナマで1か月半過ごし、開発事業が地元住人の生活と文化に与える影響について調査を行った。それは農業や農業関連分野のスペシャリストを新たに採用した上での本格的な調査だった。

このように経済開発・地域計画部は急成長を遂げている。しかし、部長のパーキンスは各メンバーのスペシャリストとしての献身があるからこそだと感じている様子だ。その証拠に、デスク越しに取材する私に向かって、部下の意欲や仕事ぶりには常々頭が下がると話した。

こうした美しい文面の裏にひそむ汚れた素顔は、くしくも、私の半生を象徴していた。もちろん何の慰めにもならないが、経歴書の内容に責任を負わなければならないのは、もっぱら私自身だった。一般的な業務手順に照らせば、基本情報が載る経歴書と、担当クライアントや実績など補足情報を収めたファイルについては、私が定期的に内容を更新しなければならなかった。その上で、マーケティング担当者やプロジェクトマネージャーが営業の際に私の経歴を紹介したり、そのほか何らかの形で経歴書を利用したりする場合は、利用者が必要に応じて情報を調整する手はずだった。

例えば、中東での成果だったり、世界銀行の会合や国際会議での発表実績だったりを強調するといった具合に、である。ただし、改訂した経歴書を公にするには、本人の了承を得る必要があった。とはいえ、MAINのほかの社員と同様、私は年中、出張に出ていたため、そうした了承なしで済ませることが通例だった。したがってポーラから見るように勧められた英語版の経歴書は、すでに正式な書類としてファイルに収められていたものの、私にとっては、はじめて目にするも同然だった。

一見すると、私の経歴書は至極まっとうである。職務経歴の欄には、アメリカやアジア、ラテンアメリカ、中東での大規模なプロジェクトに携わってきたことが記され、開発計画や経済予測、エネルギー需要予測など、具体的な職務内容も列挙されている。そして最後に、平和部隊の一員として従事したエクアドルでの活動実績が紹介されていた。しかし、そこには平和部隊との名称はいっさいなく、あたかも私が建設資材会社の事業部長であるかのような記述である。実際には、アンデス山脈高地の寒村で、先住民のレンガ職人たちが作る小さな協同組合をボランティアとして支援していたにもかかわらず、だ。

経歴書と社内誌の内容はいずれも、まったく虚偽というわけではない。だが、あらためて読むと、都合のよい事柄だけが言葉たくみに伝えられていた。正式な書類が尊重される社会において、それは非常に悪質な行為と言えた。もちろん露骨な嘘であれば、そう指摘されるだろう。その点、二つの資料は完璧だった。巧妙ではあるが、あくまで事実に基づいており、何といっても、作成した企業が、他社や国際金融機関、政府などから信用されていた。

経歴書のクライアント欄に載る最後の一文に、私は繰り返し視線を移した。読んだ者の多くはこう思うかもしれない。米財務省とサウジアラビア政府は、どのような関係にあるのだろうか、と。その一文が示唆することなど、読む者に伝わるはずもなかった。人知れず世界の歴史を変えた取引に、私がプロジェクトチームの一員として携わっていたとわかるのは、一部の業界関係者だけだろう。その協定のおかげで、アメリカの石油輸入量が確保され、国際通貨としてのドルの優位性が保たれ、サウード家の王家としての地位が保証され、アメリカ企業が利益をあげ、オサマ・ビンラディンが活動資金を手にしたのである。つまり、くだんの一文は、MAINのチーフ・エコノミストが謀略の遂行者であることを意味していた。

私のデスクの一番上の引きだしに入るこの二つの資料を、私はことあるごとに見返した。それ以降、自分のオフィスを出て、部下のデスクを見まわっていると、この部署全体が貧富の差の拡大に手を貸しているという事実に、しきりと罪悪感を覚えるようになった。その日その日の食事に窮する人たちの姿が脳裏をかすめるのだ。私と部下はそのような人たちを尻目に、一流ホテルに泊まり、高級レストランで食事を楽しみ、個人資産を堅実に増やしていた。

実のところ、私が指導する部下たちは、すでにエコノミック・ヒットマンとしての任務に携わっていた。だがそれは、私のエコノミック・ヒットマンとしての任務とは別物である。世界情勢が変化し、のちにコーポレートクラシーと呼ばれる特権階級の手口も進化していた。私たちは、より巧妙に仕事を遂行するようになっていたのである。その意味で、私の部下たちは新手のエコノミック・ヒットマンと言えた。

もちろん、NSAの嘘発見器で適性を分析されたり、クローディンのような指導者に育成されたりしたわけではない。帝国主義の推進が任務であると誰かに指導されたわけでもない。ましてや、エコノミック・ヒットマンやEHMという言葉を聞かされているわけでもない。ただ、私が過去に行った事業にならい、私が与える賞罰を通じて、仕事のやり方を身につけていた。私が望む予測を立て、数字を弾きだすことこそが、仕事であるという認識だった。なにしろ、基本給や年末手当、ひいてはキャリアの将来を、私に握られているのだ。

言うまでもなく、私は部下を欺《あざむ》くために、あらゆる策を講じた。論文を執筆し、レクチャーを実施したのも、その一つである。GNPの成長を促し、富裕層をより豊かにする開発計画や大規模融資、資金投入の重要性を、折に触れて説明した。ボストンにある私のオフィスにデスクを並べる部下たちは、帝国主義の担い手として、今まさに世界に羽ばたこうとしていた。私と異なり、真相を知らされることなく。

そのような思いが頭から離れず、私は不安に駆られ、眠れない夜が幾夜も続いた。ポーラの勧めで経歴書を見返したことで、パンドラの箱が開いたのだ。何も知らずに仕事に励む部下が、うらやましかった。彼らに真相を伝えるつもりはなかったが、それは、良心の呵責から部下を守るすべでもあった。真実を知らなければ、私のように、善悪の葛藤に苦しまなくてすむからである。

また、私はビジネスにおける誠実さについても、おおいに考えさせられた。それは、表向きと実態の乖離についての問題とも言えた。間違いなく、アメリカの謀略は、その卑劣さを増していた。私たちは手段を選ばず、腐敗した経済システムを推し進め、貧富の差を広げていた。中心となる戦術は、脅威、債務、需給逼迫への危機感、分割・統治である。四つの戦術を柱としたEHM戦略によって、私たちはみずから破滅の道を歩んでいるのだ。道徳的にも、そして既存文化の破壊という意味では、物理的にも。破滅を回避するには、抜本的な手を、早急に打つ必要があった。

ただし、その背景には、帝国主義を水面下で支える社会体制があることも見逃せなかった。主要なグローバル企業はいずれも、エコノミック・ヒットマンと同じような人材を独自に抱えていた。そのような人材は、ニューヨークやサンフランシスコ、ロンドン、北京、東京などにある本社から、世界各地へと送りこまれる。そして、地元当局の私欲につけこみ、当該国家をグローバル企業の事業網にからめとってしまうのだ。その結果、生活困窮者たちが過酷な労働条件のもと、工場の製造ラインで身を粉にして働くことになる。

くだんの経歴書と社内誌に並ぶ文面は、黙《もだ》して真実を語っていた。私は動揺を隠せなかった。それは巧妙な策略以外の何ものでもなく、道徳的に決して許されない経済システムに人びとをおとしいれ、ゆくゆくは社会に破滅をもたらす行為だった。ポーラに背中を押され、ようやく二つの書類の行間を読むに至った私は、それまでの人生に別れを告げるべく、今まさに、新たな一歩を踏みだそうとしていた。

第26章　エクアドル大統領と石油会社の闘い

コロンビアとパナマでの仕事が終わったあとも、私は両国の知人と頻繁に連絡を取りあっていた。特にコロンビアは、その後何度も訪れ、私にとって第二の故郷となった。さて、コロンビアの隣国エクアドルでは、国益よりもアメリカの政治的かつ商業的利益を優先する、独裁政権や右派の寡頭制が長く続いており、国民は圧政に苦しめられていた。ある意味、エクアドルは典型的な「バナナ共和国」で、ドール・フード・カンパニーなどの巨大企業が、大手を振って事業を展開していた。

エクアドルのアマゾン川流域において石油採掘が本格的に始まったのは一九六〇年代後半である。その後、各国による買い付けが集中するようになり、国家権力を握る一部の支配層が、国際金融機関の術中にはまった。はたしてエクアドルは、石油による収益を約束され、多額の債務を負うはめになる。道路や工業団地、水力発電ダム、電力送配電網、そのほか電力設備などが、エクアドル各地に誕生した。そして、海外のエンジニアリング・建設会社が暴利をむさぼったのである。例のごとく。

そのアンデスの国において当時、権力を握りつつあった一人の男は、政治汚職やコーポレートクラシーとは無縁だった。その名をハイメ・ロルドスといい、三〇代後半の大学教授兼弁護士だった。私はすでに、彼と何度か会っていた。カリスマ性がある魅力的な男だった。私は、いつでもキトに伺って無料でコンサルティングします、と何げなく彼に言ったことがある。半ば冗談だったが、彼が望むなら、休暇を利用して喜んで行こうと考えていた。ロルドスという人間が好きだったし、とっさにそう話した通り、私は常々エクアドルに行く口実を探していたからだ。それを聞いた彼は笑って、少し異なる条件を口にした。石油の買い付け交渉であれば、いつでも来てくれ、と。

ロルドスは、民意を重んじる人物として評判を得ていた。なるほど貧困層の人権を声高に叫び、天然資源の計画的な利用を政府に強く訴えていた。そのロルドスが一九七八年、大統領選に立候補すると、国民はもちろん、外国資本によって石油の採掘が進められていた国、つまり他国の強力な支配から独立を望む地域からあまねく耳目を集めた。彼は、ひるむことなく体制に立ち向かう、数少ない政治家の一人だった。石油会社の責任を問う一方で、石油会社をぬけぬけと優遇する体制に、異を唱えていた。

アメリカのキリスト教組織、国際ＳＩＬがエクアドルで石油会社と結託しているとして怒りの声をあげたのが、その好例だろう。私は平和部隊にいたころから、国際ＳＩＬには馴染みがあった。ほかの多くの国と同じく、少数言語の研究や記録、翻訳といった専門的な目的のために、同組織はエクアドルで活動していた。

エクアドルで石油採掘が始まってまだまもないころ、国際ＳＩＬはアマゾン川流域においてワオラニ族と広く連携しながら調査を行っていた。疑惑が浮上したのは、ちょうどその時期である。偶然の一致かもしれないが（現在まで確たる証拠はない）、アマゾン川流域の多くの先住民居住地において、次のような噂が広がった。石油を埋蔵する確率が高いとされる兆候が、特定の地域において確認されたと地震学者が企業に報告したところ、国際ＳＩＬのメンバー何人かが、その地に押しかけ、先住民に対して宣教地区への移住を促したというのだ。衣食住に加え、医療やキリスト教に基づく教育も無償提供すると約束したとのこと。何でも、当該地域への石油会社の関与を認めることが条件だったという。

とにかく、国際ＳＩＬのメンバーたちが、先住民を宣教地区に立ち退かせるために、狡猾な手を使ったという、もっぱらの噂だった。例えば、下剤をふんだんに混ぜた食事を無償で提供し、下痢症状を蔓延させておいて、治療の提供を提案したとか。また、ワオラニ族の居住地において、小型無線送信機付きの、二重底の食料バスケットを空中投下した、とか言われていた。何でも、エクアドルの都市シェルにあるアメリカ軍基地の兵士たちが、高性能設備をそろえた通信拠点に詰め、そこで無線を受信しているという。そして先住民が毒ヘビに噛まれたり、重い病状を呈したりすると、国際ＳＩＬのメンバーが馳せ参じて、解毒剤や症状に適した薬を提供するとのこと。それも、たいてい石油会社のヘリコプターに乗って現れるらしい。私はそのような噂の証拠をつかんだことはなかったが、当の国際ＳＩＬのメンバーから、似たような話をいくつか聞いたことがあった。

そのうちの一つは、やはり石油採掘初期のころの話で、五人の宣教師がワオラニ族の矢に突き抜かれた状態で亡くなっていた事件に端を発する。複数のエクアドル人によると、それは、国外に出ていけという宣教師へのメッセージだという。しかし、くだんの事件は、そのような思惑とは異なる方向に発展する。事件の遺族の一人に、ラケル・セイントという女性がいた。兄を亡くした彼女は事件後にアメリカ各地をめぐり、全国放送のテレビに出演しながら、国際ＳＩＬへの資金提供を呼びかけた。「原住民」に「文明を与え、教育を施す」活動に支援を求めたのである。

複数の情報筋によると、このセイントの呼びかけに対し、ロックフェラー財団から資金協力の申し出があった。ロックフェラー一族の御曹司ジョン・Ｄ・ロックフェラーは、石油会社スタンダード・オイルの創設者である。なお、シェブロンやエクソン、モービルといった大手石油会社は、そのスタンダード・オイルから派生した会社だ。

そのエクアドルにおいて、ロルドスがトリホスの切り拓いた道を歩んでいるように見えた。両者はともに、世界一の超大国と対等に渡りあえる人物だった。かたや運河の奪還をめざし、かたや世界屈指の影響力をもつ大企業から、必死に国益を守ろうとしていた。トリホスと同じく、ロルドスは共産主義者ではなかった。単に自国の未来は自国で決すると主張していただけである。ただし、ロルドスの大統領としての地位を、巨大企業とアメリカ政府が許すはずがない。かつてのトリホスに対する見解と同じように識者たちはそう考えていた。大統領に当選を果たしたとしても、グアテマラのアルベンスやチリのアジェンデと同じ道をたどる、と。

それでも私は、ロルドスとトリホスの二人が先駆者となり、ラテンアメリカに新時代をもたらし、その変革の動きが大きなうねりとなって、世界中に波及するかもしれないと見ていた。両者はキューバのカストロでもなければ、リビアのカダフィでもなかった。ソ連や中国とつながっていたわけでもなく、アジェンデのように、国際的な社会主義運動に加わっていたわけでもなかった。現実志向が強く、民意に耳を傾け、教養とカリスマ性を兼ね備え、大衆から広く支持を集めた指導者だった。反米ではなく、愛国という精神に根ざしていた。もし、コーポレートクラシーが三つの要素、巨大企業、国際金融機関、共謀する政権で成り立つとしたら、共謀する政権という要素は、二人に通用するはずもなかっただろう。

ロルドスの打ちだした政策の大綱は、のちに炭化水素政策と呼ばれる内容である。エクアドルの最大の資源は石油であり、石油の採掘はあまねく、民衆が最も恩恵を受ける形で実施されるべきとの考えに立脚していた。人権を無視されている貧困層を救うことが、国家としての務めであると彼は固く信じていた。社会に変革をもたらす原動力が、炭化水素政策であると訴えたゆえんである。ただし、ロルドスは絶妙なバランス感覚で、中道を歩む必要があった。ほかの多くの国と同様、権力を握る特権階級の支持なくして、大統領に就任することは夢物語だったからである。万が一、当選を果たしたとしても、特権階級の協力がなければ、今度は政策の実行がおぼつかなかった。
この、きわめて重要な時期に米大統領を務めていたのがカーターで、私は個人的に胸をなでおろした。テキサコなど石油関連事業者から圧力があったにもかかわらず、アメリカ政府はエクアドルの内政に干渉しなかった。与党が共和党だろうと民主党だろうと、カーター政権以外であれば、おそらくそうはいかなかっただろう。
はたしてハイメ・ロルドスは、首都キトにある大統領府に足を踏み入れることになった。その要因は、何はさておき、炭化水素政策にあったと私は考えている。ともかく、ロルドスは同国ではじめて民主選挙で当選した大統領となり、独裁者の系譜に終止符を打った。一九七九年八月一〇日の就任演説で彼は、炭化水素政策の骨子についてこう述べている。

我が国のエネルギー資源を守るために、有効な手段を講じなくてはならない。引き続き輸出品目の多様化を図り、経済的独立を保つ必要があるだろう。……政策決定は、国益と主権の絶対的確保という観点のみに基づき、実施していく。

ロルドスは就任後、すでに石油産業の顔だったテキサコに配慮する必要があった。ただし、両者の関係は前途多難と言えた。石油業界に君臨するその企業は、新しい大統領を信用せず、従来の慣例にそむく政策であれば、いかなるものでも手を貸そうとしなかった。ひとたび前例を許せば、他国に波及することが目に見えていたからである。ロルドスの上級顧問ホセ・カルバハルは、新政権の方針を次のように概括している。

もし相手（テキサコ）がリスクを嫌い、資金を投じることなく、採掘権の対象地域で事業を行わないのであれば、我々が資金を準備して、事業主として採掘を管理すればよい。……

海外企業との関係は対等であるべきだと我々は考えている。交渉が難航しても、粘り強く対応していく。いかなる圧力にも屈せず、相手に対する畏怖や劣等感を拭い捨て、海外企業との交渉にのぞむ所存だ。

一九八〇年一月一日、私は新年の誓いを立てた。そう、新たな一〇年に向けて。私は二八日後に、三五歳を迎えようとしていた。その節目に、一九八〇年という年を人生の転機とし、今後は開拓者として生きようと心に決めたのである。現代の英雄、ハイメ・ロルドスやオマール・トリホスのように。

数か月前の衝撃的な出来事も遠因だった。収益性という点において、ブルーノはＭＡＩＮの歴代の社長の中で、最も優れた人物だった。そのブルーノが、どういうわけか、突如、会長マック・ホールによって解雇されたのである。

第27章

辞職

マック・ホールによるブルーノの解雇は、ＭＡＩＮにとって、まさに天変地異のような出来事だった。社内に衝撃が走り、不満を訴える者が続出した。たしかにブルーノにも敵は存在した。だが、その敵でさえも動揺する者が出るほど、一大事だったのである。解雇の理由が嫉妬であることは、多くの従業員の知るところだった。昼食の席やコーヒーブレイクにおいて、誰もが口々にこう言った。自分より一五歳以上も若くして、社の収益性を飛躍的に高めたブルーノの手腕に、ホールが恐れをなしたのだ、と。

「ブルーノ社長がいかんなく力を発揮しつづけることが許せなかったのさ」。ある男性職員は言った。「このままいけば、ブルーノ社長が会長になって、自分が社から追い出されると感じたんだ」

そのような推測をあたかも裏づけるかのように、ホールは新社長としてポール・プリディに白羽の矢を立てた。ポールはＭＡＩＮで長年、本部長を務めてきた柔和な男で、実務に長けたエンジニアだった。ただし、私に言わせてみれば、パッとしないイエスマンである。たしかに彼なら、会長の気まぐれに異を唱えることもなければ、みごとな収益向上をもって会長の座を脅かすこともないと私は思った。しかも、そのような見たてが大勢だった。

ブルーノがＭＡＩＮを去ることになり、私は非常に落胆した。彼は私のよき指導者であると同時に、国際プロジェクトにおいて頼りになる存在だった。一方、ポールは海外事業の経験に乏しく、その真の狙いについて、多少は知っているにしろ、ほとんど把握していないと言ってよかった。これからMAINはどうなるのか、不安を覚えたのは言うまでもない。私はブルーノの自宅に電話した。彼はあくまで冷静だった。

「なあ、ジョン、彼も不合理なのは承知の上なのさ」。会長のホールについて、ブルーノはそう話した。「だから、俺は高額な退職金を要求したんだ。そして、その要求を呑んでもらった。ホール会長には、役員投票を決するだけの影響力がある。いったん彼が動けば、それに抵抗するすべはないんだよ」。ブルーノはすでに、クライアントであるいくつかの国際金融機関から、要職への就任を打診されているようだった。

私は、自分が今後どうすべきか、彼にアドバイスを求めた。

「社の動きをしっかりと見ておくんだ」。ブルーノは言った。「ホール会長の見識は、現実に立脚しているとは言えない。だが、そう指摘できる者は誰もいないだろう。私への処遇が決まった今となっては、余計にね」

まだショックが冷めやらぬ一九八〇年三月の終わり、私は長期休暇をとって、セーリングを楽しむためヴァージン諸島に向かった。ヴァージン諸島に行こうと決めたときには予想だにしなかったが、その地域の歴史にじかに触れたことが、のちに、新年の誓いを実行する決定打となった。

カラフルな帆を立てた木製ボートが近づいてきたのは、私がサー・フランシス・ドレーク海峡にヨットを浮かべ、風向きにあわせて気ままに帆走していたときである。木製ボートは、帆を両側に大きく張りだし、海峡を風下へと進んでいく。鮮やかなサロンを身にまとったヒッピーとおぼしき六人の若者たちが、私に向かって何事か叫び、手を振った。私は一目見て、若者たちが水上生活者であるとわかった。六人は生活をともにする仲間であり、自由奔放という意味で、現代の海賊とも言えた。

うらやましさがこみあげる。同じように、自由に生きたかった。私はハッとした。私の恨みや怒りといった感情は、高校時代に劣等感を覚えた友人たちの家庭環境に帰するわけではない。私の人生は、事あるごとに非難してきた両親から授けられたものなのだ。母親と父親に対して、育ててくれたことに心から感謝しなければならない。二人の助言や激励のおかげで、何とかやってこられて、現在の私があるのだ。私は、これまで犯してきた過ちを認めなくてはならない。幾度となく両親に責任を転嫁してきたが、それは愚かで、さもしい行為というだけでなく、自分自身をも、おとしめていたのだ。

ほどなく私はレンスター湾に入り、かつて財宝船を狙う海賊船の潜伏場所だったセント・ジョン島の入り江で帆を休めた。舟べりから錨を下ろす。鎖が、がちゃがちゃと音をたてながら、透きとおった海中へと沈んでいく。やがてヨットは動きを止めた。

しばらくして、私はゴムボートに乗り換え、手こぎで岸辺まで行き、ボートを引きあげた。陸地側には砂糖プランテーションの跡地がそびえていた。私は波打ち際に腰を下ろし、その場に長いことたたずんだ。頭を空っぽにし、いっさいの感情を拭い去ろうと試みる。しかし、うまくいかなかった。

日が暮れはじめたころ、私は海を背にして、急な斜面を懸命にのぼった。気がつくと、プランテーション跡地の今にも崩れそうな壁体の上に、立っていた。海の方を見ると、停泊する自分のヨットが見える。カリブ海のはるか彼方へと太陽が沈んでいく。得も言われぬほど、すばらしい眺望だった。しかし、想像するに、あたり一帯ではかつて、凄惨な光景が繰りひろげられていたに違いない。何百人というアフリカ系の奴隷たちが、ここで命を落としたことだろう。銃口を向けられながら、大きな邸宅を建て、サトウキビを植え、収穫し、ラム酒を作った果てに——。そうした、澄みきった景観とは対極の凄惨な歴史が、その地には刻まれていた。

離島の山の背に、太陽が姿を隠す。空一面が赤く染まる。カリブ海が輝きを失いはじめていく。ふいに私は、紛れもない事実を突きつけられ、絶句した。私自身も、奴隷を作りだしている人間だった。MAINでの任務は、貧しい国に債務を負わせ、アメリカ世界帝国に従属させるだけに留まらなかった。私の飾り立てた経済予測は、自国の需要を満たす石油輸入量を都合よく確保するだけに留まらなかった。私のパートナーとしての役職は、自社の収益性を向上させるだけに留まらなかった。そう、私の仕事は、生身の人間と、その家族の人生を、じかに狂わせていた。今、足元にある壁体を築いて絶命した奴隷たちと同じ人生を、私は人びとに強いていた。他者を搾取していたのである。

私は一〇年ものあいだ、奴隷商人の承継者に身をやつしてきた。ただ私の手口は、より洗練され、より狡猾だった。死にゆく人間を目にしたこともなく、死体が放つ腐敗臭をかいだこともなく、彼らの断腸の叫びを耳にしたこともなかった。だが、犯した罪は同じである。私はその行為を、まるで他人事のようにとらえていた。一人ひとりの痛みを思いやる気持ちなど、露ほどもなかった。断末魔、腐敗、叫び。そのいっさいを受けとめずに過ごしてきた私の罪は、より重いだろう。

入り江の向こうに大海原が広がり、紫色の空がたれこめる。私は眺望に背を向けた。そして、瞳を閉じた。瞼《まぶた》の向こうにあるのは、故郷のアフリカを追われた奴隷たちが建てた壁体である。私はこみあげてくる想いを必死に断ち切ろうとした。やがて瞼を持ちあげると、ごつごつした棍棒のようなものが目に入った。野球のバットと同じくらいの太さで、長さは二倍ほどだろうか。私はその棒に飛びつき、握りしめると、石壁に向かって、これでもかと叩きつけた。何度も何度も振りおろした。しまいには力尽き、倒れこんだ。草むらに仰向けになる。薄暮の空に雲が流れていた。

私はゴムボートの場所に引きかえした。砂浜に立ち、紺青の海に錨を下ろすヨットを眺めた。何をすべきか、わかっていた。罪を償わなければならなかった。MAINに戻り、今までと同じ生き方を選ぶならば、その選択が意味するところは一つである。自分自身を一生、見失うことになるのだ。昇給、年金、保険、手当、持ち株……。長居するほど、抜けだせなくなるだろう。石壁に棒を叩きつけたように、このまま、みずからにムチを打ちつづけるべきか。それとも、別れを告げるべきか。

二日後、私はボストンに戻った。一九八〇年四月一日、ポール・プリディのオフィスに行き、辞職を願い出た。

第5部

1981年－2004年

第28章

エクアドル大統領の死

辞職願は、すんなりと受理されなかった。ポール・プリディが私の言葉を信じなかったのである。「今日はエイプリル・フールだからな」。そう言って、彼はウインクするのだった。

冗談ではないんです、と私は言った。事前にポーラから、誰かの反感を買ったり、エコノミック・ヒットマンの任務の暴露を疑われたりしないようにと注意されていた。その忠告を思い出しながら、MAINには感謝しかないが、別の道に進みたいと、はっきり伝えた。私は常々、仕事で知り合った世界各地の人たちについて、政治の話題を抜きに、文章に残したいと考えていた。そのためポールに、辞めたあとは、フリーライターとして引き続き各地を渡り歩き、『ナショナルジオグラフィック』誌などの雑誌に記事を寄稿したいと話した。そして、みずからの愛社精神を強調し、機会があれば必ずMAINの宣伝役を買って出ることを約束した。それは、私の正直な気持ちだった。とにかく外の世界に出たかったのである。奴隷商人とは違う自分になりたかった。はたして、私の辞職願は受理された。

その後、社内で会う人会う人に、翻意を促された。MAINのおかげで豊かな生活があるのだと何度も指摘され、正気ではないと非難されることもあった。みずからの意思で職を辞すことに、誰もが納得いかない様子だった。私が思うに、みな心のどこかで、自分自身と向き合うことを恐れていたのではないだろうか。辞めていく者が正気であるならば、社に残る自分たちが正気ではないということになる。つまり、私のことを正気ではないとするほうが楽なのだ。

部下たちの反応は、さすがにこたえた。どの顔も、見捨てられたという表情をしていた。しかも、有能な後任候補もいなかった。とはいえ、私の意思が揺らぐことはなかった。何年ものあいだ苦しんできた心の葛藤に、私はようやく決着をつけようとしていた。

ただし、順風満帆とはいかなかった。たしかに、私はMAINを去ることになった。だが、パートナーとして年金を満額受給できる資格には程遠く、持ち株を売却しても、その後の生活資金が十分あるわけではなかった。もう数年MAINにいれば、かつて思い描いたように、四〇歳にして億万長者になれたかもしれない。しかし当時はまだ三五歳で、億万長者など夢のまた夢だった。私にとって、その年のボストンの四月は、寒さと不安が身に染みるひと月となった。

そんなある日、ポール・プリディから電話がかかってきて、オフィスに来るよう言われた。何でも「クライアントの一社から、契約解除を迫られている」とのこと。「君が専門家証人として法廷で証言してくれるからこそ、我が社と契約したという話だ」

私はいろいろと悩んだ。そして心を決めて、ポールとの話し合いにのぞんだ。その席で、私はみずからの希望額を伝えた。MAIN時代に受けとっていた報酬の三倍以上のコンサルティング料を要求したのである。驚いたことに、ポールは承諾した。それが、私の新たなキャリアのはじまりだった。

それから数年間、私は専門家証人として契約し、引きつづき高額の報酬を得ることになった。発電所の建設許可を公益事業委員会に申請する電力会社が、主なクライアントだった。ニューハンプシャー公益会社もそのうちの一社で、私は同社のために、建設の是非をめぐり議論が紛糾していたシーブルック原子力発電所の経済的実現性を、宣誓のもと保証した。この案件は実現可能であると、私は正直に考えていた。

仕事で直接かかわる機会はなくなったが、私はラテンアメリカの動向に引き続き注目していた。専門家証人の仕事は、証人席に立つとき以外、時間に余裕があった。そのため私は、ポーラと連絡を取りあったり、平和部隊のときにエクアドルでともに活動した友人たちと旧交を温めたりした。石油政策をめぐり、エクアドルがにわかに国際舞台に躍り出たのは、ちょうどそのころである。

ハイメ・ロルドスは志を貫いていた。みずからの選挙公約を反故《ほご》にすることなく、石油会社に徹底抗戦していた。パナマ運河を挟む北中米と南米の各国が見逃したり、あえて黙認したりしていたものが、ロルドスの目には克明に映っていたのである。次々と貧困国を食いものにし、その国民を奴隷のごとく下等な身分に縛りつける、帝国主義の触手を察知していたのだ。新聞記事を読んだ私は、彼の意志だけでなく、問題の本質を読みとる能力に感嘆した。そう、問題の本質は、国際政治が新たな局面に突入しつつあるという事実だった。

一九八〇年一一月、米大統領選において現職のカーターがロナルド・レーガンに敗北した。新パナマ運河条約をめぐりトリホスとの交渉の場を設けたことや、救出作戦が失敗した大使館人質事件に代表されるイランでの失政が主な敗因だった。その選挙の結果を受け、きな臭さが漂いはじめていた。世界平和を標榜し、石油依存の低減を図った前任者にかわり、新たに大統領に就いた人物は、強大な軍事力を誇る自国が世界の頂点にふさわしく、マニフェスト・デスティニーのもと、世界中の油田を支配すべきとの考えだった。ホワイトハウスの屋根にソーラーパネルの設置を決めた人物が去り、そのソーラーパネルを大統領執務室に入るやいなや撤去するように命じた人物が、アメリカを率いようとしていたのである。

たしかにカーターは政治家として、さほど実績を残せなかったかもしれない。だが彼の政治思想は、アメリカ独立宣言時の理念に通底していた。いま振り返れば、純粋な懐古主義であり、私たちの祖先を開拓へと駆りたてた建国の精神への回帰と言えるだろう。彼の前後に大統領を務めた人物たちと比較すると、異色の政権だったことがよくわかる。カーターの世界観は、エコノミック・ヒットマンのそれと相容れるものでは決してなかった。

一方のレーガンは、帝国主義の典型的な推進者であり、コーポレートクラシーの代理人でもあった。大統領選のとき、彼が元ハリウッドの映画俳優であることに、私は深くうなずいたものである。大物監督からの指示を忠実に守ってきただけあって、まさに指導を受けるイメージがぴったりだった。閣僚の布陣が、いみじくもそれを物語っている。企業や銀行の役員を歴任するような人物ばかりなのだ。彼らは大統領に仕えるように見えて、その実、大統領に指示を出し、国政をつかさどる黒幕である。副大統領ジョージ・H・W・ブッシュ（父）に、国務長官ジョージ・シュルツ、国防長官キャスパー・ワインバーガー。そのほか、リチャード・チェイニーやリチャード・ヘルムズ、ロバート・マクナマラもそうだろう。レーガンは、そうした面々の代弁者にすぎなかった。アメリカが世界を治め、資源をあまねく管理すべきである。アメリカの意向に世界各国は応えるべきだ。アメリカのルールを軍事力によって国際社会に適用する必要がある。アメリカという世界帝国のCEOに資する国際貿易・金融のシステムを作るべき、等々。

こうした一連の方針を考えれば、エコノミック・ヒットマンには願ってもない時代を迎えつつあった。そのような時期に私が足を洗ったのは、まさしく運命の綾だろう。振りかえるたびに、私は胸をなでおろす。潮時の見きわめは正しかった、と。

ただし、その決断が長期的にどう影響するか、当時の私には知るよしもなかった。わかっていたことといえば、世には浮き沈みがあり、いかなる帝国もいつかは衰えるという真理である。私は個人的に、ロルドスのような人物に希望を見出していた。エクアドルの新大統領は間違いなく、世界情勢の機微に敏感な政治家だった。彼はトリホスを尊敬し、パナマ運河をめぐるカーターの英断に称賛を送っていた。そのロルドスが信念を曲げるはずもなかった。私はただただ、彼の不屈の精神が他国のリーダーたちに希望の光を灯してほしいと願っていた。ロルドスやトリホスのような志を必要としている諸国のリーダーたちに、である。

一九八一年、ロルドス肝煎りの炭化水素法案が、正式にエクアドル議会に提出された。施行されれば、エクアドルにおける石油事業の在り方が大きく変わるはずだった。それは時代に先鞭をつける革新的な動きであり、抜本的な取組みとも言えた。もちろん、国内の事業全般を見直すことが狙いだった。このロルドスによる改革は、エクアドル国内に留まらず、ラテンアメリカ諸国、ひいては世界中に影響を与えた。

当然、石油会社は対抗措置をとった。しかも、徹底抗戦の構えである。広報部はロルドスの評判をおとしめるため奔走し、ロビイストたちは脅威と見返りをたずさえ、キトやワシントンに集結。初の民主選挙によるエクアドル大統領を、現代のカストロに仕立てるべく力を尽くした。しかし、ロルドスは脅しに屈するような人間ではなかった。石油会社の攻撃に応戦し、政界と石油産業の癒着構造に、そして宗教組織の関与に、怒りの矛先を向けた。確たる証拠はなかったが、石油会社と結託しているとして国際ＳＩＬを公然と非難し、ここぞとばかりに国外退去を命じたのである。

議会に一括法案を提出してからわずか数週間後、ロルドスは前々日に国際ＳＩＬの追放を発表したのに続き、すべての外国人関係者に向けて警告を発した。国民の利益に反する事業を行うならば、石油会社に限らず、すべての事業者をエクアドルから追放すると断言したのである。彼はキトのアタワルパ・オリンピックスタジアムでそう大演説をぶったあと、南部にある小さな町に向かった——。

一九八一年五月二四日、ハイメ・ロルドスは飛行機の墜落事故によって、死亡した。

そのニュースは世界に衝撃を与えた。ラテンアメリカの人びとは憤然として怒りの声をあげた。ラテンアメリカの新聞はこぞって「CIAによる暗殺！」と非難。アメリカ政府と石油会社からうとんじられていた事実を含め、さまざまな状況証拠から見ても、暗殺の可能性が高いと報じた。さらには、事故後に発覚した新事実によって、暗殺疑惑が一段と高まる。あくまで状況証拠にすぎないが、目撃者の話によると、以前から殺害をほのめかされていたロルドスは、みずからの身を守るために、専用機での移動時には、おとりの飛行機を別に用意していたとのこと。事故当日は、搭乗直前に一人のガードマンから、おとりの飛行機に乗るよう促され、承諾したという。墜落したのは、そのおとりの飛行機だった。

一連の出来事は、世界で大々的に報じられたにもかかわらず、アメリカではほとんど伝えられることはなかった。

その後、オスバルド・ウルタードがエクアドル大統領に就任した。ウルタード政権は、国際SILのエクアドルでの活動を認め、宣教師たちに特別ビザを発行した。そして、その年の終わりには、グアヤキル湾やアマゾン川流域における、テキサコなど外国企業による石油採掘事業を支援する、大規模計画を発表した。

パナマのオマール・トリホスは、称賛の意を込めて、ロルドスのことを「兄弟」と呼んでいた。そのトリホスも、暗殺される悪夢にうなされると私に打ちあけたことがあった。自身が火だるまになりながら、空中を落下していく夢だという。そして、悪夢が正夢となる。

第29章
パナマ：もう一人の大統領の死

　ロルドスの死を聞き、私は耳を疑った。しかし私は、驚くには、あまりに知りすぎていた。アルベンスやモサッデク、アジェンデをはじめとする多くの指導者たちが、コーポレートクラシーに楯突いたために、新聞紙面や歴史書に載ることなく人生を台なしにされ、時に命を奪われてきたことは、わかっているつもりだった。だが、そうはいっても、やはり驚きを禁じえなかった。レーガンが米大統領になって、わずか四か月後のことである。あまりに露骨なやり方のように思えた。

　サウジアラビアでのマネーロンダリング事業が大成功を収めたことで、あからさまな行為は、もう過去のものになったと私は考えていた。ジャッカルが放たれることはなくなったと勝手に決めつけていたのである。だが、間違っていた。ロルドスの死は決して事故ではないと私は思った。状況どれ一つとってみても、CIAによる暗殺の可能性が高かった。そのあまりに露骨な手段は、強烈なメッセージそのものだった。ハリウッドの西部劇映画に登場する早撃ちのガンマンよろしく、レーガン政権はまさしく希代の名手として、相手めがけて撃ちこんだのだ。ジャッカルは戻ってきた、というメッセージを。オマール・トリホスのほか、コーポレートクラシーに反旗をひるがえそうとしている者すべてに向けて。

　だが、トリホスは屈しなかった。ロルドス同様、脅威を前に、ひざまずこうとはしなかった。トリホスもまた、国際SILをパナマ国内から退去させ、新パナマ運河条約の再交渉を要求するレーガン政権に対して、毅然とその要求をはねつけた。

オマール・トリホスの悪夢が現実となったのは、ロルドスの死の二か月後だった。トリホスを乗せた飛行機が墜落したのである。一九八一年七月三一日のことだった。

ラテンアメリカはもちろん、世界中が震撼した。トリホスの名は、すでに世界に知れ渡っていた。正当な権利者としてアメリカからパナマ運河を奪還し、レーガン政権にも対等に渡りあう人物として、その名をとどろかせていた。彼は人権擁護者として、政治思想を問わずに亡命者を庇護した。前述の通り、パーレビ国王も庇護を受けた一人である。公平な社会を唱えた、世界を代表する人物であり、いずれはノーベル平和賞にノミネートされると、広く考えられていた。だが、トリホスは死んだのである。「CIAによる暗殺！」との見出しが、再び新聞紙面に踊ることになった。

アメリカ政府に対して、CIAの公開調査を要求する声が世界各地からあがった。しかし、それは起こりえなかった。相当な実力者たちがトリホスを敵視していたからである。トリホスを公然と批判していた人物には、大統領レーガンをはじめ、副大統領ブッシュ、国防長官ワインバーガーらが名を連ねていた。また、統合参謀本部や多くの有力企業経営者たちも、彼のことを毛嫌いしていた。

当時、政府と癒着関係にある民間企業の最たる例がベクテル・グループだった。ベクテルは私がよく知る会社である。MAIN時代に仕事をともにする機会が多く、同社の最高技術責任者とも、すっかり顔なじみだった。ベクテルはアメリカで最大の影響力を誇るエンジニアリング・建設企業として名を馳せていた。ジョージ・シュルツやキャスパー・ワインバーガーといった有力者が、社長などの要職に就いていたのである。両氏はともに、大胆にも日本企業を誘致してパナマ運河の拡張と効率化をめざすトリホスを憎んでいた。そのような動きによって、アメリカからパナマへの権利譲渡が確約されるだけでなく、今世紀最大の利益が見込める一大開発事業からベクテルが除外されるからである。

トリホスが対峙していたのは、そのような男たちだった。そして、トリホス亡き今、彼の遺志を継いだのが、腹心のマヌエル・ノリエガである。だがノリエガは、故人のような世智も、カリスマ性も、知性も持ちあわせていなかった。そのため、世界に冠たるレーガン一族やブッシュ一族、ベクテル・グループ相手に、もはやパナマに勝機はないとの見方が大勢を占めたのである。

もしトリホスが生きていたならば、中南米カリブ海諸国に広がっていた武力行使の波を、間違いなく鎮めようとしただろう。彼の生前の実績からして、エクアドルやブラジル、コロンビア、ペルーのアマゾン川流域における石油会社の自然破壊を止めるべく、調整役を買って出たと思われる。実現していれば、悲惨な武力行使は沈静化していたかもしれない。アメリカ政府は、それらの武力行使をテロや麻薬戦争と呼んでいたが、トリホスの目には民衆の必死の怒りとして映っていたはずだ。アメリカなどの汚れた政治家や役人たちが招いた結果として、である。そして何より、アメリカ大陸をはじめ、アフリカ、アジアの次世代の指導者たちに、リーダーのあるべき姿を示したことだろう。ＣＩＡやＮＳＡ、エコノミック・ヒットマンが許すことのない、真のリーダーとしての姿を。

第30章

新会社設立とジョージ・W・ブッシュ

トリホスが亡くなったとき、ポーラと最後に会ってから数か月が経とうとしていた。私は、ほかの女性たちとデートしていた。例えば、ウィニフレッド・グラント。ウィニフレッドは若手の環境プランナーで、MAINの元同僚だった。偶然にも、父親はベクテルで技術責任者を務めていた。一方、ポーラはコロンビア人のジャーナリストと付き合っていた。とはいえ、私たちは、よき友人関係にあった。

私は専門家証人として悩みを抱えていた。ことシーブルック原子力発電所の証言に関しては、悩みが深かった。しばしば詭弁を弄しているかのような感覚にとらわれ、カネのために仕事をしていた、かつての日々に逆戻りした気分だった。そのころ、私をおおいに支えてくれたのが、ウィニフレッドである。彼女は環境保護主義者を自認していたが、増えつづける電力需要を満たす必要性にも理解を寄せていた。サンフランシスコのイーストベイにある都市バークレーで幼少期を過ごし、カリフォルニア大学バークレー校を卒業していた。従来の慣習にとらわれない人生観の持ち主で、厳格な考えの私の両親やアンとは対照的だった。

ウィニフレッドとの交際は順調だった。そんな折、MAINに休暇を申請した彼女とともに、私はヨットでクルージングすることにした。大西洋沿岸を南下し、フロリダへと向かう航路である。洋上の旅を満喫しつつ、途上、さまざまな港に寄港した。専門家証人として証言を依頼されたときには、港町から飛行機に乗ればよかった。そうこうしながら、私たちはフロリダのウェストパームビーチにたどりついた。そして、そこでマンションの一室を借りた。ウィニフレッドと私は結婚した。一九八二年五月には娘ジェシカが生まれた。前妻のアンとのあいだに子どもはいなかった。私は当時三六歳で、分娩時の呼吸法を学ぶ教室では、ほかの男性よりもだいぶ年上だった。

シーブルック原子力発電所に関する私の仕事の一つは、ニューハンプシャー州内の電力供給において、原子力発電が最も経済的でベストな選択であると、州の公益事業委員会に説明することだった。だが皮肉なことに、調べれば調べるほど、みずから口にする結論の信憑性に疑いを持たざるをえなかった。調査を進めるにつれ、私の説明内容は二転三転した。原子力より技術的に優れ、コストも安く、はるかに安全な発電方法が多く存在することに、私は気づきはじめていた。

ある日、私はニューハンプシャー公益会社の上司に、これ以上、証言台に立つことはできないと伝えた。好待遇の職を離れ、新たに会社をおこすつもりだった。まだ研究段階にある新技術の一部に注目し、実用化に取り組もうと考えていたのである。

娘のジェシカが生まれて数か月が経ったころ、私は、インディペンデント・パワー・システムズ(Independent Power Systems：ＩＰＳ)という会社を設立した。ＩＰＳの主力事業は、環境にやさしい発電施設の開発で、業界の先駆者として、他社を巻き込んで同種の発電施設の普及をめざした。とはいえ、リスクが高いビジネスで、競合他社の事業の大半が失敗に終わっていた。ただＩＰＳについては、私の過去の「巡り合わせ」が功を奏した。多くの知人が手を差しのべてくれたのだ。私はＭＡＩＮでの日々が報われたように思い、エコノミック・ヒットマンについて暴露しなくてよかったと実感した。

そのころ、以前の上司ブルーノ・ザンボッティは、米州開発銀行の要職に就いていた。そのブルーノが、IPSの役員にも名を連ね、創業まもないIPSに融資してくれることになった。また、バンカーズ・トラストやESIエネルギー、プルデンシャル保険、チャドボーン&パーク（元上院議員エドマンド・マスキーがパートナーを務める大手弁護士事務所）、ライリー・ストーカー（きわめて高性能の最新鋭発電ボイラーを設計・開発する、アシュランド石油所有のエンジニアリング企業）などから協力を得ることもできた。さらには、連邦議会の支援を受ける形で、税が一部免除され、他社より明らかに有利な体制で事業を進めることができた。

一九八六年、IPSとベクテルの両社は、それぞれ別個に次世代発電施設の建設にとりかかった。きわめて高度な最新技術による廃石炭を活用した発電で、酸性雨を発生させないことが強みだった。当時は、炭素排出量よりも（二酸化硫黄や窒素酸化物などの粒子が引き起こす）酸性雨のほうが、はるかに問題視されていたのである。一九八〇年代の終わりには、二社の発電施設はエネルギー産業の革命と位置づけられるようになり、公害防止法という連邦法の制定を直接、後押しする形となった。酸性雨の原因粒子を排出せずに石炭を燃やすことで、いわゆる廃棄物から電力を産生できると、きっぱり証明したからである。そんなことができるわけないと主張していた既存の公益事業会社の鼻を明かす結果と言えた。IPSに関しては、小さな独立系企業であっても、金融機関からの借入といった定番の手法で、実用化前の最新技術に投資できることを示した。またIPSの発電施設には、冷却池や冷却塔ではなく、約一・四ヘクタールの水耕温室に排熱するという利点もあった。

IPSで社長を務める私は、エネルギー産業の内情に通じるようになった。業界の有力者たちと面識を持ったのも、その一つ。弁護士やロビイスト、投資銀行家、大手企業の上級役員たちと接する機会に恵まれた。義父がベクテルで三〇年以上のキャリアを持つ技術責任者であることも強みだった。その義父は当時、サウジアラビアにおいて、都市開発事業を指揮していた。それはまさに、私がエコノミック・ヒットマンとして携わった、一九七〇年代はじめのマネーロンダリング事業の一環として行われていた開発だった。

エネルギー産業は大変革の時代を迎えていた。地元のエネルギー市場をそれまで我がもの顔で独占してきた公益事業会社に、大手エンジニアリング企業が競って触手をのばしていた。もしくは、ライバルとして肩を並べようとしていた。規制緩和がもてはやされた時期で、法規制は目まぐるしく変化した。連邦議会や裁判所が困惑するような変化につけこみ、商機をつかもうとする野心家にとっては、おおいにチャンスがある時代だった。業界の識者たちが「エネルギー産業の開拓時代」と呼んだほどである。

一方、新時代の到来で割を食ったのがMAINだった。ブルーノの言葉通り、マック・ホールは、時代の流れを的確にとらえられず、そう指摘する者もまわりにいなかった。ポール・プリディがまったく指導力を発揮できぬまま、MAIN経営陣はエネルギー産業を席巻する変化についていけず、次々と経営判断を誤った。ブルーノによって収益性が飛躍的に向上したわずか数年後、MAINはEHM戦略の実行役から降りるまでになり、深刻な経営危機に瀕した。最終的に経営陣は、機運に乗じた大手エンジニアリング・建設会社の一社に、売却することを決めた。

私は一九八〇年、持ち株一株あたり約三〇ドルで清算したが、残ったパートナーたちは四年後、その半額以下で売却するはめになった。一〇〇年続いたMAINの「誇り高き」サービスは恥辱にまみれ、終焉を迎えたのである。最後までパートナーを務めた者たちを不憫《ふびん》に思う反面、自分は適切な時期に辞めたとあらためて感じた。MAINという名前自体はしばらく、新たな経営体制のもとで残されたが、やがて、その看板も下ろされることになった。かつて世界中にその名をとどろかせたMAINブランドが、ついに地上から消えたのである。

そのころ、石油産業や国際情勢に関心を持つ者のあいだで、頻繁に話題になる人物がいた。当時の米副大統領の息子、ジョージ・W・ブッシュである。彼がはじめて経営したエネルギー会社アルブスト（スペイン語で低木を意味し、英語のブッシュにあたる）は経営難におちいり、一九八四年にスペクトラム7に吸収合併された。その後、スペクトラム7も倒産の危機に瀕し、一九八六年にハーケン・エネルギーに買収される。だがジョージ・W・ブッシュは取締役兼コンサルタントとしてハーケンに残り、年間一二万ドルもの報酬を受けとっていた（二〇二二年の相場に換算すると、なんと三一・五万ドルである！）。

父親が副大統領だからハーケンに残れたのだろうと、誰もが口をそろえた。石油会社経営者としてのジョージ・W・ブッシュの実績を考えれば、同社で役員を務めるのは不自然である。また、ハーケンが創業以来はじめて海外に進出し、中東での事業に積極的に投資を図ったのもこの時期で、偶然にしてはあまりに出来すぎだった。『ヴァニティ・フェア』誌の記事は、こう書いている。「ブッシュが取締役になってから、ハーケンは華々しく事業を展開するようになった。新たな投資に、突然の資金調達、予期せぬ採掘権の獲得、といった具合に」

一九八九年、沖合の油田採掘権をめぐりバーレーン政府と交渉していたのはアモコだった。時を同じくして、副大統領のジョージ・H・W・ブッシュが大統領に当選する。すると、ほどなくしてマイケル・アミーン（国務省顧問で、新任の駐バーレーン大使チャールズ・ホスラーの指南役）の仲介によって、バーレーン政府とハーケンとのあいだで会議が開かれることが決定。急遽、アモコではなく、ハーケンが交渉相手を務めることになったのである。その結果、沖合はもちろんアメリカ南東部以外での採掘実績がなかったにもかかわらず、ハーケンはバーレーンでの独占採掘権を勝ちとった。それは、アラブ世界で前例のない出来事だった。それから数週間のうちに、一株四・五ドルだったハーケン・エネルギーの株価は、二〇％以上も上昇し、五・五ドルとなった。

エネルギー業界が長い人間にとっても、このバーレーンでの一件は異例の事態だった。「息子が父親の足を引っ張らないことを望むよ」。共和党の有力支援者であり、エネルギー産業を専門とする弁護士の私の友人は、そうこぼした。ウォールストリートの一角にそびえる世界貿易センタービル最上階のバーで、カクテルを傾けていたときのことである。彼は不安を口にした。「これで本当によいのだろうか」。そして、悲しげに首を振った。「大統領の座を危険にさらしてまで、息子に手を貸す必要があるのだろうか?」

私にしてみれば、さほど驚きではなかった。だがそれは、私だからこそ、だろう。クウェートやサウジアラビア、エジプト、イランの当局相手に交渉した経験から、中東の政情には通じていた。父のジョージ・H・W・ブッシュは、私を含めエコノミック・ヒットマンたちが中東で築いた人脈の一端を担っていたのである。要するに、ブッシュ親子は封建時代の領主であり、プランテーション経営者でもあった。

第31章

賄賂に屈する

前章の一連の出来事が起きているあいだ、私は世界経済が真に新しい時代に突入したことを痛感していた。ロバート・マクナマラ、つまりコーポレートクラシーの代表的人物が、米国防長官や世界銀行総裁を歴任し、私の懸念をはるかに上回る形で権力を振るうに伴い、変化の波は大きくなりはじめていた。なるほど、マクナマラのケインズ経済学に基づく政策と、強烈なリーダーシップをよしとする見方が、広く支持されるようになった。第二次世界大戦後初のエコノミック・ヒットマンの興隆は、あらゆる業種のビジネスリーダーを一人残らず主役としながら、うねりを増していた。ＮＳＡに引き抜かれたわけでも、適正評価されたわけでもない人物たちが、元来のエコノミック・ヒットマンと同じような任務を担っていたのである。

以前と変わらず企業役員という表向きの顔を持ちながらも、国際金融機関に必ずしも融資を依頼する必要がなくなった点が、従来との違いだった。従来のエコノミック・ヒットマン、つまり私のような者も引き続き暗躍する一方で、新世代のエコノミック・ヒットマンは、さらに卑劣な一面を身につけ、活動の場を広げていた。一九八〇年代になると、中間管理職から昇任した若手が活躍するようになったが、彼らは目的を達するためには手段を選ばなかった。その目的とは、ずばりカネである。世界帝国の構築は単なる建前にすぎなかった。そのような変化を伴いながら、エコノミック・ヒットマンの第二次興隆は、勢いを増していたのである。

私の働くエネルギー産業が、いみじくも新時代の到来を告げていた。一九七八年、公益事業規制政策法(PURPA)が連邦議会を通過し、諸々の立法手続きを経て一九八二年に施行された。PURPAにはもともと、私の会社のような小さな独立系企業を支援して、代替燃料の活用など次世代の発電方法の開発を加速させる狙いがあった。そのため条文の中で、中小企業の作るエネルギーを公正かつ適正な価格(つまり「回避可能費用」〔訳注:電力を買い取る電力会社が、本来予定していた発電をとりやめたことで浮く費用〕)で購入する義務を、大手公益事業会社に課していた。PURPAの施行は、石油依存からの脱却、つまり輸入石油に限らずすべての石油からの脱却をめざしたカーターの遺産だった。代替エネルギーの拡大と、アメリカの起業家精神を象徴する独立系企業の成長を、はっきり主眼としていたのである。しかし、その思惑は、大きく外れることになった。

経済政策の重点は一九八〇年代から一九九〇年代にかけて、起業促進から規制緩和へと移行した。ノーベル経済学賞受賞者であるシカゴ学派のミルトン・フリードマンが、ビジネスの唯一の目的は社会的費用や環境コストに関係なく利益の最大化にあると主張。一般に政府の介入は逆効果を生み、不要であるとした。そのため、強烈なリーダーシップを推奨したマクナマラの影響とあいまって、企業経営者たちは自社の利益向上のみに専心するようになった。エネルギー産業の有力企業はこぞって、競争力や市場支配力、収益力の向上のためであれば何をしても許されると都合よく考え、技術革新や新エネルギーの促進を狙ったPURPA施行の意図をなおざりにした。

大手のエンジニアリング・建設会社や公益事業会社が、小さな独立系発電会社を吸収していく状況に、私は危機感を覚えた。大手の公益事業会社は法律の抜け穴をつき、持ち株会社を設立することで、規制対象となるみずからと並行して、規制対象外の独立系発電会社の経営権を握っていた。そのような企業の多くは、独立系企業を容赦なく倒産へと追い込み、買収するのである。また独立系発電会社と同じような会社をみずから立ち上げ、抱え込む企業もあった。

かくして、石油依存からの脱却という計画は頓挫した。事実、レーガンは石油会社に大きな借りがあり、ジョージ・H・W・ブッシュ（父）は石油で財を成していた。また、二人の政権下の要職や閣僚はほぼ、石油産業か、それと深くかかわるエンジニアリング・建設会社の関係者で占められていた。さらに言えば、政界と石油産業や建設業界との結びつきは結局のところ、共和党だけの問題に留まらなかった。多くの民主党員も深い関係を持ち、利益を得ていたのである。

それでもなおわ私のＩＰＳは、環境負荷を低減する代替エネルギーの開発に力を注いだ。ＰＵＲＰＡ元来の目的に貢献すべく邁進していたのである。周囲には有望な企業に映っていたかもしれない。ＩＰＳは市場競争を勝ち抜いただけでなく、成功を収めた数少ない独立系企業の一つだった。ただしそれは、かつてコーポレートクラシーに尽くした私の実績あってこその成功だった。

このエネルギー産業の変化は、新たな国際的潮流の象徴と言えた。ミルトン・フリードマンの掲げた「利益の最大化」という旗印は、世界各国の政府や企業のリーダーたちから支持を集めていた。社会福祉や環境保全、そのほかＱＯＬ（生活の質）に関する問題は二の次で、欲望こそが第一義だった。中でも特に重視されたのが「ビジネスの活性化」である。それは当初、理論的根拠に基づいた見解だった。例えば、資本主義は共産主義より優れており、資本主義を推進すれば共産主義を抑制できる、といった具合である。だがやがて、そのような根拠は不要となった。政府ではなく金満投資家による事業のほうが、はなから効率的であるとの見方が、もっともな考えとして浸透したからだ。そして、世界銀行のような国際機関がその流れに同調し、それまで国が管理していた水道や情報通信、電力などの事業に関して、規制緩和と民営化を推奨した。

その結果、以前に増してEHM戦略を推進しやすい環境が世界に広がり、あらゆる分野の企業幹部たちが海を越え、かつて限られた人間として私たちが秘密裡に担った任務を遂行するようになった。そのような企業幹部は文字通り、世界を股にかけた。最も安い労働力、最もたやすく手に入る資源、最も大きなマーケットを求め、世界を跋扈《ばっこ》し、ところかまわず、あこぎな商売を行った。一昔前のエコノミック・ヒットマン、つまりインドネシアやパナマ、コロンビアにおける私のように、よこしまな狙いを美化するすべはお手のもの。私たち同様、多くの国や地域を罠にはめていた。必ず経済が発展し、民間企業のもたらす恩恵によって債務を返済できる、と口説きながら、である。そうしておいて、学校や高速道路を建設し、電話やテレビを寄贈し、医療を無償提供する。しかし、より安価な労働力や、より魅力的な資源がひとたび見つかれば、長居は無用だ。相手に夢を見させておきながら、あっさりと見捨て、往々にして目も当てられない窮状に突き落とす。彼らは、そのような行為を何のためらいもなく、そして良心に照らすことなく展開していた。こうしたEHM戦略の新たなうねりが、第二次興隆として、まさに盛りあがろうとしていたのである。

一連の行為が当事者の心理にどう影響しているのか、また、かつての私のように、一瞬なりとも罪悪感を覚えているのか、私は思案した。汚れた河川の水辺に立ったことはあるのだろうか？　排便する老人の下流で、若い女性が沐浴する光景を目にしたことはあるのだろうか？　ハワード・パーカーのように正面からぶつかってくれる相手はいるのだろうか？

ＩＰＳの成功に満足し、家庭人として充実した日々を送っていた私だったが、時代の趨勢を考えると、決まって深い失望感に襲われた。私は、娘を持つ父親だった。彼女が受け継ぐであろう地球の未来を思うと、不安を禁じえなかった。そして、過去の過ちをめぐる罪悪感に、再び押しつぶされそうになるのだった。

過去を振り返れば、前史に元凶を見てとることもできた。現代の国際金融システムの誕生は、第二次世界大戦の終戦前にさかのぼる。終戦が迫り、各国の首脳たちが私の故郷ニューハンプシャー州にあるブレトンウッズに集結。話し合いの結果、産声をあげたのが現在の金融システムだった。その後、荒廃したヨーロッパの復興を目的に設立された世界銀行や国際通貨基金が、驚くべき成果を発揮。当該システムは急速に拡大し、ほどなくアメリカのすべての主要同盟国によって正式に認められ、非民主主義体制を打破する解決策として歓迎された。つまり、共産主義という悪の手から人びとを救うシステムとして、広く受け入れられたのである。

しかし、その枠組みは今、私たちをどこへ導こうとしているのだろうか。ソビエト連邦の崩壊と国際共産主義運動の終焉が差し迫った一九八〇年代後半、共産主義の抑止という目的が形骸化していることは明らかだった。それは同時に、資本主義に根ざしたアメリカ世界帝国の構築が、一気に本格化することも意味していた。

私は、そのような問題について熟考を重ねた。そして一九八七年、『Conscience of an Economic Hit Man（エコノミック・ヒットマンの良心）』とのタイトルで暴露本を出そうと心に決めた。ただし、秘密裡に上梓するつもりはなかった。そもそも私は、一人こもって執筆作業に専念するタイプではないし、何より本を著すことについて、他人から意見を求める必要があった。刺激を受けることにもなり、過去の出来事について正確性が担保され、大局的に考えることにもつながるだろう。できれば、自分以外のエコノミック・ヒットマンや、ジャッカルの話も盛りこみたかった。したがって私は、知人たちに連絡を取りはじめた。

　匿名の電話が入ったのは、そのころである。電話の内容は、私と、まだ赤ん坊だった娘のジェシカの命を脅迫するものだった。その後、同じく脅迫する電話がもう一本あった。私は恐怖に震えた。ジャッカルの仕事ぶりは百も承知だった。途方にくれた。一度入ったら二度と出られないというクローディンの言葉が、脳裏によみがえる。はたして、どうすべきなのだろうか？

　二本目の脅迫電話があった翌日、元ＭＡＩＮのパートナーの男性から連絡を受けた。ストーン＆ウェブスター・エンジニアリング・コーポレーション（ＳＷＥＣ）へのコンサルティングの依頼で、かなりよい報酬条件とのこと。ＳＷＥＣは当時、世界でも指折りの一流エンジニアリング・建設会社で、新時代を迎えていたエネルギー産業において、自社の立ち位置を確立しようとしていた。契約内容は、新しく立ち上げた子会社でのコンサルティング業務だった。その子会社は独立採算のエネルギー開発会社で、私のＩＰＳのような企業をモデルとしていた。なお、世界を飛びまわったり、エコノミック・ヒットマンのような任務に従事したりすることはないという。それを聞いて、私は安堵した。

　また男性によれば、先方は絶対的な成果を私に求めているわけではないとのこと。私は独立系のエネルギー会社を創業し、事業を軌道に乗せた数少ない人間の一人で、業界では一目置かれた存在だった。ＳＷＥＣの主な目的は、そんな私の名前を利用することだった。私の経歴書を使ったり、自社の顧問名簿に私の名を連ねたり、といった具合である。もちろん、法律に違反するわけではなく、業界の慣行とも言える行為だった。いずれにせよ、その契約は非常に魅力的だった。なぜなら私はそのころ、諸々のビジネス環境を考慮して、ＩＰＳの売却を検討していたからである。したがって、多額のコンサルティング料を得て、ＳＷＥＣグループの一員として働くという話は、私にとって渡りに舟と言えた。

SWECと契約した日、私は個人的にCEOから昼食に誘われた。その昼食の席でしばらく雑談するうち、彼にも指摘された通り、私は心のどこかでコンサルティング業に戻りたいと思っていたということに気がついた。エネルギー会社の多角的経営という責任から逃れたかったのかもしれない。私は、CEOが私に用意しているであろう高額の報酬について、すでに使い道を思い描いていた。何よりもまず、NPO（非営利団体）設立のために使うつもりだった。

デザートを食べながら、彼は私の著書『The Stress-Free Habit（ストレス・フリーの習慣）』の話題を持ちだした。彼のまわりでは非常に評判がよいとのことだった。ややあって、私の目をしっかりと見て、彼はこう言った。「新たに本を書く予定はあるのかい？」

みぞおち付近に緊張が走った。やにわに彼の真意を理解した。脅迫電話がよみがえる。私は即座に答えた。「ありません」。そして、継いだ。「今のところ、本を書く予定はないです」

「それはよかった」。彼は言った。「うちの会社では、企業秘密の保護に重きを置いている。かつてのMAINのようにね」

「わかりました」

彼は椅子にもたれ、笑みを浮かべた。リラックスしているように見えた。「もちろん、君の近著のように、ストレス対策といった話題を扱う本であれば、まったく問題ない。そのたぐいの本を読めば、仕事にも役立つだろうしね。SWECのコンサルタントとして、そのような書籍に限っては、何も気にせず、好きなように執筆してほしい」。そう言って、返事を促すかのように私を見る。

「ありがとうございます」

「ああ、どんどん書いてもらって構わないさ。しかし、当然のことだが、うちの社名を出すのは絶対にやめてくれ。あと、私たちの業務内容や、君のＭＡＩＮでの実績に触れるような記述もご法度《はっと》だ。国際金融機関や開発事業にかかわること、政治問題にも、いっさい言及しないように」。そう言って私の顔を覗きこむ。「単なる守秘義務の問題さ」

「当然です」。私は約束した。一瞬、鼓動が止まったかのように感じた。かつてインドネシアでハワード・パーカーとやりとりしたときのような思いがこみあげてくる。それは、パナマでフィデルの運転する車の助手席で味わった思いでもあり、コロンビアのカフェでポーラと会話したときに自覚した思いでもあった。私は魂を売ったのだ。またしても。法律に照らせば、それは収賄ではなかった。ＳＷＥＣが私の名前を社員リストに加えることは、まったくもって公正かつ合法である。私にコンサルティングを頼むことも、会議への出席を求めることも。だが、私は悟った。なぜ、ＳＷＥＣが私に声を掛けたのかを。

ＣＥＯは私に、上級役員の年間報酬と同額のコンサルティング料を支払う用意があると言った。

その日の午後遅く、自宅に戻るため空港でフロリダ行きの便を待っていたとき、私は心が凍りついた。売春婦に身をやつしたかのような感覚とでも言うべきだろうか。いや、むしろ、そのほうがまだマシだったかもしれない。私は娘を、家族を、そして母国を裏切ったのだ。そのような思いに支配された。だが、みずからに言いきかせた。仕方なかったのだと。もしこの賄賂を拒否していれば、ジャッカルは躊躇なく私や娘を殺そうとしただろう。闇に葬られたＥＨＭ戦略の「真実」をさらそうとする者は、誰しもジャッカルの手にかかるのだ。私はまさに「狙われて」いた。かつてターゲットとされた国家元首たちが、エコノミック・ヒットマンだった私に狙われていたように。

第32章

アメリカのパナマ侵攻

オマール・トリホスはもう、この世に存在しない。とはいえ、パナマは依然、私にとって特別な場所だった。そのころ南フロリダに住んでいた私は、中央アメリカの動向を知る情報筋には困らなかった。トリホスのように情に厚く、強烈な個性を持つ要人は当時のパナマに見当たらなかったが、故人の遺志は確かに継がれていた。トリホス亡き後も、ラテンアメリカ諸国の対立を解決しようとする試みや、アメリカに新パナマ運河条約の順守を求める訴えが、同国では続いていた。

前述の通り、トリホスの座を実質、継いだのはマヌエル・ノリエガだった。彼は当初、みずからの師であるトリホスと同じ道を懸命に歩んでいるように見えた。私はノリエガ本人に直接会ったことはなかったが、ラテンアメリカの虐げられた貧困層のために、力を注いでいると聞いていた。彼にとって最も大きな仕事の一つは、パナマ運河の拡張事業を実現させることだった。新事業では、融資を依頼し施工を発注する相手として、日本が有力候補にあがっていた。アメリカの政府と企業が大きく反発したのは、言うまでもない。ノリエガはこう記している。

国務長官のジョージ・シュルツは国際的な建設会社ベクテルの元役員である。国防長官のキャスパー・ワインバーガーはベクテルの副社長だった。ベクテルは、運河の拡張事業によって得られる数十億ドルもの収益が、喉から手が出るほど欲しかったに違いない。……レーガン政権とブッシュ政権は、運河の拡張事業を日本に独占されてしまうことを恐れていた。安全保障上の懸念を見当違いにいだいていただけでなく、商業上のライバルとしても問題視していたからだ。アメリカの建設会社は、まさに数十億ドルを取り損ねようとしていたのである。

だが、ノリエガはトリホスではなかった。前任の実力者のようなカリスマ性もなければ、誠実さもなかった。なるほど時が経つにつれ、不穏な噂が彼をとりまくようになる。不正や麻薬取引に手を染めているとささやかれ、ほかにもCIAに手を貸してトリホスを暗殺しただの、政敵ヒューゴ・スパダフォーラの暗殺をくわだてただのと言われていた。

ノリエガは、パナマ国家警備隊の諜報機関G - 2の責任者として身を立てた人物だった。パナマのG - 2は、CIAとの連絡機関でもあり、そのため彼は、CIA長官ウィリアム・J・ケイシーと親密な関係にあった。CIAは中南米カリブ海諸国における活動において、この両者の関係を利用した。事実、一九八三年のアメリカ軍によるグレナダ侵攻の際、カストロに事前に警告するためレーガン政権は、ケイシーを通じてノリエガに伝令役を依頼した。また、コロンビアなど各地の麻薬カルテルへの潜入調査においても、CIAは彼に協力を求めている。

ノリエガは一九八四年、パナマ国家警備隊の最高司令官に昇任した。その年ケイシーがパナマ・シティの空港に降りたち、地元のCIA責任者に出迎えられたとき、こう言ったという。「私の親友はどこだね？ノリエガは？」。反対にノリエガがワシントンを訪れた際には、ケイシーの自宅に密かに足を運ぶほど、二人は近しい関係にあった。後年ノリエガは、ケイシーと懇意にすることで、大きな後ろ盾を得たように感じていたと明かしている。彼はCIAが、自国のG-2と同じく、政府直轄の最大の機関であると認識していた。新パナマ運河条約や運河地帯のアメリカ軍基地に関する見解のいかんによらず、ケイシーとの関係によって、みずからの身が保証されると考えていたのである。

トリホスが正義と平等を代表する世界的人物と評された一方で、ノリエガは汚職と腐敗を象徴する人物とされた。その悪評は一九八六年六月一二日、確かなものとなる。『ニューヨーク・タイムズ』紙が第一面で「パナマ指導者、麻薬取引で不法収益の疑い」と報じたのだ。当該記事は、ピュリッツァー賞の受賞歴を持つ記者によるもので、ノリエガが水面下で、ラテンアメリカにおける複数の不正に関与している疑いがあるとした。例えば、アメリカとキューバの両国に情報提供しており、いわゆる二重スパイとして動いている。ヒューゴ・スパダフォーラの殺害をG‐2に指示した当人である。「パナマ最大規模の麻薬取引」を個人的に主導している、等々。あわせて、あえて人相の悪い写真を掲載し、翌日の続報でその詳細に迫った。

一連の問題のほかにも、ノリエガには懸念すべき材料があった。アメリカ大統領である。当時ジョージ・H・W・ブッシュ（父）は、みずからの大統領としての政治姿勢をメディアから「弱気」と指摘され、そのイメージ払拭に苦慮していた。その火の粉が、ノリエガに降りかかろうとしていたのである。彼が、パナマに置かれていた米陸軍米州学校の一五年間の移転猶予を断固として拒否したことが契機だった。当時を回顧するノリエガの手記が興味深い。

トリホスの遺志を継ぐべく、私たちは誇りを持って必死に取り組んでいた。だがアメリカは、そのようなパナマの姿勢に、真っ向から反対した。そして（米陸軍米州学校の）移転の猶予や、交渉自体のやり直しを私たちに迫った。中央アメリカにおける軍備強化のため、引き続き必要であるとの主張である。しかし、米陸軍米州学校の存在は、パナマの汚点だった。パナマが暗殺部隊や抑圧的な右翼軍事組織の温床となることを、私たちは望んでいなかった。

そのような背景を考慮すれば、一九八九年一二月二〇日、アメリカ軍がパナマに侵攻しても、世界はそれほど驚くべきではなかったかもしれない。報道によれば、パナマへの空襲は、第二次世界大戦以降で最大規模となる、都市部を標的とした軍事攻撃だった。パナマ市民にしてみれば、まったくいわれのない侵攻である。パナマ政府やパナマ国民が、アメリカをはじめ、ほかの国々に対して脅威を与えたという事実は、いっさいなかった。世界各国の政府や政治家、メディアは当然ながら、国際法に明らかに反する行為として、アメリカを非難した。

この軍事行動が、大量虐殺などの人権侵害を犯してきた国、例えばピノチェトのチリや、ストロエスネルのパラグアイ、ソモサのニカラグア、ドーブイソンのエルサルバドル、サダムのイラクなどを対象としていたならば、まだ世界から理解を得られたのかもしれない。だが、パナマはそのような悪行とは無縁だった。一握りの有力な政治家や企業経営者たちの要求に、正面から異を唱えていただけである。新パナマ運河条約が尊重されるべきだと主張し、社会改革をめざす者たちとの議論を通して、日本の資金と施工による運河拡張事業を模索していただけなのだ。にもかかわらず、壊滅的な惨状を強いられたのである。ノリエガはこう記している。

私は以下の点を明確にしておきたい。一九八六年に始まったアメリカによる内政干渉は、最終的に一九八九年のパナマ侵攻へと発展するが、それは、独立した主権国家パナマが（日本の協力を得て）、パナマ運河を運営管理することを、絶対に認めないというアメリカの答えでもあった。……

一方で、シュルツとワインバーガーは、公益に資する政治家としてのイメージを醸成しつつ、経済界の実力者という裏の顔を大衆が知らないのをよいことに、私を死に値する人間として、宣伝攻勢を仕掛けていた。

アメリカ政府が発表したパナマ侵攻の理由は、一人の男に帰するものだった。そのたった一人のために、アメリカは若い兵士たちを戦地に送りこみ、彼らの心身を危険にさらし、罪のない人びとを殺したのである。数えきれないほどの子どもの命を奪い、パナマ・シティの大半を火の海と化したのだ。ノリエガという、たった一人の男のために、である。アメリカに言わせれば、ノリエガは悪であり、パナマ国民の敵であり、麻薬密売の黒幕だった。そのような口実のもと、人口二〇〇万人の国に一気に侵攻したのである。そして偶然にも、その国には世界で一、二を争う、重要な運河があったというわけだ。

パナマ侵攻を受け、私は憂慮せざるをえなかった。たしかにノリエガにはボディーガードがついていた。だが、ジャッカルにかかれば、ロルドスやトリホスのように、彼は間違いなく死ぬことになる。私が想像するに、ノリエガを守るボディーガードのほとんどは、アメリカ軍によって訓練された人間たちだ。だとすれば、カネで寝返ったり、自分たちの手で主人の命を奪ったりすることも十分に考えられた。

私は、考えれば考えるほど、また記事を読めば読むほど、世界帝国の構築を狙うアメリカが、武力に頼るかつての姿に戻りつつあると実感するようになった。ブッシュは前任のレーガンよりも成果を出そうと躍起《やっき》になって、目的のためには大規模な武力行使もいとわないと世界に知らしめていた。さらには、トリホスの遺志を一掃し、アメリカの意に従う傀儡政権を樹立することで、イラクのような国に脅威を与え、屈服させようとしていた。

『ニューヨーク・タイムズ・マガジン』誌の外部編集者で、多くの書籍を著しているデビッド・ハリスは、独自の切り口で次のように解説した。

世界のいたるところで、幾千もの支配者や権力者、指導者、軍事政権、軍閥を相手にしてきたアメリカだが、将軍マヌエル・アントニオ・ノリエガだけは、唯一無二の存在だった。彼が存在したために、アメリカは建国二二五年の歴史の中で、はじめて他国に侵攻し、支配者である彼をアメリカ本土に連行して、アメリカの法律を犯したとして有罪判決を下し、懲役に処したのである。ノリエガがアメリカではなく、みずからの国で犯した行為にもかかわらず。

パナマを爆撃したアメリカは、にわかに厄介な問題に直面した。そして当面、すべてが裏目に出たかのような逆風にさらされる。ブッシュ政権は、弱気という評価を払拭したかもしれないが、今度は法律上の問題を突きつけられたのである。

パナマ侵攻は、はたから見ればテロ行為も同然だった。事実、爆撃が集中した地域において、アメリカ陸軍がメディアや赤十字など部外者の立ち入りを三日間禁止し、そのあいだに死体を焼却して埋めていたことが判明。メディアは、その三日間でアメリカ軍兵士による犯罪行為など不適切行為の証拠がどれほど消滅したのか、また迅速な医療処置が受けられずに命を落とした人がどれだけの数にのぼるのか、厳しく追求した。しかし、質問に対する答えが返ってくることはなかった。

侵攻による被害の実態や、大量虐殺の真相が明らかにされることは、この先も決してないだろう。当時の国防長官リチャード・チェイニーの話によれば、死者は五〇〇人から六〇〇人とのこと。しかし、第三者の人権団体の試算では、死者は三〇〇〇人から五〇〇〇人で、自宅を失った人の数は二万五〇〇〇にのぼるという。いずれにせよノリエガは拘束され、マイアミに移されたあと、懲役四〇年の刑に処された。

国際法を犯し、世界最強の軍隊によって無防備の人たちを殺傷したアメリカに対し、世界は一斉に怒りの声をあげた。だがアメリカ国民の大半は、世界の激しい怒りも、自国が侵した罪も、認識することなく過ごしていた。アメリカ国内での報道が、著しく限定的だったからである。その背景には、複数の要素が絡んでいた。政府の方針はもとより、政府関係者が電話で出版社やテレビ局の重役に圧力をかけたり、連邦議会の議員たちが黙認したりしたのも一因だろう。また、客観的な報道よりも、勧善懲悪のストーリーを大衆が望んでいると考えたジャーナリストたちにも責任がある。

ただし、ピーター・アイスナーだけは別だった。『ニューズデイ』紙の編集者でAP通信記者のアイスナーは長年、パナマ侵攻について取材し、分析を重ねた。一九九七年刊行の著書『The Memoirs of Manuel Noriega : America's Prisoner（マヌエル・ノリエガ回顧録：アメリカの戦争捕虜）』で、彼はこう記している。

打倒ノリエガという名目のもと、殺人や破壊、不当行為がパナマで繰りひろげられた。それらにまつわる嘘も、である。一連の行為は、民主主義という、アメリカが標榜する原理を根幹から揺るがすものだ。……残虐で非道な独裁者の圧政からパナマを救うという大義のもと、アメリカ軍兵士たちは命じられるがまま、パナマで殺人を繰り返した。いざ侵攻が始まると、祖国（アメリカ）の人びとも一丸となって、軍を支持したのである。

マイアミの刑務所で服役中のノリエガと接見するなど、長期にわたり取材を行った結果、アイスナーは次のように断じた。

ノリエガに下された有罪判決は大筋、不当である。主権国家の代表として、またその国の軍の指導者として彼がとった行動は、アメリカ軍による侵攻を正当化するには至らない。さらに言えば、アメリカの国家安全保障を脅かしたわけでもない。

そして、こう結んだ。

侵攻の最中や、その前後における現地取材に加え、当時の政治情勢の分析結果を踏まえれば、アメリカ軍によるパナマ侵攻は、権利の濫用と言える。主として、厚顔無恥なアメリカの政治家たちと、パナマ側の共謀者たちの目的を実現せんがために、受け入れがたいほど多くの人たちが犠牲となり、血を流すことになったのだ。

パナマではその後、かつてコロンビアから独立してアメリカの支配下に置かれた時代から、トリホスが実権を握るまでのあいだ、パナマで寡頭制を敷いたアリアス一族が復権を果たした。それに伴い、新パナマ運河条約は形骸化した。事実上、アメリカが再び運河地帯を支配し、文書で正式に定められた合意事項は反故にされたのである。
私自身のＭＡＩＮでの経験を一から振り返りつつ、それらの出来事について考察を重ねると、いくつかの疑問が何度も頭をよぎった。数百万もの人びとに影響を及ぼした歴史上重要な判断も含め、いったいどれほど多くの政策が、社会よりも私欲を優先する人間によって決められてきたのだろうか？　いったい、どれほど多くのアメリカ政府高官たちが、国家のために身を尽くすかわりに、個人の欲望に身をまかせてきたのだろうか？　いったい、どれだけ多くの戦争が、有権者から弱虫と呼ばれたくない国家元首のために、行われてきたのだろうか？

パナマ侵攻によって義憤や無力感に駆られた私は、ＳＷＥＣのＣＥＯと交わした約束にもかかわらず、暴露本の出版を再び視野に入れるようになった。ただし今回は、トリホスに焦点を当てようと思った。彼の人生を世に伝えれば、社会にはびこる多くの不正を白日のもとにさらすことができると考えたのだ。また、それによって私自身の罪をつぐなうことができる、とも。私は前回の反省を踏まえ、友人や同僚に助言を求めず、自分一人で書き連ねていくことにした。

いざ書きはじめてみると、私たちエコノミック・ヒットマンが、さまざまな地域で犯してきた罪の重さに愕然とした。主要な国に話題を絞ろうとしたが、私が携わってきた国の多さと、それらの国々がのちに直面した窮状をあらためて突きつけられ、言葉を失うよりほかなかった。手を染めてきた汚職行為のあまりの卑しさにも、ぞっとした。当事者でいたころは、日々の出来事ばかりに気をとられ、自分を客観視できていなかった。例えば、ハワード・パーカーとの言い争いや、現地の友人ラシーによる問題提起に対し、いらだちを覚えていたインドネシアでの日々。フィデルにスラムや運河地帯、夜の街を案内され、深く考えさせられたパナマでの日々。そしてヤミンや、博士と呼ばれる男の話に、動揺を隠せずにいたイランでの日々。いざ本を書く段になって、ようやく、かつて過ごした時間を俯瞰するに至ったのである。私は、いかに自分が主観的に物事をとらえてきたかを痛感した。

いかにも単純に聞こえるかもしれないし、あるいは当然だと思うかもしれない。だが、前段のような自分本位の考えは、知らぬ間に身についてしまうものなのだ。私の感覚では、兵士のイメージに近い。例えば、兵士になってまもないころは、現場の経験に乏しいだろう。他人を殺すことに対して、道徳的に疑問を感じるかもしれない。だが結局のところ、恐怖に打ち勝ち、みずからの命を優先する以外に道はない。よって、はじめて敵の命を奪うに至り、良心の呵責と闘うことになる。殺した相手の家族を思い、自責の念にさいなまれるかもしれない。だが、時とともに場数を踏み、殺した人数を増やすにつれ、殺人に対する抵抗感は薄れていく。やがて、百戦錬磨の兵士になるというわけだ。

ある意味、私も百戦錬磨の兵士だった。私はその事実に行きついたことで、過ちの積みかさねで世界帝国が築かれていく背景について、ようやく理解を新たにした。なぜ多くの人びとが残虐な行為に手を染めるのか、腑に落ちたのである。換言すれば、なぜ家族思いの善良なイラン市民が、国王直轄の冷酷非情な秘密警察に加わるのか、なぜドイツの市井の人たちがヒトラーの命令に従うのか、なぜアメリカの実直な男たちがパナマ・シティを空爆するのか、理解したのだ。

私はエコノミック・ヒットマンだったころ、NSAなどの政府機関からビタ一文、金銭を受けとっていなかった。報酬を得ていたのは、MAINからである。私は民間企業に雇われた、いち民間人にすぎなかった。そのような視点で見ると、企業役員がエコノミック・ヒットマンの任務を担いつつある現状が、より浮き彫りとなった。まったく新たな部類の兵士たちが、世界で暗躍しはじめていたのだ。しかも、罪に対する抵抗感を一段と希薄にしながら。かつて私はこう綴った。

こんにち、誰もがタイやフィリピン、ボツワナ、ボリビアなどに目を向けている。仕事を求める人びとがいるすべての国に、だ。そして、そのような人びとを搾取するという明確な目的を持って現地に足を運ぶ。搾取される側の子どもたちは、深刻な栄養不足で、場合によっては飢餓にあえいでいる。住まいはボロ家で、生活をよくする希望は見当たらない。明日を生きる望みすら絶たれてしまうような人たちだ。一方、搾取する人間はみな、マンハッタンやサンフランシスコ、シカゴなどにある華やかなオフィスを発ち、空の旅を優雅に満喫しながら大陸と海を渡り、高級ホテルにチェックインし、現地の一流レストランで舌鼓を打つ。そして、仕事に飢えた人びとを探しに出まわるのだ。

現代の奴隷商人たちは、もはや、銃や鎖を手に、アフリカの密林に足を踏み入れる必要はなかった。ましてや、現地で調達した人間を奴隷船の劣悪な船倉に詰めこみ、チャールストンやカルタヘナ、ハバナの競売台に立たせる必要もなかった。そのかわり、工場を建設し、懸命に生きる人びとを搾取しながら、ジャケットやジーンズ、テニスシューズ、自動車部品、パソコンのハードウェアなど、幾千種類もの商品を製造し、好きな国で売りさばけばよかった。工場をあえて自分たちで所有せずとも、地元の商人を雇い、汚れ仕事をすべて押しつけるという手さえあった。

ただし、そのような人間は、それぞれ自分たちが正義であると信じている。そして、野趣に富んだ場所や古代遺跡を写真に収め、帰国したら子どもたちに自慢する。また、参加したセミナーでは仲間どうしで激励しあい、遠い土地の風変りな慣習への対応について情報交換する。さらには上司が雇った弁護士から、自分たちの行為は法律上まったく問題ないとお墨付きを得る。一定数の心理療法士や人事管理の専門家もついており、必要に応じて、あなたは困窮者を助けている、と太鼓判を押してもらうのだ。

　一昔前の奴隷商人たちは、奴隷は人間とはまったく異なる生きものであると自分たちに言いきかせていた。また、奴隷に対して、キリスト教徒になり永遠の救いを得る機会を与えているとも考えていた。奴隷が社会の繁栄に欠かせず、経済を支える存在であることも理解していた。一方、現代の奴隷商人たちは、困窮した人たちが日に一〜二ドルを稼ぐことで、まったく稼ぎがない状態よりも豊かになり、国際社会の一員になる機会を提供していると信じている。そして、こうした暮らしに事欠く人びとが企業の発展には不可欠で、自分たちの生活水準を維持するためにも必要であるとの認識だ。しかし、みずからの行為が及ぼす影響の大局観や、背景にある経済システムに、いっさい思いを巡らそうとはしない。いわんや、子どもたちが生きる地球の将来を案ずることなど、無いに等しいだろう。そう思うと、自分が現代の奴隷商人の一人であるという事実は、私にはどうしても耐えがたかった。

第33章

イラクでの失策

私は一九八〇年代にIPSの社長を、また一九八〇年代後半から一九九〇年代にかけてSWECのコンサルタントを務めた関係で、その当時ほとんど知られていなかったイラクの情勢に通じていた。たしかに一九八〇年代、イラクについて知るアメリカ人はきわめて少なかった。単純に、関心が低かったのである。だが私は、イラクの動向に注目していた。

世界銀行や米国際開発庁、国際通貨基金などの国際金融機関の旧友たちや、ベクテル、ハリバートンなど大手エンジニアリング・建設会社で働く、義父を含めた知人たちと、私は情報交換していた。またIPSの下請け業者など独立系発電会社のエンジニアたちも、中東での事業に携わる者が多かった。したがって、イラクでEHM戦略が展開されていることは、私にとって既知の事実だった。

レーガン政権とブッシュ政権は、イラクにもサウジアラビアと同じ道をたどらせようと必死だった。たしかにサダム・フセインがサウジアラビアのサウード家の先例にならったとしても、まったく不思議はないだろう。フセインは、サウード家がマネーロンダリング事業で甘い汁を吸う様子に、指をくわえていた。アメリカ側と契約してからというもの、サウジアラビアではあちこちで近代的な都市が生まれ、最新鋭のごみ収集車が、リヤドでごみをあさるヤギに取ってかわった。サウジアラビアは今、最先端技術がもたらす恩恵にあずかっていた。例えば、最新の海水淡水化施設や、下水処理システム、情報通信ネットワーク、送配電網などである。
もちろんフセインは、サウード家が国際法の適用に関して優遇されていることも知っていた。サウジアラビアの行為の多くが、よき友人であるアメリカによって黙認されていたのである。国際手配犯の蔵匿や、過激派組織への資金供与がその一例だ。過激派組織の多くは、テロの危険性を世界中から指摘されている団体である。実のところアメリカは、アフガニスタン紛争でソビエト連邦と戦うオサマ・ビンラディンへの資金協力をサウジアラビアに積極的に求め、実際に協力を得ていた。レーガン政権とブッシュ政権は、サウジアラビアだけでなく、ほかの多くの国に対しても資金協力を要求していた。もしくは、少なくとも黙認するように圧力をかけていた。

一九八〇年代、イラクの首都バグダッドにおけるエコノミック・ヒットマンの活動は、明らかに勢いを増していた。アメリカ側は、サダム・フセインがいよいよ話に乗るとにらんでいた。私もその見方に同調せざるをえなかった。つまるところ、フセインがサウード家と同じような契約をアメリカと結べば、一国の支配者としての地位が保証されるだけではなく、世界に対して、より大きな影響力を持つことになるからだ。

フセインが危険な暴君であり、大量殺戮を犯した当人であり、アドルフ・ヒトラーを彷彿させる言動や残虐性の持ち主であることなど、まったく問題ではなかった。アメリカには、それまで同じような人物を何人も黙認してきた歴史があり、むしろ支援することすら多々あった。イラクに対して喜んで国債を発行し、オイルマネーをいただく腹づもりだったのである。ただし、石油の安定供給と、国債の利息を元手に国内全般のインフラ開発をアメリカ企業に発注することを前提に、だ。一方のイラクにとっては、新たな都市が形成され、砂漠が華やかなオアシスに一変するというわけである。アメリカは数々の前例にならって、イラクに対しても戦車や戦闘機を売り込み、化学工場や原子力発電所を建設するつもりでいた。それらの技術がイラクの新兵器開発に使われたとしても、構わないと考えていたのである。

イラクはアメリカにとって、俗に考えられていた以上に、はるかに重要な国だった。世間の一般的な見方と異なり、イラクは単に石油産出国というだけではなかった。水質資源や地政学の観点においても、貴重な国と言えた。たしかに、チグリス川もユーフラテス川も、イラクを流域としていた。ますます価値が高まる水質資源を、周辺諸国の中では、イラクがもっぱら管理していたのである。エネルギーやエンジニアリング産業にとって、水質資源の重要性は一九八〇年代を通して、政治的にも経済的にも高まりつつあった。民営化が加速する中、小さな独立系発電会社の吸収に関心を寄せていた大手企業の多くが、アフリカやラテンアメリカ、中東の水処理施設の民営化に注目するようになっていた。

石油や水という資源を有するだけでなく、イラクは地理的にも、軍事戦略上、重要な位置にあった。イランやクウェート、サウジアラビア、ヨルダン、シリア、トルコと国境を接し、ペルシア湾にのぞむ海岸地帯も有している。また、イスラエルとロシアのミサイル射程圏内に十分入る地域でもあった。イラクは現代の軍事戦略において、かつてのフレンチ・インディアン戦争やアメリカ独立戦争時のハドソン渓谷と言えた。同渓谷は一八世紀、フランスとイギリス、アメリカから、ハドソン渓谷を制する者が北アメリカ大陸を制する、と例えられた場所である。一方、こんにちのイラクは、イラクを制する者が中東を牛耳ると広く考えられていた。

また何よりも、イラクはアメリカのテクノロジーやエンジニアリング産業にとって、一大市場だった。国土の下には世界最大規模の油田（サウジアラビアより埋蔵量が多いとの試算もある）が眠っており、大規模インフラ開発や工業化事業のための資金には事欠かなかった。主力産業のすべての企業、エンジニアリング・建設会社、コンピュータシステム会社、航空機やミサイル、戦車の製造会社、製薬会社、化学会社などが、イラクに注目していたのである。

ところが一九八〇年代後半、サダム・フセインは、ＥＨＭ戦略を拒否する姿勢を打ちだすようになる。この動きは、ジョージ・Ｈ・Ｗ・ブッシュ（父）政権に大きな不満と屈辱を与えた。パナマに続いてイラクも、ブッシュの弱気なイメージに貢献することになった。そこでブッシュは打開策を講じた。そしてフセインが、まんまとその術中にはまる。一九九〇年八月、イラクが一大産油地である首長国クウェートに侵攻。ブッシュは、まだ一年と経っていない、みずからの不当で一方的なパナマ侵攻を棚に上げ、国際法違反としてフセインを強く非難した。

当然ブッシュは、総力をあげて戦うことを最終的に決断する。五〇万人ものアメリカ軍兵士を現地に送りこみ、多国籍軍を編制した。そして一九九一年の年明けから数か月間、イラクの軍事施設や民間施設を標的にした空爆を実施。続いて合計一〇〇時間にも及ぶ地上作戦を展開し、装備が手薄で明らかに軍事力が劣るイラク軍を撃退した。はたしてクウェートは解放された。その後、真の独裁者であるフセインは、裁判こそまぬかれたものの、糾弾されることとなった。一方、アメリカ国内では、ブッシュ政権の支持率が九〇％にまで一気に上昇した。

イラクとの攻防が始まったとき、私はボストンで会議に参加していた。ＳＷＥＣからじかに頼まれた、数少ない実務の一つだった。私は、ブッシュの決断に対して、おおいに喜んでいる出席者たちの姿を今でも鮮明に覚えている。当然ながら、ＳＷＥＣの社員も、みな快哉を叫んでいた。それは、ただ残虐な独裁者に反対していたからではない。イラクに対するアメリカの勝利が、自社に巨額の利益をもたらし、自分たちの出世や昇給に結びつく可能性があったからである。エンジニアリングや兵器製造を手がける軍事関連企業をはじめ、軍需産業を支える金融会社や保険会社も、ベトナム戦争終結以降、鳴りをひそめていた武力行使に再び立ちかえる契機として、イラクとの戦いを歓迎した。

高揚感を覚えた人間は、戦争によって直接恩恵を受ける事業関係者だけに留まらなかった。昔のように軍事力で自国の存在を誇示するアメリカの姿を、まるですべての国民が待ち望んでいるかのようだった。その背景には、さまざまな要素があるだろう。例えば、カーターからレーガンへの大統領交代に伴う政治哲学の変化や、イランで拘束されていたアメリカ人の人質解放、パナマ運河条約の再交渉を狙うレーガンの政治方針などである。加えて、ブッシュによるパナマ侵攻が、すでにくすぶっていた火を、さらにかきたてたとも言えた。

このように、愛国心に訴えての武力行使を求める声が国民に高まっていたが、その裏では、商業関係者、つまり、アメリカ企業関係者の世界経済に対する見方が、人知れず変化していた。今や海外市場への進出が当たり前となり、アメリカ人の大半が、帝国主義の担い手となっていた。グローバル化と民営化という二つの切り口ばかりに、誰もが心を奪われていたのである。

とどのつまり、事態はもはや、アメリカという枠を超えていた。帝国主義の推進は、もはや全世界にまたがる話だった。たしかにアメリカ企業の定義は一昔前から変化し、法律的な観点においても、真にグローバルな意味あいを持つようになっていた。アメリカ企業の多くが、さまざまな国で事業を展開していたが、海外進出時の関係法規については企業側に選択の余地があったし、通商協定の拡大や貿易機関の支援も追い風となり、海外進出しやすい環境が整っていた。「民主主義」「社会主義」「資本主義」という言葉の価値は、すでにすたれていた。コーポレートクラシーこそ、時代を象徴するキーワードであり、世界の政治経済に大きな影響を与える唯一の存在だった。そして、そのコーポレートクラシーを構成するのは、世界帝国の拡大のためには手段を選ばない人間たちだった。

私は一九九〇年一一月、諸々の事情が重なり、再びコーポレートクラシーの前にひざまずくことになった。IPSを売却したのである。私たち経営陣にとって好条件での売却ではあったが、売却に至った主な理由は、アシュランド石油からの容赦ない圧力だった。経験上、アシュランド石油の買収戦略に対抗するには、いろいろと費用がかさむことはわかっていた。売却するほうが、経済的には賢明な選択だったのである。しかし、石油会社が私にかわって代替エネルギー会社のオーナーになるという事実は、皮肉以外の何ものでもなかった。私は心のどこかで、再び裏切り者に身をやつした自分を感じていた。

私はSWECで、ほとんど実務に携わっていなかった。時折、ボストンでの会議に参加して、企画の準備に協力するぐらいだった。あとは、たまにリオデジャネイロなどに出張して、現地の実力者たちと人脈を築くのが、私の役目だった。実際、専用機でグアテマラに行ったこともあった。私はプロジェクトマネージャーたちに頻繁に連絡して、SWECの一員としていつでも実務をこなす用意があると伝えていた。さして仕事をしていないにもかかわらず、高額の報酬を得ていることに、引け目を感じていたのである。また、業界についてよく知っているのだから、事業に貢献したいとの思いもあった。だが、SWECはあくまで、私の名前を必要としているだけだった。

このような、裏で関係をとりもつような役割に、私は気後れを感じはじめた。自分の存在意義を示すために、何か行動を起こしたかった。過去の過ちを一転、将来の糧《かて》として生かすべきではないか。そう考え、私は時間を見つけては、密かに前述の『Conscience of an Economic Hit Man』の執筆を進めた。いつか必ず刊行される日が来ると、自分に言いきかせながら。

私は一九九一年、非営利団体ドリーム・チェンジ（Dream Change）を設立した。ドリーム・チェンジが掲げる理念は、ヒバロ族の人生哲学「人生と世界は、夢しだい」である。信じれば何でもできる、との趣旨だ。私はそのドリーム・チェンジを通して、少人数の団体を対象にアマゾン地域をガイドする活動を始めた。現地でヒバロ族と生活し、さまざまなことについて学んでもらうのである。実際、ヒバロ族は参加者に対し、環境保全に関する知識や、代々伝わる昔ながらの治療法などを快く教えてくれた。体験ガイドの依頼は数年のうちに急増し、それに伴いドリーム・チェンジの規模も拡大した。やがて、先進国に住む人たちの環境に対する考え方や接し方の改善に取り組むドリーム・チェンジの活動に、世界の多くの人びとが共感し、各地で同じような趣旨の団体が設立されることになった。

私は一九九〇年代を通して、非営利団体の活動に情熱を注いだ。複数の非営利組織の設立に協力し、ドリーム・チェンジ以外の団体の理事を兼任するようにもなった。そのような団体の多くは、以前ドリーム・チェンジに属していた意欲的な仲間が手がけたもので、ラテンアメリカの先住民、アマゾンのヒバロ族やアチュアル族、アンデスのケチュア族、グアテマラのマヤ族と交流したり、欧米の人たちに先住民の文化について教えたりするのが主な活動だった。そのうちの一つ、パチャママ同盟は、ダニエル・クーパーマンのもと、ビル・トゥイストとライン・トゥイスト夫妻、そして私が協力して設立した団体で、非常に多くの資金を集めることに成功し、先住民の土地を石油会社から守り、熱帯雨林の工業地帯化を防ぐ活動に力を傾けていた。また、世界各国でそのような活動を展開する重要性について啓蒙する活動にも、意欲的に取り組んでいた。

私はＳＷＥＣから許可を受けて、一連の慈善活動に従事していた。許可が下りたのは、アメリカを代表する慈善福祉団体ユナイテッド・ウェイの活動に協力を惜しまないというＳＷＥＣの方針に沿うものだったからである。また私は、先住民の教えを主題とする書籍も、ＥＨＭ戦略に触れないよう慎重を期しながら何冊か上梓した。それらの行為を通じて、私はみずからの心の隙間を埋めていたのである。そして、以前と変わらず現地の政情に通じることにもなった。

私は慈善活動や執筆活動に精を出すことで、心の平静を保とうとしていたのかもしれない。もしくは、過去の過ちをつぐなおうとしていたのかもしれない。しかし、いずれにせよ、しだいに自分と折り合いをつけることができなくなっていた。娘に対する責任を果たしていないことは、十分承知だった。生まれながらにして一生返済できない債務を抱える子どもたちが何百万人といる世界に、私の娘ジェシカは生きるのである。私は、その責任を負うべき人間だった。

私の著作は好評で、特に『The World Is As You Dream It（思い描いた通りの世界になる）』は人気を博した。そのため、ワークショップの開催や講演の依頼を多く受けることになった。ボストンやニューヨーク、ミラノで演台に立ったが、私は聴衆を前にして、皮肉な現実を突きつけられた。思い描いた通りの世界になるならば、なぜ私は、前段のような世界を作ってしまったのだろうか？　なぜ悪夢のような社会の構築に、本意ではないにしろ、積極的にかかわってしまったのだろうか？

一九九七年のことである。私は、カリブ海のセント・ジョン島のリゾート地において非営利団体オメガ・インスティテュートが主催するワークショップで、一週間の講師を務めることになった。現地に入ったのは、夜遅くだった。明くる朝、目を覚まして、小さなバルコニーに出てみると、入り江が広がっていた。それは、ＭＡＩＮに勤めていた一七年前、まさしく私に辞職を決意させた入り江だった。私はバルコニーの椅子にくずれおち、形容しがたい感情に押しつぶされた。

それからの一週間、私は時間さえあればバルコニーで過ごし、レンスター湾を眺めた。自分自身と向き合おうとしたのである。やがて私は、職を辞したはいいが、本当の意味で新たな一歩を踏みだせていない自分に気がついた。名前を貸すことで依然として不当な行為に携わり、途方もない数の犠牲者を生みつづけていた。私はワークショップを終えたあと、いま生きている世界は、自分が望む世界ではないと、はっきり悟った。ワークショップで生徒に教えたことを、実践すべきは私自身である。私自身が、生きていくうえで本当に理想とする世界を思い描き、その世界を実現すべく、全力を尽くさなければならなかった。

私は帰国後、コンサルティング業を離れることにした。かつて私にコンサルティングを依頼したSWECのCEOは、すでに退任していた。後任の男はまだ若く、私に内情を暴露されることについて、さして心配している様子はなかった。コスト削減を打ちだしていた彼は、私にこれ以上、高額な報酬を支払わなくてすむことになり、喜んでいた。

私は、長きにわたって書きすすめてきた例の本を書きあげようと心に決めた。いざ決心すると、気持ちが落ち着き、心地よかった。私は近しい友人にその旨を伝えた。打ちあけた友人のほとんどは、先住民の文化や熱帯雨林の保全に取り組む非営利団体の職員である。だが意外なことに、友人たちの反応は、かんばしくなかった。真実を白日のもとにさらせば、私の講師としての立場がおとしめられ、支援する非営利団体の存続自体も危うくなると案じたのだ。私たちの多くは、アマゾン熱帯雨林を石油会社の採掘から守る活動に携わっていた。もし、私がみずからの過去を公にすれば、信用を失い、すべての取組みが水泡に帰すかもしれないと、友人たちは口にした。中には、出版するならば、私に協力するのをやめるという者までいた。

そのころ、一九九一年のイラク侵攻を最後に、アメリカの軍事活動は再び沈静化していた。いま振り返れば、それはEHM戦略の第二次興隆に向けた準備期間と言えた。ビル・クリントンが米大統領を務めた時代（一九九三〜二〇〇一年）は、アメリカにとって最も長く平時経済が続いた時期で、アメリカ企業のグローバル化がますます加速した。その機に乗じて動きだしたのが、エコノミック・ヒットマンたちである。彼らは何にも増して、国際的な「自由」貿易協定の交渉を政界に働きかけ、締結へと結びつけた。その代表例が、一九九四年に発効した北米自由貿易協定（ＮＡＦＴＡ）である。このＮＡＦＴＡ発効に伴い、国から補助金を受けたアメリカ企業が明らかに優位性を得る一方で、カナダとメキシコではアメリカからの輸入品に対する関税や規制が禁止され、農業経営者など事業主の多くがアメリカ企業に対抗できなくなった。エコノミック・ヒットマンは見るからに攻勢を強めていた。そのような時期に、私が書く真実の告白本など、読者の関心を集めるとは思えなかった。

よって、私は再び筆を折った。かわりに、アマゾンでのガイド活動に力を入れ、多くの人に、現代社会とはほぼ無縁の土地を案内したり、自然とともに暮らす先住民を紹介したりすることに時間を費やした。事実、二〇〇一年九月一一日も、私はアマゾンにいた。

アメリカに戻った私は、すぐさまニューヨークへと飛び、同時多発テロの現場となった世界貿易センタービル跡地に向かった。多くの人が亡くなった現場を前にして、私はエコノミック・ヒットマンとして過ごした日々を絶対に伝えなくてはならないと思った。調べれば調べるほど、ジョージ・Ｗ・ブッシュ（息子）政権のもと、エコノミック・ヒットマンが攻勢を強めていることは明白だった。九・一一を契機に拡大する軍需産業に加え、二〇〇五年には、ＮＡＦＴＡを弾みとして中米自由貿易協定（ＣＡＦＴＡ）が批准された（ＮＡＦＴＡとＣＡＦＴＡの詳細については、第41章を参照）。一九八〇～一九九〇年代に生まれたうねりは、二〇〇〇年代に入り、ＥＨＭ戦略の第二次興隆という巨大な波と化していた。次の第6部で記す通り、その巨大な波の担い手は、特定の企業で収益増加に貢献する人たちである。

ＳＷＥＣとのコンサルティング契約にも終止符を打ち、私にはもはや、みずからの経験を秘匿する義務はなかった。しかし、自分と家族の命を脅かす脅迫に対し、恐怖心を払拭することができなかった。そこで私は、他者を主体とする記述を省き、自分のみを主体として書くことに決めた。要は、私個人の悪事をさらすのである。私はもう誰にも連絡しなかった。誰にも知らせず、最後まで書きつづけた。できあがった原稿を著作権エージェントに渡しさえすれば、出版社に原稿が持ちこまれ、それが一種の保険となるだろう。私はそう考えていた。著者が突然死ねば、話題となり本は売れる。私の命を狙おうとする者であれば、誰しもそう気づくはずだ。人知れず命を狙う側にとっては、最悪のシナリオなのだから。

第6部

2004年－2016年

第34章

密計：私は毒を盛られたのか

私は著書『エコノミック・ヒットマン』を出版することで、人びとに気づきをもたらし、社会が変わるきっかけを作りたいと考えていた。事実から目を背けることはできなかった。私は間違いなくＥＨＭ戦略を推進し、コーポレートクラシーに寄与し、大衆をおとしいれる現行の経済システムを築いてきた一人だった。一方で、世間の大半がそれに甘んじてきたことも、また事実である。つまり、一人ひとりが知らぬうちに共謀者を演じていた。だが、そろそろ変わらなければならない。私は真実を暴露し、世に広く知ってもらうことで、潮目が変わることを望んでいた。それによって、人びとに新たな未来像を描いてほしいと願っていた。

だが、私の期待に反してＥＨＭ戦略は加速し、「死の経済」がしっかりと維持され、そして推し進められていた。さらには、まったく新たなエコノミック・ヒットマンやジャッカルも台頭しつつあった。『エコノミック・ヒットマン』は大ヒットを記録した。発刊とほぼ同時に『ニューヨーク・タイムズ』紙のベストセラーリストに掲載され、翻訳出版された国々でも、軒並みベストセラーに名を連ねた。私は、同書にも記した通り、世界を乗っとるため、法に背き凶悪な「秘密計画」を決行する徒党がＥＨＭ戦略の背後にひそんでいるとは考えていなかった。つまり、私の認識では、たった一つの「壮大な密計」が存在するわけではなかったのである。

だが、奇妙なことが起こった。

『エコノミック・ヒットマン』が刊行されて、まだ五か月と経っていない二〇〇五年三月下旬の月曜日、私はニューヨークへと飛んだ。翌日に、国連の会合で講演を行う予定だった。自覚する限り、私の体調はすこぶるよかった。そのような中、私への取材を執拗に求める、フリーのジャーナリストと称する男がいた。経歴が不確かだったうえ、当時、取材の依頼が殺到していたこともあり、私の広報担当の女性は、男への対応を後回しにしていた。しかし男が、ラガーディア空港で私を出迎え、昼食に招待し、私の宿泊予定である友人宅まで送ると提案したので、広報担当の女性が私に話をとりついだ。私は、男と会うことを了承した。

男は空港の外で待っていた。私を小さなカフェに案内し、そこで『エコノミック・ヒットマン』の内容について賛辞を並べた。そして、エコノミック・ヒットマンの任務に関して、すでに私にとってはお馴染みの質問を、いくつか尋ねた。その後、宿泊先の友人宅まで車で行き、私を降ろした。

それが男と会った、最初で最後の機会だった。普通であれば忘れてしまう出来事だろう。だが、そうはならなかった。男と別れた数時間後、私は内出血の症状に見舞われた。血液の約半分を失い、ショック状態におちいって、急遽、レノックスヒル病院に担ぎこまれた。そこで二週間ほど入院し、結局、大腸の七割以上を切除することになったのである。

同病院の消化器専門医いわく、重度の大腸憩室炎が原因で合併症をきたしたとのこと。診断を聞き、私は耳を疑った。数日前に大腸の内視鏡検査を受けたばかりだったからだ。もっぱら、大腸がんを心配して受けた検査だったが、かかりつけ医から、大腸は異常なしとのお墨付きを得ていた。「年齢相応に」大腸憩室の存在は認められるが、五年後に再検査すれば問題ないとの診断だった。

当然、国連での講演をはじめ、予定していたさまざまなメディアイベントへの出席は、キャンセルせざるをえなかった。私が手術を受けたとの情報は、すぐさま広まり、私のもとには多くのEメールが届いた。ほとんどが私の体調を気遣う励ましのメールだった。だが中には、私のことを売国奴と非難するものも存在した。また、毒を盛られたに違いないと主張するメールも数通あった。

私はレノックスヒル病院の消化器専門医に、毒を盛られた可能性について尋ねてみた。医師の見解は、その可能性は低いが「否定はできない」というものだった。私はランチをともにした怪しい男に、どうにか接触しようと試みたが、すべて徒労に終わった。唯一の連絡手段であるEメールのアドレスが、すでに無効になっていたのである。真相はどうあれ、この一件をきっかけに、私は密計の存在について調べ、考えるようになった。

それでも、壮大な密計が存在するとは思えなかった。経験上、世界を支配するために不法行為をくわだてる秘密結社のような組織など、考えられなかったのである。EHM戦略の本質は、あくまで小さな工作の積みかさねだった。つまり、一つの目的に特化した「小さな」工作の連なり、である。不当な目的を達するために水面下で行われるそのような工作の端緒は、私が小学生になってまもないころにさかのぼる。例えば一九五三年には、民主選挙で当選したイラン首相モサッデクが、CIAの工作により失脚し、パーレビ国王が新たに実権を握った。私が高校に進学しても、そのような工作活動は続いた。CIAが支援した一九六三年のピッグス湾事件（訳注：アメリカに亡命したキューバ人で構成する部隊がCIA支援のもとキューバのピッグス湾に上陸侵攻し、カストロ政権転覆を図った事件）が、その一例である。しかし、私が工作の存在をはっきり認めたのは、エコノミック・ヒットマン時代の二人のターゲット、エクアドルのロルドスとパナマのトリホスがいずれも一九八一年に命を落としたときだった。その後二〇〇二年には、ベネズエラ大統領ウーゴ・チャベスがアメリカの謀略により失脚。イラクにいたっては、大量殺人兵器を開発しているとのデマを流布《るふ》された。残念ながら一連の工作によって喧伝されたのは、科学的根拠のないイカサマだった。例えるならば、気候変動など現実には起きていない、と主張したようなものである。

私のエコノミック・ヒットマン時代、目的の大半は、開発途上国でアメリカ企業にうまい汁を吸わせることだった。あらゆる手を尽くして——指導者たちを失脚させたり暗殺したりして——自国の企業に現地の資源を搾取させていたのである。私は大腸の手術のあと、自宅で療養しながらさまざまな文献に目を通した。すると、見えてきたのである。私がかつてエクアドルやインドネシア、パナマ、エジプト、イラン、コロンビア、サウジアラビアなどで使った手が、目下、ヨーロッパ諸国やアメリカ国内において、繰りひろげられていた。そして九・一一後に広がった国際的テロ行為の脅威とあいまって、グローバル企業を経営する大富豪たちに、過剰なほど権力が集中していた。中でも私の目を引いた手法が、政治家への圧力である。くだんの大富豪たちは政治家に圧力をかけ、都合のよい法案を通すことで、税優遇を得て、メディアを支配し、政界への影響力をさらに強めていた。また、大衆操作という手法も見逃せなかった。大衆操作によって、終わりなきテロとの戦い、という恐怖にアメリカ国民をまんまとおとしいれていた。さらには、「自由」貿易協定である。北米自由貿易協定（ＮＡＦＴＡ）や中米自由貿易協定（ＣＡＦＴＡ）の批准を通して、多くの面において他国政府に力を及ぼしていた。

一九七〇年代にエコノミック・ヒットマンが広めた経済システムは、それらを代表とする数々の手法によって、さらなる進化を遂げていた。私は、著書に大層なことを書き連ねておきながら、世界情勢の底流を見きわめきれなかったと、認めざるをえない。私の知らぬまに、一昔前の手段が一段と研ぎ澄まされたうえ、新たな手段までも考案されていた。ただし、戦略の精神自体は同じだった。つまり、債務で言いなりにし、脅威を植えつけて従属させるなど、四つの戦術を柱とする、政治的かつ経済的イデオロギーである。私がエコノミック・ヒットマンだったころは、アメリカ人をはじめ世界の多くの人たちが、共産主義の反体制派から自分たちを守るのであれば、すべてが許されると信じていた。一方、こんにち「悪役」とされるのは、イスラム原理主義のテロリストやイスラム系の移民である。もちろん、企業経営を脅かす者であれば、誰しも敵と見なされる。つまり、大義そのものは似ているが、社会に及ぼす影響は、はるかに大きいと言えるだろう。

手術後の療養生活の中で、私は再び良心の呵責にさいなまれることになった。各国の指導者たちをカネになびかせ、脅威にさらしてきた記憶にうなされ、毎晩のように夜中に目を覚ました。私はエコノミック・ヒットマンだった過去と、なおも折り合いをつけられずにいた。

なぜ、そのような仕事を一〇年もの長いあいだ続けてしまったのだろうか。なるほどＭＡＩＮとの決別は私にとって容易なことではなかった。高い報酬やファーストクラスでの空の旅、一流ホテルでの宿泊といった特典だけに未練があったわけではない。もちろん、ＭＡＩＮの上司や同僚のプレッシャーに気おくれしたわけでもない。私をつなぎとめていたのは、むしろ職業としての社会的イメージや肩書き、つまり、自分の中のこだわりだった。私の仕事内容は、アメリカの学校教育が教える「模範」であり、世間一般が認める「正義」だった。いちアメリカ人として教育された私は、共産主義政権が私たちを倒そうとしていると信じ、その考えを浸透させるべく、母国の価値観を世界に押しひろげようとしていたのだ。

その昔、ソビエト連邦が世界初の人工衛星スプートニクの打ち上げに成功したとき、アメリカ人は総じて、核弾頭ミサイルの開発が進んでいる現実を突きつけられた。ソ連からのミサイル飛来を想定して毎週訓練が行われ、ぞっとするようなサイレンの音がけたたましく鳴りひびくと同時に、急いで机の下に身を隠したものである。アメリカの共産主義組織に潜入するＦＢＩ捜査官の半生を描いた人気ドラマ『I Led 3 Lives（三つの顔を持つ男）』のようなテレビ番組や、同種の映画の影響で、私たちは共産主義に脅威をいだいていた。ポスターに載る邪悪なボルシェビキのような、今にも襲いかかってきそうな共産党工作員のイメージに、すっかりおびえていたのである。

私がエコノミック・ヒットマンになったころ、アメリカはまさに、みずからが言う「ソ連と中国の傀儡国」ベトナムを失おうとしていた。そのような中、懸念されていたのが「ドミノ現象」である。ベトナムのあとはインドネシア、次はタイ、その次は韓国、そしてフィリピンといった具合に、共産主義化のドミノ現象が起こると危惧されていた。また、共産主義の波がヨーロッパを席巻し、アメリカをも飲みこむのに、それほど時間はかからないとも目されていた。その魔の手を食いとめない限り、民主主義と資本主義の前途は、無いに等しかった。したがって、共産主義化に立ちはだかろうとする民間企業を、何としてでも支援する必要があった。

私はみずからの罪悪感と向き合うにつれ、やすやすと自己欺瞞におちいる危うさを痛感した。考えてみれば、かつての私と同じ立場にいる人間は現在、数百万にものぼる。そのような人たちは、共産主義イコール脅威との教育を受けていないかもしれないが、誰かが危険だと唱える国や文化に対して、脅威を感じていることに変わりはない。たしかに、海外に足を運んで、自分たちの企業がもたらす惨状を直接、目にする機会はないかもしれない。アマゾンの原油流出事故を間近で確認したり、搾取されている労働者の劣悪な住環境を見たりすることもないだろう。そのかわり、テレビの映像を見て、現地の状況を知った気になっている。さらには学校や金融機関、政府関係者から、現地の発展に尽くしているとのお墨付きを得て、不安を抑えている。しかし心の奥底では、そうではないと気づいているはずだ。胸に手をあてれば、

（私たちも含めて）大義とそぐわない現実が見えてくるはずなのだ。ならば私たちは今、謀略に加担している事実を、いさぎよく認めなくてはならないだろう。

術後の療養の日々で、私は『エコノミック・ヒットマン』の刊行によって得られた最大の教訓が何であるかを理解した。それは、私たち一人ひとりが許しているからこそ、今のＥＨＭ戦略による経済システムが成立しているという事実である。私たちは表向きの筋書きを鵜呑みにしている。もしくは、嘘であると知りながら黙っている。だが、いずれにせよ、その筋書きを支えていることに違いはない。認めるのは非常につらいが、私は黙っていただけではなく、積極的に支持するよう多くの人びとを説きふせてきた当人である。それゆえ、私は誓った。より真剣に向き合おう、と。自身が住む地域、国、そして世界で今、何が起こっているのか。いっそう真摯に向き合おうと、私は心に誓ったのである。

第35章

イスタンブール：死の経済vs命の経済

大腸の手術から快復すると、私はさまざまな地におもむいた。『エコノミック・ヒットマン』の内容をめぐって多くの人と意見を交わし、そして質問に答えた。そのような中、私は、相手から聞かれるであろう話題について、入念に調べておく必要性を感じた。すると、一九七〇年代には数少なかった多国籍企業やコンサルティング会社のコンサルタントが遂行していたエコノミック・ヒットマンの任務を、現在は別の人物たちも担っていることがわかった。こんにちエコノミック・ヒットマンを務めるのは、多国籍企業やコンサルティング会社だけではなく、投資ファンド、業界団体や各種の協会など、数多の組織で、それぞれ役員やコンサルタントとして働く者たち、さらには、それらの組織を代表するロビイストたちなのだ。そして、新世代のエコノミック・ヒットマンたちは、多くのエコノミストが言うところの、「死の経済」を推し進めていた。

このような新たなエコノミック・ヒットマンが台頭したのは、二〇〇〇年代はじめである。その背景には、イラク戦争やアフガニスタン紛争をはじめ、二〇〇八年のリーマン・ショック不況、減税などの新自由主義政策、企業のグローバル化の加速など、さまざまな要因が存在した。さておき、時は二〇一三年。私はイスタンブールのホテルの窓辺に立ち、幾世紀にわたって、支配する側、される側の双方を味わってきた都市の、古代の建築物やイスラム教の建造物を眺めながら、こんにちの経済システムがいっそう行き詰まり、破滅へと向かっている現実と、今昔のエコノミック・ヒットマンの共通点や相違点に、ひたすら考えを巡らせていた。

『エコノミック・ヒットマン』の刊行後、企業幹部が集まる会合での講演依頼を受け、私は幾度となくイスタンブールを訪れており、二〇一三年のその日も、今や国際会議のメッカとなったこの由緒ある都市で、私は再び壇上に上がろうとしていた。

自分がエコノミック・ヒットマンだった時代の常套手段について、私はあらためて整理した。一つは、偽りの経済学である。つまり、経済分析の歪曲や、経済予測の過度な上方修正、財務諸表の改ざんのほか、情報隠蔽、脅迫、賄賂、ゆすり、などだ。もう一つは、決して実現しない未来を保証する、偽りの保証である。さらには、債務と脅威による支配、という手段も典例と言えた。以上のような手段は、現在でもなお使われている。事実、現在の「工作」一つひとつを見れば、往時と同じ手段が多く認められるだろう。ただし、真相を見きわめようとすれば、の話だ。なお、これらの手段を一つに束ねているのも、往時と同じく、目的のためなら万事が許される、という考え方である。一方、ホテルの窓辺に立つ私は、二〇〇九年に中国の大学で経営学修士課程の講師を務め、ＥＨＭ戦略を学ぶ中国人学生の熱意に触れた経験についても、思いを巡らせていた。その当時に関する詳細は、後章にゆずりたい。

現在と過去との大きな違いは、ＥＨＭ戦略による経済システムが、アメリカだけではなく、中国などの高所得国にあまねく広がった点である。ＥＨＭ戦略を推進する手段は、その一つひとつが多様化した。そして、昔よりケタ違いに数を増やしたエコノミック・ヒットマンたちが、世界中で跋扈するようになった。それによって、生命を脅かす経済システムが構築され、真の世界帝国がお目見えしたのは、周知の通りである。エコノミック・ヒットマンは今や、裏社会だけではなく、表舞台でも認められる存在だ。かくして、現行の経済システムがあまりに広く、そして深く根ざすようになったため、企業にとっては標準的なビジネス環境となり、ほとんどの人が危機感を覚えていない。それが実情なのである。

新世代のエコノミック・ヒットマンたちは、相手政府に対して、みずからの企業への税や規制の優遇措置を要求する。そして、営業拠点を設けるにあたり、各国に競争を強いる。はたして、ある国では製造工場を、ある国では税金対策のための金融機関を、ある国ではコールセンターを、そしてある国では本部施設を建設し、多大な影響力を手にするのだ。一方、標的となる国々は、最もゆるい環境規制や法規、最も安価な労働力、最も低い税率を用意すべく、相互に張り合わなければならない。そしてたいてい、多額の債務を負うことで、補助金を提供するなど企業側に有利な環境を整える。近年は、アイスランドやスペイン、アイルランド、ギリシアなどで、そのような事態が起きている。もちろん、アフリカやアジア、ラテンアメリカ、中東では、だいぶ以前から当該状況に置かれている国が多い。なお、この一段と狡猾な手段がはねつけられるようなことがあれば、標的国の当局者は隠していたはずの悪事が暴かれ、または時に捏造され、みずからの人生そのものが毒牙にかけられてしまうのだ。

昔とのもう一つの相違は、EHM戦略を推進する上でアメリカが掲げる大義である。かつてのアメリカの建前は、共産主義や南ベトナム解放民族戦線（通称ベトコン）などの革命組織、アメリカ国民の豊かな生活を脅かす相手から社会を守る、というものだった。一方こんにちでは、テロリストや移民を排し、イスラム教の過激派と戦い、経済発展を促進し、アメリカ人の豊かさを維持することを、お題目として掲げている。

以上のような点を掘りさげるにつれ、私は、著作や講演を通して事実を世に広く伝えるべきだという使命感に駆られた。そこで、パソコンの前に座り、今後の講演のために、パワーポイントで資料を作成した。

スライド1

死の経済——ノーベル経済学賞受賞者（一九七六年）のミルトン・フリードマンが提唱した理論に基づく経済システム。以下要点：

企業の唯一の目的は、短期的利益の最大化であり、社会的費用や環境コスト、「勝者の陰に敗者あり」との概念を考慮する必要はない。

スライド2

ＥＨＭ戦略は四つの戦術を柱とする：

- 脅威
- 債務
- 需給逼迫への危機感
- 分断・統治

スライド3

政治家への選挙資金の「不正」供与や天下り先の斡旋、従業員の搾取、資源の乱用など、企業経営者は手段をいとわず利益の最大化に努めなくてはならない。

スライド4

死の経済の主な特徴

・非生産的な仕事への報酬（株価操作や金融化）
・外部環境（社会的費用や環境コスト）への無配慮
・社会福祉やインフラなどへの投資とは異なる税収使途
・市場独占の推奨
・天然資源乱用の許容
・数十億人規模の貧困化
・地球温暖化や種の絶滅などの危機の加速

スライド5

命の経済——以下の目的に基づく経済システム：
人間と自然の長期的利益を最大化し、地球全体の繁栄を図る。

スライド6

命の経済の主な特徴

・生産的な仕事への報酬（教育、医療、芸術など）
・財務指標や経済指標による外部環境への配慮
・教育、医療、持続可能なインフラへの投資などを税収使途に位置づけ

・ローカルビジネスや従業員所有企業（協同組合やBコープ〔訳注：アメリカのNPO法人「Bラボ」が運営する、株主利益と公益の双方において優れた企業を評価する認証制度〕取得企業など）の促進
・環境汚染の低減やリサイクル、環境技術の開発、自然の再生に貢献する人びとへの経済的優遇
・すべての人びとに対する経済的機会の創出
・地球温暖化などの危機の解決や、絶滅危惧種の保護

イスタンブールの美しい街並みの中を散策し、さまざまな国や社会的地位の人たちと言葉を交え、企業経営者やトルコ政府関係者と面会し、ヨーロッパとアジアを隔てる巨大水路ボスポラス海峡を船で渡る。そのような時の中で、私は帝国主義を掲げて世界を統治しようとする者たちの姿が、数千年前からまったく変わっていない事実について考えつづけた。かたや、変わったのは、「世界」という言葉が持つ意味だろう。世界という言葉は、まさしく地球全体を指すようになった。だがそれに伴い、ますます狡猾な手段が考案され、最後には私たちを破滅へと導く経済システムが構築されたのである。

ある日の夕暮れ、私はボスポラス海峡のヨーロッパ側に立ち、水面の向こうに広がるアジア大陸を望んでいた。エコノミック・ヒットマンとして過ごした日々が、走馬灯のようによみがえる。いつしか、自己弁護に走る自分がいた。私は単にアメリカの教育システムの犠牲者で、祖国の夢のために、エコノミック・ヒットマンに身をやつしたのだ、と。私が今、踏みしめて立つこの大地は、まさに「錦の御旗」が繰り返し掲げられてきた場所だった。権力とカネに目のくらんだヨーロッパ人、アジア人、キリスト教徒、イスラム教徒など、数えきれないほど多くの人間たちが、この都市を植民地化し、市民を搾取しようとしてきたのである。私はあらためて、みずからが死の経済の構築に手を貸してきた事実に向き合わなければ

ならなかった。

翌日、帰りの便でイスタンブールを発った私は、上空から地中海を見おろした。そのとき、後悔の念と同時に湧きあがったのは、怒りだった。アメリカの企業経営者や有力政治家たちは、ＥＨＭ戦略を私の現役時代からは想像できないほど高度な水準に押し上げていた。いま私の眼下に広がる土地を封建領主が支配していた、いわゆる暗黒時代には考えもつかなかったほどに、である。

将来の歴史家たちは九・一一後の時代を、さらなる暗黒時代として位置づけるのではないだろうか。そう思わざるをえなかった。

私の怒りの根源は、母国の価値観にあった。物質的な豊かさを失うことは罪である、より多くのものを購入し、より懸命に働き、さらに多くのものを購入するため、意欲的に借金すべき、とアメリカでは教えられる。それはアメリカ人の価値観というよりも、むしろ愛国心の一部と化していた。アメリカがますます多くの資源を世界中から集めようとしていたゆえんである。もちろん、軍事資金を調達するために債務を負うことは、国家のために必要だと謳われている。暗黒時代の封建領主の家臣たちが、かつてそう言われていたように、だ。

私がとりわけ怒りを感じたのは、軍事費を減らして社会福祉を手厚くすべきとの声に対する、国家の答えだった。社会福祉の充実は国民の怠惰を助長するだけであり、かわりに軍を支援し、多額の補助金を交付して税金の投機的運用を実業家に促すことこそが、経済成長につながるのだと政府は主張していた。この数十年で幾多もの反例が示されているにもかかわらず、富裕層のさらなる富こそが経済を活性化させると唱えていたのである。

プロテスタント国のイギリスとカトリック国のフランスという、かつて敵対した二つの国を隔てるイギリス海峡を眼下にのぞみながら、私は、ＥＨＭ戦略による経済システムが一昔前と比べて盤石になり、九・一一以降、その弊害が確実に現れはじめていることを痛感し、唖然とした。債務や脅威をはじめ、愛国者法（訳注：二〇〇一年のアメリカ同時多発テロ事件を受けて制定された、捜査機関の権限拡大などを定める包括的テロ対策法の通称）、警察の軍隊化、多岐にわたる新たな監視技術、「Occupy Wall Street（ウォールストリートを占拠せよ）」（訳注：二〇〇八年のリーマン・ショックによる不景気の中、打開策を見出せないアメリカ政府に対する不満を発端にしたデモ活動）などの社会運動への潜入と妨害、民営刑務所の急速な増設によって、アメリカ政府は反体制派に対する抑圧を強めていた。また、「シチズンズ・ユナイテッド裁判判決（訳注：組合、営利団体、非営利団体に対する選挙テレビＣＭの規制は違憲であるとの二〇一〇年のアメリカ最高裁判決）」などの判例により影響力を強めた企業設立の巨大な政治活動委員会や、ＡＬＥＣ（米立法取引協議会）などの政治活動団体に資金提供するコーク兄弟のような億万長者たちが、民主主義の仕組みをないがしろにし、宣伝活動を大々的に展開することで、選挙結果をほしいままにしていた。そして、有力な弁護士やロビイスト、戦略家たちを抱え、不正行為を不正と指摘されぬままに実行し、あらゆる階層の政治家に影響力を及ぼしていた。

帰国した私を待ちうけていたのは、そのような怒りの根拠を裏づける出来事である。

第36章

新たな金融スキャンダル

金融業界は二〇一四年、大スキャンダルに揺れた。今回は、以前にロンドン銀行間取引金利（LIBOR）の不正操作事件に関与したいくつかの金融機関に加え、新たに別の金融機関もかかわっていた。米シティ、米JPモルガン・チェース、英バークレイズ、英RBSはいずれも外国為替相場の不正操作を認め、総額五〇億ドル以上もの罰金が科された。一年以内には、スイスUBSを加えた五行に対して、新たに一六億ドルの罰金が科される見込みだった。また英バークレイズに関しては、関連の罪状を認めれば、一三億ドルをさらに支払わなければならなかった。

これらの金融機関は、一部の行員が言うところの「カルテル」を二〇〇七年から結んでいた。Eメールとチャットルームでのやりとりにおいて、不正に関与した人物たちはそれぞれグループを結成していた。Eメールのグループ名は「詐欺クラブ」、チャットルームは「マフィア」、である。

米司法長官のロレッタ・リンチは、この複数の金融機関が関与した外国為替をめぐる不正について、「談合して外国為替市場を不正に操作した恥知らずの行為」と断じた。そして「前代未聞の共謀」と非難した。司法長官が口にした二つの言葉、「談合」と「共謀」は、どの会社よりも厚い信頼を築いてきた金融機関という組織が裏で結託していたという点において、いみじくもアメリカ社会の実態を表している。巨額の利益を得るためであれば、コーポレートクラシーによってあらゆる行為が容認されるのだ。共謀でも、談合でも、はたまた、詐欺行為でも、不公正な競争慣行でも。

この金融スキャンダルをめぐる記事を読んで、私はあらためて自責の念に駆られた。私の四〇年前の行為によって、このような不正が一気に横行しはじめ、今やとどまるところを知らないのではないか。そのような思いが、どうしても拭えなかった。とはいえ、より多くの記事を読むにつれ、やはり怒りがふつふつとこみあげるのだった。

たしかに、私の過去の過ちが間接的にこのような事態を招いたことに間違いない。だが、かつてのやり方と比べ、現在のバンカーたちが用いる手段は驚くほど冷徹だった。私の時代は、債務を正当化するのに必死だった。計量経済学の統計モデルを駆使することによって、融資を受ければ経済成長が見込めると標的国を懸命に説得したものである。しかも、標的国の市民だけではなく、味方も納得させる必要があった。一方、現代のエコノミック・ヒットマンは、みずからの行為の正当化など、どこ吹く風である。いかにもあからさまだった。大胆だった。そしてまったく血が通っていなかった。詐欺師やマフィアとしての役割に酔いしれ、カルテルの結成に優越感をいだいていたのである。新世代のエコノミック・ヒットマンが、かくも得意げに他人を搾取していることに、私はショックを受け、怒りに震えた。

ややあって私は、バンカーだけが怒りの原因ではないことを悟った。取り締まる側にも問題があった。くだんの不正行為は、少なくとも五年前からまかり通っていた。いったい誰が監督していたのだろうか？この監督責任の不履行は「見ざる、言わざる、聞かざる」の精神が政府機関に浸透している現状を物語っていた。それだけではなく、ＥＨＭ戦略の第二次興隆の裏づけでもあった。政府機関の担当者たちは、金融機関をはじめとする民間企業に、社会的費用や環境コストを度外視して利益を最大化させるためには、どんな手を使っても許されると考えていたのである。

不正行為に対する罰の軽さも、政府と企業の蜜月を如実に表していた。ＬＩＢＯＲと外国為替相場の不正操作に対する罰金総額約一〇〇億ドルは、一見するといかにも大きな数字だが、関与した金融機関の資産をよく調べてみると、その実、まったくたいしたことのない額なのだ。さらにひどいことに、一連のスキャンダルで不正を働いた張本人たちは、誰ひとりとして起訴されなかった。誰ひとりとして、である。

こうした連中に搾取されている状況に対して、アメリカ国民がきわめて無関心で、無抵抗でいることに、私は愕然とした。現実を直視しようとしない姿勢は、一九七〇年代に私が搾取していた標的国の人びとと同じである。バンカーたちの不正が、言うなれば裏で行われていたのに対し、アメリカ市民への搾取は公衆の面前で進んでおり、いつのまにやら一般慣行と化していた。例えば、州政府や連邦政府が学校教育予算を削減したことで急激に膨らんだ学生ローンや、国の不十分な医療保険政策によって着々と増えつづける医療費債務、給料を担保とした略奪的な貸付、大衆を犠牲にして一握りの富裕層を優遇する税法、海外企業へのアウトソーシング、などが代表だろう。「手段を選ばず」との方針は今や、銀行の重役室だけではなく、連邦議会の議事堂でも幅をきかせていた。

二〇一五年に起きたＦＩＦＡの汚職事件が、その最たる例かもしれない。ＥＨＭ戦略の第二次興隆は勢いを増すばかりで、社会のあらゆる分野に影響を及ぼしていた。なるほど、スポーツ界にも。同年、米司法省がサッカーの国際統治機関ＦＩＦＡの複数の幹部を起訴したが、その起訴内容によれば、当該幹部らが大手金融機関と結託して不正を働いていたとのこと。賄賂や詐欺、マネーロンダリングなど、かつて私が犯した悪行の多くに手を染めていた。汚職は二〇年近く続いており、その間、さまざまな国の自治体や納税者が搾取され、一部の権力者が私腹を肥やしていたのだ。

私は当初、法務省が動いたことに安堵した。世の中が正しい方向に進んでいるように思えたからだ。取り締まる側が、ようやく仕事をはじめたのである。が、そう思ったのも束の間、私は違和感を覚えた。サッカー界の不祥事は、カモフラージュだった。メディアがこぞって非難の目を向けていたのは、生活の本質とは別の世界での出来事である。そう、スポーツだ。本当の意味で非難されるべきは、世界経済を意のままに操る人間たちである。FIFA幹部らは手錠をはめられ連行されたが、前述の銀行幹部らは数百万ドルものボーナスを手にしていた。罪を犯し、社会全体に累を及ぼしたバンカー個人は、なぜ起訴されなかったのだろうか?

答えは明白。バンカーたちは、コーポレートクラシーの一員だからである。かたや、FIFA上層部は違った。米法務省がFIFA内で行われていた多くの汚職を突きとめ、意欲的に起訴へとつなげた顚末は、大局から世間の注目をそらす効果があった。さしずめ法務省は、金融機関のロビイストの言いなりだった。金融機関はその巨大な財力と権力をもってして、選挙で選ばれた政治家たち、つまり、金融機関を「取り締まる」べき監督者たちを懐柔し、市民の知る権利に応えるべきメディアを操作していたのである。

おのずとハワード・ジンの姿が脳裏に浮かんだ。ハワードと私はことあるごとに、ロビイストの高まる影響力について意見を交わしていた。「私たちは選挙を行う」。かつて彼は言った。「だが、選挙で選ばれた人間は、当選したとたん、私たちの意見に耳を貸さなくなる。そのかわり、政治資金を供与する企業のロビイストたちの意見に従うんだ」。ハワードにしてみれば、私も同罪だった。「君は世界銀行に従った」。一拍おいて、こう続けた。「それにしても、世界銀行が掲げる『地球上の飢餓を撲滅する』という理念を、君は本気で信じていたのかい?」

はじめて世界銀行を訪ねたのは、一九六七年だった。ビジネススクールの学生として世界銀行のエントランスに立ち、「飢餓のない世界へ」とのモットーを目にした場面が、今でも脳裏によみがえる。当時、私はその言葉を信じた。だが、やがて疑いをいだくようになった。そして、数年と経たぬうち、そのモットーが世界銀行の欺瞞を象徴する言葉であることを知った。

『エコノミック・ヒットマン』を刊行した二〇〇四年から、第二版を上梓した二〇一六年にかけて、EHM戦略の第二次興隆は、世界中を席巻した。その間、私はさまざまなパネルディスカッションやディベートに参加したが、いずれの討論においても、経済開発の専門家たちは世界銀行を擁護した。私のかつての仕事や、世界銀行がこれまで残してきた実績は、貧困撲滅に大きく貢献したとの意見である。しかし、それは事実とはかけ離れた主張だった。

慈善団体オックスファムの報告によれば、世界人口のわずか一%にあたる人たちが世界の富のおよそ半分を保有し、一〇人のうち七人が過去三〇年間で経済格差の広がった国で暮らしている。インドネシアやコロンビア、アルゼンチン、エジプトなど、かつて私が世界銀行のプロジェクトで携わった国々を見ると、スラム街でも携帯電話を持つ者がいるかもしれないが、決して飢餓と無縁というわけではない。むしろ、私がエコノミック・ヒットマンだったころと比べ、生活水準は概して悪化している。また世界銀行の統計によると、二〇一一年の時点で、一日あたり二ドル以下で生活する人たちがまだ二二億人いるとのこと。「世界から飢餓を撲滅する」ため、グローバル企業に何十億ドルもの額が支払われている点を考えれば、非常に多い人数と言える。だが、これらの数字はほんの一例にすぎず、このほかにも多くの統計資料が、世界銀行など開発機関の政策が実を伴っていないことを示している。

世界にある六〇の最貧国は現在、借入金の総額五四〇〇億ドルに関して、過去三〇年間で元本と利子をあわせ五五〇〇億ドルを返済したにもかかわらず、なお五一三〇億ドルという驚くべき額の支払いを残している。それは、医療や教育の予算よりも大きく、対外援助として年間に受けとる額の二〇倍に相当する。さらに世界銀行のプロジェクトは、世界で最も貧しい人びとに、深刻な被害をもたらしている。事実、このわずか一〇年のあいだで、自宅を追われた人の数が推定で約三四〇万人に達した。世界銀行の政策に反対する者たちが、自国政府によって暴行され、拷問され、そして殺害されたからだ。

私を含め、かつてのエコノミック・ヒットマンたちは、企業資本主義を推進するためであれば、いかなる手段もいとわなかった。企業資本主義による帝国構築こそ、真の目的だったのである。世界銀行が掲げるモットーなど、上っ面の言葉にすぎなかった。その証拠に、私たちは相手政府当局者に対し、融資をもとに軍備強化とインフラ整備をアメリカ企業に発注しなければ、スターリンのような残虐な独裁者に国民を支配されるぞと迫った。暗黒時代のような封建制から脱し、アメリカによる現代の経済発展を享受したければ、企業資本主義を採用するしかない、と。

そのような動きは『エコノミック・ヒットマン』が刊行されたころから、一気に加速した。そして二〇一六年までには、世界銀行だけでなく、多くの民間金融機関、民間人までもが、この流れに乗った。ここで言う民間人とは、自社による不正行為を許容する企業経営者である。そのような企業経営者は牢屋に入ることなく、何百万ドルもの大金を荒稼ぎしていた。そして自社の従業員とともに、社会への貢献よりも個人資産の大きさこそが成功であると、世界各地で吹聴していた。ほかにも、民営化と規制緩和が公益を守る、政府による社会的弱者の支援は無意味などころか逆効果である、社会福祉に関しては予算拡大よりも個人負担のほうが効率がよい、豪邸に住みプライベートジェットや豪華なクルーザーで移動する生活こそ理想である、などと喧伝していた。

なぜ、そのような、さもしい考えがまかり通ってしまうのか。ハワードの見解はこうである。物質的に豊かな生活を送る中流階級の人たちは、一般に所有すべきとされる品物をすでに手にしており、それらを失いたくないがために、変革を望まないだろう。一方、貧しい人たちは、日々を生きるために力を注がねばならず、変革どころではない。そして、もし変革を志す人がいたとしても、己の無力さを痛感するだけで終わってしまうのではないか、と。

この現状をみごとなまでに築いたのは、EHM戦略の第二次興隆を演出した、新ミレニアムのエコノミック・ヒットマンとジャッカルである。なるほど、その勢力は、九・一一を契機に拡大の一途をたどっていた。

第37章

新ミレニアムのエコノミック・ヒットマンたち

低所得国は一九七〇年代、腐敗の巣窟と見なされていた。私を含めエコノミック・ヒットマンたちは、あくまで水面下で任務を遂行していたものの、ラテンアメリカやアフリカ、アジアの政府当局者が裏金で私腹を肥やしているとの見方は、世間に広く浸透していた。いわゆる袖の下を受けとって便宜を図る「バナナ共和国」の政治家のイメージが、マスコミや映画界において、すっかり定着していたのである。対してアメリカは、国の威信にかけて、汚職の蔓延とは無縁であるとされていた。事実、たいていの場合、無縁だった。

私は、第二版の執筆を進める中で、第一版を刊行した一〇年前の二〇〇四年から、非常に多くの変化が生まれていることに驚かされた。いずれも急激な変化で、私の現役時代に端を発するアメリカの価値観や規制、政策における転換の象徴と言えた。かつては非道徳的で容認できず、違法とされた行為が、二〇一六年には標準的な慣行に一転していた。表向きは言葉巧みに取りつくろっていたが、その実、政界や経済界のトップの実力者たちが繰りひろげていたのは、前代のエコノミック・ヒットマンの常套手段だった。つまり、脅し、賄賂、虚偽、ゆすり、ハニートラップ、暴力などである。

そのころ、私は多くの会合や大学から、第一版『エコノミック・ヒットマン』の内容に関する講演の依頼を受け、全米はもとより、アジアやヨーロッパ、中東、ラテンアメリカなど各地を飛びまわっていた。

また、私生活でも転機が訪れ、期せずして見識を深めることになった。

私はウィニフレッドと離婚した。とはいえ、私たちは良き友人どうしで、ともに、娘のジェシカと孫のグラントが住む家から一〇分と離れていない場所で生活していた。私の新たな恋人は、キマン・ルーカスという弁護士で、アフガニスタンやカンボジア、ラオス、ミャンマー、タイ、ベトナムの戦争被害者を支援するNPOでCEOを務めており、米国務省と密接な関係にあった。したがって、彼女との交際は私にとって、アメリカ内外におけるEHM戦略の進化を、より深く理解するきっかけとなった。

EHM戦略の第二次興隆の波は全米各地に及んでいた。言うなれば、大統領官邸の廊下を抜け、連邦議会を通過し、ウォールストリートを走り、大手企業すべての役員会議室に達していた。社会の上層部における不正は今や、法的に認められるほど常態化していた。企業のエコノミック・ヒットマンが起草した法案を、エコノミック・ヒットマンから資金を得た議員らが可決していたのである。政治家が忠誠を誓う相手はもはや国家ではなく、特定の企業だった。もっとも、新ミレニアムのエコノミック・ヒットマンという顔を持つ人物は、二〇一六年時点で、以下の五つに大別できた。

アメリカ上院議員

私はハワード・ジンとの直近の会談で、新時代のエコノミック・ヒットマンをよく知るには、どこに注目すべきかを彼に尋ねた。返ってきたのは「ダシュルやドッドなどの政治家に目を向けるべき」との答えである。

トーマス・ダシュルとクリス・ドッドには多くの共通点がある。まず二人とも民主党所属で、きわめて長期にわたり――ダシュルは一九八七～二〇〇五年、ドッドは一九八一～二〇一一年のあいだ――上院議員を務めた。また、ともに民主党の期待の星でもあった。なるほどダシュルは上院院内総務のポストに就いていた。一方ドッドは、民主党全国委員会会長や上院銀行委員会議長などを歴任し、二〇〇八年には大統領候補にもなった。

ダシュルとドッドは、いずれもみずからを「庶民派」と称し、ほかの政治家たちとの差別化を図った。ダシュルは初期の選挙活動において、おんぼろのポンティアックを運転する姿をアピール。ドッドはロビイストたちの都合のよい利己的な要求には屈しないと公約した。

ところが、両者は有権者に訴求したイメージや、掲げた公約をまんまと裏切る。逆に、新たに猛威を振るうＥＨＭ戦略の恐るべき第二次興隆において、その象徴的な存在となるのだ。

ダシュルは上院議員を辞めたあと、ある法律事務所に加わった。医療関連企業をクライアントに持ち、ロビー活動によって何百万ドルもの収益をあげる法律事務所である。報道によると、ダシュルの報酬は二〇〇万ドルを超え、さらには別の非公開投資会社から数百万ドルを受けとっていたという。周囲から「ロビイスト」と見なされないように、例えば「政治顧問」といった玉虫色の肩書きをつけていたが、彼の役割はロビイスト以外の何ものでもなかった。つまり、クライアントにきわめて有利な政策を実現すべく、政治家たちに働きかけることがダシュルの仕事だった。

二〇一三年にバングラデシュで起きた縫製工場倒壊事故のあとの出来事が、それを如実に物語っている。その倒壊事故は、一一〇〇人以上が亡くなる大惨事だった。ダシュル個人がどこまでかかわっているかは定かではないが、ともかく彼の法律事務所ＤＬＡパイパーは、低賃金労働者を守るため、バングラデシュで法的拘束力のある安全策を講じるべきだと法廷で主張した。しかし、そう主張しておきながら、アメリカの大手アパレル小売業者の責任を大幅に軽減する法律を制定するよう議員たちに働きかけていたのである。このようにＤＬＡパイパーは、元民主党上院議員ジョージ・ミッチェルや元上院補佐官チャーリー・シーラーらも仲間に加えて、強欲なクライアントの利権を守るために動いていた。ちなみに、先の工場倒壊事故のときのクライアントの一社はＧＡＰである。いわばＧＡＰなどのために、バングラデシュの人びとと経済をないがしろにしていたのだ。

またドッドは上院議員時代、大統領選に出馬したとき、金融サービス業界からの資金供与を受け入れている。金融サービス業は、まさにみずからが議長を務める上院銀行委員会が監督する業界だった。そして二〇一〇年に上院議員を引退すると、決してロビイストにはならないと繰り返し語っていたにもかかわらず、ダン・グリックマンにかわってモーション・ピクチャー・アソシエーションの会長兼主任ロビイストに就任した。

ダシュルとドッドが所属していたのは民主党である。一方、上院議員からロビイストに転身した共和党議員には、ジョン・アシュクロフト、ボブ・ドール、ニュート・ギングリッチ、フィル・グラム、チャック・ヘーゲル、トレント・ロット、ウォーレン・ラドマンらがいる。民主党、共和党ともに、名前をあげればきりがないのが実情だ。しかも、エコノミック・ヒットマンに身を転じた人物は、下院議員にも大勢いる。

企業ロビイスト

政界から「回転ドア」を通って、政界に圧力をかける側にまわった幾千もの人間と同じく、前述した政治家のほとんどはロビイストとは名乗らなかった。法律事務所に籍を置きながら、「カウンセラー」「コンサルタント」「政府関連事業顧問」といった具合に、婉曲的な役職名で通していた。それは、かつて私が一流コンサルティング会社の「チーフ・エコノミスト」だと触れまわっていたようなものである。しかし実際の仕事は私と同じく、コーポレートクラシーに力添えし、企業資本主義による帝国構築を進め、死の経済の触手を全世界にのばすことなのだ。表舞台に現れなくとも、その影響力は計り知れないだろう。

ロビイストの業界団体である全米ロビイスト連盟が二〇一三年、名称を「ガバメント・リレーションズ専門家協会（Association of Government Relations Professionals）」に変更したのも特筆すべきである。その年、登録されるロビイストの数は過去一〇余年の中で最も低い水準まで落ちたが、それでもなお一万二二八一人のロビイストたちが活動していた。連邦議会上院・下院議員の一人ひとりに対し、それぞれ何と二三人ものロビイストが対応する計算である。もちろん私が現役時代のエコノミック・ヒットマンの数とは比べものにならない。あまつさえ、その驚きの数字が、いたって低く見積もられているとの指摘もあった。アメリカの大学教授ジェームズ・サーバーの調査によれば、現在活動中のロビイストの数は、一〇万人近くになるという。しかも、ロビー活動に使われている費用は、年間で約九〇億ドルにのぼるとのことだ。

ロビイストをめぐる情報が不透明なため、その活動の影響を正確に把握することは限りなく難しい。ただし、アメリカで事業を行う大手企業がそれぞれ抱えるロビイストの数は一〇〇人以上であることは確かである。そのような企業や業界団体は、全労働組合・公益団体が「我ら人民」の代表として労働者の権利や環境、医療、教育など社会サービスの向上に一ドル投じるにつき、三〇ドルをロビー活動に費やしているという。

他方、立法を担う議員たちは、こうしたロビイストや、ロビイストが所属する企業の圧力に屈していた。以下の引用は、ニュースサイトの「コモン・ドリームズ」の軍需産業に関する記事だが、グローバル企業全般に対する指摘でもある。

世界の兵器製造会社の上位一〇社のうち、八社がアメリカ企業である。アメリカの軍需産業は連邦議会や州議会の議員たちへのロビー活動に数百万ドルをつぎこみ、効率的かつ強固に既得権益を守っている。戦場で使いものにならない兵器を製造しても容認されるゆえんだ。例えば、アメリカ史上最も高額な兵器F－35戦闘機は、開発に一・五兆ドルかかったにもかかわらず、ハリボテである。予算をオーバーしたうえ、飛行リスクが大きく、ほかにも欠陥が満載なのだ。しかし、この無用の長物を力ずくで世に送りだした大企業に異を唱える政治家は、誰ひとりとしていない。

立地コンサルタント

兵器製造会社のボーイングが、私の住むワシントン州で大きな動きに出た。ボーイングはワシントン州最大の企業で、その従業員数は八〇〇〇万人を超える。世界の防衛関連企業の中で、三本の指に入るメーカーだ（残り二社は、ともにアメリカに拠点を置くロッキード・マーティンとノースロップ・グラマン）。そのボーイングのロビイストたちが日夜、ワシントン州の議員に詰め寄り、手厚い税優遇を要求。実現しなければ、777X機の製造施設を他州に移すと脅したのである。

その結果、ワシントン州議会は州の歴史で最も大規模な法人税減税を法律でとりきめた。ボーイングにとってその減税額は、生涯価値にして八七億ドルである。くだんの法律によってこの一大航空機メーカーは、州などの地方自治体からアメリカで最も助成金を得る会社となった。

ボーイングがワシントン州当局を手玉にとったのは、まさに「立地コンサルタント」としての異名を持つ、一部のエコノミック・ヒットマンのおかげである。そのようなエコノミック・ヒットマンは長年、低所得国を舞台に任務を遂行してきた。だがボーイングの例が示す通り、アメリカ国内においても、威力を振るいだしたのである。

ビジネススクールの講師であれば、雇用を創出するビジネス施設の立地は、客観的要素による合理的分析に基づいて意思決定されると話すだろう。ここで言う客観的要素とは、仕入先や顧客との距離、労働市場、既存のインフラ環境や交通システム、エネルギー価格などである。だが最も大きな要素は往々にして、地元当局と交わすビジネス条件なのだ。そこで立地コンサルタントは、他地域と比べてゆるやかな社会環境規制や低い税率など、ビジネス条件など、クライアント企業にとって最高の条件をそろえるよう便宜を求める。当局の按配で調整できる項目に関して、さもなくば契約しないと迫るのだ。すると地元当局者はたいてい、長期的な弊害など二の次で、何とか企業を誘致しようと躍起になる。はたして学校設備や道路、娯楽施設などは老朽化し、天然資源はなおざりにされるのだ（これらは皮肉なことに、いずれも企業自体の従業員を含めた街全体に利益をもたらす要素でもある）。

税優遇と補助金の戦略家

ボーイングの作戦は、私がかつて世界各地で行ってきたことを想起させた。私との違いは、世界銀行の融資ではなく、税優遇と補助金を利用する点である。

そのような作戦は、融資の活用よりも非常に効果的と言えた。なぜなら、企業側が資金を用意したり契約を交わしたりして、のちに債務者に負担させる仕組みを作る必要がないからである。また、誰かが資金を捻出する必要もない。かわりに、納めるべき税金が減らされ、企業がその分だけ得するのである。つまり、国民のための税金が盗まれるわけだ。本来であれば医療や教育などの社会福祉に使われる資金が、強欲な企業の懐に入るのである。

私は調査を進める中で、補助金や融資など連邦政府の企業支援策を二〇〇〇年から監視する民間団体グッド・ジョブズ・ファーストの報告書に出合った。それによると、補助金や特別税額控除という形で連邦政府が企業に支援した金額は、この一五年間で六八〇億ドルとのこと。そのうち三分の二は、大企業への支援である。

また同報告書では、補助金獲得のためのロビー活動で最も成功を収めている大企業として、フォード・モーター、ゼネラル・エレクトリック、ゼネラル・モーターズ、JPモルガン・チェース、ダウ・ケミカル、ロッキード・マーティン、ユナイテッド・テクノロジーズ、ゴールドマン・サックスをあげ、政府の請負業者の売上上位一〇〇社のうち約半分についても、ロビー活動が奏功しているとした。総合すると、補助金の獲得額が六〇〇〇万ドルを上回る企業は、何と二九八社を数えるという。それらの企業は、港湾や空港、高速道路、公益事業、教育、消防などにかかわる社会福祉事業において数十億ドルの利益をあげていたが、自社やその従業員を支える社会福祉施設に対して相応の見返りを提供しているとは、とても言いがたい状況だった。

さらに『ガーディアン』紙の調査によれば、石炭や石油、ガス産業が得ている補助金は、五五〇〇億ドルにのぼるという。その額は、再生エネルギー産業の約四倍である。

アグリビジネス（訳注：農業と、その関連ビジネスである食品加工や流通、外食サービス、金融などで構成する産業の総称）におけるエコノミック・ヒットマンの活動は、最も有名で、最も悪名高いかもしれない。その一例が、二〇一五年七月の連邦議会下院における「DARK法」（訳注1）の可決である。この連邦法制定の目的は、各州における遺伝子組み換え食品の表示義務を無効にし、また新たな義務化を回避することだった。食料品製造業者協会と、化学メーカーであるモンサントのエコノミック・ヒットマンたちが、何百万ドルもの資金をつぎこみ、法案通過を実現させたのである。「DARK法の可決は、モンサントを中心とするアグリビジネスの連中が、何千万ものアメリカ市民による民主的な意思決定を踏みにじった結果だ」。食品安全センターの事務局長アンドリュー・キンブレルは、そう評した。また環境保護団体である環境ワーキンググループ（EWG）は、遺伝子組み換え食品の表示義務化を支持する世論の高まりを訴えた。「アメリカ人の一〇人のうち九人が望むことを無視する下院議員がいるなんて、腹立たしいにもほどがある」とは、EWGの政府事業担当常務スコット・ファーバーの言だ。

以上に紹介したような、貧困層から富をせしめ、富裕層に配する動きは、何も軍需産業やエネルギー産業、アグリビジネスに限った話ではない。もはやビジネス全般に広がっていた。その好例が、スーパーマーケットのウォルマートである。

シンクタンクのアメリカンズ・フォー・タックス・フェアネスが発表した報告書によると、ウォルマートは、さまざまな方法でアメリカの納税者から数十億ドルをせしめているという。その数多ある方法の一つが、税優遇を受けられる海外拠点網の構築で、資産価値にして七六〇億ドルを上回る計算だ。同社は租税回避のために一五の海外地域に七八の子会社を設立しているが、その実態は今まで、まったく公にされてこなかった。

対してウォルマートの従業員は、医療や住宅支援などの名目で、税金から年間六〇億ドル超の補助を受けている。また、このドル箱の事業を展開する大企業のオーナー一族ウォルトン家は、世界でも有数の資産家だ。ウォルトン家はほかの多くの資産家と同じく、大衆のために社会制度を充実させることに異を唱えるかもしれないが、自分たちはその社会制度を史上最も活用し、恩恵にあずかっている張本人なのだ。

ハゲタカファンドの投資家

ハゲタカファンドは、デフォルトにおちいり、経済的に混迷する国家の債務を一ドルあたり数セントで引き受ける。そして、その国の経済が回復しはじめると、引き受けた債務に利子を上乗せし、返済を迫る。それだけではなく、追加手数料を要求することもしばしばだ。さらにハゲタカファンドの多くは、さらに追い打ちをかけるべく、標的国との共同事業を計画する企業を訴える。そうすることで、潜在的な投資家を排除し、徹底的に痛めつけるのだ。

ハゲタカファンドを代表する二六のファンドは現在まで、世界の最貧国から一〇億ドルを集めているが、今後さらに一三億ドルを回収する見込みだ。ちなみに回収ずみの一〇億ドルという金額は、赤十字国際委員会の全アフリカ諸国を対象とした二〇一一年予算の二倍以上に相当する。また、ソマリア飢饉の解決のために国連が必要とする予算を、すべてまかなう金額でもある。

二〇〇八年の世界的大不況と、それに伴う世界各国の経済危機は、ハゲタカファンドによる搾取を、いっそう加速させることになった。実際、低所得国やヨーロッパの「先進」諸国に加え、世界銀行が債務救済の必要な重債務貧困国と位置づけた三九の国（大半がアフリカ）のうち、三分の一以上がハゲタカファンドの餌食《えじき》となった。

ＥＨＭ戦略の第二次興隆の中で繰りひろげられた多くの謀略と同じく、ハゲタカファンドは標的国を食いものにしただけではなく、世界経済そのものを揺るがした。世界銀行の上級副総裁およびチーフ・エコノミストで、ノーベル経済学賞受賞者のジョセフ・スティグリッツはこう述べている。

アルゼンチンでは、一部の「投資家」（ハゲタカファンド）との闘いによって、債権者の圧倒的大多数が自主的に支持した債務再編計画がすべて台無しになった。ギリシアでは緊縮政策の導入を余儀なくされ、GDPの二五％低下に大きく結びつき、国民の生活水準がさらに悪化した。ウクライナでは、国家債務による財政危機が、政治に計り知れないほど大きな影響を与えている。

ここにあげた五つの例は、EHM戦略の第二次興隆によって、アメリカをはじめ世界の政治経済、社会、環境が大きく変化したことの裏づけである。端的に言えば、新ミレニアムのエコノミック・ヒットマンたちが築きあげた世の中は、わずか八五人の人間が世界人口の半数より多くの資源を持つ社会なのだ。そしてジャッカルについても、驚くべき変化が起きていた。

（訳注1）法律の正式名は「安全で正確な食品表示法・二〇一五年」。通称「Deny Americans the Right to Know（アメリカ人の知る権利を否定する）法」で、一般に頭文字をとって「DARK法」と呼ばれる。また、「遺伝子組み換え食品非表示法」とも言う。

第38章

新ミレニアムのジャッカルたち

次の一節は、第二版からの抜粋である。

「祖父母が暮らす（パキスタンの）村を歩いていたときのことです」イスタンブールのビジネス・カンファレンスで出会った学生ジャファーは私に言った。「突然、隣の建物が爆発したんです。ドローンのミサイル攻撃でした。もちろん、人びとは叫びながら散り散りに逃げだしました。その中で、赤ん坊を抱いた女性が火に包まれていたんです。僕はその女性に駆けより、急いで赤ん坊を受けとりました。そして、女性に地面に転がるよう言ったんです」。ジャファーの目には涙が浮かんでいた。「彼女は何とか一命をとりとめましたが、多くの人が亡くなりました……」

そのドローンは、新ミレニアムのジャッカルが操縦する兵器だった。新ミレニアムのジャッカルたちは、みずからの命を危険にさらすこともなければ、ケガを負った人びとの叫びを耳にすることもない。ましてや、罪なき者たちが犠牲になる現場を目の当たりにすることもない。ただ、コンピュータのモニターの前に座っているだけなのだ。そこに、正義とおぼしき要素は一片たりとも存在しない。そのような苦しみを一般市民に与える国家については、言わずもがなだろう。

アルカイダなどテロ組織の指導者をドローン攻撃によって暗殺したニュースは昨今、頻繁に耳にするが、意図せぬ損害、つまり米国防総省が言う「コラテラル・ダメージ」による一般市民の巻き添え被害については、正確な数字を把握しきれないのが実情だ。せいぜい推定するに留まるが、その推定値が衝撃的である（ニュースサイト「コモン・ドリームズ」より引用）。

「アフガニスタンやパキスタン、イエメン、ソマリア、イラク、フィリピン、リビア、シリアにおけるアメリカ軍のドローン攻撃によって、不当に命を奪われた人の数は少なくとも六〇〇〇人にのぼる」。これは、アメリカ軍の兵役経験者数十人が二〇一五年六月に発表した手記の一文だ。その中で彼らは、ドローンのオペレータに対し、「任務を拒否して」とにかくそのような活動を支持しないようにと訴えている。彼らは、こうした民間人への無差別なドローン攻撃が、世界の大半からすればテロ行為にほかならないと理解しているのだ。

ドローンのオペレータに代表される新ミレニアムのジャッカルの活動が、戦争や、破壊と再建活動、油田などの資源をめぐる数多の紛争を通じて、有力実業家たちの私腹を肥やすのを、多くの兵役経験者が肌で感じていた。そのような活動はアメリカ国民の利益に反し、アメリカの信用を損ね、脅威ありきの経済を助長するものである。

オバマ政権で国防情報局長官を務めた元陸軍中将のマイケル・フリンは、ドローンの軍事利用について、暴力やテロ行為を促すだけの「誤った戦略」との見方を示した。「ドローンによって爆弾を投下すれば、大義が果たされるかわりに、より多くの悲劇を招くだろう」。そう語る彼の言葉には、説得力があった。何せフリンは二〇一四年の夏まで、国防情報局を実際に指揮していた人物である。

告発サイトのウィキリークスや、米国家安全保障局（NSA）の元局員エドワード・スノーデンが公表した資料を見れば、CIAの拷問場所や囚人の特例引き渡し先（訳注1）、政府やグローバル企業に雇われる傭兵、CIAと陸軍特殊部隊の「重要人物暗殺作戦」の数が、驚くほど増加しているのは明らかだ。

その昔、己の機転と優れた身体能力で功を成していた、人知れず仕事をこなす孤高のジャッカルとは異なり、新時代の「内にこもったジャッカルたち」は、空爆や、衛星などの最新技術を頼りにしていた。特殊訓練を受けた軍事部隊、海軍特殊部隊ネイビーシールズや陸軍特殊部隊デルタフォースの活動内容は、アメリカ国内では謎に包まれたままだが、標的とされた地域にとっては火を見るよりも明らかなのだ。

『ニューヨーク・タイムズ』紙は、そのような特殊部隊の実態が判然としない点について「シールズのチーム6：静かなる殺人と疑惑の知られざる歴史」と題し、失望感を露わにした。


全世界に、商用船舶を装ったスパイ拠点を持つチーム6は、ときにダミー会社で一般の従業員を演じ、ときに男女一組になって大使館でおとり捜査を進め、アメリカ当局が命を狙う人間や、身柄を拘束しようとする人間を追い詰めてきた。

これは、海軍特殊部隊ネイビーシールズのチーム6が持つ、知られざる歴史の一端にすぎない。チーム6は、アメリカで最も神格化され、最も謎に包まれ、最も調査対象とならない軍事部隊だ。特殊かつ稀少な任務を専門とする精鋭部隊として誕生したが、オサマ・ビンラディン暗殺に代表される一〇余年もの歴戦を通して、現在は国際的な「人狩りマシーン」と化している。

記事ではその後、現在のアメリカの政策がほとんど水面下で進められている点に、批判の矢を向けている。また『タイムズ』紙の取材班は、次のようにまとめている。

特殊部隊の任務は、CIAが仕掛けるドローン攻撃と並び、資金を投じて敵地に進駐する戦争の代替策として、政治家のあいだで位置づけられている。だが、チーム6をとりまく秘密のベールゆえ、その実績や活動の是非を正確に評価することは不可能だ。巻き添えとなった民間人の数や、標的とされた国々の市民の深い悲しみが公になることはないのである。

私の現役時代のジャッカルといえば、外国の地で任務を行うことがほとんどだった。アメリカ国内での仕事は、対反乱作戦や共産主義組織への潜入捜査に限られていた。しかし、第二版が刊行されたときにはすでに、その状況も変化していた。九・一一によって脅威にさらされたアメリカ社会は、個人のプライバシーや自由を犠牲にして、NSAやCIA、FBIなどの機関に、かつてないほど大きな権力を与えることを容認したのである。はたしてドローンや偵察機といった兵器がジャッカルの海外での任務を補完し、アメリカ国内では一般市民を見張るようになった。

ある情報公開に関する訴訟のあと、連邦政府によって公開された資料によると、アメリカのドローン基地は一般に本土の軍事施設に配備されており、軍兵士が運営している。ほかに警察官や保安官、国境警備隊が詰める基地も存在する。すべてではないが、暗殺を目的とする基地があるのも確かだ。

AP通信によれば、FBIには「小さな空軍があり、録画装置や携帯電話監視技術を搭載し、本土上空を低空飛行する航空機を何十機も備えている。それらはいずれも、政府所有のダミー会社を使って秘密裡に運用されている」という。裁判所の承認なしでの飛行が許され、「直近三〇日間の運航は、一一の州・三〇以上の都市の上空に及んだ」とのこと。

九・一一によって脅威にさらされたアメリカ国民は、個人の自由が制限されることをいったんは許容したものの、軍事基地やCIAによる囚人引き渡し先での拷問や、内部告発者への報復、警察官の暴行、個人通話の盗聴などが相次いだのを受け、その考えを見直しつつあった。さらに、メディアやブログを通して、当局の一連の行為は個人情報保護法に違反するとの声が高まっている。以下は「電子フロンティア財団」の記事からの引用である。

二〇〇五年一二月の報道ではじめて、国家安全保障局（NSA）が民間人の電話を盗聴し、インターネット通信を傍受していることが明らかになった。加えて二〇〇六年五月の『USAトゥディ』紙の記事や連邦議会議員数名の証言により、NSAが民間人の電話などの通信記録を大量に受けとっていることも判明した。そのような監視行為は総じて、連邦議会や憲法が約束する個人情報の保護に反するものである。

以上のような形で明らかにされたジャッカルたちの容赦ないやり口は、EHM戦略の第二次興隆が、いかに衝撃的で嘆かわしく、それでいて恐ろしい手段によって支えられているかを物語っていた。自分たちの政府によって守られるべき民主主義が、自分たちの政府によっておとしめられているのは、もはや多くの国民の知るところだった。「人民の、人民による、人民のための」という民主主義の原則は、世界貿易センタービルとともに崩れ去ってしまったのである。

第二版の出版当時、NSAは一日におよそ二億通もの携帯メールを監視していたのに加え、約一〇万台のコンピュータに不正にインストールした監視ソフトを通じて、当該コンピュータのデータに勝手にアクセスしていた。もちろん、それを知った私は、自分のコンピュータもその一つかもしれないという不安に駆られた。

こうした非道徳的で（たとえ法律上は問題なくとも）恥ずべきジャッカルたちの行為に対し、私はすでに嫌悪感をいだいていたが、かつてみずからが入局面接を受けた組織、NSAが盗聴に手を染めていた事実を知り、怒りを新たにせざるをえなかった。NSAは、各国の指導者三五人の電話も盗聴していた。フランスやドイツ、イギリス、ブラジル、アルゼンチンなど同盟国の多くを対象に、高官レベルの秘密会談の内容を傍受していたのである。

また、『ガーディアン』紙によると、NSAは大統領官邸や国務省、国防総省など自分たちにとって「顧客」にあたる機関の高官に対しても、「ローロデックス（回転式名刺ホルダー）」を共有するように迫り、主要な海外政治家の電話番号を監視システムのデータに収めようとしていた。

また、EHM戦略の第二次興隆においてジャッカルを陰で支えていたのは、当時その数を増やしていた傭兵だった。傭兵とは、正規の軍人とは異なる規律や基準で動く、雇われ兵のことである。

アフガニスタンでは二〇一二年、正規のアメリカ軍兵士六万八〇〇〇人に対して、アメリカ側に雇われた傭兵の数が約一一万人にのぼった。正規の軍人三五万九〇〇〇人に対して、傭兵七万人だったベトナム戦争時とは、いかにも対照的である。

なお、アメリカの税金で報酬が支払われている傭兵の数については、情報が公開されておらず、判然としない。ちなみに、民間軍事会社の大手上位三〇社をランキングした二〇一四年の調査では、六二万人以上の人材を抱え、二〇一二年には一二〇億ドル超の売上を記録したG4Sが第一位となっている。G4Sは、兵士の斡旋だけでなく、最新鋭のスパイ装置や監視機器を、各国の政府や企業に販売する軍事会社だ。また興味深いことに、当該ランキングではブラックウォーター（のちのアカデミ）が第三〇位に名を連ねている。ブラックウォーターは、所属する兵士がイラクの民間人を殺害した容疑をかけられ、世間で有名になった傭兵派遣会社である。

ともかく傭兵のおかげで、アメリカ政府は軍事行動が縮小し、アメリカ軍兵士の死者数が減り、拷問などの戦争犯罪に責任はないと主張できるようになった。また、ベトナム戦争時に反戦運動を巻きおこしたように、世間の不評を買ってまで徴兵制を導入する必要もなかった。いわば傭兵たちは、国防総省にも、大統領にも、そして連邦議会にも属せずに、ジャッカルの不正行為に手を貸す戦力なのだ。それゆえ、誰に対しても、説明責任を持たなかったのである。

私は第二版の執筆にあたって取材を進める中で、市民の一挙手一投足に目を光らせ、取り締まろうとするコーポレートクラシーの悪意や手口が、まったく民主主義とは相容れず、暴走していることを知った。コーポレートクラシーは欲望を第一義とするみずからの体制に脅威を与える者ならば、誰であっても、人権を顧みずに監禁し、暗殺するなどしていた。コーポレートクラシーは、ロビー活動を通じて、国民が選んだ政治家の多くを懐柔しつつ、特殊部隊を送りこみ、法に背いて暗殺を実行していた。偵察飛行するパイロットや科学技術に長けたジャッカルを世に放ち、携帯電話やインターネット上の会話を盗聴していた。それらはいずれも、権力を保持するためにはどんな手もいとわないという、決意の表れにほかならないのだろう。

そのようなアメリカのEHM戦略を契機に、中国の地でエコノミック・ヒットマンが産声をあげたと私が知ったのは、第二版の出版後まもなくのことである。いよいよ、ＥＨＭ戦略の第三次興隆が幕を開けたのだ。

（訳注１）「囚人特例引き渡し」とは、当局が囚人と見なした者を法的根拠なく特例として他国に移送する行為を指し、移送先での、暴力行為を伴う尋問などが問題視されている。

第7部

中国の新ＥＨＭ戦略

第39章 中国による形勢逆転

中国の列強への歩みは、一九七六年の毛沢東の没後、鄧小平が最高指導者の座に就いたころにさかのぼる。鄧の手腕により、数十年にわたって推定二〇〇〇万人もの餓死者を出した惨憺たる政策から、中国は決別を果たしたのだ。彼は、みずから言うところの「社会主義市場経済」を、改革の柱として掲げた。ただしその市場経済は、アメリカのそれとはまったく別物である。

私が事あるごとに実感したのは、鄧の思想が、個人ではなく全体に重きを置く点だった。その鄧の思想をもとに、中国の新EHM戦略が二〇〇九年から花開くのである。私がまさに、中国の中欧国際工商学院（CEIBS）で講師を務めていたころだ。中欧国際工商学院は、常時『フィナンシャル・タイムズ』紙のビジネススクール世界上位一〇校に名を連ねるMBA（経営学修士）教育の名門校で、学生の大半は将来、国を背負う資質があるとして選抜された中国人たちである。そしてその多くが、自覚の有無を問わず、エコノミック・ヒットマンとしての道を歩むのだ。私は教壇に立ちはじめてまもなく、「通商交渉の手口」を吸収しようとする学生たちの熱意に触れた。やむなく教えたはいいが、そのような手口を使うべきではないと釘を刺さなかったことを、のちに後悔した。一方で、中国とアメリカとの考え方には根本的な開きがあると、私はしだいに感じるようになった。

「中国人はこんにちまで、社会秩序という観点において、儒教に大きな影響を受けています」。学院の学生リーダーの一人、チャン・マンディは私に言った。「儒教に基づき、家族に尽くすことが最大の善行だと教えられ、私たちは大人になるのです。私たちの価値観では、まずは家族、次に地域、その先に国家があり、世界があります。鄧氏の政策の背景には、そのような思想があるのです」

この発言に対して私は、鄧の言う市場経済は、ミルトン・フリードマンの提唱した資本主義に根ざした市場経済にほかならないと指摘した。つまり、社会的費用や環境コストとは関係なく、短期的利益の最大化を企業の使命とする経済である。すると数人の学生が異を唱えた。中国は当時、鄧が提起した三〇年構想「三段階発展戦略」の実現に向け、力を注いでいるところだった。先のチャンが説明した。「市場経済は個人の欲望や目先の利益に立脚するとは限りません。それはアメリカの言う市場経済であって、私たちの市場経済は、また別なのです」

私はこうした学生たちの意見をきいて、個人より全体を重んじる文化では、市場や利益という概念が、まったく別の意味を持つことを知った。フリードマンの理論はあくまで、一種利己的な私欲の追求を個人の権利として美化するアメリカにおいて構築されたものである。そのような文化では、法律や規制によって定めない限り、公益が促進されることはないだろう。たとえあるにしても、私益が満たされる場合に限られる。一方、儒教に基づく文化では、公益こそが目的なのだ。換言すれば、私が教えた学生の多くにとって、家族に尽くすことは、すなわち次世代にふさわしい社会作りに貢献することにほかならない。たしかに、学生たちはＥＨＭ戦略のさらなる巧妙な手口について知識を深めたかもしれない。だが一方で、都市を覆うスモッグや河川の汚染も肌で感じており、子どもたちのために今の社会を変えたいと願っていた。中国の子どもたちのために、そして、世界の子どもたちのために、である。少なくともそれが、学生たちが私に伝えようとしていた趣旨だった。

当時、鄧による改革はまだ始まったばかりだった。それから数十年かけて、中国経済は現代において最も驚異的な成長を遂げていく。一九八九年に鄧が最高指導者の座を退くと、彼の後継者たちが中国を列強に押し上げるべく、意欲的に政策を展開した。国家主席、胡錦濤の二〇〇五年のラテンアメリカ諸国訪問がその最たる例である。胡はアルゼンチン、ブラジル、チリ、キューバ、メキシコ、ペルーを歴訪し、各国首脳と会談。ほどなく中国のエコノミック・ヒットマンも胡の背中に続いた。はたして中国企業が、アメリカの裏庭と言われる地域で、アメリカ企業を凌駕していく。また、胡のラテンアメリカ訪問は、次の指導者、習近平による積極外交へと結びついた。なるほど周は二〇一五年、アフリカ、アジア、ヨーロッパ、中東、北米、中南米に飛び、計三〇か国に足を運んだ。中国はもはや、大国という定義だけには収まらず、一躍、世界の覇権争いをリードするまでになったのである。中国のエコノミック・ヒットマンが、こうした自国のみごとな経済成長をアピールしたのも当然と言えた。

二〇一八年には、アメリカが任命した世界銀行の総裁をして、こう言わしめた。「中国は一人当たりの収入を二五倍に増やし、その結果、八億人もの人びとを貧困から救った。世界全体で見れば、七〇％以上の貧困を減らした計算だ」。かたやアメリカ経済は、中国とは対照的な動きを示していた。例えばインフレ調整後の平均時給は一九七三年から上昇する気配を見せず、中流階級は人口の六〇％から五〇％に縮小。その裏で、新たな資産家たちが頭角を現し、企業やメディア、デジタル世界、そして政策までをも意のままに操っていた。

アメリカの問題は、経済だけに留まらなかった。ベトナムで残虐な戦いを繰りひろげたアメリカは、他国の人びとにとって、すでに恐怖の対象だった。加えて二〇〇一年の同時多発テロ事件のあと、大半の同盟国の反対を押しのけ、テロ事件とのかかわりを特定せぬままイラクに侵攻。民衆を犠牲にして、軍備増強や個人偏重、富の一極集中へとひた走るアメリカの対外政策は、中国の思想とは明らかに対極をなしていた。

中国はこの機に乗じた。多くのエコノミック・ヒットマンが、世界各地に飛んだのである。そしてアメリカの「自国を繁栄させたいのであれば、ワシントン・コンセンサスからの融資をもとに、インフラ整備事業の展開をアメリカ企業に発注し、新自由主義を採用すればよい」との理念を改め、「自国を繁栄させたいのであれば、国際貿易におけるパートナーとして他国の内政に干渉しない中国を選び、中国からの融資をもとに、インフラ整備を中国企業に発注すればよい」と、各国に提案した。これがまさしくEHM戦略の第三次興隆のはじまりである。中国の新たなエコノミック・ヒットマンを演じる優れた頭脳たちは、後述の通り、四つの戦術をみごとに修正してEHM戦略を展開。そして大学での講義や著作を通じて、アメリカの新自由主義が招いた結果と、自国が示した経済発展を比較し、その優劣を論じたのである。

私は二〇一七年、中国のEHM戦略にかかわる要人数名と交流する機会に恵まれた。本書の冒頭でも述べた、二つの国際会議に講演者として出席したときのことである。その一つは、一二〇の国から一万二〇〇〇人が参加し、ロシア大統領ウラジーミル・プーチンや国連事務総長アントニオ・グテーレス、世界を代表する一流企業のCEOたちが講演者を務めたサンクトペテルブルク（ロシア）国際経済フォーラム二〇一七（SPIEF17）である。そしてもう一つは、かつてはシルクロードを構成し、現在は中国のEHM戦略にしかと加わり、新シルクロード構想の実現をめざす各国の指導者をはじめ、約四〇〇〇人が一堂に会したアスタナ（カザフスタン）経済フォーラム・ハイレベル会議だった。二つの国際会議は私にとって、新旧の政府首脳や、政府高官とその顧問、ノーベル賞受賞者、銀行など、さまざまな実力者たちと意見を交わす貴重な場となった。

私はSPIEF17において、新シルクロード構想の正式名称、一帯一路構想の「帯」が、中国とそのほかのアジア、インド、ロシア、ヨーロッパ、アフリカを結ぶ陸路や通信網を、「路」がその経済圏をさらにラテンアメリカや、カリブ海地域、オーストラリア、ニュージーランド、そのほかの島嶼《とうしょ》国に広げる海路や港湾、インフラを指すと知った。要するに、新シルクロード構想は、全世界を網羅する計画、というわけである。

また私は、中国が新たに構築を進める金融同盟についても知識を深めた。その金融同盟をなす金融機関はいずれも、近年急速に力をつけている機関である。その実力は今や第二次世界大戦以降、世界を支配し、私の人生やアメリカのEHM戦略において大きな位置を占めてきたワシントン・コンセンサスの金融機関と、対等に張り合うほどだ。

例えば、二〇一四年七月に設立された新開発銀行（通称BRICS銀行）は、ブラジルやロシア、インド、中国、南アフリカが運営する金融機関である。当該五か国の総人口は世界人口の四〇%を上回り、GDPの総額は世界全体の約二五%に相当し、国土面積の合計は地球の陸地総面積の三〇%を超え、貿易額の総計は世界貿易額の約二〇%を占めるほどだ。特筆すべきは、BRICS銀行の本部が中国の上海にある点で、五か国の中で中国が明らかに中心的存在である事実を物語っている。

また、アジアインフラ投資銀行（AIIB）は二〇一四年一〇月に北京で開業式典が行われた金融機関だ。二〇一五年はじめの時点で、アジアを中心に五七か国が加盟。二〇一七年には大陸を問わず、さらに多くの国が参加するようになった。アメリカは、オーストラリアと韓国、イギリスに対して、AIIBへの加盟を見送るように過剰なほど圧力をかけたが、三か国はいずれも二〇一五年早々に参加を表明した。BRICS銀行とAIIBはともに、世界銀行やIMFなど、アメリカ主導の組織にかわる、新たな金融機関として世界各国から受け入れられたのである。

私はSPIEF17での講演や意見交換を通じて、BRICS銀行やAIIBが、世界の金融業界の勢力図を塗り変えている現実を思い知らされた。ワシントン・コンセンサスはまさに、挑戦状を叩きつけられていたのである。それのみか、私がビジネススクールや実務を通じて学んだアメリカのEHM戦略を支える開発経済学そのものが、その真価を根底から問われていた。

アスタナでの講演を終えたあと、私はカザフスタンの首相バクィトジャン・サギンタエフに個人的に招かれ、彼の執務室で会談する機会を得た。私はサギンタエフに、かつての私と同じような人間が中国から来ないか尋ねてみた。

「エコノミック・ヒットマンのことかい?」そう言って、彼は笑った。「もちろん来るさ。君のように、いかにも大層な肩書きを名乗ってね。しかも、君たちに輪をかけて頻繁に。ただし、話す内容は少し違うな。彼らは、理論や思想について語る向きがある」

「通商にかかわる話はしませんか?　新シルクロード構想に関しては?」

「ああ、もちろんするよ。だが、元来のシルクロードでカザフスタンが果たした重要な役割について話すことがほとんどさ。その上で、今度は新しいシルクロードで、かつてと同じく存在感を示してほしい、とも言うがね」

それは、私が幾度となく耳にした内容だった。EHM戦略の第三次興隆を推し進めようとする中国は、従来とは異なるゲームプランを立てることの重要性を、しかと認識していた。自分を含め第一次興隆を担ったエコノミック・ヒットマンたち、そして第二次興隆を演じたエコノミック・ヒットマンたちの過信を、突きつけられた気がした。世界にはアメリカが必要であり、アメリカの企業が必要であり、そしてアメリカの軍事力が必要である。そう、私たちはかねて自信を深めていた。だが、ソビエト連邦の崩壊を契機に、その自信が過信と化したのである。一方、中国のエコノミック・ヒットマンはアメリカと同じ轍を踏まぬよう、慎重にゲームを進めていた。他国のプライドをくすぐりつつ、交易網を介した繁栄の共有を前面に押しだしていたのである。

サギンタエフは人類がこんにち直面する数多の危機について言及し、各国が協力関係を築いて問題解決にのぞむ必要があると説いた。「私たちは地球の環境変化に対し、製造業や交通産業、情報通信産業などの技術分野において、解決策を見出さなくてはならないだろう。新シルクロード構想のもと、各国が協力体制を構築すれば、自国の強みを他国に生かすことができる」

彼に促される形で、私は国際社会の認識を変える必要性について詳しく説明した。端的に言えば、短期的利益にとらわれて「死の経済」を招くのではなく、長期的利益を重視して「命の経済」をはぐくむ必要がある、と。

私の意見をきいたサギンタエフは拍手した。「まったく同感だ」。顔をほころばせる。「それこそ新シルクロード構想が意図するところさ」。彼はカザフスタンと中国とのあいだの歴史に触れ、前進と後退の繰り返しだったと語った。「だが」と付け足す。「ソ連から独立を果たしたあと、カザフスタンは中国と親密な関係を築いた。それゆえカザフスタンの中国に対する影響力は大きいんだ」。広大な国土面積を誇るカザフスタンが中国にとってロシアとの中間に、また中東とヨーロッパを含めた地域の中央に位置するため、非常に重要な存在であるとサギンタエフは強調した。そして最高指導者の習が二〇一三年、新シルクロード構想を正式に発表した場所が、カザフスタン・アスタナのナザルバエフ大学である点に言及した。「その事実が象徴している」と彼は言った。「地球の未来にとってカザフスタンが重要な国であると、習は発信じていたんだ」

　また、ロシア大統領プーチンの上級経済顧問を務める博士セルゲイ・グラジエフも、カザフスタンで非常に示唆に富む意見を披露してくれた一人だった。グラジエフは『エコノミック・ヒットマン』の読者で、国際会議のパネルディスカッションでは、私とともにパネリストを務めた。彼は私とコーヒーを飲みながら、ロシア指導部に中国のEHM戦略について解説することが、みずからの仕事の一つであると話した。「要は、中国は戦略を練るにあたって、君のようなアメリカのエコノミック・ヒットマンと、私のようなロシアのエコノミック・ヒットマンから学んだのだ」。そう言って、中国のエコノミック・ヒットマンが参考にしたであろう米露両国の戦術の成否について掘りさげた。その後グラジエフは、両国が主権国家の内政を操るために「援助」を提案し、反感を買った点について話した。「それを反省材料にして導いた答えが、新シルクロード構想っていうわけさ」。彼は続けた。「新シルクロード構想が立脚するのは圧力ではなく、協力や協働、そして通商だ。旗印とするのは、富の公平な分配なんだ。他国による搾取や、外部からの内政干渉、自国領土での他国軍の駐留に反発する国があるのは、当然だろう。だが、通商の拡大や自国の繁栄となれば、反対する国など存在するはずもない」

　私はグラジエフとの懇談を契機に、冷戦時代におけるソビエト連邦と近年の覇権争いにおける中国との違いについて考えさせられた。振り返れば、冷戦時代のソ連は核兵器という軍事的脅威をアメリカに振りかざす一方で、経済力に欠けていた。対外投資を促進しようとする試みは、往時のワシントン・コンセンサスや、こんにちの中国に比べれば、無いに等しかったと言えるだろう。交易に関しても同様だ。ソ連の国内経済は、他国の模範にはなりえなかった。標榜するマルクス共産主義でさえも、悪名高きかつての体制スターリニズムのおかげで、ひどく評価を落としていた。私は平和部隊のボランティアとして、その昔ラテンアメリカで活動していたが、現地の人の中でマルクス主義を理想とする者はいても、ソ連の統治モデルを追随すべきと唱える者は、誰ひとりとしていなかった。また経済に関しても、その後ロシアの大学に留学した者はいるかもしれないが、当時はそろって、ソ連経済に批判的だった。ところが、私が近年ラテンアメリカを訪れた際、中国に対する現地の評価は、ソ連とはまったく違っていたのである。

カザフスタンを離れて数か月後、私はエクアドルにいた。エクアドル政府で大臣を務めるある人物は、匿名を条件にこう語った。「ラテンアメリカの国々には多くの天然資源がある。だが、私たちにはそれを掘削する技術力や資金力がない。だから中国が、希望の光なんだ。アメリカと中国ならば、私たちは中国に助けを求めるだろう。早い話が、中国はこれまでラテンアメリカの国に侵攻したこともないし、選挙で選ばれた指導者の失脚や暗殺劇にかかわったこともない。対してアメリカは、過去に二つとも犯している」。彼は、エクアドル大統領ラファエル・コレアの発言を引き合いに出した。コレアは二〇〇七年、大規模な在エクアドル米軍基地の基地貸与延長を求めるアメリカ大統領ジョージ・W・ブッシュ（息子）に対して、こう言ったのである。「アメリカがエクアドルにある自国の軍事基地を存続させたいのであれば、反対に、フロリダの土地をエクアドル軍のために貸与しなければならない」。はたして米国防総省は、エクアドルから自国の軍事基地を撤去した。「アメリカ国民は、他国の人びとがよその国の兵士が来るのを歓迎するとでも思っているのだろう」。くだんの大臣は続けた。「しかし、大多数が歓迎なんてしていない。一七七五年に独立戦争を始めたアメリカ人のようにね」。かくしてコレアはアメリカを見限り、中国になびいたという。彼は、新自由主義経済を通して各国政府を操り、資源を意のままにしようとしているワシントン・コンセンサスに、危機感を覚えたのだ。

中国が南シナ海や香港、台湾、インドとの国境付近、チベットで圧力を強めている点について、私は尋ねた。すると、彼は肩をすくめた。「正当な理由があるとは思えないが、君が今あげたのは、どれも中国が古くから主権を主張する地域だ」と言って苦笑いを浮かべた。「アメリカもさして変わらないだろう。アメリカは一八〇〇年代にメキシコに侵攻して、領土の半分を併合した。それから、西半球全域を『取り締まる』ようになったんだ。君が実際に手を染めた活動や、著書に記した出来事を通してね」。さらに彼は、考え込むようにして顎をなでた。「それに、中国は我々の国から、はるか遠い。だが、パナマや直近のホンジュラスなど、アメリカが侵攻した場所は、我々のすぐ近くだ」

くだんの大臣は、決して独善家ではなかった。事実、彼の意見は多くの人びとの気持ちを代弁している。残念ながら、アメリカが繰り返し超大国としての立場を利用しているのは事実だろう。抑圧、不正、脅威、暴力を駆使して、さまざまな国に圧力をかけ、過酷な負担を強いている。資源を安くアメリカ企業に提供し、公的な事業を民営化してアメリカの投資家に売り、緊縮政策を実行するよう迫っているのだ。

かたや中国のエコノミック・ヒットマンは、異なる角度から切り込んでいる。各国当局に売り込むのは、もっぱら自国の経済成長や新シルクロード構想が掲げる広域経済圏だ。貿易相手として融資するかわりに広域経済圏に参加してもらいたい。なるほど、そのような中国の誘い文句は、単に債務を負わせて、その国の資源や経済、政策を操ろうとする債権国の姿勢より、貧困の深刻化や経済の悪化に苦しむ国にとっては魅力的だろう。現在の低所得国の指導者たちが政治の道を歩みはじめたころ、中国はまさに同じような窮状にあえいでいたのだ。よって、中国と同じ経済モデルを採用すれば、インフラが整い、広域経済圏の恩恵を受けられると各国首脳を説得するのは、第三次興隆を担う中国のエコノミック・ヒットマンにとって、比較的たやすい仕事と言えた。

私は二つの国際会議を通じて、新シルクロード構想が、単なる構想から現実に移行しつつあることを肌で感じた。アメリカがイラクやアフガニスタンに気をとられている隙に、中国は同志を増やし、アメリカに匹敵する超大国へとのしあがっていたのだ。複数の講演者が「中国の世紀」と称したように、新時代の中国は世界各地からもてはやされる存在なのだ。鄧小平が発展戦略を掲げた一九七八年から四〇年かけて達成した経済成長を、今や、どの国も見習おうとしているのである。

その事実に反して、中国の勢いには陰りが見え、第二次世界大戦以降のアメリカ中心の国際秩序は今後も変わらないとするアメリカ人の意見をよく耳にする。そのような人たちが指摘するのは、次のような中国情勢だ。例えば社会の高齢化により、高齢者を支える若い世代の負担が増えている。経済成長率が過去数十年と比べて大きく低下している。大気や水質、土壌の汚染が深刻化している。独裁政権が国民からの声や報道、さまざまな情報通信、言論を抑圧している。指標となる住宅市場の需要が落ち込んでいる。香港や台湾などの国々や、自国の少数民族に対する政策に一貫性がない、など。しかし、多くの中国研究家は、異なる立場をとる。以下、『フォーリン・ポリシー』誌の二〇二二年の記事だ。

一九七〇年代に経済改革に着手した中国は、計画の頓挫や失敗を予想する声を幾度となく見返してきた。……複数の点において、中国はなお成長している。例えば軍事力は年々、増すばかりだ。……中国は二〇二〇年以降、経済成長を鈍化させながらも、強権体制をいっそう強めていくだろう。それは世界にとって、最悪のシナリオと言えるかもしれない。……

事実、中国は近年、中国の勢いももはやこれまでとの指摘を、ことごとくはね返してきた。

一方で世界は、アメリカが国家の根幹にかかわる失態を演じるさまも目にしてきた。「もしアメリカが民主主義の模範ならば、私たちは民主主義を導入したいと思わない」との声は、私の耳に頻繁に届く。一つの政権によって結ばれた同盟や協定が、別の政権によって簡単に反故にされることに、他国の人びとはとまどいを隠せないでいる。そして、上院と下院が妥協点を見出せずに、連邦議会が機能不全におちいる様子に、唖然としているのだ。

自国の企業に有利な貿易協定を結ぼうとするアメリカ政府に、多くの国がますます反発を強める一方で、中国の提案には各国から好意的な反応が寄せられている。

これは、ＥＨＭ戦略の第三次興隆を進める中国の懸命な努力と創意に富む作戦の賜物《たまもの》と言ってよいだろう。中国のＥＨＭ戦略の神髄は、私の時代のようなエンジニアやエコノミスト、投資家の力だけに留まらない。また、数十年前からアメリカで台頭し、第二次興隆を担った企業戦士の力だけとも限らない。みごとに団結したスポーツチームよろしく、底知れぬ潜在能力を秘めているのだ。

とはいえ、その中国チームは今、ロシアのウクライナ侵攻という課題に直面している。一国の主権をないがしろにしていると世界から見られるのは、中国の本意ではない。と同時に、アメリカの牙城に挑むロシアを支持し、アメリカとヨーロッパの親米諸国に、資金と労力を極力つぎこませたいとの思惑もある（第45章参照）。そこで習近平は二〇二二年九月、新型コロナパンデミックの収束後はじめてとなる外遊先にカザフスタンとウズベキスタンを選び、中央アジアとの連携強化を図った。ロシア大統領プーチンとも直接会談したが、プーチンはのちに、ロシアのウクライナ侵攻に対して習が「疑問と懸念」を示し、ロシア側に国際秩序の安定の重要性を訴えたと認めている。そのロシア側への態度からしても、中国が必ずしもロシアの行動を歓迎していないのは明らかだろう。

第40章

中国のエコノミック・ヒットマン

こんにち中国のエコノミック・ヒットマンが活用する手段や、通商交渉の手口、そして担当機関は、アメリカのエコノミック・ヒットマンが用いるものと驚くほど似ている。本章から数章をさいて述べる通り、中国のエコノミック・ヒットマンが頼るのもまた、四つの戦術なのだ。

アメリカのCIAやNSAにあたる中国の国家安全部（MSS）は、諜報活動を展開するだけでなく、さまざまな理由を並べてアメリカを脅威として喧伝している。また、CIAやNSAが国防総省と協力するように、中国国家安全部も中国人民解放軍の諜報組織である中央軍事委員会連合参謀部情報局と密接に連携し、国際社会の最新情勢や資源状況などに関して、貴重な情報を入手している。

国家国際発展協力署（CIDCA）は、各国に需給逼迫への危機感をあおり、債務を促す役目を負う。二〇一八年の同機関の設立は、一つの組織にEHM戦略の運営を集約し、戦略推進を加速させようとする中国政府の野心の表れにほかならない。国家国際発展協力署は、アメリカの国際開発庁（USAID）よろしく、ほかの政府機関と連携しながら事業を進める。例えば、他国に繁栄をもたらす可能性がある取組みを評価、推奨し、監督するのが外務省（MOFA）だ。そして、それらの取組みを実行に移すのが、商務部（MOFCOM）である。

BRICS銀行とAIIBは、標的国に対して補助金や融資を提供する。この二つの金融機関は、世界銀行やIMFの組織機構と同じく、加盟国や出資国、借入国として多くの国をとりこむ。そしていずれも、(アメリカ政府が世界銀行やIMFを運営するように)中国政府が主に運営し、(世界銀行が合衆国輸出入銀行や米金融業界から支援を受けるように)国家開発銀行や中国輸出入銀行、政府系ファンドの中国投資、中国工商銀行から常時、支援を受けている。

中国のエコノミック・ヒットマンは、のちに紹介する多くの事業が示す通り、国家安全部や国家国際発展協力署、BRICS銀行、AIIBなどの機関をきわめてうまく活用している。それらのうち一つないし複数の組織を通じた事業のほとんどが、新シルクロード構想の情報通信網や輸送システム、エネルギーシステムの構築に貢献するものなのだ。

私は中国のEHM戦略を掘りさげ、その戦略家たちと対話を重ねるたび、アメリカの最も効率的な部分をみごとに採用していると感心させられる。だが同時に痛感させられるのが、両国のエコノミック・ヒットマンをへだてる相違点だ。前述したように、アメリカ主導の第二次興隆では、主に特定の企業の利益拡大に焦点が当てられ、国家全体の利益は二の次だった。一方、第三次興隆を演じる中国のエコノミック・ヒットマンが重視するのは、国家の利益である。中国に膨大な数の国有企業(SOE)が存在するゆえんだろう。

二〇世紀のEHM戦略では、石油や鉱物など天然資源に代表される有形資産に照準が当てられてきた。そのような資産を持つ国は、債務と需給逼迫への危機感という二つの戦術はもちろん、四つの戦術すべての餌食とされた。しかし、みるみるうちにハイテク時代が到来し、サイバネティックス(訳注:通信と制御を総合的に研究する学問)が黎明期を迎え、環境責任と社会的責任が厳しく問われるようになると(つまり知識経済が形成されると)、中国はここぞとばかりに新たな戦略を採用した。つまり、中国が掲げる錦の御旗は、アメリカのそれとは別物なのだ。私は二〇二一年後半から二〇二二年はじめにかけて、中国の現代戦略の頭脳とも言える要人三人と懇談したが、彼らの言葉がその事実をいみじくも表すだろう。

さまざまな肩書きを持つ温鉄軍は、『チャイナ・ビジネス・ウィークリー』で「中国経済に最も影響力を持つ実力者一〇人の一人」と評価された、経済学者である。王治河は、中国指導部に幅広い人脈を持つ中美后現代発展研究院(The Institute for Postmodern Development of China)の所長だ。樊美筠《はんびいん》は、中国の有力紙『世界文化論談報(Culture Communication)』の女性編集長である。

温鉄軍に対して、EHM戦略におけるアメリカと中国の違いについて尋ねると、彼はこう言った。「新自由主義をはじめ民営化、市場化、国際化など一九八〇年代に端を発する世界銀行の政策については、よく知っています。私はこれまでアフリカ諸国やインド、ロシアなど、多くの国に実際に足を運んできましたから」。そして、アメリカとは異なる視点を述べた。「中国は相手の要望に耳を傾けるんです。『国民が教育を必要としていますか? わかりました、学校の建設をお手伝いしますよ。国民が医療を必要としていますか? わかりました、病院の建設をお手伝いしますよ。道路を必要としていますか? わかりました、お手伝いしますよ』という具合に」

彼の言葉をきいて、私は一九九〇年代後半にエクアドルのアンデス山脈での経験を思い出した。木製の農具を馬に引かせてジャガイモを栽培する村の住人が、金属製農具の購入を支援してほしいと政府に嘆願したときのことだ。エクアドル政府はUSAIDに相談した。話をきいたUSAIDは農業専門家を現地に派遣。その専門家は、何世紀も前から続く、数十品種を同時に育てる伝統的な栽培方法をやめるように勧めた。かわりに、収益性の高い四つの品種に集中したほうがよい、と。そして、もしそうするならばトラクターや植付機、収穫機を用意すると約束した。また、現代農法の恩恵を享受できるように、グリホサート系除草剤など「驚異的な効果を発揮する化学薬品」の購入資金も融資すると話した。トラクターの費用だけでも、村全体の総収入の約一〇年分に相当した。村の人びとにとって、それは拒否できる提案ではなかった。はたして四品種に絞り、栽培することになった。すると数年としないうち、胴枯れ病が蔓延し、すべてのジャガイモが枯れてしまったのである。丘の中腹に立つと、目に映るのは、トラクターによって掘り起こされた無残な大地だった。新たな栽培が失敗に終わり、土砂くずれや河川の氾濫で生活を台無しにされた人びとの悲痛な叫びが村にこだました。あえなく村の住人は、故郷を離れることになった。そしてその多くが、首都キトの物乞いに身をやつしたのである。

「なるほど」。私は温に言った。「たしかに私たちアメリカは、相手の要望にいつも耳を傾けてきたわけではありません」。そして尋ねた。「アメリカと中国の協力をはばむものは何でしょうか?」

「大きな要素がいくつかあります」。樊美筠が言った。「まず、アメリカはもはや一枚岩ではありません。政府と国民とのあいだにへだたりが存在します。加えて、中国を敵視するアメリカ政府の姿勢も要因でしょう。自分たちのことを最大の敵と見なす相手と、協力できるはずがありません」

「極論を言えば」。王治河が継いだ。「もしアメリカが一つにまとまり、中国との協力を求めるならば、二つの国は間違いなく手を取りあえるでしょう。ただ残念ながら、アメリカは政治的分断と内部抗争のおかげで、例えば気候変動の抑制といったような、公益に資する対策を打てずにいます」。彼は新シルクロード構想の重要性に触れ、彼自身がアメリカの参加を強く願っていると話した。「この『世界最大のプロジェクト』の目的は、鉄道や道路、パイプライン、電力系統のネットワークを構築し、中央アジアや西アジア、南アジアの一部、ラテンアメリカなど、すべての地域を中国を介して結ぶことです。政策や貿易、資金、社会、文化面での協力を含め、経済的な協調と連携を促す、世界最大の経済圏を形成することなのです」

前段の会話が示す通り、中国の戦略家たちは、世界を一つに結ぶことこそ中国の国益であると考えている。ではあらためて、なぜ、私を含めアメリカのエコノミック・ヒットマンは、そのような考えに至らなかったのだろうか。

さっそく次章以降で、中国のＥＨＭ戦略を具体的に見ていきたい。中国は現在、自国が提案する開発計画や、毛沢東なきあと急成長を遂げた経済モデル、そして新シルクロード構想によって、世界を国際協調の新時代に導くと世界に広く訴えている。だが結局は後述の通り、アメリカのＥＨＭ戦略と同じく、待ちうけるのは「死の経済」なのだ。政策の舵取り役が、情報や批判を制限する独裁政権である点を考えると、より危険と言えるかもしれない。あまつさえエンジニアリングの技術に乏しく、汚職もはびこっている。にもかかわらず、中国はものの見ごとに低所得国をとりこんでいるのだ。また、巻末では、この負の連鎖を断ち切って再生可能な「命の経済」を築くためには、どうすればよいのかを検証する。

第41章

ラテンアメリカ

環境団体パチャママ同盟の一団とともに乗るバスがエクアドルの水力発電ダムに近づこうとしたとき、エクアドル前大統領ラファエル・コレアの姿が目に浮かんだ。二〇一九年八月のことである。コレアが中国と結んだ協定について、私は考えつづけた。中国によるＥＨＭ戦略の光、そして、影についても――。

私は立ち上がって、マイクの電源を入れた。バスが停まる。外を指さして、言った。「ここは、私がエコノミック・ヒットマンとして融資を調整し、事業化に結びつけた数多くの案件のうちの一つです」。大統領ロルドスに会い、世界銀行から追加融資を受けるように説得した日のことがよみがえる。「このアゴヤンダムが完成したのは、一九八〇年代に入ってからです。しかし、計画がスタートしたのは一九七〇年代でした」。一瞬、後ろめたさを感じたが、どうにか言葉を連ねた。「アメリカは、ＥＨＭ戦略を使って帝国を築こうとしていたのです」

ゆっくりと息を吐きだし、気持ちを落ち着かせた。そのときに限らず、私はまだ過去の過ちをめぐり、自責の念に駆られていた。「この事業が一つの引き金となって、エクアドルは過剰債務におちいり、アメリカ政府とアメリカ企業の奴隷と化しました」。窓の外には、巨大なコンクリート壁が広がっている。言葉を失っている場合ではない。バスに乗る人たちは、過去をめぐって葛藤するさまを見にきたわけではないのだ。「ですが、状況は変化しています」

再びコレアの姿がよみがえった。追憶の新聞写真の中で、満面の笑みで習近平夫妻を歓迎しているコレアがいた。キトの空港に着いた専用機から習夫妻が降りてきた場面である。「今度は中国がやってきたのです」。バスが再び動きはじめた。「ただし、アメリカと中国の事業には大きな違いがあります。今ごらんになっているアゴヤンダムは、たしかにこの国を借金漬けにしましたが、少なくとも問題なく動いています」。私にとってその事実は、罪悪感をいくばくかやわらげてくれる、心のよりどころと言えた。「一方で、中国の事業は違います」

私はエクアドルの水力発電ダム、コカ・コード・シンクレアをめぐる中国事業の問題点をあげた。コカ・コード・シンクレアは、活火山近くの地震の影響を受けやすい場所に立地しており、エクアドルのほぼ全域に電力供給する予定だったが、いまだに全面稼働には至らず、電力網を短絡させるばかりか、発電機棟のいたるところに亀裂を走らせていた。私は続けた。「にもかかわらず、ラテンアメリカのほとんどの国は、往時のアメリカ以上に中国を歓迎しています。中国は、アメリカよりもはるかに効果的なEHM戦略を展開しているのです」

一九九一年のソ連崩壊のあと、超大国の名をほしいままにしたアメリカは、北米／中米自由貿易協定（NAFTA／CAFTA）や、二〇一九年の米国・メキシコ・カナダ協定など、「自由貿易協定」の締結に力を注いだ。そしてそれらの自由貿易協定は、EHM戦略の新たな手段として機能し、需給逼迫への危機感という戦術を補完した。いずれの協定も名目上、食料品の取引価格を抑え、加盟国に十分な食料を配分することが目的である。しかし、ラテンアメリカとカリブ海地域（LAC）の人びとにとっては、もっぱらアメリカ企業と自国の腐敗した支配層に富が配分される、不公平な謀略にすぎなかった。地元LACの生産物と競合するアメリカ産農産物の輸入は関税が撤廃された上、アメリカ国内ではアグリビジネス企業に対して補助金交付が認められたのである。したがって、アメリカ企業は、アメリカ産のコーンや米、綿などの生産物を、原価を下回る価格や、現地で栽培するよりも安い価格で、LAC市場に輸出できるようになった。その結果、LACの農業生産者は路頭に迷い、農産物の加工や輸送、販売、仕入れを手がけるスモールビジネスの経営者や従業員、あわせて数百万人が壊滅的な打撃を受けることになった。もはや家族を養えなくなった者たちは現在、アメリカに渡るしか生きのびる道はないと考えている。そして、経済的困窮に起因するギャングどうしの抗争や汚職、犯罪、政治的混乱へと結びついているのだ。

実際にアメリカに渡ったある男性の言葉である。「愛する母国や、妻と子どもたちと離れるのは、胸が張り裂けそうなほどつらく、そして危険だった。だが、私たちには食べるものがなかった。私がここアメリカで芝を刈り、庭の草むしりをして母国に送金すれば、子どもたちは食べものにありつけるんだ」

また別の移民者はこう語る。「たしかに私たちの国の政治家は不正に手を染めているが、それはアメリカ企業も同じだろう?」

膨大な利益を生む麻薬取引も広がっている。一般に非難されるのは麻薬カルテルや麻薬王だが、アメリカとラテンアメリカの多くの人たちの証言によると、政府や法執行機関の関係者も多数かかわっており、社会全体に不正が広がっている状況だ。そもそもアメリカ国内の需要がこの麻薬取引拡大の元凶であり、西半球全体に腐敗文化を根づかせていると専門家は指摘する。ラテンアメリカの人びとも、一連の麻薬問題がアメリカの影響で深刻化しているとの認識で、そのような世論も中国歓迎の一因と言える。

中国は本当に短期間のうちに、不可能と思われる経済成長をなしとげた。それは、冷戦時代の四〇余年のあいだにソビエト連邦が残した実績など、足元にも及ばない規模である。その証拠に、アメリカの裏庭と呼ばれる中南米に対する海外投資額を見ると、中国がアメリカをしのいで世界第一位なのだ。

習近平は二〇一三年、中国国家主席に就任してまもなく、南北アメリカ大陸に変化をもたらす意向があると発表した。以下、『ザ・ディプロマット』誌の記事である。

中国が掲げる経済主体の対LAC戦略の一つが投資だ。習は二〇一五年、中国・中南米カリブ海諸国共同体フォーラム（China-CELAC Forum）の、就任後初となる閣僚会議において、二五〇〇億ドルもの大規模投資を行うと発表した。国内のインフラ整備が不十分なLAC各国にとって、中国の直接投資はインフラ開発を進める好機である。中国は交易同様、投資に関しても、エネルギーや天然資源の抽出事業に大きな重点を置く見込みだ。

習はアメリカに優先して、トリニダード・トバゴ、コスタリカ、メキシコにおもむいた。外交上、象徴主義（訳注：抽象的観念の表現において象徴を重んじる考え方）を非常に大切にする中国のような国にとって、アメリカよりもLACを優先する姿勢を示すことは、きわめて重要だったのである。

だが、習の意思表示はそれだけに留まらなかった。その後、習はアルゼンチン、ブラジル、チリ、キューバ、エクアドル、パナマ、ペルー、ベネズエラを歴訪し、二〇一七年になって、ようやく米大統領トランプとの対面を果たした。中国は公然とアメリカの優位性に挑み、新シルクロード構想を南北アメリカ大陸に広げようとしていた。象徴主義を活用し、財政難につけこみ、そしてアメリカの政府や企業、エコノミック・ヒットマンとは違い、無理な要求を重ねたりしないと訴えながら。

習が強調したのは、中国の対応がアメリカのそれとは大幅に異なる点だった。アメリカを脅威と位置づけ、アメリカのように他国の事情に首を突っ込んだり、国内政策や対外政策に圧力をかけたりしないと保証したのである。さしずめ、中国と組めばアメリカの内政干渉からあなたの国を守ります、と提案しているようなものだろう。また、債務という戦術と、需給逼迫への危機感という戦術を適用して、相手国に経済開発の必要性を説きながらも、政治問題を持ちこんだり債権国として優位性を求めたりはしないと約束した。そして、分断・統治の戦術については、発想を転換し、新シルクロード構想による一体化を訴求したのである。

しかし現在、中国が請け合う内容とは裏腹の事実が多数浮上している。なるほど中国政府は、チベットや香港、台湾への政策や、ウイグル族など自国の少数民族への対応をめぐり、各国に支持を求めている。とはいえ、内政不干渉の保証は、アメリカの政府や金融機関による干渉にさんざん苦しめられてきた国々にとって、意義のある提案に違いなかった。

習の訪問を受けたLACの指導者たちは、ソ連との交渉をアメリカの要求をやわらげる道具とした過去を想起したのではないだろうか。だがソ連は崩壊し、交渉舞台はアメリカのエコノミック・ヒットマンの独壇場となった。それをいいことに、アメリカは習が今まさに他山の石とする身勝手な要求を、LACに押しつけたのである。また習の外遊以上に特筆すべきは、インフラ開発を通して世界各国を一つにするという融資目的かもしれない。中国当局の提案は、ソ連崩壊後のアメリカ支配に終わりを告げる号砲として歓迎されたのだ。と同時に、アメリカへの怒りをあおる、呼び水でもあった。その火種は、私が平和部隊での活動を終えた数十年前にさかのぼる。

私が平和部隊を離れ、エコノミック・ヒットマンの世界に足を踏み入れた一九七一年、アメリカはすでにベトナムを失いかけていた。エクアドルなどラテンアメリカ諸国の人びとは、その状況をアメリカの恥ずべき敗北として快哉を叫んでいた。対してアメリカのプロパガンダ機関は、そのような反米感情の高まりは共産主義台頭の裏返しであると主張。ソ連がキューバを拠点に、西半球のいたるところにゲリラ軍を送りこんでいると国民に触れまわった。だが、実際のところ、キューバはそのような立場にはなかった。たとえソ連に大計があったとしても、キューバ危機やチェ・ゲバラ暗殺によって、その野望は打ち砕かれていたはずだ。しかし、第二次世界大戦後の核の脅威や、陸軍対マッカーシー公聴会（訳注：共産主義者狩りを推進する共和党議員マッカーシーの陸軍告発を受けて開かれた公聴会）、共産主義スパイのドラマや映画などの影響で、反共ヒステリーが巻き起こったのである。

レーガン政権は、脅威という戦術のもと、南北アメリカ大陸の人びとに、その名の通り脅威を植えつけようとした。そして右翼運動の拡大を図るため、私のような「経済開発の専門家たち」をCIAの諜報員とともに派遣した。チリやアルゼンチンなど、ファシズムが長く支持されてきた国が対象だった。はたして、チリでは陸軍大将アウグスト・ピノチェトが民主選挙による大統領サルバドール・アジェンデを（一九七三年）、アルゼンチンでは軍部が大統領イサベル・ペロンを（一九七六年）、アメリカ政府の支援を受けて打倒した。かくして誕生した二つの独裁政権はその後、何万人という人びとを拷問にかけ、殺した。アメリカはナチス・ドイツを厳しく非難するかもしれないが、ヒトラーもどきの連中を確かに支援したのである。また、そのような独裁政権は、CIAによるコンドル計画の実行部隊でもあった。コンドル計画という名のもと、LACの有力指導者たちは一丸となり、民主運動を（社会主義運動とのレッテルを貼って）抑圧し、各地の天然資源をアメリカ企業に供したのである。『ガーディアン』紙が当時の米国務長官キッシンジャーについて記している。

数百人もの政治犯が獄中で拷問を受けつづける中、キッシンジャーはピノチェトを支えていた。

当時のアメリカ国務長官はピノチェトに、自国のジェラルド・フォード政権が人権侵害で彼を処罰することはないと約束した。あくまで共産主義プロパガンダの犠牲者であり、アメリカ国民の非難を気にすべきではないと諭していたのである。

コンドル計画は一九七五年、さまざまな国が参加する共同軍事作戦に進展した。通称、コンドル作戦である。その中でアルゼンチンやボリビア、ブラジル、チリ、パラグアイ、ウルグアイの六つの独裁政権が、アメリカ政府との共闘を誓った。まさに、EHM戦略の分割・統治という戦術が、思いもよらぬほど力を発揮したのである。各国の独裁者は、社会福祉や適正賃金、人権を求める運動を抑圧し、社会に最も必要なはずの組織を大衆の敵に仕立て、多数派リーダーたちをソ連のスパイとして犯罪者扱いした。

私はエコノミック・ヒットマンの一人として、それら六つの政権を支援し、EHM戦略を推進した。私たちと並び、作戦に加わったのがCIAの諜報員と軍の特殊部隊である。両者はアメリカ帝国の脅威となる人物を余さず「消す」ため、誘拐や殺しに必要な訓練や武器、装備などを提供した。かつてのアメリカ領土、パナマ運河地帯に位置し、ラテンアメリカの民衆から広く憎まれていた悪名高き米陸軍米州学校は、右翼武装集団の訓練拠点とされ、アルゼンチンの軍事政府は野戦指揮所として作戦を統制。結局、コンドル作戦は南米大陸をあまねく恐怖におとしいれ、推定六万人もの人たちの命を奪った。

アメリカは一見すると、みずからは手を下していないかのようだった。殺人などのジャッカルの仕事は、主にアルゼンチンの諜報員やチリの軍指導部がCIAの指示で実行していたからだ。それだけではなく、CIAはコンドル作戦を、議会が認める使途不明の予算、いわゆる「闇」予算を増やす格好の機会として活用した。今後の国際的作戦に備えて闇予算を増やしたいCIAにとって、コンドル作戦のような水面下の軍事作戦は、うってつけのチャンスだった。兵器や医薬品、違法薬物の販売に加え、最高入札者への物品の輸送や守衛、通信などの役務提供で、資金を稼ぐことができたからである。

プロパガンダ機関はきわめて巧妙にコンドル作戦を隠蔽していたが（民主主義を求める反共運動と見せかけていたが）、私はエコノミック・ヒットマンとしての最後の数年間、つまり一九七〇年代後半にかけて、こうした動きに疑念を深めていた。みずからに課された任務をめぐり、後悔や怒り、罪悪感をしだいに強めていたのである。そして、それらの感情は、私に辞職を決意させる大きな要因となった。

ともかく、アメリカの真の姿がはじめてあぶりだされたのは、一九八五〜八七年のイラン・コントラ事件がレーガン政権時代のCIAの秘密工作だったと議会公聴会で発覚したときのことである。レーガン政権は武器禁輸措置が講じられている中、秘密裡にイランへ武器を売却。その利益を、社会主義体制に反対するニカラグアの右翼、コントラの支援に流用していたのだ。レーガンは公には認めなかったが、イラン・コントラ事件は違法行為であることはもとより、CIAとエコノミック・ヒットマンによる典型的な秘密工作と言えた。そして一連の議会公聴会で、コンドル作戦をはじめとするアメリカの多くの工作活動が明るみに出たのである。いずれにせよ、ラテンアメリカの人びとは、それらの残虐で非民主的なアメリカの行為を、決して許すことはないだろう。

アメリカとその同盟国を勝者として冷戦が終わり、ベルリンの壁が崩壊し、ソビエト連邦が一九九一年に崩壊した。アメリカに比肩する超大国が不在となる中、LACの指導者たちは以前に増してEHM戦略に苦しめられるようになった。新自由主義の拡大。そして怒りの鬱積。ラテンアメリカの人びとは、アメリカのタカ派政策や企業の拝金主義の食いものにされていることを自覚し、何もできない自分たちに無力感をつのらせていく。

とうとう民衆の怒りが噴き出したのは、私がエクアドルにいた二〇〇二年だった。ＣＩＡの計画したベネズエラ大統領ウーゴ・チャベスの失脚劇が結局、失敗に終わったあとのことである。その失敗が、まさしく分水嶺となった。アメリカは張子の虎であると多くの国が気づいたのだ。はたして右派のアメリカ傀儡政権にかわり、リベラルな指導者たちが実権を握りはじめていく。

二〇〇二～一八年にかけて、ラテンアメリカの多くの国、具体的には、アルゼンチン、ボリビア、ブラジル、チリ、コスタリカ、エクアドル、エルサルバドル、メキシコ、ニカラグア、パラグアイ、ペルー、ウルグアイで、左派政権が生まれた。アメリカで通称「ピンクの潮流」と呼ばれる出来事である。選挙ではなくアメリカの支援で圧政を敷いた右派政権の犯した罪が、ついに大衆の知るところとなったのだ。新たな指導者たちは、民族自決や、より平等な社会制度、経済的な自治に重きを置いた。そして、アメリカに抵抗するため、中国に頼ったのである。

内政不干渉と、ＬＡＣ諸国をはじめ世界との関係強化を訴求した習近平の迅速な対応は効果てきめんだった。二〇〇二年に一七〇億ドルだった中国とＬＡＣとの貿易額は二〇一九年には約三一五〇億ドルにまで拡大。中国は二〇年と経たぬうちに、ブラジルやチリ、ペルー、ウルグアイの最大貿易相手国となり、ＬＡＣの大半の国にとっても、第二位の貿易相手国として、取引きを増やすようになったのだ。

一方エクアドルは、ベルギーで暮らす前大統領ラファエル・コレアの負の遺産を、なお引きずっていた。二〇二一年の大統領選において、民間金融機関出身で元財務相の右派ギジェルモ・ラソは、コレアの社会主義政策を非難し、減税と社会福祉の充実を公約に掲げた。ラソはコレアの盟友アンドレス・アラウスを破り当選を果たしたが、彼の勝利の要因は、政治思想よりも人格にあると考えられた。『フォーリン・ポリシー』誌は、ラスの勝利をこう報じた。

大衆派の元大統領コレアの推薦を受けて立候補したアラウスは、「市民革命」を進めたコレアの時代にエクアドルを戻すと訴えた。アラウスがめざしたのは、二〇〇七～一七年にかけて経済が急成長し、中流階級が新たに生まれた市民革命の時代だった。……

議会の新たな党派構成を考えれば、ラソは実権に乏しい孤独な大統領になるだろう。三大左派政党を中心とする左派連合が、総議席の約七〇％を占めるからだ。

ラソは右寄りだったにもかかわらず、中国には好意的な姿勢を貫いた。二〇二二年には北京に飛んで、冬季オリンピックに出席。当時のツイッター（現X）に、こうツイートした。「国家主席、習近平との中国での会談は、有意義だった。商業機会の創出や、医療と債務再編での協力について、非常に大きな結果を得られた」。その後両国は、エクアドル産のエビ、バナナやカカオなどフルーツ多品目のほか、鉱物の輸出量を促進する貿易協定を結んだ。

私がかつてエコノミック・ヒットマンとして活動したLACのほかの主要国二つを見ても、中国の新EHM戦略の妙がうかがえるだろう。

アルゼンチン：実りなき債務

アルゼンチン大統領ネストル・キルチネルは二〇〇四年、中国とのあいだで協定を結び、二か国は晴れて「戦略的貿易相手国」となった。キルチネルは満足げに、こう言った。「アルゼンチンの歴史の中で、最も意義ある協定を締結することができた」
二〇二〇年、中国はアルゼンチンの最大貿易相手国となった。中国の国有銀行ICBCは、アルゼンチンの主要取引銀行の一つとしての地位を確立。中国最大の食品会社、中糧集団はアルゼンチンに加工工場を建設し、同国一の穀物輸出業者として、海外取引の重要拠点の役目を果たすようになった。アルゼンチンは今、食肉輸出の八五％、貿易で得る国際通貨の六三％、中央銀行の準備金の四五％を中国に依存する。中国の石油会社、中国石油化工集団は同国で業界二位の実力を誇り、上に残すはアルゼンチンの国内企業YPF一社のみである。またエネルギー産業でも中国支配が進む。アルゼンチンにおける二基の水力発電所と、ラテンアメリカ最大規模の太陽光発電施設の建設は、いずれも中国企業によるものだ。
アメリカにとってさらに悪いことに、アルゼンチンの人びとの心には、ワシントン・コンセンサスの融資に対する恐怖が、まだ息づいている。『ニューヨーク・タイムズ』紙は二〇二〇年一月、次のような記事を掲載した。

大統領アルベルト・フェルナンデスは、例を見ないほど深刻な経済危機を引き継いだ。……最も喫緊の問題は、国際通貨基金に対する五七〇億ドルの債務である。その五七〇億ドルは、おそらく国際通貨基金が無責任に貸し出し、主にフェルナンデスの前任マウリシオ・マクリが無責任に使った金銭である。

私は二〇二〇年、アルゼンチンの問題に関して二人の識者に意見を聞く機会に恵まれた。一人は、ブエノスアイレス大学で経済科学教授を務めるルーカス・ペドロで、もう一人は、コルドバ国立大学のソーシャル・コミュニケーションおよび調査計画立案の専門家アナ・アルジェント・ナセルである。二人は、ローマ教皇フランシスコの発案で設立された経済教育プログラム「エコノミー・オブ・フランシスコ」の参加者で、私はオンライン講義の担当講師の一人だった。同プログラムは現在、世界で最も高く評価されている活動の一つで、多くの若手エコノミストや起業家、変革者（当人たちの言葉を借りれば「ライフ・エコノミスト」）たちが参加している。

「重要な点は」とルーカスは言った。「アルゼンチンがＩＭＦから借り入れた五七〇億ドルが、ほとんど金融投機に使われてしまい、産業開発のためには活用されなかったことです。そのため、私たちはこんにち、まったく実りを得ぬまま多額の債務を負っています」

アナが付け加えた。「融資は公にされないまま決まり、国民が認めたものではありません。その意味でメディアも、アメリカ大使館の意向と新自由主義政策を支えた共謀者と言えます」

「経済的な話をすれば」ルーカスが続けた。「アメリカがＩＭＦを通じてアルゼンチン経済に介入するたび、悲惨な結果がもたらされてきました。一九七〇年代から現在にいたるまで、私たちの政府がアメリカの経済政策に従うたび、一握りの者だけが得をして、大衆が危機と痛みを味わってきたのです。それに比べれば、中国の融資条件は決して厳しくないと私たちは考えています」

パナマ：世界への道

一九八九年のパナマ侵攻後、アメリカの大統領は、いずれもパナマとの関係改善に力を注いだ。アメリカ海軍にとっては、パナマ運河が軍事戦略上、非常に重要な意味を持ち、大西洋・太平洋間を航行してアメリカに入る貨物船の七〇％以上がパナマ運河を通過する点を考慮すれば、この関係改善は米大統領の大きな使命と言えた。

少なくとも、二〇一七年まではそうだった。『セントルイス・ポスト・ディスパッチ』紙は、社説でこう論じている。

大統領ドナルド・トランプのもとでアメリカ政府が漫然と仕事を進める中、中国がパナマに分け入り、アメリカの商業や国家安全保障に欠かせない運河に、西半球の大規模拠点を築いた。……パナマ運河の通航は、原子力潜水艦などアメリカの軍艦にとって必要不可欠だ。パナマ運河をおいて、ほかに軍事戦略的に重要な水路はないだろう。かつてアメリカ軍が、ほぼ一世紀にわたってパナマを支配したゆえんである。

また、『ザ・ディプロマット』誌はこう記した。

二〇一八年一二月の、習近平中国国家主席によるパナマ公式訪問のあいだ、高まりつつある中国の影響力が随所で輝きを放った。貿易やインフラ開発において、あわせて一九もの協力合意が実現したのである。

経済面で言えば、高速鉄道建設など、大規模インフラ事業において合意に達した。また、おそらく一連の事業の資金調達のために、銀行間の金融取引についても合意が交わされた。

二〇一八年の習のパナマ訪問後、運河に架ける橋の建設に、中国は約一四億ドルを投資した。パナマ大統領ファン・カルロス・バレーラは上機嫌でこう話した。「パナマは中国との関係のもとで成長している。本日竣工を迎えた建設事業こそ、その紛れもない証拠で、両国の信頼関係を雄弁に物語っている」ラウレンティノ・コルティソ（愛称ニート）が二〇一九年、大統領に就任したあとも、パナマに対する中国の影響力は強まる一方である。事実、中国企業との契約締結により、運河の両端における港湾活動の多くが、中国側にゆだねられることになった。『フォーリン・ポリシー』誌は、パナマ情勢をこう伝えている。

中国投資の大波が襲来している。大規模インフラ開発と締結間近の自由貿易協定によって、人口四〇〇万人のパナマは、域内貿易や製造業、物流などの要衝として最大限に力を発揮し、パナマ文書による金融業界の汚名をそそぐことができるだろう。そのかわり中国は、たいした支出を伴わずして、国際貿易の重要拠点を管理する国家の、最大貿易相手国になろうとしている。

パナマは、LAC諸国の中でアメリカのEHM戦略が失敗した最たる例である。レーガンが公然と示したオマール・トリホスに対する嫌悪や、植民地主義を如実に物語る運河管理権に固執するアメリカの姿勢、トリホスの命を奪った疑惑の飛行機事故、罪なき市民を何千人と殺した侵略行為。一連の出来事を踏まえれば、パナマの人びとがアメリカの政策を恨み、中国に好意を寄せる理由もうなずける。反対に、アメリカの政府や国民、そして何よりも現在のエコノミック・ヒットマンたちが、過去の過ちを認め、みずからの行為を改めようとしない理由が、私には見えてこないのだ。

知見

このように中国の勢いは増すばかりだが、そのEHM戦略の第三次興隆には、多くの欠点があるのも事実である。エクアドルのアマゾン流域における巨大な水力発電所や採掘施設などの建設事業、中国人労働者をはじめ中国製の設備や代替部品の採用の強制、累積債務といった問題はいずれも、中国に対する不信感を招いている。それだけではなく、民間レベルでは、ラテンアメリカとアメリカとのあいだに固い絆が存在することも確かなのだ。事実、アメリカに家族や友人がいるラテンアメリカの人びとは多い。アメリカ市民を人間として深く尊敬し、ひいては心から慕うラテンアメリカの人たちに、私は幾度となく接してきた。アメリカの政府や企業の行為に対する感情とは別に、である。

二〇一九年一二月、コロンビアのカルタヘナで私と時間をともにした大学生たちの言葉が、それを象徴しているだろう。私たちはバーの席から、カリブ海に沈む夕日を眺めていた。眼下には、一七世紀の植民地時代に築かれた都市を囲う巨大な壁が広がっていた。

「私たちの政府は、軽い気持ちで中国と付き合っているんです」。一人の若い男子学生が言った。「ですが、アメリカとは長い付き合いです」

「私たちは、アメリカの人たちがとても好きです。アメリカに行きたいと思いますし、住んでみたいとも思います」。別の女子学生が継いだ。「でも、私たちの国に対するアメリカ政府の対応には、憎しみを感じています」。沈黙が流れた。「最も大事なことは、それぞれの国が協力しなければ、私がいつか授かりたいと願う子どもたちに、よりよい社会を残すことができないという点です」

第42章　アジア

中国はラテンアメリカで瞬く間に存在感を強めた。一方、アジアでは数千年前から権勢を振るっている。直近でいえば、第二次世界大戦後ほどなくして、アジア大陸の支配に向けて本格的に動きだしたのが好例だ。

毛沢東の対外政策の背景には、アジア全域に改革の機運を広げ、共産主義を浸透させるという狙いがあった。それが最も顕著に表れたのがインドネシアで、同国では、インドネシア共産党（ＰＫＩ）が一気に台頭した。勢力を拡大するＰＫＩに対し、アメリカの支援を受けたインドネシア国軍が一九六五～六六年にかけて武力行使を展開。五〇～三〇〇万人もの人たちが、赤狩りこと、共産主義者狩りによって虐殺された（第7章参照）。ただし、私がエコノミック・ヒットマンとしての初任務でインドネシアの地におもむいた一九七一年には、すでにそうした暴力行為は終局を迎えていた。そして、右派の軍司令官スハルトの大統領就任を後押ししたとして、ＣＩＡを中心にアメリカが称賛を集めていた。

インドネシアはアジア混迷の一例にすぎなかった。毛の容赦ない共産主義政策に対し、脅威と怒りがアジア全域に広がっていたのである。それを受けてアメリカのエコノミック・ヒットマンは、共産化を防ぐガードマンとしてアメリカを売り込もうとした。しかし、ベトナム戦争がアメリカの対アジアEHM戦略を難しくする。第二次世界大戦で日本を破り、アジア中から英雄視されたアメリカは一転、罪なき市民をナパーム弾で焼き殺したとして、信頼を損ねたのだ。そして、技術や作戦、資金面において世界一とされた軍隊の敗北がますます濃厚になるにつれ、国民が分裂して民主主義が機能不全におちいっている戦闘能力の低い国、として見られるようになった。

毛の死後、中国の新指導者となった鄧小平は、文化大革命の過ちを悟り、アメリカの失政から学ぶ道を選んだ。他国からの信頼獲得と、海外中国企業の収益の還流に重きを置いた施策を展開。諸外国の共産党への支援を抑え、海外の自国民に対しては、それぞれ居住する国に忠誠を誓い、あたかも中国政府の使者のごとく振る舞ったりしないように勧告した。そのかわり、積極的に母国と通商を図り、投資するように促したのである。

私が『エコノミック・ヒットマン』の執筆をはじめた一九九〇年代後半、アメリカの信頼はベトナム戦争という負の遺産とEHM戦略を通して、すでに大きく損なわれていた。そして二〇〇一年九月一一日、同時多発テロ事件が発生した。イスラム教に反対するデモや暴力が全米を席巻し、多民族国家として内外にアピールしていた分、余計に印象を悪くする事態におちいる。みずから危機的状況を招いたアメリカは、アジアとのかかわりを控え、アフガニスタンやイラク、シリアなど中東の一部地域での紛争に、より多くの力を注ぐことになった。

そのアメリカの失政と中国の台頭がいったい何を意味するのか、私が身をもって思い知らされたのは、ベトナムを訪れたときのことである。

ベトナム：癒えぬ傷

キマンは私と出会うだいぶ前から、アジア各地に頻繁に足を運んでいた。彼女の運営する非営利団体が現地で、学校や職業訓練センター、企業に対する協力事業のほか、地雷など戦争兵器で負傷した人たちの支援活動に取り組んでいたのである。私は二〇一三年に当該団体の顧問となり、団体の職員たちとともにキマンに招かれ、ミャンマーやタイ、ベトナムをこの目で確かめる機会を得た。中でも、かつて徴兵の対象年齢だったころに意地でも行くのを拒んでいたベトナムでの経験は、私にとって衝撃的だった。

ハノイにある政府機関の一室に座っていたところ、私は一冊のアルバムを手渡された。アルバムを開くと、米大統領リチャード・ニクソンがカメラに向かって手を振る一枚の写真が目に入った。ベトナム語と英語の両方で、短い説明文が添えられている。

「ベトナムからアメリカ軍が撤退する前、ニクソンはこう宣言した。『勝利に向けた最後の一撃で、ベトナムの地を石器時代に戻してみせる』。その後アメリカの軍用機は二万トン以上の爆弾を北ベトナムに投下。一〇〇〇人以上のベトナム人が亡くなった」

私はアルバムのページを自分のカメラで撮影しながら、前に座る政府担当者に言った。「間違いなくニクソンは、軍を撤退させようと考えていました。そしてアメリカが負ける、とも」

担当者は黙ってうなずいた。

心の奥で何かが脈動するのを感じた。アメリカの残虐で、冷酷で、非人道的な破壊行為を思うと、悲しさがこみあげる。そして怒りに震えた。ニクソンと軍幹部は何を考えていたのだろうか？　子どもたちや一般市民を想う気持ちに欠けていたとしても、みずからの行為がみずからへの憎しみを生むということを想像できなかったのだろうか？

アルバムには、ベトナム戦争で使われた枯葉剤や地雷の犠牲者たちの近年の姿を写した写真も収められていた。目を移すと、本来ならば手や足があるべきところに何もない、胴体だけの姿で映る、見るも痛ましい男性、女性、そして子どもたち……。アルバムの最後には以下の統計資料が挟まれていた。

- アメリカ軍によってベトナムに投下された兵器は、およそ一四〇〇万トン（一九五九～七五年）で、第二次世界大戦で連合国側が使った爆弾の三倍に相当する。
- 約三〇％の兵器が爆発しておらず、アメリカ軍の残した不発弾（ＵＸＯ）が市民に脅威を与えている。
- 戦争終結後、地中の爆弾や地雷によって死亡した人の数は一〇万人以上にのぼる。
- かつての北ベトナムと南ベトナムのあいだの非武装地帯の周辺には、現在も、土地面積の八〇％にＵＸＯが存在する。
- 枯葉剤の後遺症に苦しむベトナム人は三〇〇万人を上回る。

疑問が頭をもたげ、私は恐怖を覚えた。これは、いつ終わるのだろうか？　いつになれば、このような行為が被害者だけでなく加害者すらも破壊すると、一人ひとりが理解するのだろうか？　いつになれば、私たちが今、地球上の命を滅ぼそうとしていると、一人ひとりが理解するのだろうか？　そして、もちろん現代ならではの疑問も浮かんだ。では、中国はどうなのか？

中国はベトナム戦争時、北ベトナムを支持したが、一九七六年に南北ベトナムが統一されると、関係は悪化した。ベトナムは、中国の支援した政治勢力クメール・ルージュをカンボジアから排斥。報復として、中国はベトナムに侵攻した。かくして両国の敵対関係は一九九〇年まで続く。やがて中国はエコノミック・ヒットマンをベトナムに送りこみ、製造業などの事業を展開し、協定締結や投資契約を模索した。すると、ともに社会主義的側面のある資本主義を採用していたこともあり、外交関係は進展を見せる。はたして両国の緊張は緩和。とりわけ争点となっていた南シナ海での軍事活動は落ち着きをとりもどした。中国政府はベトナム世論の機微をとらえて、アメリカとの戦争の記憶を利用したのである。そう、脅威、そして分断・統治という苦い記憶を。そして、中国の軍隊が他国の侵攻からベトナムを守ると言い寄ったのだ。

ここ数年、中国のEHM戦略は第三次興隆として威を振るっている。中国がますます存在感を強める一方で、アメリカの勢いは一気に失速した。二〇二一年、彼我の差は歴然だった。

（二〇二一年）三月二日に発表された最新のベトナムのアジア・バロメーター調査（ABS）によると、ベトナム人の五〇％以上が、アジアに対して最も影響を及ぼしている国は中国と答えたという。一方でアメリカと答えた割合は、わずか一四・六七％だった。……ベトナムの最大貿易相手国は、一五年連続で中国となっており、ベトナムは中国から多大な恩恵を受けている。

中国は、ベトナムとの二国間貿易額が一〇〇〇億ドルに達した、はじめての国である。二〇二〇年には、一〇〇〇億ドル超えが三年連続となった。ベトナムの輸出額のうち四〇〇億ドル近くを中国向けが占める。内訳はコンピュータやスマートフォン、衣料品、履物、一般機械などだ。投資に関しても、アメリカを抜いて中国が最大の相手国である。

しかし一部の専門家は、輸入額の上昇と、それに伴う貿易バランスの悪化は、急拡大する中国からの投資とともに、ベトナムの負債にほかならないと指摘する。加えて、ラテンアメリカと同様の問題も認められる。例えば、中国企業の採用と中国人労働者の雇用の要求や、中国事業の劣悪な労働条件、粗末なエンジニアリング・建設技術、人権問題などだ。さらに、ベトナム企業を利用して「メイド・イン・チャイナ」を隠しているとの批判もある。

ＩＳＥＡＳユソフ・イシャク研究所（旧・東南アジア研究所）は、重大な政治問題として、次のような分析を発表した。

中国には、交易を利用して、自国を非難する国々を痛めつけてきた歴史がある。……ベトナムの拡大する対中国貿易赤字と資本財の過度の依存、中間製品の過剰な輸入は、ベトナム経済の危うさの裏返しだ。南シナ海での緊張の高まりを受け、それらの要素は、ベトナムの国家安全保障にかかわる問題として見られている。

それだけでなく、ベトナムにおける中国の事業は、世界各地で不評を買う建設技術の低さを、驚くほど如実に表していた。『ジス・ウィーク・イン・アジア』紙は、高水準の日本事業と比較して、中国の事業を次のように紹介している。それぞれ別の都市を舞台にした事業だ。

ホーチミンとハノイの二つの都市は、ともに市の歴史ではじめて、都市改革に向けて念願だった、大規模な地下鉄建設事業を進めている。いずれの工事も予定より遅れているが、中国企業が請け負う首都ハノイの地下鉄工事は顕著な事故が多発しており、すでに先行きが怪しい。

対照的に日本のコングロマリット（複合企業体）が請け負うホーチミンの地下鉄事業は、これまで無事故だ。この事実は、日本の技術やエンジニアリングは質が高い、というベトナム国内における昔ながらの評判を、いっそう確かなものにしている。

ASEANとRCEP：世界最大の貿易圏

中国のエコノミック・ヒットマンは、東南アジア諸国連合（ASEAN《アセアン》）のほかの九か国においても（ベトナムと同じように）、ますます精力的に活動していた。ベトナム以外のASEAN加盟国とはすなわち、ブルネイ、カンボジア、ラオス、マレーシア、ミャンマー、フィリピン、シンガポール、タイといった国々である。

ASEANの会合が開かれるたび、中国のエコノミック・ヒットマンが姿を現し、新シルクロード構想とそれに伴うインフラ投資の有益性について喧伝していた。その結果、ASEAN一〇か国と中国とのあいだの貿易額は、一九九一年から二〇二〇年にかけて、年平均一七％もの成長率で一気に拡大。二〇二一年九月に開催された中国国際輸入博覧会では、次のように伝えられた。

中国は一二年連続でASEANの最大貿易相手国である。今年の年明けからの八か月間、中国の対ASEANの輸入額と輸出額を合わせた貿易総額は、前年比三三・三％増の五五三九億二〇〇〇万ドルである。
また、中国のエコノミック・ヒットマンは、ASEAN各国に対し、中国企業に投資するようにも、熱心に働きかけていた。駐フィリピン中国大使の黄渓連は、二〇二一年に行ったある演説の中で、次のように話している。

フィリピンと中国、双方向の投資は拡大しています。……今年六月、フィリピン・中国間の相互投資の総額は、三一〇〇億米ドルを超えました。特に、製造業や農業、インフラ産業、ハイテク産業、デジタル産業、環境産業などの分野で、取引きが活発化しています。

そして、中国は世界最大の貿易圏を形成した。二〇二〇年、地域的な包括的経済連携協定（RCEP《アールセップ》）が締結され、中国とASEAN加盟国に、オーストラリア、日本、ニュージーランド、韓国を加えた、一大貿易圏が誕生したのである。まさしく一帯一路という交易網の構築に向け、中国のエコノミック・ヒットマンが足がかりを築いたのだ。RCEP加盟一五か国の総人口と総GDPはいずれも、世界全体の約三〇%を占める。歴史上、長く敵対してきた国どうしを一つに結びつけたRCEPは、中国が分割・統治という戦術を新たに塗りかえた証拠とも言えるだろう。
さて舞台は転じて、私のエコノミック・ヒットマン初任務の地では、世界の勢力図の変化を痛感させられることになった。

インドネシア：ASEANの入口

私は一九七一年、インドネシアへと発つ前、共産主義者狩りやアメリカの支援で実現したスハルト政権など、インドネシアの歴史をクローディンから徹底的に叩きこまれた。スハルトはアメリカ政府に借りがあったにもかかわらず、中国とも堂々と親密な関係を築いていた。そのため私に、クローディンいわく、インドネシアを確実にアメリカ側にとりこむ、という任務が課されたのである。

はたして私は一九七〇年代、数えきれないほどインドネシアに渡り、ジャカルタやバンドンなどの近代都市からスラウェシ島のような離島まで、さまざまな土地に足を運んで既存の工場や新事業の候補地を見てまわった。その中で政府関係者や地方当局者、企業幹部、実業家たちと面会を重ねた。そしてEHM戦略の四つの戦術に基づき、まず中国とソビエト連邦から赤い波が押しよせると話し、懸命に脅威を植えつけようとした。また、分断・統治戦術として、カンボジアやラオス、ベトナムといった近隣諸国の共産主義者たちが侵攻してくるとも脅した。そして、多額の融資を受けて群島国家の隅々までインフラを整備すれば、おおいに経済成長が見込めると口説いたのである。

当時はもとより、現在においてもインドネシアはきわめて重要な国である。なぜなら石油や天然ガス、スズ、金、石炭、ニッケル、銅、銀、ボーキサイトなどの資源が豊富に眠るからだ。また、電子機器やゴム製品、衣料品などの品目に関しても、世界第一〇位の製造量を誇る。さらには、おびただしい数の船舶が通航するマラッカ海峡を管理するため、国際物流の要衝でもあるのだ。

私の時代から続くアメリカのEHM戦略は、約五〇年ものあいだ、その効果を発揮してきたと言ってよいだろう。インドネシアの政治家たちは、よくアメリカのことを「最愛の友人」と表現していた。だが、トランプが米大統領に就任して、状況が一転する。トランプのアメリカ優先主義や人種差別、「くそったれ国家」発言（訳注：移民制度に関する協議の場でアフリカ諸国などを上記の表現で侮辱したトランプの発言）などを背景に、両国の関係は悪化したのだ。過去の協定を何度も反故にするトランプや、南シナ海の領有権を主張する中国に抵抗するよう促す国務長官マイク・ポンペオの政治姿勢も、関係悪化に拍車をかけた。

近隣に位置する中国と数百年も前から交流するインドネシアにとって、中国の拡大する軍事力や経済力を考えれば、外交上、アメリカに背を向けるのは当然だろう。ポンペオの圧力は、見当違いもいいところだ。分断・統治という戦術は、もはや通じないのである。南シナ海における中国の軍事行動拡大をインドネシアの脅威とするアメリカの主張は、あらゆる敵からインドネシアを守るという中国の誓いによって説得力を失っていたのだ。

ＥＨＭ戦略の第三次興隆において、中国はまさにアメリカの失策を逆手にとったと言える。ニューヨークを拠点とする中国専門ニュースサイト『サップ・チャイナ』は、次のような記事を掲載した。

（二〇二一年の）この四月、インドネシア大統領ジョコ・ウィドドは、習近平中国国家主席に「中国はインドネシアのよき友人であり、兄弟でもある」と伝えた。一帯一路構想（ＢＲＩ）に基づく貿易拡大や工業団地建設など、中国・インドネシア間の協力はいっそう進み、ベンチャー・キャピタルが莫大な利益をあげている。……インドネシアの中国との関係改善は、インド太平洋におけるアメリカの主導権に明確に待ったをかけただけでなく、アメリカの外交政策にも貴重な教訓を示した。つまり他国は、中国に対抗するためのダシに使われることを望んでいないのだ。

中国のエコノミック・ヒットマンが活用したのは、四つの戦術である。北朝鮮と「情勢不安定なアメリカ」という脅威をかざし、中国軍による防衛の意義を強調。また融資を受けて事業を展開すれば極度の貧困と決別できると提案。さらに、インドネシアがすでに恐れていた、カンボジアやラオス、ベトナム、そして中国自体をダシにアメリカが展開した分断・統治という戦術を逆転させ、新シルクロード構想のもとで世界を一つにするとの理念を提唱した。そして、結実した。

二〇二〇年、中国の対インドネシア貿易総額は七八五億ドルを計上し、七年連続で最大貿易相手国となり、二七六億ドルのアメリカに大きく水をあけた。中国企業が重点的に投資したのは、鉄鋼業や工業団地、硫酸ニッケルや銅の製造施設、リチウム生産工場などである。また、ハイテク産業の新コングロマリットGoTo《ゴートゥー》にも投資を集中。GoToはインドネシア最大の企業体となり、時価総額は推定二八五億ドルにも達している。主にこの中国投資の加速のおかげで、インドネシアには現在、時価総額一〇億ドル規模のスタートアップ企業が東南アジアで最も多く存在する。

また中国は、インドネシアで最も多くのインフラ事業を手がける国にもなった。高速道路や港湾、発電施設などの建設事業を中国企業に発注するとの条件でエコノミック・ヒットマンが融資を調整した結果である。インドネシアの中国への債務は、二〇一九年で一七〇億ドル以上にまで増え、二〇一七年と比べて一一%拡大した。

そして、おそらく最も特筆すべきは、両国間で結ばれた通貨協定だろう。この通貨協定によって、中国の通貨、元を使用できる地域が拡大し、世界一の通貨としてのドルの地位を脅かすことになった。ドルに国際的な優位性があるからこそ、アメリカは国内でドルを印刷し、対外債務を減らすことが可能となる。加えて、ドルの優位性という後ろ盾のおかげで、アメリカ政府は他国に経済制裁を課すことができるのだ。ところが中国政府は、ドルのかわりに元を世界一の通貨とすることを、ＥＨＭ戦略の長期目標として掲げたのである。

ただし、インドネシアでの中国の急速な影響力拡大に対して、批判がないわけではない。中国人の監督者と労働力を優先し、部品は中国製を使い、人権は顧みず、手抜き工事を認め、中国政府の政策に関して支援を求める。他国同様、以上のようなやり方に強い反発があるのも確かである。事実、インドネシアの野党は中国の戦略を「債務トラップ（債務の罠）外交」と呼び、非難している。彼らが指摘するのは、現に中国からの債務で経済危機におちいっている他国の状況だ。特に危険なのが、スリランカである。ニュースサイト『ザ・カンバセーション』から引用する。

> インドネシアは、スリランカの状況を回避すべく注意する必要がある。スリランカは、中国への債務不履行のため、コロンボ港の運営の大半を失うことになった。……
> ハンバントタ港は二〇一〇年に開港したが、スリランカ政府は港湾事業の資金返済に苦労しており巨額の赤字を抱えたままだ。……また、コロンボ港の開設事業に伴う中国への債務額は合計八〇億ドルにのぼる。この膨大な額の債務によってスリランカ政府は、コロンボ港の管理を中国に譲らなければならなくなった。

中国にとって、もう一つの懸念材料は宗教だ。インドネシアはイスラム教徒が世界で最も多い国である。よって、ウイグル族など少数民族への中国の不法行為に、インドネシアで強い影響力を誇るイスラム教徒たちが、怒りの矛先を向けているのだ。

そのほかのアジア

東南アジアの動向と同じく、そのほかのアジアで起こっていることにも注目すべきだろう。特に、以前ソビエト連邦だった国々は、中国からユーラシア大陸へと広がる交易網において、中心的な役割を担う。以下、オブザーバー研究財団の報告書である。

中国と中央アジア五か国、カザフスタン、キルギス、タジキスタン、トルクメニスタン、ウズベキスタンとの関係は、一九九一年に中央アジアがソビエト連邦から独立して以来、三〇年にわたり飛躍的に発展してきた。……一帯一路構想（ＢＲＩ）を掲げる中国にとって、自国とヨーロッパおよび中東とを結ぶ中央アジアの重要性は、さらに増している。

二〇一七年に国際会議に招かれ、カザフスタンを訪れた私は、世界の将来を左右するにもかかわらず、アメリカでめったにニュースになることのない地域について、じかに学ぶ機会に恵まれた。アスタナ経済フォーラムで多くの有意義な講演を聞き、さまざまな出席者たちと意見を交えたほか、カザフスタン大統領ヌルスルタン・ナザルバエフに、ほかの一部の講演者たちとともに夕食会に招待された。そのような招待にあずかり、私は光栄に感じた。だが、夕食会で詳しく知ることになったのは、ナザルバエフをとりまく、きな臭い情勢だった。

ソビエト連邦が崩壊する前、彼はソビエト共産党の幹部だった。アメリカでは、危険な冷戦戦士として報じられていた人物である。ジャーナリストのグレゴリー・パラストによれば、「ナザルバエフは元KGB（ソ連国家保安委員会）の残虐な高官で、その後イスラム教徒となり、イスラム系の残虐な政府高官として政界を歩んだ。彼の憲兵は、ナザルバエフに異を唱える者を一人残らず逮捕した」という。

私が過去にエコノミック・ヒットマンとして遂行した仕事に対して、彼は全般的に反対の姿勢を示していた。すると当然ながら、一つの疑問が浮かんだ。なぜ、私は大統領官邸に呼ばれたのだろうか？

キマンが私の不安をやわらげようとしてくれた。「自分が主催する国際会議のアメリカ人講演者に害を及ぼしたりしないわよ」。彼女はそう言って、いったん言葉を切った。「もちろん、罵《のの》りたいのかもしれないけど」。そして、いたずらっぽく笑みを浮かべる。「でも実際問題、招待を断ったりはしないんでしょ？」

夕食会の当日、招待客の一団は、アク・オルダと呼ばれるカザフスタン大統領官邸の立派な建物内に通された。ただし、案内役の守衛たちに、あらかじめ携帯電話やカメラ、カギなど、危険と見なされた所持品はすべて、一時的に没収された。大きなホールを次から次へと、目まぐるしく抜けていく。きらびやかな金の装飾品に、豪華なシャンデリア、大理石の円柱、いたるところに精巧なデザインが施された床。私たちは、官邸の華やかさに圧倒された。

ようやくたどりついたのは、夕食会のために長テーブルが美しくセットされた一室だった。大統領のナザルバエフは立ったまま、私たちの到着を待っていた。招待客と次々に握手を交わしていく。ふと、黒のスーツに身を包んだ男が、カザフ語で大統領に何かを耳打ちした。

ナザルバエフは笑った。「エコノミック・ヒットマンだね」。彼はそう言って、軽く頭を下げた。

私の腕をとる彼の手は力強かった。私が後ろに下がると、守衛の一人が目に入った。小さな旗に私の名が書かれたテーブルを指さしている。そのテーブルに向かった。

椅子と床がこすれる音が響く。招待客はそれぞれ席についた。

ナザルバエフもテーブルの上座に腰を下ろした。参加者一同を見渡し、うなずいてから、歓待の言葉を口にした。そして、カザフスタンはビジネスに理想的な国であると語った。彼いわく、カザフスタンはソ連からの独立国の中で唯一、ロシアやアメリカ、EUと非常に親密な関係を築いており、新シルクロード構想を掲げる中国にとっても重要国であるとのこと。私がメモを取りつつ耳を傾ける中、ナザルバエフは、中東やロシア、ヨーロッパ、アフリカと、中国とをつなぐという意味で、「新シルクロードというベルトのバックル」と自国を表現した。その上で、この「世界を変える一大構想」が「地球全土」にもたらす恩恵について概説した。彼は説明を終えると、テーブルに座る一人ひとりに対して、自己紹介とあわせて、アスタナ経済フォーラムに出席した理由を話すように求めた。

私の前に話した者たちは、ナザルバエフと個人的に面識のある人物ばかりだった。なるほど大統領は「○○のころからの友人」「軍時代の旧友」などと言って各人に呼びかけていた。自分の番が近づくにつれ、私は罵られるかもしれないと思い、胃が痛んだ。私は、ユーモアを挟みながら、ていねいに受け答えし、批判をかわそうと考えた。招待客がそれぞれ並べたてる大統領への賛辞など聞いている余裕はなかった。もちろん、新シルクロード構想下のカザフスタンの役割に関する彼らの私見なぞ、耳に入るはずもない。

そうこうするうち、私の右隣の男性が話し終え、私の顔を見た。

「さて」ナザルバエフは言った。「次はアメリカからの客人だ」。彼は笑顔だった。「エコノミック・ヒットマンのお出ましだな」

私は彼の顔を見て、次の言葉を待った。すると彼は両手を広げ、私に話をするよう身振りで促した。もう？　私は小さく息を吐いた。「ご紹介くださりありがとうございます、大統領」。それ以降、私は自分が何を言ったのか、はっきりと記憶に留めていない。あまりに動揺していたのだ。ただし、馬鹿の一つ覚えのように何度も同じ内容を——私たちエコノミック・ヒットマンがこのように築いた「死の経済」を、「命の経済」に転換しなければならないと——繰り返したことだけは、おぼろげに覚えている。そして、わずかばかりの冷静さを頼りに、この転換の実現にカザフスタンが果たす役割は大きいと述べ、話を締めくくったように思う。

ナザルバエフが謝意を表し、次の者を指名したとき、私は深く安堵し、椅子にもたれこんだ。

ともかく、私がカザフスタンでの一連の経験を通して悟ったことは、アメリカの政府やメディアが、カザフスタンやその周辺諸国に対して正当性に欠ける偏った見方をしている、という事実だ。

くだんの夕食会から数年にわたり、私はカザフスタンと中国との交易が急拡大する状況を目の当たりにすることになった。中国からカザフスタンに向けた二〇一九年の輸出額は、二〇一六年から九〇％増え、輸入量も五五％伸長した。新シルクロード構想でのカザフスタンの重要性を説いたナザルバエフの言葉は正しかったのだ。オブザーバー研究財団はこう報告している。

中央アジアで最も規模が大きく、最も豊かな経済を誇るカザフスタンは、中国との協力体制を積極的に推し進めている。一帯一路構想の「ベルトのバックル」として、中国が提供する投資機会や交易機会を通して、経済的かつ財政的な利益を享受しているのだ。

ソ連から独立した中央アジアのすべての国にとって、中国は最大の貿易相手国である。二〇一五～一九年の五年間で、中央アジアから中国への輸出額は三五％伸び、中国から中央アジアへの輸出額は四九％増えた格好だ。

ただし、ここでも闇が顔を覗かせている。ほかの地域と同じく中央アジアでも、中国事業の負の部分が見え隠れするのだ。具体例をあげれば、抑圧的な労使関係や環境汚染、粗末な設計の施設、海洋進出や少数民族をめぐる中国の新政策への支援要求などである。またインドネシアよろしく、宗教も大きな問題だ。人口の七〇％以上がイスラム教徒のカザフスタンは、隣接する新疆《しんきょう》ウイグル自治区のウイグル族への中国政府の対応に、懸念を示している。以下、『ワシントン・ポスト』紙の記事の一部である。

一帯一路構想の重点地域である新疆ウイグル自治区の情勢不安を鎮めるために、習近平国家主席が「徹底監視」を要請した二〇一七年以降、中央アジアで中国を非難する声が高まっていると、複数の専門家は指摘する。中国政府による取り締まりは、イスラム教の弾圧へと結びつき、同自治区の強制収容所には、カザフ族やキルギス族など、二〇〇万人ものイスラム教徒が拘束されている状況だ。

私は最近、こうした強制収容所に関する記事を読むたび、二〇一三年に訪れたベトナムでの出来事を思い出す。アメリカ人がベトナム戦争時にハノイ・ヒルトンと呼んでいた施設を、数時間にわたって観覧したときのことだ。かつてアメリカ人の捕虜を収めていた地下牢のような収容所は今、博物館に姿を変え、ベトナム戦争の悲劇を静かに伝えていた。当時の人びとの死や破滅、苦しみをはじめ、世界各地に広がった悪影響を世に訴えていた。

ベトナム戦争を機に、アメリカのＥＨＭ戦略は大きく転換した。それまでは、第二次世界大戦後に史上最強と謳われた軍事力を盾に、あくまで、脅威という戦術を中心に据えていた。なるほど一九五〇年代には、共産体制の北朝鮮から韓国を防衛するとの名目で、アメリカは朝鮮半島の三八度線（北朝鮮と韓国の「軍事境界線」）において、その軍事力を誇示した。また冷戦時代の一九六〇年代はじめには、軍事的脅威を振りかざし、ソ連海軍によるキューバへのミサイル輸送を阻止した。しかし、ベトナム戦争がすべてを変えたのである。

はるかに戦力の劣る、はるかに小さな国にも勝てないという低能ぶりを、アメリカは一九七〇年代、みずから世界に証明して見せた。そしてさらに悪いことに、多くの兵士が精神を病み、軍に違法薬物が蔓延した影響で、戦争の是非をめぐり、社会が分裂する事態におちいった。ひいては大統領リンドン・Ｂ・ジョンソン退任の主因となり、その後約二〇年にわたって、戦争が有効な選択ではないことを歴代大統領に示す格好となった。かくして、脅威という戦術にかわり、債務という戦術が主役に躍り出る。一九五三年にカーミット・ルーズベルトがイランで輝かしい実績を残し、ＥＨＭ戦略の第一次興隆が産声をあげ、一九七〇年代にかけて隆盛を極めるのだ。

ハノイ・ヒルトンの暗い独房の一つひとつを見てまわりながら、私は考えつづけた。私はＥＨＭ戦略の進化に手を貸したのだろうか。私がベトナム戦争の戦地におもむいていれば、今よりマシな世界になっていたのだろうか。よしんば、この独房に押しこまれてさえいれば。そう、私が戦場で息絶えてさえいれば、違う世界になっていたのではないだろうか、と――。

第43章 アフリカ

私が仕事でアフリカとかかわるようになったのは、一九七二年のことである。MAINの会長兼CEOマック・ホールのオフィスに呼びだされたのが、事の始まりだった。数日前にチーフ・エコノミストへの昇任が決まった私は、てっきりホールが祝福してくれるのだろうと考えていた。

しかし、あさはかだった。ホールの口からついぞ、昇任という言葉は出てこなかった。かわりに彼が語ったのは、一九〇〇年代初頭、みずからが若かりしころ、エンジニアとしてコンゴ川を視察したときの話である。彼はそこに、水力発電所を建設できるかもしれないと考えた。

もし発電が実現すれば、その効果は計り知れないとホールは予測した。「だが、実際に計画するには至らなかった」とのこと。「当時は地元の電力需要が不十分で、アフリカのほかの地域に送電する手段もなかった。しかし、現在は……」。彼の説明によると、アルミニウムなどの製造には膨大な電力を要し、水力発電が唯一その電力をまかなう効率的な手段だったという。近隣のギニアからアルミニウム原料のボーキサイトを調達すれば、コンゴ川流域にアルミニウム製造工場を建設することができたのだ。またホールは、ザイール（現コンゴ民主共和国）を「未来の宝箱」と表現し、その周辺各国に豊富な鉱物が眠っていると熱く語った。銅やコバルト、そして世界的に価値が高まるウランなどである。かつてアメリカが投下した原子爆弾の原料も当該地域で産出されたウランであり、アメリカ政府は、自国が管理する現地の採鉱場を守るために、多額の資金を投じたという。と、ここで、いよいよ私の仕事の話になった。コンゴ川での大規模水力発電施設の建設を世界銀行に認めさせた上、その事業主にＭＡＩＮを指名させること。それが、ホールに命じられた任務だった。

私はザイールと、特に鉱物が豊かなアンゴラなど周辺諸国に関して、統計資料をまとめた。そして世界銀行向けの企画書を作成し、その中で、地域一帯を網羅する送電網とともに、コンゴ川にダムと発電施設を建設する意義を強調した。もちろん企画書の最後には、事業を主導すべき企業としてＭＡＩＮの名を記した。事業全般の設計やエンジニアリングだけではなく、ＭＡＩＮであれば、アルミニウム関連企業や採掘会社も取りこめるだろう、と。

その企画書を作成してまもなく、私はホールに次ぐ実力者である社長のジェイク・ドーバーに呼ばれた。コンゴに関する企画書の内容には、ホールとともに非常に満足しており、アフリカについてもう一件、企画書の作成を頼みたいとドーバーは言った。今回は、リベリアにおける大規模工業団地の開発者として、ＭＡＩＮを世界銀行に推してほしいとのこと。前件のコンゴ川の水力発電ダムから西アフリカ数十か国に高圧送電線をのばす計画を、その中に盛りこみたいという。

私は新たな企画書の中で、ザイールやリベリア、アンゴラ、そのほかの周辺諸国は、ＭＡＩＮが主導する建設事業によって——非の打ちどころのないＥＨＭ戦略によって——驚異的な経済成長をとげると結論づけた。はたしてホールとドーバーはその内容に自信を深め、いざ世界銀行に提案することになった。

だが、世界銀行は明確な回答を避けた。一部の情報筋によると、アフリカでの事業に向けた融資に幹部が及び腰だったとのこと。しかも当時、アフリカの政治情勢は混迷の色を濃くしていた。すなわち、アフリカへの投資は、きわめてリスクが高いとの見方が大勢を占めていたのである。

その後、私はＭＡＩＮの上級役員会議に出席し、当該企画にかかわる国際事業案について討議した。結局、会長のホールは、世界銀行の判断は妥当との考えを示した。たしかにアフリカは、あまりにもリスクが高かった。そのような経緯を背景に、私はその後、石油の豊かなイランやサウジアラビア、ラテンアメリカへの融資を、世界銀行にもちかけることになったのだ。

ＭＡＩＮによるアフリカ事業はかなわなかったが、ザイールやリベリア、アンゴラに関する企画書を手がけたことで、私はアフリカに関して二つの重要な事実を知った。一つは、アフリカに存在する天然資源が、途方もなく豊富なこと。そしてもう一つは、アフリカの人びとの暮らしが、途方もなく貧しいこと。それら二つの要素につけこむ形で、各国の政府や企業は今、アフリカを搾取しようとしているのである。

西から東に目を移すアフリカ

アフリカの人びとは長年、植民地主義や国際企業による搾取に苦しめられている。また、地元当局には汚職がはびこり、指導者たちは市民の利益のために天然資源を活用しないばかりか、他国の人間と共謀して、みずからの私腹を肥やしている。

アフリカはその昔、何世紀にもわたって、エジプト人やローマ人、アラブ人などによる侵攻を受けてきた。だが、こんにちのアフリカ大陸全域の地政学上の特徴は、一五〇〇年代はじめに植民地政策を掲げて侵攻したヨーロッパ列強の経済的かつ文化的な影響を土台とする。ヨーロッパ列強は地元民を奴隷化し、土着文化を破壊し、国境線を恣意的に引いて民族を分断した上で、それぞれの区域を国と称した。そして言語や教育制度を押しつけ、資源を搾取する下地を整えて、列強の商業利益に資する組織を、有無を言わせず現地に設立した。

そのような列強による統治を陰で支えたのは、やはり四つの戦術だった。ヨーロッパ列強は軍事的脅威を与えただけではなく、地域社会の繁栄を約束し、アフリカ各国にさまざまな形で負債を負わせた。また、分断・統治という戦術は舞台を世界に広げ、大西洋をまたいだ奴隷貿易（訳注：アフリカ人奴隷をアメリカに売り込んだ近代ヨーロッパの貿易）を誕生させた。地元部族の指導者たちにとっては、侵略者と手を結び、隣国とも頻繁に戦うしか、生きのびて繁栄する道はなかった。したがってアフリカでの搾取は、一九五〇～六〇年代に各地で独立運動が起こり、直接的な植民地支配が終わるまで続いた。

だが、アフリカの指導者たちは、かつての侵略者の振る舞いを見て、知恵をつけていた。独立後も民族や文化の違いを利用して、大衆を虐げる独裁体制を維持したのである。その結果、鉱物の採掘権など諸問題をめぐる対立や争いが頻発し、アフリカ大陸の大半が、内紛や武力衝突、戦争でいろどられるようになる。そこに「ヨーロッパの植民地主義とは違う」と何度も強調しながら近づいたのが、アメリカのエコノミック・ヒットマンだった。彼らはアメリカ企業の要求に従う限り、独裁政権を確実に保証すると、指導者たちの私欲をかきたてたのである。

人権団体グローバル・ジャスティス・ナウが報告するところによると、多くの資金が、本来であれば「アフリカの農業や食料確保のために使われるはずなのに……実際はグローバル企業による資源採取と、その事業拡大を促進する地元当局の政策変更に向けられている」。また同報告書いわく、「（そのような）企業寄りの当局の取組みは……土地収奪の拡大や情勢不安、賃金低下、種苗事業の民営化、国内需要ではなく海外市場向けの生産物の増加などを通して、飢えと貧困を助長する可能性が高い」という。

アフリカの人びとの多くは、訓練部隊を含め、アメリカ軍の部隊が多数駐留することに不信感をつのらせている。複数の報告書が広く伝えるところによると、アメリカ軍の関与により民間人が死亡した事例が四〇か国以上で発生しているほか、アメリカは、イエメンやスーダンをはじめとするアフリカ諸国で市民を殺害したサウジアラビアなどの国々に武器を提供している。たしかに外国による軍事支援は、非人道的な独裁者には歓迎されるかもしれない。一方で、アフリカの人びとの強い反感を確実に買っている。なぜアメリカ政府は、その事実を認識しなかったのだろうか。アフリカ人のジャーナリストたちが再三、不満を訴えていたにもかかわらず。

そこに、彗星のごとく現れたのが中国である。中国は、アフリカで強まる欧米に対する不満をおおいに利用した。その結果、中国・アフリカ間の貿易額は一九九〇年代だけで七〇〇％もの伸びを記録。中国のエコノミック・ヒットマンは、ヨーロッパ列強とアメリカのしくじりを見て、ムチよりもアメのほうが得策だと学んだのである。そして、中国のアフリカ向け直接投資は、一気に加速した。以下は『ザ・ディプロマット』誌の記事である。

中国がアフリカ向けのＦＤＩ（海外直接投資）で取得した株式は、二〇〇三年の時点で四億九〇〇〇万ドルだったが、二〇二〇年には四三四億ドルに到達。一七年のあいだで、一〇〇倍近く増加した。なお二〇一八年が最も多く、四六一億ドルで……二〇一四年以降、毎年アメリカを上回っている。

二〇一八年に北京で開催された中国・アフリカ協力フォーラム（ＦＯＣＡＣ）で、中国は新シルクロード構想に参加するアフリカ大陸のすべての「新興市場」に対して、財政支援を行うと発表した。そして、アフリカ各国は中国と「自国の真の国益だけではなく、総じて開発途上国の国益を守ること」で合意した。ブルッキングス研究所の研究員で、スティムソン・センター中国外交部長を務めるユン・スンは、こう記している。

中国は長年、「国際関係の新モデル」構築や「国際関係の民主化」に重点を置き、世界の序列を変えるべく、中国とその同盟国である開発途上国の発言力と地位の向上に努めてきた。そして現在、アフリカ諸国を取りこみながら、その下地を着々と整えている。ＦＯＣＡＣの共同声明に込められた、アメリカへの政治的メッセージは明らかだろう。国名を具体的にあげることなく、中国とアフリカ諸国は共同で、一国主義と保護主義に反対の姿勢を示し、開かれた世界経済と多国間交易網の構築を誓ったのである。

それは裏を返せば、アメリカのＥＨＭ戦略が一方的で、利己的であるとの指摘にほかならないだろう。対照的に中国は、インフラ開発がアフリカ諸国どうしを結びつけ、ひいては新シルクロードを介して国際的利益につながると主張していた。ここでも「分断・統治」という戦術は、新たに「一体化・繁栄」との戦術にリニューアルされたのである。ユン・スンは続いて、中国国家主席、習近平による対外政策の「五つのノー」を紹介している。さしずめ、アフリカに対する習の決意表明だ。

「中国は、各国の開発への歩みに干渉しない。各国の内政に干渉しない。中国の意向に従うように求めたりしない。開発援助にあたって政治的な側面を持ちこんだりしない。投資や経済協力において自国本位の政治的な見返りを求めたりしない」

このようなセリフを耳にするたび、私はＥＨＭ戦略の第一次興隆の時代に引き戻され、まるで上司からの訓辞を聞かされているような錯覚におちいる。ただし当時の私たちは、政治的な見返りを求めない、とは言わなかった。かわりに「政治体制に民主主義を導入すれば繁栄できる」と言って、経済成長を約束した。私はいったい、何度そのようなセリフを口にしてきただろうか、そして、みずから口にした言葉を、どれほど裏切ってきただろうか。そう考えると、私はまた、自分という人間が恐ろしくなった。融資を受け入れ、天然資源を安くアメリカ企業に流しさえすれば、私たちは残虐な独裁政権をも支持してきたのである。

ただし、中国の口上もまた詭弁なのだ。なぜなら、現実には内政、特に労働者の雇用や労働慣行、環境規制、建設事業の監督をめぐる問題に干渉し、台湾や香港、チベット、少数民族に対するみずからの政策を支持するように要求するからである。だが、第三次興隆を担う中国のエコノミック・ヒットマンの甘言は、植民地支配に何世紀も苦しんできた国々には、いかにも魅力的に聞こえるだろう。「自国を繁栄させたいのであれば、国際貿易におけるパートナーとして、他国の内政に干渉しない中国を選べばよい」とのセリフは、アメリカの「自国を繁栄させたいのであれば、ワシントン・コンセンサスからの融資をもとに、……新自由主義を採用すればよい」との文句よりも、はるかに心に響くはずだ。中国のエコノミック・ヒットマンは、かつての強制的アプローチよりも、貿易を促すほうが、こんにちの国際社会ではよっぽど効果的だと心得ているのである。

二〇二一年、中国はアフリカに最も影響力を持つ国になった。アフリカにとって最大の貿易相手国であり、最大の債権者であり、主要な海外投資国であった。オブザーバー研究財団は、報告書を次のようにまとめている。

ほぼすべてのアフリカ市場に中国企業が進出している。アフリカで操業する中国企業の数は一〇〇〇社以上だ。また、アフリカで暮らす中国系移民の数は約一〇〇万人である。(二〇二一年)現在、中国企業の多くは民間会社だが、一部または完全に国が所有する会社も存在する。そのため、中国企業は市場原理に従い、きわめて自由に営業しつつも、中国からの投資により資金を調達できるという、格好の条件に支えられているのである。

アンゴラ：先導者

アンゴラは、米国務省やCIA、世界銀行でアフリカを担当する人たちのあいだで「先導者」と呼ばれている。つまり、アフリカ諸国の中で、常に先頭を走る国家なのだ。

私が一九七〇年代、ホールとドーバーからの指示で作成した世界銀行向けの企画書の中でも、アンゴラは重要な国だった。ザイールと国境を接し、世界でも屈指の資源埋蔵量を誇るアンゴラは、資源採掘のために、低価格で電力を供給する水力発電所を必要としていたからだ。ただし生活水準に関しては、世界で最も貧しい国の一つだった。国民の平均寿命は当時から、世界でもまれに見る短さで、現在も乳児死亡率は、ほとんどの国より悪い数字を示している。一九七〇年代には、石油やダイヤモンド、主要鉱物の豊富な埋蔵量のおかげで、アメリカとソビエト連邦による冷戦の舞台になった。

なお、次に紹介する事実は、ほとんど知られていないかもしれない。アンゴラは、アフリカに位置するにもかかわらず、かつてラテンアメリカに大きな影響力を及ぼした国なのだ。前述のコンドル作戦を正当化したのである。

一九七五年後半、アンゴラはポルトガルから独立を果たし、マルクス・レーニン主義国家として船出した。だがその後、ソ連が支援する与党アンゴラ解放人民運動（ＭＰＬＡ）と、アメリカが支持する野党アンゴラ全面独立民族同盟（ＵＮＩＴＡ）とのあいだで、内戦が勃発する。すると、南アフリカとザイールがアメリカ側にまわり、ＵＮＩＴＡに加勢。ソ連はアメリカとの直接交戦を避けるため、キューバ軍に目をつけ、報酬を払ってＭＰＬＡの軍勢として戦わせた。外国軍部隊を活用する米国防総省のやり口を、ソ連はそのまま摸倣したのである（コンドル作戦の前身、コンドル計画において、アメリカは外国軍部隊を使ってアルゼンチンとチリに右派独裁政権を誕生させた）。一九七六年の時点で、ソ連いわく、キューバの「アドバイザーたち」は三万人に達した。

アンゴラでキューバ軍がソ連軍のかわりとして使われているのは、ラテンアメリカ支配をもくろむ共産主義者たちの実験だ、とアメリカ政府は触れまわった。元米国防長官で世界銀行総裁のロバート・マクナマラが一九七六年のワシントンでの会合で、私たち出席者に対して言った言葉を、私は今でも覚えている。彼はその席で、米大統領ケネディとソ連首相フルシチョフが対峙した一九六二年のキューバ危機ではキューバでのミサイル配備をまぬかれたが、ソ連はなおも西半球を支配すべく力を注いでいると訴えた。そして今後、キューバ軍の訓練を受けたアンゴラ軍部隊がアフリカ全土に共産主義を浸透させ、キューバ軍はアンゴラでの戦闘経験を生かし、南北アメリカ大陸全域に赤い波を広げるだろうと警告した。かくして、エコノミック・ヒットマンとジャッカルは、アンゴラとラテンアメリカの両地において、活動を本格化させたのである。

なぜ、キューバのような人口九〇〇万人ほどの小さな島国が、そのような大それた構想を描くと、多くの人たちが信じてしまったのだろうか。今となれば、キューバの最高指導者フィデル・カストロの頭には、くだんの構想など微塵もなかったのは明らかだ。カストロは単に、ソ連の支援を歓迎し、アメリカに取引を拒否された自国の砂糖をソ連に売りさばいただけで、西半球を支配する計略など持ちあわせていなかった。にもかかわらず、マクナマラの警告に誰もが従った。ジャッカルや軍の特殊部隊、CIA課報員、そして私を含むエコノミック・ヒットマンたちが、架空の赤い波を止めるべく、現地に飛んだのである。そして一九七五年、ラテンアメリカを舞台にコンドル作戦を実行し、反共産主義の右派独裁体制に楯突く者に、余さず脅威を植えつけた。その後コンドル作戦は、活動規模の差こそあれ、約一五年にわたり続いたのである。

「先導者」に例えられるアンゴラには、「籠の中のカナリア」こと、エクアドルと多くの共通点が存在する。まず、どちらの国も、かつてソ連に狙われているとされた大陸に位置する。また、石油などの資源が豊富にありながらも、数十年前から続く他国の搾取により、国民が貧しい生活を強いられたままである。なお二か国とも、その搾取の大半は、アメリカの石油企業によるものだ。アンゴラの場合はカビンダ・ガルフ・オイル、エクアドルの場合はテキサコである（二社とも現在はシェブロンの子会社）。さらに、アンゴラではキューバ軍がカビンダの営業を守り、ソ連のMPLA支援を正当化したのに対し、エクアドルでは右派独裁政権がテキサコを守り、アメリカのコンドル作戦支援を正当化した。くしくも両地において、EHM戦略が共鳴したのである。

アンゴラの産業は一九八〇年代、MPLA体制のもとで発展した。その間、米ソ両国のエコノミック・

ヒットマンやジャッカル、企業戦士たちが資源をめぐって対立。不正や暴力行為が横行した。一九九〇年代初頭にソ連が崩壊すると、アメリカのエコノミック・ヒットマンに促される形でMPLAはマルクス主義に見切りをつけ、社会民主主義国家を宣言し、IMFに加盟した。

このように、ヨーロッパやアメリカと密接な関係があり、また停戦合意も複数回、実現したにもかかわらず、アンゴラでは二〇〇〇年代に内戦が頻発した。推定一五〇万人が殺され、四〇〇万人が自宅を失い、五〇万人以上が難民となり国外に逃れたとされる。当然、アンゴラのインフラと農業は壊滅的な打撃を受け、教育や医療などの社会福祉は混乱を極めた。だが、このアンゴラの混迷は、アメリカのエコノミック・ヒットマンにとって、またとない好機にほかならなかった。

内戦が終結した二〇〇二年、ワシントン・コンセンサスはアンゴラに対して、一九七〇年代以降、同国で成功した事業と同種の事業契約を提案し、新自由主義の導入を要求した。だが、アメリカのエコノミック・ヒットマンはその後、アンゴラの新世代の指導者たちに手を焼くことになる。その一人が、ジョアン・ロウレンソだ。ロウレンソは、エクアドル大統領コレアと多くの共通点を持つ人物だった。彼はコレアと同じく、自国を支配する他国（ロウレンソの場合はポルトガル）の権力者によって、父親を目の前で拘束され、投獄されるという屈辱を味わっていた。また、海外（ロシア）で修士号を取得し、世界経済の知識を持ち、新自由主義に反対の立場である点も、コレアと同じだった。

結局、アンゴラとIMFの協議は破談した。なぜなら、ロウレンソ率いるMPLAが、コレア同様、IMFの提示する緊縮政策や租税構造、政治的要求などの条件を、飲まなかったからである。やがてアンゴラは、エクアドルよろしく、中国に目を向ける。もちろん、エクアドルでもそうだったように、中国のエコノミック・ヒットマンは勇躍、その機に飛びついた。そして二〇〇四年、中国は石油を担保に二〇億ドルの融資を用意し、インフラ開発をめぐってアンゴラ当局と交渉に入った。その後、追加融資が次々と決まる。中国がアンゴラの最大債権者になるまで、さほど時間はかからなかった。

だが、エクアドルと同じく、アンゴラにも暗雲がたれこめていた。以下、オブザーバー研究財団の報告である。

アフリカでのインフラ開発事業に対する中国の融資限度額の引きあげは、「借金漬け外交」の裏打ちだと多くの専門家が指摘する。複数の推計によると、三つの中国機関へのアンゴラの債務は、二〇〇億米ドル以上だという。三機関の内訳は、国家開発銀行、中国輸出入銀行、中国工商銀行(ICBC)である。

アンゴラは、石油や鉱物の掘削事業を通じて需給逼迫に別れを告げるはずが、ほとんどの国民に恩恵を届けぬまま負のスパイラルにおちいり、中国の軍門にくだっていた。その裏で利益を収めていたのは、中国のエコノミック・ヒットマンに手を貸し、追加融資にサインし、脅威を広げ、民族や政党どうしの対立を加速させた、一握りの支配層である。

中国企業は相も変わらず、自国から労働者を呼びよせ、中国製の機器や部品の採用を要求した。そして、ほかの地域と同じく、その建設事業はずさんだった。前掲のオブザーバー研究財団の報告は、次のように続く。

アンゴラにつきものの汚職や中国事業の不透明さを踏まえれば、アンゴラでのインフラ開発事業において、管理体制や品質管理は無いに等しい。中国人が建設したインフラは品質に劣り、場合によっては、倒壊する事例も見受けられる。南スーダンなどほかのアフリカ諸国を見ても、こうした中国企業による粗末な工事は、枚挙にいとまがない。

このアンゴラとエクアドルの例は、標的国が変わってもEHM戦略の本質は変わらず、米中のエコノミック・ヒットマンが活用する手口には共通点が存在するということを、はっきりと示している。

コンゴ民主共和国：「史上最悪の戦争」

コンゴ一帯が重要とのマック・ホールの予見は正しかった。二〇〇〇年代に入ったときにはすでに、コンゴ民主共和国に眠るリチウムやコバルトなどの鉱物は、最先端の科学技術に欠かせない原料となっていた。アメリカ軍を含め、コンピュータ、インターネット、自動車、医療など、ほとんどの分野の企業が地域を問わず、何らかの形でこれらの鉱物に依存していたのである。また、MAIN経営陣の判断も正しかった。現地での事業展開は、あまりに危険だった。しかも、その危険はしだいに高まっていた。そしてコンゴ民主共和国の近年の歴史は、資源に恵まれたほかの国と同じように、暴力行為の系譜でもある。

ザイール（のちのコンゴ民主共和国）がアメリカと協力してアンゴラの共産主義運動に反対した理由の一つは、ザイール軍で参謀総長を務める将軍モブツ・セセ・セコがアメリカ政府に借りがあったからである。一九六〇年にザイールがベルギーから独立すると、モブツは民主選挙で選ばれた首相パトリス・ルムンバ（一部で共産主義者と言われていた）を失脚させるため、アメリカとベルギーの両国に支援を求めた。それを受け、アメリカのプロパガンダ機関が、ルムンバはソ連のスパイだと喧伝。モブツはＣＩＡとベルギー軍の協力も得て、ルムンバを更迭した上で暗殺し、みずから指導者の座に就いたのである。いわば「アメリカによる大統領」として実権を握ったモブツに対し、当然ソ連は反対勢力の側にまわった。そして、米ソのエコノミック・ヒットマンとジャッカルがそれぞれ、豊かな資源を手中に収めようと、激しい争いを繰りひろげた。その結果、分断・統治が繰り返され、脅威が広がり、紛争が続き、飢餓が深刻化した。ザイールの国家情勢は長期混乱の様相を呈したのである。

「コンゴ民主共和国の激動ぶりは、アメリカの西部開拓時代の一〇〇〇倍以上だろう」。ある民間「警備」会社のトップはそう語る。拙著を読んだ彼は、本名を明かさないとの条件で、こころよく取材に応じてくれた。「あそこでは、命なんて軽いものさ。だから富裕層は、肝の据わった人間を歓迎する。債務を次々に負わせ、魅力的な事業を進めるというアメリカの戦略は、多くの地で有効だろう。その証拠に、アメリカの力添えで彼の地を今、牛耳っているのは、残忍な連中さ」

モブツが一九七〇年代になって「反資本主義」運動を展開しはじめると、毛沢東は彼のことを、汎アフリカ・中国間の同盟体制のリーダーとしてたたえた。はたしてモブツは中国の支援を受け入れ、ＩＭＦを足蹴《あしげ》にした。対してアメリカの政治家たちは、毛との協力や人権侵害、目に余る不正行為を材料に、モブツを痛烈に非難。一九九四年のルワンダ内戦の戦禍が、ウガンダやスーダン、そしてザイールに広がり推定一〇〇万人が死亡したときでさえも、アメリカ政府はモブツへの支援を拒否した。その後一九九七年に毛が他界し、ザイール財政が危機に瀕すると、モブツはローラン＝デジレ・カビラによって権力の座を追われた。くだんの戦禍は結局、九か国に広がり、全面戦争に発展する。その戦いは「第二次世界大戦に次ぐ、史上最悪の戦争」と言われ、二〇〇三年に終局するまで、五〇〇〇万人以上もの人たちが犠牲となった。やがてカビラも暗殺され、息子のジョゼフが指導者の座を継いだ。

二〇一八年になると、アラブの春を背景にわき起こった民主化運動によって、フェリックス・チセケディがコンゴ民主共和国の大統領に当選する。チセケディは国民に対し、自国に平和をもたらし、環境保護法を制定し、資源を民衆の利益のために活用すると公約した。そして、自国における採掘事業の問題点を解決するため、中国の鉱業会社と交渉に入ったのである。

以上が、コンゴ民主共和国をめぐる複雑きわまる趨勢のあらましだ。もちろん、私のエコノミック・ヒットマン時代から現在にかけて当地で巻き起こった大混乱や暴力、民衆の苦しみ、環境破壊を完全に網羅しているわけではないが、EHM戦略の四大戦術の餌食にされた国を、端的に記したつもりである。その戦略の実行者がアメリカだろうと、ロシアだろうと、中国だろうと関係ない。コンゴ民主共和国やその周辺国の人びとは、殺人や拷問、レイプなど、想像を絶する残虐行為の危険と常に背中合わせで生きていた。しかも社会保障や秩序を欠き、食料が不足し、金銭的債務が累積する中で。飢える人びと、特に子どもたちの表情や体が、需給逼迫を示す証拠だろう。街には死体がうずたかく積まれ、村という村が空襲で荒廃したのだ。たしかに分断・統治という戦術は、冷戦という国家どうしの戦いの中で、その効果をいかんなく発揮したかもしれない。しかし、フツ族やツチ族など、民族どうしの戦いを助長させた地元指導者にとっても、また有効な戦術だったのである。

MAINはかつて、コンゴ民主共和国周辺は危険度が高すぎると判断した。しかし石油会社や鉱業会社にとっては、必ずしもそうとは言えないのである。資源採掘を営む企業は、危険な地域情勢を生かして、独自にエコノミック・ヒットマンを用意し、四つの戦術を展開する。相手に債務を負わせておいて、担保の石油や銅、リチウムなどの鉱物を搾取するのだ。世間に広がる脅威や政情不安、武力衝突、貧困などの要素のおかげで、そのような企業は労働力を安く確保し、準軍事組織を雇って敵対者を排斥し、民間「警備会社」に報酬を払い「自社の施設を守る」（実際は、地元地域を脅して土地の所有権を剝奪する）ことができる。彼らは、社会や環境にかかわる規制を順守する気など、毛頭ない。そして賄賂は彼らにとって、標準的な慣行なのだ。

アメリカ人は、こうした低所得国の不正慣行を諸悪の根源として非難するかもしれないが、その不正を首謀する者が誰なのかを忘れている。そう、エコノミック・ヒットマンだ。コンゴ民主共和国の近年の歴史は、中国のエコノミック・ヒットマンがアメリカのエコノミック・ヒットマンを出し抜いた一つの実例であり、鉱業分野においてこれだけ顕著な例は、コンゴ民主共和国をおいてほかにない。

二〇一六年、アメリカを拠点とする鉱業コングロマリット、フリーポート・マクモランは、コンゴ民主共和国の巨大なコバルト鉱山の一つを、中国の中国モリブデンに売却した。以下は『ニューヨーク・タイムズ』紙の記事だ。

当時アフリカ駐留の上級外交官だったペリエロ氏は、国務省に警鐘を鳴らした。また、鉱山のゼネラルマネージャーだったコンゴ人のカパンガ氏は、駐コンゴ米大使に仲介を懇願した。「誤った判断です」カパンガ氏は米大使にそう話したという。世界のコバルトの三分の二以上を擁するコンゴで、何十年間にわたり築いてきた信頼関係を、アメリカ側がないがしろにしているとの趣旨である。

二〇二〇年、フリーポート・マクモランはまたも鉱山を売却した。今回は、前件より大きなコバルト鉱山で、相手は同じく中国モリブデンだった。前掲『ニューヨーク・タイムズ』紙の記事はこう続く。

コンゴの豊かなコバルトを求める中国の動向は、国家的な姿勢の表れであり、アメリカは大きく水をあけられ……実質、中国にコンゴの資源を手放した格好で、何十年におよぶコンゴへの外交的および経済的な投資が水泡に帰した。銅の埋蔵量も豊かな、この二つのコバルト鉱山の中国企業への売却は、コバルトやリチウムなど蓄電池の原材料を豊富に抱える国々が突如、巨大石油会社なみの影響力を手にしたのとあいまって、クリーンエネルギー革命の勢力図の、地理的かつ政治的な変化を示している。

しかしここでも現在、中国企業がコンゴ民主共和国で人権や公民権を大きく侵害しているとの非難の声があがっている。例えば、人権団体アムネスティ・インターナショナルの報告書には、「国際法に違反する」多くの「危険かつ搾取的な労働環境」が掲載されている。当該報告書によれば、中国企業は「主要鉱物の世界有数の産出国であるコンゴ民主共和国の採掘事業において、最も強い影響力を持ち、最も規模の大きな外国の経済主体である」。

先の『ニューヨーク・タイムズ』紙の記事にあるように、二〇二〇年の時点で、世界のコバルト生産量の約三分の二が、コンゴ産だ。そして同国の採掘地は、暴力や犯罪が横行し、紛争が絶えない地域に位置する。また、実際に採掘を行うのは、小規模採掘者（ＡＳＭ）（訳注：個人や家族単位で最低限の道具を使って採掘に携わる人びと）たちで、しばしば子どもも含まれる。学術誌の『マイニング・テクノロジー』の分析記事は、こう総括している。

コバルト鉱石は、国民に利益をもたらすのではなく、重大な社会的対立や汚職を引き起こしている。採掘作業はASMが行っており、行政機関による監督や、労働者の健康や安全を守る基準は無いに等しい。コンゴ民主共和国でコバルト採掘に携わるASMは現在、一五～二〇万人で、採掘による収入を生活の直接の頼りとする人の数は、一〇〇万人以上にのぼる。

二〇二〇年の時点で、コンゴ民主共和国の大規模なコバルト鉱山のほとんどは、中国企業が所有、ないしは出資する鉱山だ。中国政府の支援する機関が、中国の採掘事業にこれまで出資、または出資を約束した額は一〇〇〇億ドルを上回る。大統領チセケディは二〇二一年はじめ、中国の国務委員兼外相の王毅と会談し、翌年の夏に採掘事業に関する交渉が合意予定であると発表した。しかしながら、労働環境の改善や、児童労働など人権にかかわる問題への対応については、多少はあるにせよ、ほとんど俎上に載せられていない様子である。

この状況はアメリカの政府やメディアにとって、中国を厳しく非難し、自国を人権擁護者として訴求する絶好の機会だった。だが、アメリカはまたしてもヘタを打った。コンゴ民主共和国を見放してしまったのである。

この、アンゴラとコンゴ民主共和国の動乱は、まさにアフリカ大陸を象徴するような出来事だろう。アメリカが中東に気をとられている隙に、中国のエコノミック・ヒットマンは資源に恵まれたアフリカ諸国に忍び寄り、港湾や道路、鉄道、スポーツ競技場、ショッピングモールなどの開発事業を提案。大規模な融資や建設の契約をめぐる交渉に入ったのである。

実権を握る中国企業

二〇〇〇年代の初頭に急拡大を見せた中国政府のアフリカに対する公的融資は、二〇一八年に縮小に転じた。しかし、中国企業のエコノミック・ヒットマンは、アフリカ向け投資を加速させた。特に資金が集められたのは、地球温暖化対策の要となる資源の採掘事業である。その資源とは、コバルト、コルタン、銅、リチウム、ウラン、ボーキサイトなど、蓄電池や最先端の環境負荷低減製品の原料となる鉱物だ。それは、自国の集権経済を市場経済に転換し、民間部門の影響力を世界に広げようとする中国側の決意の表れと言えた。二〇〇三年に一億ドルだった中国のアフリカ向け投資額は、EHM戦略の第三次興隆を通して、二〇二〇年には四〇億ドルを突破した。アメリカの投資額など、足元にも及ばないのが現状である。

　また、中国企業のエコノミック・ヒットマンが、みごとな力を発揮したのが貿易だった。なるほど二〇一七年の中国の対アフリカ貿易総額は一四八〇億ドルで、アメリカの三九〇億ドルに比べ、四倍近くの数字を残した。さらに中国を後押しするかのように、アフリカ大陸自由貿易協定（AfCFTA）の締結により、アフリカ連合に加盟する五五か国すべてが一つに結ばれ、世界最大規模の貿易圏が誕生した。「命の経済」に欠かせない鉱物がふんだんに眠る、一大貿易圏がお目見えしたのである。

二〇二一年後半にセネガルのダカールで開催された第八回FOCACで、中国のエコノミック・ヒットマンが自国の政府高官に交じって、アフリカの指導者たちとの協議に加わった。まるでアフリカの一体感を誇示するかのように、当該協議には多くのアフリカの指導者たちが出席し、その人数は、国連総会の参加者数を上回った。『フォーリン・ポリシー』誌は、こう解説する。

アメリカは長年、アフリカ諸国に対して「私たちはヨーロッパではない」と強調してきた。一方で中国が、少なくとも二〇〇〇年代はじめから、アフリカ諸国に伝えつづけるのは「私たちはアメリカではない」というメッセージである。相手に脅威を与えるのではなく、理念をさかんに言いつのることで、中国はアフリカで大きな成果を上げているのだ。公式の外交活動の場では、各国との関係構築に力を入れ、あらゆる協力体制をメディアに積極的にアピールし、安全保障への干渉や制裁措置は、最小限に留めている。

マック・ホールはアフリカが未来の宝箱だと主張し、その価値を正しく予見した。ただし、その宝箱を開けるカギを手にするのが中国になるとは、彼のみならず、誰もが予想できなかった。カギが中国の手に渡ることになったのは、アフリカ大陸に埋まる資源の価値を、中国がホールのように正しく見抜いた結果とは言いきれない。共産主義やイスラム教徒のテロ行為に対するアメリカの行動が不信感を招いた点も、その一因と言えるだろう。そのほか、アメリカの金融機関のアフリカ向け投資が、高収益が約束された場合に限られた点や、九・一一後のアメリカの政策が中東中心でアフリカをなおざりにした点、中国が政治問題を持ちこまないと約束した上で、(分断・統治戦術を逆転させて) 一体化を訴求し、融資を提案した点などが、主な要因として考えられる。

こうしたアメリカと中国の外交政策の相違について、二〇二一年一二月刊行の『フォーリン・ポリシー』誌は、同年のFOCACの協議結果を踏まえて、こう報じた。

習近平国家主席は、中国企業の対アフリカ投資が向こう三年間で一〇〇億ドルを上回るように尽力すると発表した。……アメリカは経済面ではなく、安全保障上の問題を主な理由に、アフリカ諸国と関係を築いている。……アメリカはアフリカの地に兵器を提供し、軍事面で爪あとを残せるかもしれない。だが、アフリカの人びとは、日常生活の中で中国製の携帯電話を使い、中国製のテレビを見て、中国企業の作った道路を車で走っているのだ。

アフリカに関して最も強調すべき点は、ほかの地域と同様に、ＥＨＭ戦略がアフリカ大陸そのもの、そして世界にとって、悪でしかないという事実である。アメリカであれ、中国であれ、その首謀者が誰であろうと関係ないのだ。なるほどアフリカでは今、中国の存在感がしだいに強まる中で、地元労働者や社会福祉制度、環境がないがしろにされ、債務負担が増し、低品質のインフラが建ち、汚職が横行し、次から次へと資源が奪われている。だが、この現代版の植民地支配が、みずからＥＨＭ戦略を推進してきた結果である点も、私は認めなければならないだろう。ときどき往時の記憶がよみがえるのだ。アフリカ事業で世界銀行の融資協力をもくろむＭＡＩＮのマック・ホールとジェイク・ドーバーのために、何時間もかけて企画書を作りつづけた、遠い日々のことが。それは、初任務としてインドネシアに発つ前のことだった。もし、と思うことがある。そのとき、世界が今のようになると知っていたら、私は任務を続けていただろうか。それとも、ＭＡＩＮを去っていただろうか。はたして、エコノミック・ヒットマンの世界から足を洗っていただろうか――。

第44章　中東

EHM戦略の第三次興隆で中国が台頭し、アメリカが後退しはじめる潮流において、よもや中東が決定打になるとは、私がエコノミック・ヒットマンだった時代には、誰しも想像しなかっただろう。

周知の通り、中東は遠い昔、シルクロードの要衝として何世紀にもわたってアフリカやアジア、ヨーロッパを結んできた。第二次世界大戦が終わると、近代化に伴い石油や国際貿易の重要性が高まり、世界の覇権争いで中東はそれまで以上に重要な地域となる。私たちアメリカのエコノミック・ヒットマンは、この中東に君臨するのがアメリカだと信じていた。事実、ソビエト連邦と中東とのあいだの調整役を期待されるイラン国王とは、親密な関係にあった。また、石油が豊富なクウェートとサウジアラビアとは、重要な契約を結んでいた。さらには、同盟国のイスラエルは、一九六〇年代後半から一九七〇年代初頭にかけて、アメリカと敵対する国々との戦いで大きな勝利を収めていた。

その当時、アメリカにとってみずからの覇権を脅かす存在と言えば、共産主義であり、ソ連だった。中東諸国の大半は、その二つを敵視していた。つまり中東の国王や独裁者たちは、マルクス主義を受け入れようとはしなかった。なるほどイスラム教徒にとって、無神論は教義に反する概念である（訳注：マルクスは「宗教は民衆のアヘン」とし、神の存在を否定した）。またソ連のアフガニスタン侵攻も、アメリカへの傾斜を加速させた。そしてソ連軍が一九八八年、アメリカの支援するムジャーヒディーン（訳注：アラビア語で「聖戦の遂行者たち」の意）の攻撃に敗走すると、中東でのアメリカ優位は永遠に続くと誰もが予想した。

それ以前の中東の歴史をひもとくと、ペルシア帝国やオスマン帝国などが地元の征服者として一時代を築いたほか、アジアやヨーロッパ、北アフリカから侵略を受けた時期も存在する。ただし、いずれも頼りとされたのは、もっぱら二つの戦術だ。軍事侵攻の脅威（または実行）と、分断・統治という両戦術である。だが第一次世界大戦中、イギリスの戦略家たちが一人の男に白羽の矢を立てたのをきっかけに、統治戦略に変化のきざしが生まれる。その男は、アラビアのロレンスことT・E・ロレンスといい、こんにちのエコノミック・ヒットマンの先駆けともされるイギリス人だ。ロレンスに課された任務は、オスマン帝国の残虐な分断・統治戦術に対抗するため、アラブ地域の反体制派を一つにまとめることだった。

だが、その変化のきざしは進展を見なかった。第一次世界大戦後、イギリスはかつての戦術に再び頼るようになったのである。実際、フランスなど国連加盟国の支持を背景に、ロレンスの後継者たちは旧来の分断・統治戦術を掲げ、中東の地政学的な勢力図を、すっかり塗りかえた。オスマン帝国の領土は、一九二三年にトルコ共和国が建国されると、文化や民族、宗教的信仰、歴史に関係なく、さまざまな国に分断された。しかし、それはあくまで、対立や混乱、不正を醸成するための恣意的な分断で、結局はイギリスとフランスが中東を統治することになる。

その後、ナチス・ドイツやファシズムのイタリア、帝国主義の日本が台頭し、石油の豊かな中東地域に新たな緊張が生まれた。第二次世界大戦でそれら枢軸国が敗れると、今度はソ連が石油を求め、中東に触手をのばす。スエズ運河やパナマ運河などの海上交通路、イランやインドの陸上輸送路といった主要な物流網をアメリカとＮＡＴＯが管理することへの反発もあり、世界大戦の機運が再び高まった。そして、核兵器による大量殺戮という脅威が、新たにEHM戦略を形成したのである。

「未来は東にあり」

イラン首相モハンマド・モサッデクが海外石油会社による国内事業の国有化に踏みきろうとしたとき、米大統領アイゼンハワーが採用したのは、かつてロレンスが遂行した戦術だった。第6章で詳述した通り、CIAにより送りこまれたカーミット・ルーズベルトはモサッデク政権を転覆させ、親米派の国王を指導者として擁立した。それまで軍事力にものを言わせてきた統治戦略は、より危険や犠牲の少ない戦術に軸足を移したのである。債務と、需給逼迫への危機感という二つの戦術に、だ。

この変化の重要性を私に指摘したのは、EUと経済協力開発機構（OECD）の元トルコ代表ウルチ・オズルケルだった。私は二〇一三年、イスタンブールに何度か足を運んだが、そのうちの一度の訪問を利用して、彼と懇談したときのことである。私たちは小さなレストランの屋外テラス席に座り、トルコ・コーヒーを楽しんでいた。目の前には、地中海と黒海を結び、そしてヨーロッパとアジアをへだてるボスポラス海峡の壮大な景色が広がっていた。

「脅威と債務」ウルチは言った。そして深煎りのコクが深いコーヒーを一口すすった。「その二つが、帝国構築において最も強力な戦術なのさ」。コーヒーカップをテーブルに置く。「ほとんどの人が帝国構築の要は軍事力だと思っている。戦いは脅威を植えつける。そして、戦いそのものが脅威となる。だからこそ意義があるんだ。食料が十分手に入らなければ、家族を養えない。その現実に人びとはおびえる。だから借金を重ねる」。彼は笑った。「そして、もっと買う。借りたカネで払おうが、ツケ払いだろうが、いずれ借金で首がまわらなくなるだろう。エコノミック・ヒットマンのやり口が効果的なゆえんさ。戦いよりも優れた方法なんだ」

私は、周辺地域との敵対関係を醸成する意義について言及した。

「その通り」。ウルチは言った。「もう一つの重要な戦術だ。分断・統治はね」。彼は、スンニ派とシーア派の対立でもあったイラン・イラク戦争を例としてあげた。彼いわく、内戦や民族対立があると、権力の真空状態（訳注：秩序が失われ誰も統制できない状態）が発生し、搾取者につけいる隙を与えてしまうとのこと。「両者とも債務を重ね、より多くの兵器を買い、資源やインフラを破壊し、再建資金を調達するために、さらに債務を負う。それが中東全域で起こっていることなんだ。シリアやイラク、エジプト、アフガニスタンで……」。そして、言葉の接ぎ穂を探し、顔をしかめた。「残念ながら、アメリカは大きな間違いを犯した。イラクとアフガニスタンに侵攻するという間違いをね」。ベトナムでの自国の過ちやアフガニスタンでのソ連の失敗から、なぜアメリカは学ばなかったのかとウルチは首をかしげた。そして再び笑みを浮かべた。「やはり、エコノミック・ヒットマンのやり口に固執すべきだったんだ」

私は尋ねた。「以上の点を踏まえて、中国はいかがですか？」

「そう、中国だ」。海運会社の中国海運集団と中国遠洋開運集団（ＣＯＳＣＯ）のコンテナを積んだ貨物船が通り過ぎるのを彼は指さした。「あの船がすべてを物語っているよ」。そう言って、中東の重要性を簡単に振り返った。「中東の支配を目的にした戦争は、昔からここ、イスタンブールを戦いの中心地としてきた。戦争の表向きの理由は多くの場合、宗教さ。だが実際は経済、つまり貿易が大きな要因だった」。彼は先ほどの船を見やった。「その当時、中国は世界の経済大国だった」。私と視線を合わせる。「そして、再び。そう、今の中国のことだ。東の地が、今まさに未来を築こうとしているんだ」

私は、一九七七年に参加した会談のことを思い出した。その会談で、イラン首相アミール・アッバス・ホベイダは、親交を深めつつある中国に、みずからが仕えるパーレビ国王へのさらなる支援を仰いだ。会場に足を踏み入れるホベイダの姿には、威圧感があった。背の低いプロボクサーのような体軀だったが、威厳があり、国際感覚にあふれ、きわめて優れた見識を備えていた。ホベイダはブリュッセルやロンドン、パリの学校で学び、経済学を専攻。文学の名作から好んで言葉を引用した。母国語のペルシア語に加え、フランス語、英語、イタリア語、ドイツ語も話した。まさに、理想的な外交官を地で行く人物だった。彼はよく、世に変化が訪れる予兆として、前年の毛沢東の死を論じた。そして将来、毛の後継者によって中国が世界の大国にのしあがり、その中でイランが中心的役割を担うだろうと予見した。ホベイダの見解では、数千年におよぶ中東と中国との交流は、シルクロードという交易路の上に成り立つ関係である。その交易路で「懸け橋」の役を担ってきたのが、彼いわく、イランというわけだ。

パーレビ国王失脚後の一九七九年四月、ホベイダが処刑されたのを知り、私は言葉を失った。彼は逮捕されたあと裁判にかけられ、私がファルハードの手引きでテヘランを脱出した数か月後に、銃殺刑に処されたのである。私はみずからが危ない橋を渡っていることを実感した。と同時に、任務を遂行し損ねたかのような感覚を覚えた。なぜ、私はパーレビ国王の失脚を予想できなかったのだろう？　仕事で付き合い、コーヒーや食事をともにした人物が、似たような悲運に泣く例を私は数多く見てきたが、ホベイダもその一人と言えた。この政変を見抜けなかったのが私だけではないと悟り、罪悪感が幾分やわらいだのは、それから少し月日が経ってからのことである。なぜＭＡＩＮでも、ＣＩＡでも、誰ひとりとして予想できなかったのだろう？　いずれにせよ、アメリカ側が総じて盤石だと考え、友人のように支援してきた政権が、一夜にしてもろくも崩れ去った事実は、ＥＨＭ戦略に大きな影を落とした。そして、エコノミック・ヒットマンという仕事に対する私の疑念を、一段と大きくした。その後の数か月間、私は血にまみれたホベイダの無残な姿が、頭から離れなかった。

この、名うての外交官ホベイダの処刑は、イランの風雲を密かに告げていたのである。

イラン：中国に傾く重要国家

このホベイダの死後から、七か月が経とうとした矢先、イランの首都テヘランで武装化したイラン人学生がアメリカ大使館を襲撃し、アメリカ人五二人を人質にとる事件が発生した。一九七九年一一月四日のことである。その日を境に、アメリカとイランのあいだに修復しようのない亀裂が入り、両国の敵対関係が確実なものとなった。また、くしくも時を同じくして、二つの出来事が起こり、中東情勢が目まぐるしく変化することになった。その二つの出来事とは、イラン・イラク戦争と、中国の鄧小平による革新的な外交政策である。

ペルシア湾を我がもの顔で治めるイランに対して、イラクは積年の恨みに燃えていた。そしてついにサダム・フセインが、全面的なイラン侵攻へと舵をきる。フセインは、イランが革命の波をイラクに及ぼし、政権転覆を図っていると考えていた。

それは中国にとって、分断・統治という戦術を展開する、またとない機会と言えた。鄧は、両国との外交関係を維持しながら、それぞれに兵器を輸出するという、時宜を得た政策を講じた。その後一九八五年、イラン国会議長ハシェミ・ラフサンジャニ（のちにイラン大統領に就任）の訪問を受け、中国は和平調停者としての道を歩む。はたして鄧政権は、イランとイラク両国による高官レベルの協議を主催。

一九八八年の和平協定締結を実現させ、中国政府は中東から広く信頼を得ることに成功した。さしずめ鄧は、分断・統治という戦術を反転させたことで、成果をあげたのである。

中国は一九九〇年代から二〇〇〇年代はじめにかけて、イランとイラク両国との関係構築に引き続き力を注いだ。アメリカが二〇〇三年イラクに侵攻すると、公然とこれを非難し、イラクに対して財政支援を実施。イランではエコノミック・ヒットマンの動きを活発化させた。またアメリカによる経済制裁など意に介さず、イランから石油を輸入。二〇一〇年には中国の石油輸入量の一〇%近くをイランから買い入れた。その後、国家主席の座に就いた習近平が、イランに対して包括的な開発計画を提案。その内容は公にされてこなかったが、二〇二〇年『ニューヨーク・タイムズ』紙が関係資料を入手した。以下、その計画概要である。

中国企業がイランで手がける事業は、金融や情報通信、港湾、鉄道など、数十もの分野に及ぶ。かわりにイランは、中国に対して向こう二五年間、石油を安定的に、しかもイラン高官と石油トレーダーによれば、きわめて低価格で供給する。

また入手した資料によると、両国は軍事協力も進める予定で、アメリカが数十年前から軍事戦略上の重点地域としてきた一帯において、中国が足場を固める可能性がある。

イランは二〇一六年以前から新シルクロード構想を歓迎していたが、アメリカのトランプ政権がイランとの核合意からの離脱を決め、同国に、より厳しい制裁を課したのを契機に、中国との距離を一気に縮めた。中国企業は引き続き、アメリカの制裁など、どこ吹く風だった。はたして二か国間の貿易は、上昇曲線を描いていく。

アメリカの国防総省と金融業界にとって最大の懸念材料は、中国がホルムズ海峡の管理権をめぐる交渉に入ったことだった。ホルムズ海峡は世界で最も重要な国際水路の一つで、バーレーンやイラク、クウェート、オマーン、サウジアラビア、アラブ首長国連邦、イランの各港から外洋に抜ける液化天然ガスや石油のタンカーにとって、この狭い関門が唯一の航路だった。

アメリカの中東戦略のカギを握るホルムズ海峡一帯において、このように情勢が転じていくさまを、私はエコノミック・ヒットマンとして目の当たりにした。

一九七〇年代はじめ、米国防総省と米国務省、イラン当局は協力して、ホルムズ海峡に面した水深の深いバンダル・アッバース港に、巨大な軍事基地を建設しようと考えた。それに伴い、私たちエコノミック・ヒットマンとプロパガンダ機関は、脅威という戦術のもと、ソビエト連邦が中東侵攻をくわだてていると声高にアピールした。計画立案の担当に選ばれたMAINは、漁村を一変させ、アメリカが管理権を持つ軍事戦略的に重要な最新鋭の複合施設を作ろうと構想を練った。実現すれば、世界経済全体に影響を及ぼす船舶交通をアメリカが監視し、そして管理するはずだった。バンダル・アッバースに送りこまれた私は、イラン政府とアメリカ連邦議会に当該軍事基地への巨額融資を認可させるべく、企画書の作成に力を注いだ。

幸いにも、開発計画は認可された。そして軍事基地の建設が本格的に始まった。だが、ほどなく状況が暗転する。それから五年としないうちにパーレビ国王が実権を失い、イランは、私たちが建設した施設を逆に、私たちを追い払う施設へと転用したのである。

テロとの戦い

イランだけではなく、中東のほぼすべての地域において、アメリカの戦略は裏目に出る結果となった。アメリカ国民は軍事侵攻を「テロとの戦い」の一部として正当化するかもしれないが、中東の多くの人たちにとっては、己の命を脅かす脅威そのものであり、主家国家に対する敵対行為にほかならない。『ニューヨーク・タイムズ』紙はこう報じている。

イラクやアフガニスタン、シリアなどの戦地において、アメリカ軍が近年重用する戦術は空襲、つまり、ドローンまたは有人戦闘機による攻撃である。政府の高官たちは、よくその有効性について熱弁を振るう。……

空襲の有効性が誇張される一方で、民間人の犠牲という事実をはじめ、その弊害については、驚くほど控えめに伝えられていることも確かなのだ。

同紙は「空襲によるアメリカ軍の攻撃には非常に欠点が多く、アメリカ国民を守るどころか、本土の安全保障を、他国民の命の代償として脅かしている可能性がある」と結論づけている。

調査機関のアラブセンター・ワシントンDCは、カタールのアラブ調査政策研究センターと協力して世論調査を実施した。調査期間は二〇一七年九月中旬から一〇月中旬で、対象者はエジプト、ヨルダン、クウェート、レバノン、モロッコ、パレスチナ自治区、サウジアラビア、チュニジアの各国から任意に選んだ人たちである。その調査結果と同じく、「同種の世論調査の結果と同じく、アメリカの外交政策に対して強い反感が広がっていることが明らかになった。調査対象となったアラブ人の六一％が、アラブ世界における
アメリカの政策に、否定的もしくは、やや否定的な考えだと回答している」

ここでも中国は慎重な姿勢を貫き、武力行使とは距離を置いていた。だがその裏では、中国のエコノミック・ヒットマンが積極的に中東の民兵組織を支援していた。例えばイランやイラク、レバノン、シリアが援助するヒズボラやアサイブ・アフル・ハックといった、反米を掲げるイスラム教シーア派の武装組織との連携を強化。スンニ派政権との結びつきも深めた。

『フォーリン・ポリシー』誌はこう伝えている。

驚くことに、この動き（シーア派組織に対する支援）が、中東の主要スンニ派国からの反発を招くことはなかった。逆に、サウジアラビアでは、大学を含めたすべての教育機関で、新たに中国語が第三言語として教えられるようになった。また、サウジアラビアとアラブ首長国連邦、クウェートの三か国（訳注：上記三か国はいずれもスンニ派国）は、アメリカの圧力をはねつけ、第五世代移動通信システム（5G）のインフラ整備を中国企業ファーウェイに発注した。……

アメリカなきあとの中東において、最大の勝者はまさに中国だった。中国の中東からの石油輸入量はすでに世界一に達していた。中国は今（二〇二一年）ひそやかに、世界で唯一、政治と経済の両面において中東の全主要国と深い関係を持つ国になったのである。

イラク：中国が戦争の勝者に

「衝撃と畏怖」。イラク戦争の引き金となった二〇〇三年のアメリカによるバグダッド空襲の作戦名である。その言葉は、九・一一の報復を誓い、アメリカに脅威を与える者は誰であろうと、圧倒的な力で逆襲するというアメリカの決意を表していた。今にして思えば、この「衝撃と畏怖」という作戦名ほど、イラク戦争の失敗を如実に物語る言葉はないかもしれない。くだんのバグダッド空襲を契機に、中東と西アジアにおけるアメリカの影響力は翳《かげ》りを見せはじめるからだ。そして、資金と人命をこれでもかというほどつぎこんだにもかかわらず、二〇二一年にアメリカ軍がアフガニスタンから撤退すると、アメリカにかわって中国が、戦争の勝者のごとく同地域で存在感を強めた。

中国は、二〇〇三年のアメリカのイラク侵攻に公然と反対を表明し、戦争が本格化すると、エコノミック・ヒットマンの活動を介して、資金面でイラクの防衛を支援した。イラクから石油を買い付け、制裁破りの軍事兵器輸出についても交渉した。二〇〇八年には中国石油天然気集団（ＣＮＰＣ）がイラク戦争勃発後、外国企業としてはじめてイラクと石油生産契約を締結。二〇一三年、中国はイラク産石油の約半分を購入し、軍需品を輸出するまでになった。さらに、債務という戦術を逆利用し、イラクの対中国債務八五億ドルの八〇％を免除した。外交部報道官の馬朝旭は、かしこまって、こう発表した。「中国とイラクの両国はこのたび、合意に達し……中国企業に対するイラクの負債は、大幅に免除されることになりました」。中国のエコノミック・ヒットマンは、債務負担を増やしつづけるよりも、債務を取り消すことのほうに、より大きな価値を見出したのだ。つまり、それでもなお、イラクでのインフラ開発に出資するだけの余力が自国にあると踏んだのである。もちろん、イラクに眠る天然資源の掘削権は、手放すはずもなかった。

中国のしたたかさは、それだけに留まらない。新シルクロード構想のもと、中国企業はイラクにおいて、情報通信や輸送システムの構築だけではなく、教育や医療など社会福祉の充実にも力を注いでいた。こうした中国のEHM戦略のおかげで、イラクは戦禍からの復興を進め、国際貿易市場に再び参入しようとしていた。

中国が親交を深める一方、アメリカは信頼を失いかけていた。イランの軍隊組織の司令官でイラクの民兵組織を指揮したカセム・ソレイマニがアメリカ軍により暗殺されて二年後の二〇二二年の命日、何千人ものイラク人が、アメリカに対する抗議活動に加わった。アメリカ政府はソレイマニ暗殺を対テロ戦争の勝利と吹聴したが、イラクの人びとにとっては、主権国家への冒瀆以外の何ものでもなかった。アメリカが中東において広く信用を失い、中国が台頭するようになったのは、このソレイマニ暗殺も一つの要因と言えるだろう。

中国はEHM戦略の第三次興隆を巻き起こしながら、四つの戦術を世界情勢の変化にあわせて巧みに応用していた。イラクへの戦略展開がその典型だろう。中国のエコノミック・ヒットマンが中東全域に刻んでいたのは、アメリカの帝国主義という脅威である。また、需給逼迫への危機感をあおることで、石油取引を促し、中国によるインフラ開発に資金を投入させていた。それも、いったん担保付きの債務を負わせ、適宜債務を免除しながら、である。そして分断・統治という戦術の従来の解釈を翻して、イラク戦争をアラブ諸国がアメリカと袂《たもと》を分かつ決定打と位置づけ、新シルクロード構想のもとでの一体化を中東諸国に勧めたのだ。とはいえ、おそらくどの戦術よりも意義が大きかったのは、前述の経済学者、温鉄軍が論じた、中国の姿勢ではないだろうか。つまり、債権国が標的国の需要を勝手に決めつけるのではなく、標的国自身が望むものを与えようとする姿勢、である。『フォーリン・ポリシー』誌の中東アナリストの一人は、こう指摘する。

中国は（二〇二二年）一月中旬、途絶えぬ戦闘によって破壊されたイラクの何千棟にもおよぶ学校や医療機関、住宅を新築すると発表し、ソフトパワー（訳注：無理に従わせるのではなく相手の心理に訴えて敬服させる力）を発揮した。イラク当局筋によると、「教育格差を解消するために」あわせて八〇〇〇校もの学校が必要だという。中国はそのうちの大半となる七〇〇〇校を建設し、数百万人の子どもの教育を支援する。またイラクの有力政治家でシーア派指導者のムクタダ・アル・サドルの活動基盤であるサドル・シティで九万戸近くの住宅を建設し、バグダッドの下水道システムの改良工事も手がける。さらには、ナーシリーヤで空港を建築し、イラク全域に一〇〇〇棟もの医療機関を設置する。これらすべての資金をまかなうのは、イラクで産出される石油だ。

中国のＥＨＭ戦略は実を結んだ。イラクは二〇一九年、ほかの三七か国とともに、国連人権委員会に対して、中国のウイグル族などイスラム系少数民族をめぐる対応を擁護する共同書簡を提出した。また二〇二〇年には、中国政府による報道制限と市民監視を飛躍的に強める香港国家安全維持法への支持を表明した五三か国に名を連ねた。そのような中国支持の動きは、イラクだけではなく、イスラム教徒が大勢を占める中東諸国全般に広がっている。もちろんそれは、中国政府にとって歓迎すべき潮流かもしれない。だが、裏を返せば、内政不干渉の約束が偽りだと白状しているようなものなのだ。

アメリカ軍の「衝撃と畏怖」作戦はその名の通り、人びとに衝撃と畏怖を与えたことだろう。アメリカのイラク侵攻は途方もない数の人命を奪い、形容しがたい苦痛を刻み、痛ましいほど環境を汚染し、政府機関や文化遺産を破壊した。アメリカの一部の軍需産業関係者がカネを手に入れ、タカ派の政策を掲げた一部の政治家が選挙で勝利を収めた。だが、アメリカ市民へのしわ寄せは、あまりに大きい。しかも、世界のリーダーとしてのアメリカの威厳は、地に落ちたと言えるだろう。衝撃と畏怖を受けた人びとは、こう話すかもしれない。敵が力尽きるまで雌伏した側の勝利だ、と。そう、中国こそが勝者なのだ。

中国の好機を演出するアメリカ

不正ありきで実効性を伴わないアメリカの中東戦略が実質的に崩壊したのに加え、二〇一〇年代初頭の「アラブの春」のような民主化運動が失敗に終わり、アメリカの外交政策は完全に行き詰まりを見せた。それは、アメリカが中国の好機を演出したようなものだった。以下は、二〇二〇年の中東研究所の報告書である。

二一世紀に入り、中東・北アフリカ（MENA《ミーナ》）地域の国々と中国との関係が大きく進展したのは間違いない。中国は高度経済成長に伴う天然資源の需要拡大を受け、積極策を講じる必要に迫られたのだ。だが、対アジア・アフリカ政策において、MENAにはほとんど目を向けてこなかった。二〇一一年にアラブの春が本格化してはじめて、MENA主要国との関係進展に、意欲を見せたのである。……

アメリカがＭＥＮＡ地域との外交に消極的になったこともあり、ＭＥＮＡの多くの国々は、中国が提案する経済モデルを歓迎した。

アメリカは貿易と投資の両面で後退し、他国が参入する隙をおおいに残した。機微に敏感な中国のエコノミック・ヒットマンが反応したのは言うまでもない。こんにち、中国は対ＭＥＮＡ地域の最大投資国であり、二〇一九年の投資額は一七七〇億ドル以上にのぼった。一方、アメリカの投資額は約九〇〇億ドルだった。二つの国の数字は、いかにも対照的だろう。アメリカが軍事行動に八兆ドル近くを投じている事実を見れば、なおさらである。その八兆ドルを、アフリカやアジア、ラテンアメリカに向けた投資や、自国のために少しでも使っていれば、状況は違っていたかもしれないのだ。

また中国は近年、ＭＥＮＡ地域の最大貿易相手国にも躍り出た。第二次世界大戦以降、ほとんどアメリカが独占してきた地位を奪いとったのである。二〇一八年の中国・ＭＥＮＡ間の貿易総額は、アメリカ・ＭＥＮＡ間よりも約一三三〇億ドル多かった。また二〇二一年の時点で、ＭＥＮＡ地域一九か国のうち一七か国が、新シルクロード構想への参加を表明している。

アメリカの長年の同盟国イスラエルでさえも、東の地に関心を寄せている。事実、中国土木工程集団はイスラエルのトンネル建設とテルアビブのライトレール（訳注：路面電車を近代化した鉄道）建築を請け負った一社である。また現在、イスラエルの三つの港を中国企業が管理する。さらに二〇二〇年、中国はアメリカを抜いてイスラエルの最大輸入相手国にもなった。

ただし、やはり中国の対ＭＥＮＡ政策にまったく問題がないというわけではない。米シンクタンクの外交問題評議会は、ＭＥＮＡ地域への中国投資を次のように分析する。

インフラ整備のために巨額の債務を負った一部の国にとって、一帯一路（新シルクロード）構想で調達した資金は、禁断の果実かもしれない。……一帯一路構想の融資には、入札過程が不透明で、中国企業の採用を条件とするものがある。そのため費用が膨らんで事業中止に追いやられ、政治的な反動を招くケースが見受けられる。

以上、本書を適当な分量に収めるために、アメリカと中国という二つの超大国の争いについて、最も重要な点に絞って綴ったことをあらためて付記しておきたい。ここまで紹介したのは、あくまでEHM戦略の影響が典型的、または特に顕著な数か国のみである。いずれにせよ、私は、米中のEHM戦略をよく知る人物たちから話を聞き、調査を進める中で、驚きを禁じえなかった。アメリカのEHM戦略が、よもや中国の好機を演出しているとは思わなかったのである。しかも、私たちがこれまで莫大な資金と労力を費やしてきた中東が、その代表例になるとは、まったくの予想外だった。もちろん、EHM戦略が地球温暖化など人類を脅かす危機を生みだし、「死の経済」の元凶になるとは、想像すらできなかった。

さりとて、私の罪悪感が癒えることはないだろう。エコノミック・ヒットマンを辞し、かつてみずからが中東で犯してきた過ちを償いはじめて数十年が経つが、彼の地の未来を決定づける動乱に手を貸してきた事実は、私の脳裏から離れることはない。私は、第二次世界大戦後の、EHM戦略の第一次興隆に尽くした人間であり、第二次、ひいては第三次興隆の素地を作った人間でもあるのだ。

第45章

ヨーロッパ

「ヨーロッパは、アメリカという鷲と中国という龍に、それぞれ爪をかけられている」。チェコ共和国の経済学者兼哲学者トーマス・セドラチェクはそう表現した。元チェコ大統領ヴァーツラフ・ハヴェルの顧問を務めたセドラチェクは、テレビの人気司会者でもある。私たち二人が聴衆の前でEHM戦略について論じたのは、二〇一八年と二〇一九年のカラーズ・オブ・オストラヴァ（訳注：チェコの都市オストラヴァで毎年夏に開催されるチェコ最大級の野外フェスティバル）でのことだった。彼の前言は、私がよくヨーロッパ諸国で耳にする懸念を集約したような言葉だろう。ヨーロッパは今、敵対する二者の現実の爪に引き裂かれようとしているのだ。第二次世界大戦以降、最大の同盟国と、現在最も重要な貿易相手国という二者の爪に、である。

ヨーロッパにおける米中のEHM戦略には根本的な相違が存在する。前章までに述べてきた地域と異なり、アメリカのエコノミック・ヒットマンは、債務や需給逼迫への危機感という戦術を、ヨーロッパで重用することはめったにない。かわりに武器とするのが、脅威という戦術だ。これまでアメリカは、まずソビエト連邦、次にロシアを脅威に仕立て、現在はイスラム系テロ組織を危険な対象として喧伝している。また、分断・統治の戦術も、クリミアやウクライナなど旧ソ連諸国を併合しようとするロシアの動きにあわせて推進している。一方で、中国のエコノミック・ヒットマンが重点を置くのは、新シルクロード構想を通じた国際社会の繁栄と、急成長する自国の経済力だ。

思い返すと、二〇一〇年代は非常に大きな転換期だった。二〇〇九年から二〇一〇年にかけて、ヨーロッパ連合（ＥＵ）から中国への輸出は三八％、中国からＥＵへの輸出は三一％増加した。だが、それはあくまで序章にすぎなかった。ヨーロッパは中国にすっかり依存するようになったのである。特に、化学物質や金属、鉱物、電子機器、薬剤、医療機器や医療用品などの国家戦略上、重要な品目に関して、中国依存が加速した。対して中国のエコノミック・ヒットマンの目には、逆にヨーロッパ依存が進む自国の姿が映っていた。ＥＵ加盟国は対中国投資で上位に名を連ね、中国国内の雇用創出に大きく貢献していた。それだけでなく、ＥＵは中国にとってきわめて重要な市場であり、科学技術の専門知識を養う場でもあった。ともあれ二〇二〇年、中国はアメリカを抜き、ＥＵの最大貿易相手国になったのである。

中国によるＥＨＭ戦略の第三次興隆は、ヨーロッパには「投資提案」という波として押しよせた。そしてその波は二〇二〇年、ＥＵ・中国間の包括的投資協定（ＣＡＩ）締結合意へと結びつく。晴れて合意に達したＣＡＩには、時代に先鞭をつける協定として、投資家に公平な競争の場を提供し、金融取引の透明性を保証し、海外からの直接投資や海外との直接貿易を促進する効果が期待された。

しかし、問題が浮上した。ウイグル族への迫害や、香港や南シナ海での威圧的行為、台湾への圧力など、一連の中国政府の対応をめぐり、ヨーロッパの各指導者たちが異を唱えたのである。二〇二一年三月、ＥＵ各国は中国に対して制裁措置をとることで合意した。それに対して中国は、欧州議会の議員をはじめ、ＥＵの学識者や政府高官に報復制裁を発動。欧州議会がＣＡＩの批准凍結を決定するに至った。

またヨーロッパは、アメリカにも幻滅させられる格好となった。フランスの財務相ブルーノ・ル・メールは二〇二一年、こう端的に述べている。「アメリカが望んでいるのは、中国との対立だ。しかし、ＥＵ

が望んでいるのは、中国との協調である」

中国のEHM戦略にとって、とりわけ重要なのがバルカン諸国だろう。つまり、アルバニア、ボスニア・ヘルツェゴビナ、ブルガリア、クロアチア、ギリシア、コソボ、モンテネグロ、北マケドニア、ルーマニア、セルビア、スロベニアである。バルカン諸国はトルコの北方に位置し、ヨーロッパと中東、アジアを結ぶ要衝、バルカン半島の一帯を占める。それゆえ、新シルクロード構想の実現に欠かせない地域なのだ。特に、かつて旧ソ連に属した三か国の存在は、中国にとって意義が大きい。これらの国は三位一体となってバルカン半島を横断し、まるで巨大な障壁のように他者を拒むからだ。また、場合によっては、玄関口として他者を受け入れるからである。

セルビア：汚染輸入

二〇〇八年の世界的不況や、二〇一五年に始まった移民危機、そしてイギリスのEU離脱に伴う混乱の中で、EUはほとんどセルビアを支援せず、まるでセルビアを見捨てたかのような対応を見せた（訳注：セルビアはEU加盟候補国で、二〇二三年の時点で未加盟）。セルビアが近代的な電力システムの導入を図るために融資を要請しても、欧州復興開発銀行はそれを拒否した。セルビア大統領アレクサンダル・ヴチッチは多くの人の気持ちを代弁するかのように、こう話した。「ヨーロッパに協力体制など存在しない」。その一方でヴチッチは、セルビアには中立主義を貫く必要がある上、ロシアとの関係を悪化させたくないとして、NATOへの加盟も見送っている。

中国のエコノミック・ヒットマンはNATO加盟国とは対照的に、採算性の低い工業団地の買い取りとインフラ開発をセルビア側に提案した。中国国家主席の習は二〇一六年、セルビアを訪問し、新シルクロード構想への参加を呼びかけた。その「後追い」としてはだいぶ訴求力に欠けるが、米大統領トランプも、ホワイトハウスでセルビアとコソボの大統領二人とともに写真撮影に応じてみせた。セルビアとコソボはいずれも、政治的かつ経済的な混乱の渦中にあった。トランプは両国間の合意を、みずからの手柄のごとく発表した。しかし、ロイター通信は次のように報じている。

セルビアのアレクサンドル・ヴチッチ大統領は記者団に対し、セルビアと、セルビアから二〇〇八年に独立を果たしたコソボとのあいだには、まだ多くの溝が存在すると話した。……またヴチッチ大統領はのちに、セルビアの合意はアメリカとのもので、コソボとのものではないと自国メディアに語った。……政治評論家たちは、今回の合意は具体性に欠け、期待はずれだと話している。

ロイター通信によれば、トランプの真の狙いは「セルビアの在イスラエル大使館をエルサレムに移転させ、コソボとイスラエルの国交を正常化して外交関係を築くこと」だったという。ただし多くのセルビア人は、アメリカがセルビアの内政に干渉し、イスラエルを喜ばせようとしているととらえていた。地域の対立関係の解決や経済発展への貢献に、トランプが注力しているとは見ていなかったのである。

そして、ここでもやはり中国は抜け目なかった。エコノミック・ヒットマンが、さっそくセルビアとの事業契約をまとめたのである。二〇一〇年からの一〇年間で、主に製鉄や採鉱、石炭火力発電の分野を対象に、官民あわせて一九億ドルを投資するとの契約だった。さらに中国はセルビアに七〇億ドル超を投じて、中国企業によるインフラ開発に乗りだした。こうした投資だけでなく、中国は現在、セルビアに対する貿易輸出額に関しても、アメリカとの差を広げている。

セルビアのテレビ番組で、中国がセルビアに救いの手を差しのべる理由について尋ねられたとき、大統領ヴチッチは包み隠さずこう答えた。「なぜなら、中国は自分たちが建てた鍛造工場や製鉄所の一部を閉鎖しなければならないんだ。大気汚染を減らすためにね……」

彼の答えは、中国のEHM戦略の核心を突いていた。なるほど中国の主要都市を何十年も前から覆うのは、有毒なスモッグである。そして最先端技術が支える脱工業化社会へと移行した今、中国はその環境汚染を止めようとしているのだ。その中国の動きは、数十年にわたって汚染輸出を繰り返してきたアメリカと似ているかもしれない。アメリカ企業はアマゾンで鉱物を採掘し、森林を伐採し、石油を採取しただけではなく、汚染が深刻化しやすいほかの地域においても、アメリカ国内での安全基準など一顧だにせず環境を破壊した。セルビアのような国々にとってそのような事業は経済効果をもたらすため、目先のことだけを考えれば魅力的かもしれない。だが、とりかえしのつかない事態も導く。セルビア外務省出身のロンドン・スクール・オブ・エコノミクスの研究者ヴク・ヴクサノヴィッチは『フォーリン・ポリシー』誌でこう記している。

セルビア国民は現在の危機的状況を危惧している。例えば（中国企業の）河北鋼鉄集団の製鉄所があるスメデレヴォ市ラディナック村周辺の住人は、大気汚染と土壌汚染を引き起こしている製鉄所に対して抗議している。スメデレヴォでは今、紅塵が雨とともに降りそそぐことがめずらしくないのだ。またボル市は二〇二〇年九月、銅採掘で汚染を広げている紫金鉱業集団を刑事告訴した。……

セルビアはヨーロッパで最も環境汚染による死亡率が高く、その割合は全世界でも第九位である。セルビアの環境を汚染しているだけではなく、EU加盟の新たな障壁になるとして、欧州議会もセルビアにおける中国企業の開発事業に懸念を示している。

多くの中国関連事業をめぐって諸々の問題が浮上しているにもかかわらず、中国のエコノミック・ヒットマンはセルビアで活躍の場を広げている。その躍動ぶりは、まるで存在しないかのようなアメリカのエコノミック・ヒットマンの静けさとは、いかにも対照的だ。

モンテネグロ：不正の温床

モンテネグロはセルビアと違い、NATOの加盟国である。二〇一七年にNATOに加盟し、西側諸国との同盟関係を築いたが、それまで支援を受けてきたロシアの反発を買い、微妙な立ち位置に身を置くことになった。モンテネグロはすでに、中国から多額の融資を受けていた。そして、その中国はロシアと緊密な関係にある。モンテネグロ大統領フィリップ・ヴヤノヴィッチは、自国をとりまく情勢が中国の「内政不干渉」の真偽を確かめる試金石になると考えていた。

中国は、正しい答えを出したかのように見えた。自国の対外姿勢を「道路を必要としていますか？　わかりました、お手伝いしますよ」と表現した中国の経済学者、温鉄軍の言葉を裏づけるかのように、中国のエコノミック・ヒットマンは二〇一三年、モンテネグロ国民が望んでいるものは何か、大統領ヴヤノヴィッチと首相ミロ・ジュカノヴィッチ（のちの大統領）に尋ねたのだ。返ってきた答えは「道路」だった。はたして中国は道路建設に着手する。だが、その道路はやがて、国政につきものの、ある問題を象徴するようになった。つまり、不正だ。

中国のエコノミック・ヒットマンは、アドリア海に面する港町バールからモンテネグロを縦断しセルビアに抜ける約一六〇キロメートルの高速道路の建設事業において、四分の一を中国企業が担当する契約をまとめた。その高速道路は、中国が言うところの新シルクロード構想の中心的な動線として機能する予定だった。国民六〇万人にバルカン地方の一大交通拠点を提供し、ヨーロッパで最も貧しい国の一つ、モンテネグロに繁栄をもたらすはずだったのである。少なくとも、それが中国のエコノミック・ヒットマンが描いた青写真だった。しかし、である。以下、二〇二一年の『ニューヨーク・タイムズ』紙の記事だ。

世界でもまれに見るほど多額の費用をかけて建設された高速道路は、モンテネグロの山並みを裂き、深い峡谷の谷底のはるか上に高架橋を渡し、目的地へと延びる。たどりつく先には、ぬかるんだ大地が広がり、数十戸の住宅が散在する寒村があるだけだ。しかもその多くは空き家である。……その村の名はマテシェヴォという（人口は一五人ほど）。……

昨年末モンテネグロの新首相に就任し、二〇一四年に交わした中国との道路建設に伴う融資契約を引き継いだズドラヴコ・クリヴォカピッチは、この高速道路について「誇大妄想のプロジェクト」と断じ、「はじめから見通しが甘く、完全に暗礁に乗りあげている」と苦言を呈した。この事業は現在、モンテネグロの財政を極度に逼迫させているという。

モンテネグロは、米中のＥＨＭ戦略の大きな違い——かたや融資を通じて自分たちの要求を押しつけ、かたや相手の要望をくんで融資するという違い——を表す、もう一つの代表例だろう。そして他と違わず、窮状におちいった一例でもある。国家の指導者たちが融資用途を決定するのであれば、みずからが利益を得られる特定の事業を推薦することで、難なく私腹を肥やすことができるだろう。反対に、どのインフラを開発するのか聞かれるのであれば、有力企業を所有する実業家がやはり儲けを手にするのかもしれないが、指導者たち自身は不正を働いたとは見なされない。なぜなら、金銭の受け渡しがゆっくりと行われ、あたかも経済成長の恩恵を受けているように映るからだ。

アメリカのEHM戦略と異なり、中国のEHM戦略は、賄賂とリベートの可能性について、さしあたりパンドラの箱を開けたのである。『ル・モンド・ディプロマティーク』誌の記事は、モンテネグロの高速道路のうち中国企業が担当した部分について、こう概説する。

中国輸出入銀行は、中国路橋工程が手がける最初の四一キロメートル部分の建設費用として、八億九〇〇〇万ユーロを融資した。高速道路の総工費は、モンテネグロのGDPの約半分の二五億ユーロにのぼると見込まれている。環境団体オゾンの事務局長アレクサンドル・ペロヴィッチによると、深刻な環境破壊と不正が、表裏一体となって進行しているという。……

また週刊の独立系雑誌『モニター』の共同創刊者でモンテネグロ調査報道センター所長のミルカ・タディッチ・ミヨヴィッチは、「支配層が不正を働き巨利をむさぼった。……そしてジュカノヴィッチとその家族がモンテネグロ一の富豪となった」と話す。

ジュカノヴィッチが（文字通り）頼りとするのは、ユーゴスラビアからのモンテネグロ独立を主導した二〇〇六年のみずからの功績である。彼はこれまで、腕ききのエコノミック・ヒットマンよろしく、巧みに戦術を操り、並み居るライバルたちを分断し、統治してきた。まず、かつてユーゴスラビアとセルビアで大統領を務め、人道に対する罪で起訴された悪名高きスロボダン・ミロシェヴィッチと手を組んだ。その後、ロシア政府と親密な関係にある裕福なロシア新興財閥の投資家たちへと近づく。そうかと思えばアメリカにすり寄り、NATO加盟を果たしたことで、「過去の罪」について恩赦を受けた。そして新たに今、彼が希望するインフラ開発に融資しようとする中国に目を向けている。ただし、その融資契約は(『ニューヨーク・タイムズ』紙の記事によれば)「欧米いずれの金融機関も賢明な選択とは見ていない」との内容だ。さらにジュカノヴィッチは、分断・統治以外の三つの戦術もみごとに活用してきた。彼はアメリカやロシア、ヨーロッパの複数の有力国を脅威の対象として国内に向け喧伝しつつ、需給逼迫への危機感を国民につのらせ、難局を回避するため債務はやむなしとの見方を広めたのである。

ルーマニア:中国のEHM戦略の誤算

アレクサンドラ・ポステルニクは、パチャママ同盟ルーマニア支局の創設者である。私とキマンは二〇一四年、そのアレクサンドラに招待され、ルーマニア各地をめぐった。私は大学や環境団体などで講演したりワークショップを開催したりして、「死の経済」から「命の経済」に転換する必要性を訴えた。また、ルーマニアの政府当局者や学識者たちと懇談する機会にも恵まれた。

ルーマニア滞在中のある日、私たちはアレクサンドラの車に乗り、美しい景色の広がる山岳地帯ロシア・モンタナ(訳註:ルーマニアの小さな街)に向かった。ロシア・モンタナの金鉱山ではヨーロッパ最大規模の露天採掘が計画されており、住民たちが反対運動を行っていた。爆破される予定の四つの山頂部の一つに、私はルーマニアの環境活動家たちとともにのぼった。いただきから見渡すと、恐ろしいことに、まるで巨大な傷跡のように山肌がえぐられ、近くの金山は、ほぼ原形を留めていなかった。採鉱事業が本格的に動きだし、いざ露天採掘が再開されると、私が目にしたその痛ましい傷跡などはごく一部と化し、付近一帯が深く削られる見込みだという。

さほど離れていない場所に、不気味な湖が大きな口を開けていた。そこには「シアン化物が貯められている」とのこと。しかも「採掘が進めば、あの何倍もの大きさになる」という。私はルーマニアの別の金山採掘場で鉱滓ダムが決壊し、シアン化物がドナウ川に流出した事故を思い出した。それは、ヨーロッパ最大級の環境汚染を引き起こした事故だった。私はのちにエクアドルのアマゾン地域で中国が採鉱事業を進めていると知ったとき、このロシア・モンタナで見た景観が頭に浮かび、恐ろしくなった。そして、みずからの過去の過ちが元凶となり、死の経済が世界に広がっているという現実を、手厳しく思い知らされたのである。

このロシア・モンタナの金鉱採掘が「アメリカ事業」と呼ばれていることを知り、私は動揺を隠せなかった。報告書の英訳版によれば、米コロラド州の鉱山会社ピンコック・アレン&ホルトが二〇〇〇年に実現可能性調査を二〇〇〇万ドルで受託し、その後、金山がルーマニア国民に多大な利益をもたらすことを「実証した」という。私の胸に、鋭い痛みが走った。私はかつてエコノミック・ヒットマンとして、この報告書と同じように偽りの内容を企画書に記したのだ。おそらく、このロシア・モンタナの金鉱開発は、ルーマニアの限られた資産家に富をもたらすことだろう。そして、国民の大半がそのツケを払わされるのだ。また私は、「アメリカ」という枕詞が使われるゆえんも痛感させられた。事業主であるロシア・

モンタナ・ゴールド・コーポレーションは、カナダ企業ガブリエル・リソーシズが八〇％を所有する会社である（残りの二〇％はルーマニア政府）。ルーマニアの人びとは、かつて私がラテンアメリカでよく耳にした民衆の思いと、同じような感想をいだいていた。アメリカとカナダ企業と鉱山会社は、みなグルのようなもので、低所得国から金や銀、銅などの鉱物を奪うために結託している、と。

私はロシア・モンタナを訪れたあと、反対運動の急先鋒に立つ著名なルーマニア人ジャーナリストのミハイ・ゴティウ（のちのルーマニア上院議員）と会談した。バベシュ・ボヤイ大学の事務室で話をする中で、ミハイは北米企業に対する現地の評判について触れた。彼いわく、北米企業は経営者の利益のためならば何でもすると見られているとのこと。そのため、人びとのあいだに怒りが鬱積し、民意が中国に傾くようになったという。

中国企業もさして変わらないことを私がそれとなく伝えると、彼はこう言った。「蓋を開けてみなければ、わからないさ。わかっているのは、過去のことだけだ」。北米企業には、利益のために自然を犠牲にしてきたいわくつきの歴史がある。その確たる事実も、米中問わずEHM戦略が等しく死の経済という惨状を招くと、私たちに警鐘を鳴らしていた。そして一刻も早く、そうした死の経済と決別しなくてはならない、とも。

ルーマニアは二〇〇四年、NATOに加盟し、晴れてアメリカとの同盟を固く誓った。しかし中国のエコノミック・ヒットマンは、ロシア・モンタナ開発などの事業をめぐる対立や不満につけこみ、ルーマニアでの動きを活発化させた。

そして二〇一二年、中国のエコノミック・ヒットマンの尽力により、通称16＋1と呼ばれる中国・中東欧（CEEC）首脳会議が開催された。その結果、首脳会議参加国のEU一一か国とバルカン地域五か国

(アルバニア、ボスニア・ヘルツェゴビナ、ブルガリア、クロアチア、チェコ共和国、エストニア、ハンガリー、ラトビア、リトアニア、マケドニア、モンテネグロ、ポーランド、ルーマニア、セルビア、スロバキア、スロベニア)が、新たに新シルクロード構想に加わることになった。それは、まさしく分断・統治という概念を逆転させた戦術と言えた。しかし、その前途には、やはり数多の問題が待ちうけていたのである。

ルーマニア・アジア太平洋研究所で副所長を務める博士アンドレーア・ブリンザは、ルーマニアの現状をこう説明する。

16+1参加国の、ほぼすべての国において、過剰なほど多くのことが誓約され、交渉が幾度となく繰り返され、驚くほど会合が重ねられたにもかかわらず、実現に至った事業はあまりに少ない。……開発事業をめぐる中国とヨーロッパ各国との交渉は、その多くが中止、または延期となっている。

CEEC一六か国のうち二番目に人口が多いルーマニアが、その最たる例だろう。ブリンザは、ルーマニアのロビナリの発電所やチェルナヴォダ原子力発電所、タルニツァ・ラプシュテシュティ水力発電所とその揚水発電施設を失敗例としてあげ、中国事業の弊害について、次のようにまとめている。

誓約内容と現実との乖離は16+1のあいだの信頼関係を損ね、信用度の高い対CEEC投資国としての中国の地位をおとしめた。……CEEC一六か国のうち、ルーマニアやポーランドなど一部有力国の首相は、すでに協議への出席を見送りはじめている。

さしずめ、16＋1の開発事業の頓挫は、暗澹《あんたん》たる雲行きをより色濃く表したといったところだろうか。アメリカと中国の覇権争いが熾烈を極めるにつれ、世界は再び混沌たる様相を呈しはじめている。

ロシア：ウクライナ侵攻

一五世紀以降、ヨーロッパ列強は世界のほとんどの地域を植民地として傘下に収めてきた。だが二つの世界大戦を経て、一九九一年まで続いたソビエト連邦を除き、列強はいずれも崩壊の憂き目にあう。そしてこんにち、超大国二か国のつばぜり合いに翻弄され、アフリカやアジア、ラテンアメリカ、中東のかつての植民地国とさほど変わらぬ立場に追いやられる格好となった。その中で、ソ連崩壊を背景に生まれた強国ロシアが、国際舞台の中央に再び躍り出たのである。

半ばヨーロッパに、半ばアジアに属するロシアは長年、アメリカと中国の後塵を拝してきた。が、ヨーロッパの一か国、ウクライナに侵攻したことで潮目が変わった。

いざ戦いの火蓋が切られ、ロシア大統領プーチンは世界各国のメディアをにぎわせるようになった。上半身を露わにして馬にまたがる姿から一転、核兵器による大量殺戮の危険をにおわす独裁者たるイメージが世界に広まったのである。たしかに、ロシア経済はカリフォルニアやテキサスより規模が小さく、ニューヨークとさして変わらないレベルかもしれない。またロシアのエコノミック・ヒットマンは、世界のほとんどの地域において影が薄いと言えるだろう。だが、その国の大統領が、時代の趨勢を両断する旗手として名乗りをあげたのだ。少なくとも、アメリカと中国の覇権争いという政治経済を巻き込んだ一大潮流に、待ったをかけたのである。

ところが、ロシアのウクライナ侵攻は思いもよらぬ方向へと転ぶ。それは、まるでプーチンの狙いとは裏腹の展開とも言えた。アメリカとヨーロッパ諸国との距離が、かつてないほど縮まったのだ。なるほどNATOは一枚岩となった。そして、ロシア産の石油や天然ガスへの依存を解消する新たなエネルギー源の開発に意欲を燃やしはじめた。また、アフリカと中東には深刻な食料危機をもたらした。そして何より、ウクライナの人びとの驚くべき勇敢さと軍事技術の高さを証明し、ロシア軍の力不足を露呈したのである。

ウクライナ戦争は中国にも影響を及ぼしている。中国はただちにウクライナ支持を表明しなかったことで、他国の主権を尊重するとの国際公約の信憑性が低下。新シルクロード構想の実現に欠かせない情報通信網や交通網の多くも遮断された。また、中国の通商を支えるサプライチェーンが、新型コロナのパンデミックですでに打撃を受けていたにもかかわらず、さらに停滞するはめにもなった。しかしながら、中国には好都合な面も存在した。プーチンと習近平について、二〇二二年四月の『フォーリン・ポリシー』誌は次のように伝えている。


二人の指導者はともに、世界の覇権を握るアメリカの牙城を崩したいと考えている。そして、国連などの国際機関からの支持や、国際法で規定される共通認識のもとに国際社会が成り立つ、との考えに一石を投じようとしている。

二人がめざす新しい世界の秩序は、独立した文明がそれぞれ独裁色を強めながら対等に、自己の地政学的領域を治める体制だ。

ウクライナ戦争に伴ってロシアに科した制裁は、アメリカが少なくとも一時的に、九・一一以前のEHM戦略に立ち返ったことを示していた。現地に軍を派遣して脅威を与えるのではなく、ほかの三つの戦術を活用したのである。具体的には、ロシア政府に海外借入の増額を強いて対外債務デフォルトの危機に直面させ、ロシア国民のあいだに受給逼迫への危機感をつのらせる。そして、貿易相手国との関係だけではなく、ロシア社会自体においても意見対立をあおって分断した。つまりアメリカ政府は、きわめて危機的な状況に対しても、軍事力という脅威を抜きにして、EHM戦略を適応できると世に示したのだ。だが、そのアメリカの戦略展開は、期せずして、中国につけいる隙を与えたのかもしれない。『フォーリン・ポリシー』誌は対ロシア制裁の影響を、こう分析する。

すでに進んでいる米中経済のデカップリング（分離）がいっそう加速するのは確実だろう。中国が現在の国際情勢を、自国の通貨と金融構造を世界に訴求する好機としてとらえるならば、なおさらである。

もし、世界各国が金融や経済において、西側諸国が主軸とする米ドルと運命をともにするつもりがないのであれば、現実的に残される選択肢は一つだけだ。人民元とも呼ばれる中国の元である。アメリカに愛想をつかしたサウジアラビアはすでに、中国向け石油輸出に関して、元での支払いを歓迎する意向だ。約五〇年以上にわたり、ドルのみでしか支払いを受けつけてこなかったにもかかわらず、である。

ロシアによるウクライナ侵攻は、長期的に見れば、アメリカの牙城を崩さんとする潮流の中で、中国の旗振り役としての立場をより確実なものにするかもしれない。プーチンは二〇二二年九月の習との会談後、習がロシアのウクライナ侵攻に「疑問と懸念」を呈したことを打ちあけ、めずらしく殊勝な姿勢を覗かせた。対して習は、大国（ロシア）は世界の主要国としての責務のもと、「混迷する国際情勢に安定をとりもどさなくてはならない」と会見で述べた。プーチンとの一連の会談を通じて、習は和平の仲介者のごとく振る舞い、ウクライナ戦争で経済に深刻な打撃を受けた世界各国に向け、自国の存在感をアピールした。また中国のエコノミック・ヒットマンにとっては、ヨーロッパ市場の取引停滞に乗じて、石油と天然ガスの契約についてロシア側と交渉する絶好の機会と言えるだろう。しかしアメリカにしてみれば、またしてもアフリカやアジア、ラテンアメリカ、中東との関係強化に冷や水を浴びせられる格好となった。

もちろんアメリカをはじめNATO諸国が、政治と経済の両面において、多大な負担を強いられたことは言うまでもない。中国に関しても、一時的ではあるが、自国経済に逆風が吹いたことは間違いないだろう。いずれにせよ習にとっては、核の恐怖で世界を満たすこの「戦争」を、自国への追い風に転じることができるか否か、手腕の見せどころなのである。

第46章
アメリカ

本書ではここまで、アメリカと中国による世界の覇権をめぐる攻防や、両国のEHM戦略がそれぞれ世界各地に与えてきた影響について、おおまかに見てきた。とはいえ中国は今、アメリカ自体にも重大な影響を及ぼしている。よって、その点を語らずして本書の論考を終えるわけにはいかない。

ブルッキングス研究所が二〇二一年にまとめた調査結果によると、アメリカの最大貿易相手国である中国は、推定一二〇万人ものアメリカ人の雇用を支えているという。中国の製品または投資、もしくはその両方に依存する雇用に対象を広げれば、その数字は一二〇万人よりさらに大きくなるとのことだ。またアメリカの中国からの輸入額は、ASEAN全加盟国だけではなく、EU全加盟国の対中国輸入額を上回る。さらに当該調査によって、中国で事業展開するアメリカ企業の大半が、中国での長期事業を望んでいることが明らかになった。以下、その調査結果の続きである。

アメリカの投資会社は国際的潮流に乗り、中国市場とのかかわりをますます深めている。例えばブラックロック、JPモルガン・チェース、ゴールドマン・サックス、モルガン・スタンレーは、いずれも中国で積極的にサービスを展開し、同じく攻勢を強めるUBS、野村ホールディングス、クレディ・スイス、アクサとしのぎを削っている。シンクタンクのロジウム・グループの推計によると、二〇二〇年末の時点でアメリカの投資家は中国企業の発行株式を一兆一〇〇〇億ドル保有しており、株式または債券の米中双方向の投資額は、三兆三〇〇〇億ドルにのぼるという。

アメリカと中国が相互依存を深めているのは、紛れもない事実である。両国の経済の結びつきは非常に強く、いずれも相手の経済なくしては自国の経済は成り立たないだろう。これは、貿易や投資という「ハード」面のみに留まらず、教育や情報、科学技術といった「ソフト」面にも言えることだ。事実、二〇一九年度にアメリカの大学で学んだ海外留学生のうち、三分の一以上を中国人学生が占めた。あるニューイングランドの名門私立学校の校長から聞いた話によると、中国の資産家の学生たちが支払う学費によって、複数のアメリカ人学生の奨学金がまかなわれているとのこと。近年、知の分野における連携が進み、技術革新が飛躍的に加速している。先のブルッキングス研究所はこう指摘する。

米中両国の大手テクノロジー企業は、それぞれ相手国に研究所を創設している。中国のアリババ、百度《バイドゥ》、テンセントは、いずれもアメリカに研究施設を開設。逆にアップル、マイクロソフト、テスラなどアメリカの有力テクノロジー企業は、中国に開発拠点を設け、現地の優秀な人材を採用している。両国による共同研究は、ネイチャー・インデックス（訳注：優れた論文数の割合に基づく研究機関の格付け）において、科学協力における世界最大の学術的成果として評価されている。

中国によるＥＨＭ戦略の第三次興隆がアメリカの投資意欲を凌駕しはじめたのは、米中の国交が正常化し、二国間の貿易協定が締結された一九七九年に端を発する。やがて中国投資はアメリカ経済を支え、アメリカ企業の競争力向上に貢献するようになった。そして今、数十万人ものアメリカ人が中国企業に勤めている。アメリカの実業家は、こぞって中国市場の活況に勝機を求め、いずれ中国経済が世界一の規模になるとの見方が一般的だ。

私がかつてチーフ・エコノミストを名乗ったように、中国のエコノミック・ヒットマンの顔ぶれも実に多彩だ。アメリカ文化をはじめ、ＥＨＭ戦略の成功例や失敗例について学ぶ留学生。グローバル企業で働く者や、アメリカの大学で教鞭をとる者、そして数多の機関でそれぞれ顧問を務める者。もちろん、昔と同じく秘密の任務に携わる者も存在する。表向きは「商務官」だったり、ワシントンＤＣの中国大使館や、五つの地方領事館の一つに駐在する一般官吏だったりするが、その実、真の顔は「諜報員」なのだ。また第37章で紹介したアメリカの新ミレニアムのエコノミック・ヒットマンの中にも、中国のために動く者が現れはじめている。事実、在職中は反中国を唱えていた元政治家たちが現在、中国と中国企業の支援者となり、高額の報酬を得ているケースは少なくない。そのような人物は、ＥＨＭ戦略の第二次、第三次興隆の両方に属するエコノミック・ヒットマンと言えるだろう。

中国のエコノミック・ヒットマンは、中国に厳しい目を向けるアメリカ人を、それこそ本物のヒットマンよろしく雇えるならば、この上なく心強い味方になると考えているのだ。クローディンは、かつて私にこう言った。「一番の味方は、表ではあなたを厳しく非難しておきながら、裏であなたを支援してくれる政治家たちよ」。アメリカのロビー活動監視団体フォーリン・ロビーの報告書を紹介したい。

元連邦議会議員のエド・ロイスやデビッド・ビッター、トレント・ロットは、いずれも在職中、反中国派として知られていた。ところが、三人は宗旨替えしたようである。いずれも現在、これまでアメリカの安全保障への脅威として非難してきた中国企業のために、ロビー活動を展開しているのだ。……彼らを含めて、中国企業の代理人を務めたり、そのアメリカ支部のためにロビー活動したりする元連邦議会議員は、現時点で一二人を数える。

米ニュースサイト『デイリー・ビースト』では、「中国のためにロビー活動を行ったことがある、またはみずからが現在運営する事業の利益が中国と深くかかわるアメリカの元政治家や元政府高官の代表的な人物数人」が特定されている。名前をあげられているのは、以下の者たちだ。下院の米中ワーキンググループで議長を務めた元ルイジアナ州代表の下院議員チャールズ・ブスタニー。元下院議長のジョン・ベイナー。国務省でアジア太平洋経済協力会議（APEC）担当を務め、元外交サービス協会（AFSA）理事のデビッド・ファイアスタイン。貿易大使特別顧問としてビル・クリントン政権に貢献し、やはり特別顧問としてコリン・パウエル長官時代の国務省を支えたマイク・ホルツマン。

そして中国企業に籍を置く有力者として、ジョージ・W・ブッシュ（息子）政権時の元大統領官邸職員で、国家サイバーセキュリティ戦略を起草し、国土安全保障省でサイバー担当主任を務め、その後中国企業ファーウェイのアメリカ事業の最高情報セキュリティ責任者となったドナルド（通称アンディ）・パーディー・ジュニア。元駐中国大使で現在は北京・厚樸投資（HOPU）の特別顧問や中国関連事業の諮問機関で理事を務めるクラーク・T・ラント・ジュニア。世界銀行総裁としてワシントン・コンセンサスと新自由主義を擁護したあと、中国の政府系ファンド中国投資の国際諮問委員会委員に就いたジェームズ・D・ウォルフェンソン。

また、米ニュースメディア『ポリティコ』の報道によると、前掲の元上院議員デビッド・ビッターに加えて、元財務省高官ピーター・クシックと元下院議員トビー・モフェットは、中国当局のイスラム系少数民族の監視活動を手助けしたとして非難されている中国の監視カメラ会社ハイクビジョンの子会社に相当する複数の企業に属しているという。さらに、元下院議員のリー・テリーのコンサルティング会社は、中国軍との関係が疑われ国防総省から要注意企業に指定されたファーウェイが保有していたとも伝えられている。

私がエコノミック・ヒットマンだった冷戦時代と、現在とを比較してみると、興味深い違いが見えてくる。冷戦時代のソビエト連邦は現在の中国と異なり、アメリカとの経済的結びつきがほとんどなかった。米ソ間の通商はおおむね、それぞれにとって貿易総額の約一％に留まっていたのである。つまり、相互依存という状況とは、かけ離れていたのだ。違いはそれだけではない。連邦議会議員を三四年間務めたフランク・ウルフは、嘆き節でこう指摘する。「一九八〇年代は、ロシア政府に肩入れする者など誰もいなかったはずだ。それが今や、中国政府のためにロビー活動する者がわんさといるじゃないか……。ショックだよ」

往時を回想する言葉に触れるたび、私はかつてエコノミック・ヒットマンとして過ごした日々を思い出す。クローディンの教えはこうだった。世界の指導者たちを巧みに取りこみ、「アメリカの商業的利益に資する国際的な経済システム」を構築することが私の任務で、そのために「共産主義を脅威に仕立てあげる必要がある」と。その任務の遂行に並々ならぬ情熱を燃やした過去を振りかえると、私は胸がうずく。過度に上方修正した経済予測に、欺瞞に満ちた企画書、国家元首とその取りまきに交わした、うわべだけの約束、賄賂、そして脅し。インドネシアの群衆の中で覚えた恥辱は、今でも記憶に新しい。そのとき米大統領ニクソンを演じる人形は、中東の国々を次々と地図から外し、バケツへと投げ捨て、こう叫んだ。

「醜いイスラム国家め」「ムハンマドの極悪な残党どもめ」「イスラムの悪魔め」。観衆が色めき立ち、怒号が飛びかうのを前に、恐怖におののく私がいた。ほかにも、ロルドスやトリホスの専用機が墜落するイメージが頭によぎり、悪寒が走ることもある。こうして呼び起こされる記憶をあげれば、きりがない。その時々で、過去の別の場面が、私の眼前にありありとよみがえるのだ。だが、いずれにせよ、私の行動の裏には、常にソ連を抑止するとの題目が掲げられていた。

そして今、そのソ連は存在しない。冷戦は終わったのだ。ロシアとして再び軍事的な脅威を振りかざしてはいるものの、歴史にならえば、そのような脅威は時代の趨勢とともに、いずれ解消されるだろう。いつかは終わる定めなのだ。だが、この先も過去の系譜を引き継ぐとすれば、私たちはなお、時限爆弾とも言うべき経済の上をひた走ることになる。周知の通り、その時限爆弾が着火すれば、地球全体が廃墟と化す事態は避けられない。

もちろん、責任の一端は私にもある。だが、多かれ少なかれ、ほぼすべての人たちが同罪なのだ。「死の経済」を是とする理念に迎合し、米中両国のＥＨＭ戦略による破滅的な攻防を許しているからだ。アメリカ国民の多くにとっては、中国こそが「問題」で、場合によっては「敵」であるとの認識かもしれない。しかし、両国の狙いに大差はなく、双方の経済は互いに依存しているのが実情だ。そして何を隠そう、アメリカ経済と中国経済こそが、こんにち世界が瀕する、深刻な危機の元凶なのである。

であれば、「結論」は一つしかない。

結論 ＝ ＥＨＭ戦略と決別するために一人ひとりができること

今こそ、ＥＨＭ戦略と決別すべきときなのだ。永遠に。

本書では、アメリカと中国それぞれのＥＨＭ戦略の中核をなす理念や、地球に深刻な危機を招いている政策について述べてきた。「自国を繁栄させたいのであれば、ワシントン・コンセンサスからの融資をもとに、インフラ整備事業の展開をアメリカ企業に発注し、新自由主義を採用すればよい」とのアメリカの理念。そして「自国を繁栄させたいのであれば、国際貿易におけるパートナーとして他国の内政に干渉しない中国を選び、中国からの融資をもとに、インフラ整備を中国企業に発注すればよい」との中国の理念。いずれの理念とも、私たちは決別しなければならない。前章までに何度も記してきた通り、現代の両国の理念は、はるか昔、他国を治め、従属させるために掲げられた大義と何ら変わりない。一部の支配層が大衆や天然資源を搾取し、甘い汁を吸おうとしているだけなのだ。このままでは明らかに、地球は破滅の道をたどる。

文化の違いは関係ない。アメリカと中国をはじめ、全世界の人びとが、次に示すような、未来を見据えた新たな理念を支持すべきだろう。「自国を繁栄させたいのであれば、地球上のすべての命が繁栄する道を選び、人間が特別な存在ではなく自然の一部であることを自覚し、一人ひとりの行動が地球の命運を決めるという認識のもと、力をあわせて死の経済を命の経済に転換すればよい」

責任は、私たち一人ひとりにある。私たちがみずから理念を改め、家族や故郷、母国、そして世界の向かう先を変えていかなければならない。今こそ、EHM戦略の四つの戦術に別れを告げるときなのだ。脅威という戦術で「敵対者」を作りあげるのではなく、積極的に手をとりあう必要がある。人間はこれまで、まわりの環境など歯牙にもかけず、自分たちが特別な存在であるかのように振る舞ってきた。私たちは立ち向かうべき時を迎えたのである。例えるならば、遠い星の生命体が地球に襲来したときにように。立ち向かうべき相手は、当面の余剰供給や利益の最大化を是とする、みずからの理念である。また、常に誰かを敵にしないと気がすまない、みずからの愚かな心だ。私たちはそれらを投げ捨て、眼前の真の敵に向きあわなければならない。そう、私たちを自滅へと追いこむ、現行の経済システムに。

債務という戦術で他者を支配しようとする試みは、やめるべきだ。真の繁栄とは、すべての人が飢えずに、豊かな日々を送り、平和に暮らすことである。一握りの人間の物欲を過剰に満たすことではない。であれば、みずからの子どもに繁栄を残す唯一の方法は、全世界の子どもたちに繁栄を残すことである。経済的な債務負担は、奴隷に身をやつすも同然だ。かつての奴隷が例外なくそうだったように、行き着く先は自滅である。私たちが本来責任を負うべき対象は、空気であり水であり土だろう。また、植物であり動物であり、心身ともに支えあう仲間である。それらのためにも、命の経済を何としてでも、はぐくまなければならない。

需給逼迫への危機感という戦術の根底にあるのは、資源には限りがあるという概念だ。資源に限りがあるからこそ、競争に「勝つ」ために、EHM戦略を使って他者と自然を搾取するしかないと考えるわけである。だが今後は、そのような発想は転換しなければならない。つまり、資源には限りがあるからこそ、格差や富の偏重を助長する理念や経済システムを変える必要があるのだ。

分断・統治という戦術は、核兵器が全人類の命を脅かす現代において、もはや活用する場面はないだろう。望むらくは、敵は外に存在するという原始的な考えを捨て、国境を超えた協力体制を実現させたい。立ち向かうべき相手は、相互破壊へと導く、私たち自身の「内なる敵」なのだ。

アメリカと中国、二か国の経済を合わせると、世界経済の四三％に相当する（二〇二一年、世界のGDPに占めるアメリカの比率は約二五％、中国は約一八％で、第三位の日本はわずか五％である）。裏を返せば、両国はいずれも地球温暖化の主犯と言える。世界の化石燃料によるCO2排出量の四〇％近くが、この二か国から排出されているのだ（二〇一九年、アメリカの排出量の比率は一一％、中国は二七％、第三位のインドは七％）。アメリカと中国は、さまざまな問題において意見の不一致を見るかもしれない。とはいえ、命の経済をはぐくみ、栄えある未来を築くためには、両国の協力体制は不可欠だ。自己陶酔的な青写真を描く時代は、とうに過ぎている。自分たちには他者を従える権利があり、人間は自然を支配すべき生きもので、いくばくかのエリートには特権があり、軍事力と経済力こそがものを言うとの考えは、もはや時代錯誤である。私たち一人ひとりが今、有史の中で決定的な岐路に立たされていることを、自覚すべきなのだ。

悲観しそうになったときには、まわりに目を向けてみるとよい。すでに希望の光は随所に差している。例えば、若者の存在がそうだろう。中国のCEIBSの教え子たちや、コロンビアのカルタヘナのバーで会った大学生たちのように、将来を危惧する若者を私は数多く見てきた。アメリカ国内でも、世界各地でも、である。二〇一八年と二〇一九年のカラーズ・オブ・オストラヴァに講演者として参加した際にも、そのような若者と幾度となく接した。その主催地であるチェコ共和国のオストラヴァという都市は、私たちに何ができるのか、いみじくも物語る。冷戦時代にソ連の「鉄心」と呼ばれた通り、オストラヴァはかつて、巨大な製鉄所に石炭を直接供給する鉱山地帯だった。だが石炭が尽きると、関連施設はすべて閉鎖される。財政危機に直面した地元住民たちは、荒廃した巨大な施設を改造して、荘厳なステージと観客席を作りあげた。ミュージシャンを招待して演奏会を開いたり、アーティストを呼んで展示会を催したりして、活路を見出している。有識者による国際問題の討論会も、その一例だ。私がカラーズ・オブ・オストラヴァに参加した年はいずれも、五万人以上もの人たちが会場に駆けつけ、死の経済から命の経済へと舵をきった街を盛りあげた。

希望の光はほかにもある。グリーン・ニューディール（訳注：環境分野での雇用創出などをめざす政策）のような取組みや、コンシャス・キャピタリズム（訳注：利益追求と同時に社会全体の幸福を求める資本主義）、Bコープなど画期的な企業評価制度、エネルギー分野や有機農業における新技術、ロングターム証券取引所（訳注：長期的視野に立った企業経営を促すアメリカの証券取引所）の創設などである。

また、二〇一九年のビジネス・ラウンドテーブル（訳注：アメリカの主要企業の経営者が加盟するロビー活動団体）の会合では、世界に名だたる大企業一九二社のCEOたちが、利益の最大化ではなく、顧客や従業員、仕入れ先、地元地域への貢献を経営の第一義とすることを誓った。ここでも、死の経済から命の経済への転換を図ることで、意見を一致させたのである。

アメリカの気候問題担当大統領特使ジョン・ケリーと、中国の気候問題担当特使、解振華は、二〇二一年四月一五日と一六日の両日、中国上海で会談し、以下の共同声明を発表した。

アメリカと中国は相互に協力し、他国とも連携を図りながら、気候危機を乗り越えるために全力を注ぐ。気候危機は現状からして、総力をあげてのぞむべき、待ったなしの問題である。そのため米中両国は、それぞれの対策を強化しつつ、気候変動に関する国際連合枠組条約やパリ協定など、国際的な取組みにおいても協力を図る。

次にあげる事実も希望の光だろう。

九七歳にして壮健なジョン・カブ博士は、中国の環境意識の向上に人生の大半を費やしてきた人物だ。中国の現指導者たちの多くとも面識が深い。そのカブは、死の経済から命の経済への転換が生態文明（訳注：大気汚染など環境負荷を減らし、地球上すべての生命の繁栄を図る未来社会。巻末の「付録」参照）を導くと指摘する。彼によれば、中国の憲法には、この生態文明が理念として明確に謳われているとのこと。二〇二一年一〇月、カブは米大統領バイデンと中国国家主席習それぞれに手紙を送り、両国の結束を嘆願した。「私は習国家主席に、バイデン大統領の弱腰とも見える対中政策はすべて、彼にとって政治的な犠牲を伴うものである、ということに理解を求めた。そして私たちの孫のためにも、何かしらアメリカの協調姿勢に気づいたならば、その姿勢に応えてほしいと訴えたんだ。世界の二大超大国の協力体制こそ、未来を照らす唯一の光であることを強調してね」

この手紙は、それぞれバイデンと習の側近に手渡された。そして二〇二一年一一月一五日、米中首脳によるオンライン会談が実現した。カブはこう話す。「二人が私の手紙を読んだかはわからない。ただ、話合いの場が実現して、とても嬉しいよ」。二人の指導者に手紙が届いたかどうかは別として、インターネットを介した両国の首脳会談は、協調の重要性を広く印象づけた。

前述のビジネス・ラウンドテーブルで一九二人のＣＥＯが交わした誓約は、潮目が変わりつつあるという、さらなる裏づけだろう。自分の子どもや孫たちのために、社会面や環境面で、より責任ある経営をめざしたいと語る企業役員は多い。しかし、そう考える企業役員に重くのしかかる課題が存在する。ビジネス・ラウンドテーブルのCEOを含め、上場企業の経営者は、利益の最大化を前提とする株主の期待に応えなければならない、という問題だ。そのため、くだんの企業役員たちは消費者に対し、もし無責任に利益のみを追求する企業があれば、ほかの会社の商品やサービスを購入するとのメッセージを発信してほしいと訴える。そうすることで、社会的責任を果たせない企業は、おのずと市場シェアを失い、利益を減らすことになるからだ。

であれば、私たち一人ひとりが、ソーシャルメディアなどの有効な手段を活用して、命の経済を構築すべく企業経営者の背中を押さなくてはならない。命の経済への転換を加速させ、その流れを主導する経営者を増やすように、である。仕事や買いもの、投資、選挙など、新たな理念への支持を発信できる場は、さまざまだ。そのような場を生かして、真の繁栄を意味する方向に導けばよいのである。命の経済に向けた取組みを加速させるのは、私たち一人ひとりなのだ。

一つの実践例

例えば、経営姿勢の改善が望まれる企業に対し、ソーシャルメディアでもキャンペーンを展開、または支援することができる。次のような簡単なメッセージを送ればよいだろう。

○○社 最高経営責任者　△△様

はじめまして、私は貴社の製品を愛用する者です。愛用者として貴社がますます発展し、他社の模範となることを願っています。また貴殿／貴女におかれましては、次世代のビジネスリーダーにとっての優れたロールモデルになってほしいとも期待しています。だからこそ、私は○○社の製品を購入するのをやめたのです。貴社が……（例えば、大気汚染の防止策を講じたり、海外労働者に適正な賃金を支払ったり）するまでは。ただし、それが果たされた場合には、私を含め何千人もの消費者が、○○社の製品を買い求め、事業の拡大に貢献することを約束します。そうなれば、競合他社は貴社の事業を追随せざるをえなくなるでしょう。ですが、そのころにはすでに、貴社の優位性は確立されています。貴社の売上や市場シェア、株価は軒並み伸びると考えられます。

当該企業の最高経営責任者（CEO）に送るだけでなく、みずからが登録する、ほかのメールアドレスやソーシャルメディアのアカウントにも送信し、他者に協力を求める。そのうち一〇人が当該企業に同様のメッセージを送り、ソーシャルメディアを通じて知り合いに協力を呼びかけてくれたとする。やはりそれぞれにつき一〇人が協力してくれるならば、CEOが受けとるメッセージは一〇〇通にのぼる。さらに一人の呼びかけにつき一〇人が応じてくれるとすれば、CEOへのメッセージは一〇〇〇通だ。その後、一万と続き、メッセージ数がクリティカルマス（訳注：数量が一気に跳ね上がる分岐点）に達すれば、CEOは主要株主に対し、「顧客の要求に対応せざるをえない」と説明するだろう。

ほかの実践例

私たちが現在、生きているのは、科学技術によって一人ひとりが高度に結びつく時代である。つまり、多くの人びとに呼びかけて、当局の政策や行為を変えていく力を、一人ひとりが持ちあわせているのだ。栄えある未来のためには協力する必要があり、すべての生きものが豊かになることこそが繁栄で、人間は自然に君臨する存在ではなく自然の一部である、と広く訴えることができるのである。そう、地球の未来は、私たちにかかっている。今こそ一致団結して、死の経済から命の経済へと歩を進めるときだろう。

以下に紹介するのは、EHM戦略の四つの戦術（脅威／債務／需要逼迫への危機感／分断・統治）と決別するための具体策である。その方法は多種多様だ。ソーシャルメディアを通じた情報発信、地域の都市計画会議やPTA集会でのアピール、抗議運動の企画、公職への立候補などが一例である。ただし、それらはあくまで一例にすぎない。よって、自分にとって最も効率的で、最も満足できる方法を選択すればよいだろう。ぜひ自由な発想のもと、楽しみながら取り組んでほしい。

脅威

- 文化や人種、国籍が異なる人たちにいだく脅威を克服する必要性について、ソーシャルメディアで家族や地域の人びとに訴える。ソーシャルメディア以外にも、教会やモスクなど集会の場を利用したり、政治家に直接嘆願したりすることもできる。
- マザー・テレサやローザ・パークス、マーティン・ルーサー・キング・ジュニアなどについて話す。自分自身にとっての英雄、つまり前向きな姿勢で脅威に打ち勝った、そのほかの歴史上の人物についてでもよい。そのような人物たちも、まわりと同じ人間であり、当初は成功したり有名になったりするとは思われていなかった点を指摘する。
- 唯一、脅威を感じるべき対象は、死の経済と暴力の容認であることを広く訴える。

債務

・学生などに、債務を負わないように呼びかける。

・ソーシャルメディアへの投稿記事やブログ、Eメールなどを通して、学生の過剰債務や、カードローンやペイデイローン（訳注：次の給料を担保に貸し出す低所得者向けの小口の短期ローン）などの高金利について、政治家に返済免除を求める。

・政府や金融機関、ハゲタカファンドに対して、借金漬け外交をやめるように訴える。債務免除が、長期的には国際社会に利益をもたらし、命の経済をはぐくむとして、多重債務国の債務免除を支持する。

需給逼迫への危機感

・各個人の「需給逼迫」という感覚が、場合によっては、実際のニーズよりも社会的な地位に基づくことを自覚する。また、本当に生活に窮している人たちの需給逼迫を解決するためには、世界規模で命の経済への転換を進める必要があることを理解する。

・以下の要領で、命の経済への転換を後押しする。

エコロジカル・ガーデニング（訳注：農薬や化学肥料を使わず、その土地の気象条件に配慮した環境にやさしいガーデニング）を始めたり、地元の有機農園やオーガニック・マーケットで買いものをしたりする。

化石燃料に頼らない、新たな発電技術を推奨する。

廃棄物を排出しない循環経済を支持し、その取組みに参加する。

生活の中で物質消費量を減らすように努める。
移動手段として徒歩や自転車を選び、電力消費を抑え、野菜中心の食生活を心がける。

分断・統治

- 国籍や人種、文化が異なる人たちを分断しようとするプロパガンダや陰謀論を無視し、非難する。

- 異なる国家や人種、文化の特徴や歴史の重要性について教えるように、地域の学校に求める。

- 他国の統治ではなく、協力や協調、平和を尊ぶ逸話を読んだり見たりして、他者と共有する。

全戦術共通

- 平和を優先する再生可能でサステナブルな命の経済への転換が、やりがいのある魅力的な取組みであることを、継続的に訴える。
- 自然保護に取り組む地元企業や協同組合、農場などを支援する。
- みずからの考え方を改めて、死の経済に反対し命の経済を支援するプロセスを明確にする。なお、その中で、過度な負担をみずからに課したり、自分自身や他人を追いこんだりしないように注意する。

私はかつて祖母に尋ねたことがある。二つの世界大戦や一九一八年のスペイン風邪の大流行、世界大恐慌のときに、どのようにして脅威に打ち勝ったのか、と。すると彼女は躊躇なくこう答えた。「希望と勇気を持って、自分を信じて行動したの」

今度は私たちの番である。みずからの考え方を改めることで、社会を変えられるとの希望を持ち、先人たちと同じように困難を乗り越えられると信じ、勇気を奮い立たせ、脅威に打ち勝ち、前向きな行動に結びつけなければならない。

それらを実践するための、ごくシンプルな方法を紹介したい。次にあげる五つの問いに答えることで、自分のとるべき行動が見えてくるだろう。

1：自分が最もやりがいを感じて満足を得られること、最もやりたいことは何か？

著者の場合、答えは「書きつづけること」である。

大工の友人であれば、「自分の手と、木材を使って仕事をすること」と答えるだろう。

2：1の答えを通じて、みずからの考え方を変え、死の経済から命の経済への転換を後押しするには、どうすればよいか？

著者「執筆活動の中で、新たな理念の必要性を説き、人びとに行動を促す」

大工の友人「サステナブルな原材料を使うと同時に、そのような原材料を採用することで得られる効果を、顧客に向けて発信する」

3：1や2の答えをさまたげる、または将来さまたげる可能性のある要素は何か？

著者「執筆にあてる時間が不足していること。また、前回の原稿が出版社で採用されず、モチベーションが低下していること」

大工の友人「サステナブルな原材料の使用による値上げを、顧客が受け入れようとしないこと」

4：3の答えのような障壁に直面し、対応しようとするとき、どのように考えるか？

著者「週に四日、テレビを見る時間を一時間減らし、その時間を執筆にあてる。また、出版社の判断が常に正しいとは限らず、誤っている場合もあると考え、別の出版社を探したり、自費出版を模索したりする」

大工の友人「値上がりした分の代金はコストではなく、地球環境の未来に対する投資だと顧客に説明する」

5：4の答えのような新たな考え方のもと、1の答えを実践するにはどうすればよいか？

著者「週に四日、一時間余分に書きつづける。また、原稿が不採用になったとしても落ち込まず、できる限り多くの出版社に持ち込んだり、自費出版の方法を学んだりする」

大工の友人「住宅やキャビネットを作るのに、引き続きサステナブルな原材料を採用し、将来に対する投資である旨を顧客に我慢強く説明する」

これら五つの問い、特に最後の三つの問いに対する答えは、時によって異なるだろう。例えば、私が毎日決まった時間を執筆にあてると決めたならば、一日ごとに書く内容を決めなくてはならない。したがって、頻繁に五つの問いを自問することになるが、その時々で答えは変化する。それでも、一度につき一〇分もかからないし、続けるうちに手間ではなくなる。むしろ想像力をかきたてられ、楽しいはずだ。

ぜひ、楽しみながら取り組んでほしい。問いに対して答えを見出すことも、その答えを実践することも。そして、自分に過度の負担を課して、追いこみすぎないように注意してほしい。もちろん、豪華な食事のあとの後かたづけのように、あまり魅力的に感じないこともあるはずだ。だからといって、食事の楽しさがなくなるわけではないだろう。私個人に関して言えば、それは、創作的な執筆作業に比べてさほど魅力を覚えない推敲作業にあたるかもしれない。とはいえ私は、推敲作業を負担ではなく、行間に込めた想いを際立たせるチャンスとして捉えている。

いずれにしても、一人ひとりが、自分の夢や、やりたいこと、喜びを見出せることを大切にして、それぞれにふさわしい行動を起こせば、世界はよい方向へと進むだろう。

ＥＨＭ戦略とは決別すべきなのである。今こそ、次のような長期的な理念を掲げるときなのだ。

「自国を繁栄させたいのであれば、地球上のすべての命が繁栄する道を選び、人間が特別な存在ではなく自然の一部であることを自覚し、一人ひとりの行動が地球の命運を決めるという認識のもと、力をあわせて死の経済を命の経済に転換すればよい」

私たち一人ひとりが、つまり、世界中の人びとが手を取りあえば、必ずや実現できるはずだ。

ディスカッション・ガイド

以下にあげる問いは、読書会、学校の授業、研修プログラムなど、さまざまな場で本書について議論する際に、活用してもらうためのものだ。参加者の発言を促し、議論を有意義なものにすることを狙いとする。最も関心があるものや、最も身近なもの、最も議論の目的にかなったものなど、それぞれ自由に問いを選択し、議論を進めてほしい。もちろん、みずから問いを作るのもよいだろう。

はじめに・序章

- 理念を基にした行動が社会を変えた出来事には、どのような例があるか？　自分の国や地域の出来事でもよいし、個人的な体験でもよい。
- 著者によれば、国内総生産（ＧＤＰ）はきわめて主観的な指標にすぎない。そのような指標がＥＨＭ戦略において果たす役割とは何か？
- あなたが、天然資源を持ちながら採掘技術のない国の首脳だったとする。国民はアメリカまたは中国との開発契約を望んでいる。本書に記された両国それぞれの理念について、一国の首脳としてどのように考えるか？
- 中国がＥＨＭ戦略の四つの戦術を進化させた意義とは何か？　またそれらの新たな戦術が現在、効果を発揮していると思うか？

第１部：未来への警鐘

・もしあなたがエクアドル大統領ラファエル・コレアだとしたら、彼のように中国と手を組むか？

・天然資源の豊富な国は、社会福祉の資金を得るための開発と、環境を保護する責任とを、どのように両立すべきか？

・エクアドルやそのほかの国で、国際的な経済組織が巧みに進める不当行為について、その行為を正当化する外部資料には、どのようなものがあるか？

・反対に、そのような資料の矛盾を裏づける資料には、どのようなものがあるか？

第２部：１９６３～１９７１年

・著者の人生や仕事においては、富裕層の生活への憧れが大きく影響した。成功に対する先入観には、どのようなものがあるか？

・そのうち、自分にとっては、いくつ当てはまったか？　それは具体的に、どのような先入観だったか？　また、間違っていた先入観とは何か？

・アマゾン地域でのテキサコの開発事業について、同社のコンサルタントの男性が高級レストランで語った記述を読んだとき、どう感じたか？

・インドネシアで地元の芸術や文化に触れたことで、著者はあらためて罪悪感を強くした。このように地域社会と直接かかわることは、当該地域をよくするために（または弊害を防ぐために）必要だろうか？

第3部：1971〜1975年

・経済的支配と帝国主義政策という観点において、パナマ運河にはどのような歴史があるか？
・パナマ運河の開発の歴史は、インドネシアなどで著者が推進した開発事業と、どのような共通点があるだろうか？
・現在では十分に確証されているアメリカとサウジアラビアの経済的、軍事的結びつきが、どの程度九・一一後のアメリカの対サウジアラビア政策に影響を及ぼしたと考えるか？
・両国の密接な関係が、アメリカの帝国主義にどの程度、貢献していると思うか？

第4部：1975〜1981年

・西側諸国が一般に考える正当性について、著者は疑問を呈している。その点を踏まえて、西側諸国が示す科学的かつ経済的な資料が、どれほど信用できると考えるか？
・経済学は確実に立証された科学なのだろうか？　経済学の枠をこえて、繁栄の意味するところを理解する方法はあるか？
・著者の経歴書は詭弁だと述べられている。記載されている情報は「完璧だった。巧妙ではあるが、あくまで事実に基づいており、何といっても作成した企業が、他社や国際金融機関、政府などから信用されていた」という。このような慣行は現在でも存在するか？　もし存在するとすれば、（ビジネス以外も含めて）どこで？　また、概してどのような影響をもたらしているか？

第5部：1981～2004年

・アメリカがパナマやイラクに侵攻したことで、従来のEHM戦略に対する反感が強まった。そこで得られた教訓には、どのようなものがあるか？

・本書に述べられている通り、新たに実施された調査や公開された文書によって、多くの不当行為と、それに伴う弊害が明らかになっている。エクアドル大統領ハイメ・ロルドスとパナマ共和国司令官オマール・トリホス両氏の死が、アメリカのCIAによる暗殺である可能性は高いと考えるか？

・そのような可能性を考えるとき、陰謀論が拡散しただけなのか、それとも実際に陰謀が働いたのか、どこで判断すべきなのだろうか？

第6部：2004～2016年

・著者は本当に毒を盛られたのだろうか？　もしそうであれば、誰によって？

・死の経済と命の経済について、主な特徴がまとめられている。著者の解説に、間違いはないか？　主な特徴について、付け加えたり削除したりすべきものはないか？

・命の経済の目的や達成手段の中で、優先すべきものは何か？

・著者は、新ミレニアムのエコノミック・ヒットマンやジャッカルを担う人物を列挙している。ほかに該当する人物はいないか？

第7部：中国の新EHM戦略

・もしあなたが国家の開発計画を担当し、経済成長をめざすならば、中国が提案する融資について、その是非をどう評価するか？

- 二〇二〇年、中国はアルゼンチンの最大貿易相手国となった。その点を踏まえ、中国がまったく新たな理念のもとEHM戦略を展開しているとする著者の指摘を、どう考えるか？
- 世界帝国の構築という目的において、軍事力に重点を置いたアメリカの判断は誤りだったのか？
- 新シルクロード構想には、どれほどの効果が期待できるか？　アメリカと覇権を争う中国の対抗策にすぎないのか、それとも、参加国に本当に利益をもたらす可能性があるのか？　または、その両方だろうか？

結論

- 本書に記したもの以外に、四つの戦術と決別するための方法はあるか？
- 五つの問いに関して自問自答したとき、人生の中で最もやりがいの得られることを見出し、それに向けて意欲的に取り組む気持ちになったか？
- 死の経済から命の経済への転換を後押しするため、自分が何をすべきか見えてきたか？

本書全般に関する問いと検討事項

- 本書の記述の多くは、統治戦略に疑問を投げかけるものである。本書を読んだあとに再考させられた自分の先入観には、どのようなものがあるか？
- 現在のビジネス教育やビジネス慣行において、特にどのような共通認識や風潮に、本書は疑問を呈しているか？

・命の経済をはぐくむために、自分が属する企業などの組織は、どのような方針を採用すべきか？

・著者が記した内容の中で、どのような点に疑問をいだいたか？

各テーマに関する問い

エコノミック・ヒットマン

・著者が指摘する通り、こんにちエコノミック・ヒットマンを演じる人物たちの多くは、自分の行為やそれに伴う弊害について、本当に自覚していないと思うか？

・エコノミック・ヒットマンの存在に懐疑的な相手がいるとしたら、どのように説明すればよいか？　また、その説明の信憑性を担保しつつ、ほかの意見も公平に評価するためには、どうすればよいか？

EHM戦略とその展開方法

・本書に述べられているもの以外に、EHM戦略に含まれる戦術はあるか？

・あなたが住む国において、EHM戦略はどの程度、展開されているか？

債務という罠

・債務という罠は、国家だけではなく、私たち一人ひとりもおちいりやすい。債務を回避したり、債務による支配を軽減したりするためには、どうすればよいか？
・世界のほとんどで採用されているクレジットシステム（訳注：個人の信用を担保に資金を貸与する仕組み）にかわる、新たなシステムはあるか？

経済的利益を謳う偽りの理念

・中国のＥＨＭ戦略では、融資によって他国があずかる恩恵に焦点が当てられる。その理由はなぜか？
・その理念がほころびを見せはじめている理由について、本書はどう記述しているか？

貧富の差の拡大

・国連の調査によれば、国家間の貧富の差が縮小している一方で、各国内の貧富の差は拡大しているという。エコノミック・ヒットマンは国を問わず、グローバル企業やその経営者の利益を拡大させているのだろうか？
・西側諸国の貧富の差の拡大において、エコノミック・ヒットマンが果たした役割は何か？
・本書は、能力主義に疑問を呈しているのだろうか？　社会で成功するためには何が必要なのか？

天然資源の採掘

・アメリカは戦いをしかけてばかりで、資源の豊富な地域において紛争を解決することなく、政情不安を助長していると以前から言われている。中国の外交政策にも共通点は認められるだろうか？
・こんにち多くの人が、生産と消費の減少をめざす「脱成長運動」を唱えている。社会を維持するためには、従来の意味で言う経済成長は必要なのだろうか？
・命の経済をめざすにあたり、従来とは異なる意味での成長が求められるだろうか？

死の経済vs命の経済

・死の経済vs命の経済という構図には、どのような意義があるか？
・そのような構図を、よりわかりやすくするためには、どうすればよいか？　また自分の生活環境に適用するには、どうすればよいか？
・小さな自治体における命の経済に向けた取組みは、どの程度、有効なのか？　また大規模な組織における取組みは、どの程度、重要なのか？

付録

死の経済vs命の経済

資本主義と、エコノミストが一般に言う「侵略的資本主義」とのあいだには、大きな相違点がある。侵略的資本主義は、本来の資本主義とは、かけ離れた概念なのだ。「メリアム＝ウェブスター」の辞典は、資本主義を次のように定義する。

資本財の個人または企業の所有、個人の意思による投資、および主に自由市場での競争で決まる商品の価格、生産、分配を特徴とする経済システム。

また「オックスフォード」の辞典による定義は次の通りである。

政府ではなく、営利目的の個人がその国のビジネスや産業を運営する、経済的かつ政治的なシステム。

こんにちの死の経済は、資本主義のいずれの定義にもまったく当てはまらない。市場原理に逆行し、自由市場での競争を低減したり有名無実化したりする企業経営を特徴とする経済である。その国のビジネスを政府が運営しないどころか、企業や富裕層の株主が逆に政府を牛耳るのだ。それは、まさしく侵略的システムと呼ぶにふさわしく、資本主義とはまったく別物と考えるべきだろう。

死の経済は、一九七〇年代から一九八〇年代にかけて活躍した複数のエコノミストが提唱した概念に端を発する。ノーベル経済学賞の受賞者であるフリードリヒ・フォン・ハイエク（一九七四年受賞）とミルトン・フリードマン（一九七六年受賞）を代表格とするエコノミストたちが、要は「社会的費用や環境コストを省みずに、短期的利益を最大化することが企業の唯一の責務である」と唱えたのである。

そのような主張が脚光を浴びたことで、企業経営者たちは手段を選ばず、利益の最大化をめざすようになった。もしくは、めざすよりほかなかった。例えば以下のような具合に、である。コンサルタントやロビイストなど魅力的な天下りポストを用意したり、資金提供を約束したりして官僚を買収する。従業員を搾取する。競合他社を廃業に追いこんだり、傘下に収めたりする。自然環境を破壊する。税金や人件費を低減する。従業員や顧客に有利な法規や、環境規制に反対するロビー活動を展開する。自社の施設を特定の都市や国に移転する（または特定の都市や国から移転させる）ことで、当該地域の経済に貢献すると約束する（または打撃を与えると脅す）。長期的に見れば企業の存続に欠かせない資源を使いはたす、など。このようにして、企業や政府において、上意下達の厳格な命令系統や、独裁的リーダーシップが広がったのである。

死の経済の主な特徴

- 比較的一部の人間の短期的利益を最大化することを目的とする。
- 市場シェアや政治的権力を得る手段として、脅威や債務を活用する。
- 誰かが勝つためには誰かが負けなければならない、という概念を推進する。

・弱肉強食の競争を企業に求め、人びとや環境に対して侵略的である。
・人類が生存するために必要な資源を破壊する。
・クオリティ・オブ・ライフ（生活の質）を向上させる商品やサービス（子育てや芸術活動の支援など）よりも、物質主義的な商品やサービスに価値を見出す。
・非生産的な金融取引（株価操作や経済の金融化、ギャンブルなど）の影響がきわめて大きい。
・売上やGDPなど経済の指標となる数字に、環境破壊や従業員の搾取などの外部性が反映されない。
・軍事投資の割合が大きい。人間をはじめ生物の命を奪い、脅威にさらし、インフラを破壊する。
・環境汚染や環境破壊を引き起こし、支配層に莫大な利益をもたらしながら、社会格差を広げる。そのため政情不安を招く恐れがある。
・税の意義を、社会（インフラや社会福祉など）への投資とは考えずに軽視する。
・政界に強い影響力を持つ一部の富豪が経営する大企業が優遇されるため、非民主的である（富の一極集中が寡頭政治を生む）。
・上意下達の厳格な命令系統を基礎とし、企業や政府において独裁的リーダーシップが尊重される。
・生産的な仕事（肉体労働や製造業など）や、生活を豊かにする仕事（教師やミュージシャン、アーティストなど）よりも、非生産的な仕事（ベンチャー・キャピタリストや機関投資家など）に価値が置かれる。
・数十億人もの人びとに貧困を強いる。
・動植物を含め、自然界はすべて破壊しても問題ないと考える。自然を尊重したり保護したりせず、絶滅種を増やし、とりかえしのつかない事態を招く。
・侵略的資本主義であるにもかかわらず、世界各地で資本主義として誤認されている。

私たちの将来は、死の経済を命の経済に転換できるか否かにかかっている。命の経済に転換することで、環境汚染を抑制し、破壊された生態系を再生し、リサイクルを促し、環境破壊ではなく環境保全や資源回復に役立つ技術を開発しなければならない。投資家は再生可能な枠組みを持つ経済活動に資金を投じ、企業はそのような投資家に報いる必要があるだろう。

命の経済の目的は、人間と環境の長期的利益を最大化することである。

命の経済の主な特徴

- 公共の利益に資すること（人間と環境の長期的利益を最大化すること）を目的とする。
- 法規によって公平な条件を整え、健全な競争や、革新的な発想、サステナブルな商品の開発を促す。
- すべての対象に長期的利益をもたらせば、繁栄が実現するという考えのもと、協調精神を醸成する。
- クオリティ・オブ・ライフを重視し、物質主義や資源採掘のみに頼る活動以上に、精神的な豊かさをはぐくむ活動を評価する。
- 株価操作や経済の金融化、ギャンブルなどの非生産的な活動ではなく、リサイクルや教育、医療、芸術など、生産的で社会に有益な活動を基礎とする。
- 環境汚染を抑制する。
- 破壊された自然を再生する。
- 他者を思いやり、債務の回避を支援する。
- 飢餓に直面する人びとを支援する。

・財政や経済の指標において、外部性が反映される。
・技術革新を促進する。つまり、再生可能でサステナブルな社会に貢献する新技術の開発を支援する。
・リサイクルを促す。
・税を社会への投資と見なす（医療と軍事化のどちらに税金は使われるべきか?）。
・地域に根ざしたビジネスや、労働者や地域が所有し、利益が多くの人に分配される事業体（協同組合やBコープなど）を支援する。
・企業や政府において、民主的な意思決定や組織運営が尊重される。
・生活を豊かにする仕事（ミュージシャン、社会福祉や医療関係、教育者など）に高い価値を見出す。
・人間は地球と共生関係にあり、自然を尊重し、大切にし、守る義務があるという考えを根本とする。
・以上のような特徴を支援する投資家に恩恵をもたらす。
・二〇万年という人類の歴史において、ほとんどの経済は実質、命の経済に該当する。

価値や行動を生みだす理念や、その理念をめぐる私たちの考えが変われば、死の経済から命の経済への転換は実現するだろう。「社会的費用や環境コストを顧みずに、一部の人間の短期的利益を最大化する」社会から、「すべての人間と環境の長期的利益を最大化する」社会へと。多くの消費者や労働者、投資家たちがそのような考えを受け入れ、官民一体となった取組みを支援するならば、「生態文明（ecological civilization）」の構築へと結びつくはずだ。ハーバード・ビジネススクールの元教授で、フォード財団やロックフェラー財団、米国際開発庁の派遣事業、アジアやラテンアメリカ、アフリカのビジネススクールで顧問を務めたデビッド・コーテンは二〇二一年、国際的シンクタンクのローマクラブへの報告書でこう述べている。生態文明は「自然との新たな関係をはぐくみ、その健全で美しい再生能力を回復させ、促進する。……そのような社会では、すべての企業が公共の目的のために力を注ぎ、事業を展開する地域に積極的に利益を還元する」と。コーテンは著者に、次のように話してくれた。

つまるところ、私たちは自分たちの存在をどう考えるか、という話なんだ。宇宙に浮かぶ死の惑星を棲《す》みかとする銭ゲバなのか？　それとも、息づく地球に生をうけ、命をつないできた生きものなのか？　もし、カネに生きる銭ゲバならば、カネがあればあるほど成功と見なされる。そして企業の本来の目的は、社会や環境への影響など関係なく、短期的利益を最大化することになるだろう。

とはいえ、やはり私たちは生きものだ。きれいな空気や水、肥沃な大地、安定した気候があるからこそ、豊かさを享受している。そして一人ひとりの豊かさと、地球の豊かさの上に、全体の豊かさが成り立っている。その意味において、人類の未来は、この「生態文明」を築けるか否かにかかっていると言える。生態文明では、企業の事業目的は豊かさを確保することにある。カネも時には有効な道具になるかもしれない。民間企業にとって適正な収益は、組織として存続するためにも必要だろう。だが、カネそのものが目的になることはないんだ。

中国共産党は、憲法と五か年計画の中で、この「生態文明」の構築を、目標として掲げている――。

ジョン・パーキンス略歴年表

- 1963年　高校を卒業し、ミドルベリー大学に入学。
- 1964年　イランの軍司令官の息子ファルハードと友人になる。ミドルベリー大学中退。
- 1965年　ボストンの新聞社ハーストに入社。
- 1966年　ボストン大学経営学部に入学。
- 1967年　米国家安全保障局（NSA）の最上層部の高官「フランクおじさん」を親戚に持つミドルベリー大学時代のクラスメートと結婚。
- 1968年　NSAからエコノミック・ヒットマン（EHM）に理想的な人物として査定される。フランクの理解を得て、平和部隊に入隊。エクアドルのアマゾン地域に派遣され、アメリカの石油会社に脅威を覚える先住民族の姿を目の当たりにする。
- 1969年　アマゾン熱帯雨林とアンデス山脈高地で生活する。石油会社や政府機関による欺瞞に満ちた破壊行為と、それに伴う土着文化や環境への弊害を目撃する。
- 1970年　国際コンサルティング会社MAINの本部長で、NSAの連絡役を務める男性とエクアドルで会う。
- 1971年　MAINに入社し、ボストンでエコノミック・ヒットマンとしての極秘訓練を受ける。その後、11人構成のプロジェクトチームの一員としてインドネシア・ジャワ島に赴任。経済予測の歪曲をめぐり、罪悪感にさいなまれる。
- 1972年　企業方針に「協力」する意欲を買われ、チーフ・エコノミストに昇任。「期待の新人」として、もてはやされる。世界銀行総裁マクナマラなど世界の要人たちと面識を持つ。特殊任務のためパナマに赴任。カリスマ的指導者のパナマ大統領オマール・トリホスと面会する。アメリカの帝国主義政策の歴史と、パナマ運河の管理権をアメリカから奪還しようとするトリホスの決意に触れる。
- 1973年　キャリアを順調に積む。MAINでみずからの帝国を拡大。パナマでの任務を継続。世界を股にかけ、アジアやラテンアメリカ、中東で調査を実施。
- 1974年　サウジアラビアでのEHM戦略の大成功に貢献する。同国の王族がオイルマネー数十億ドルをアメリカ国債に投資することを了承。その利息をもとにサウジアラビアは米財務省を介してアメリカ企業に開発事業を発注することになり、同国では電力や上下水道システム、高速道路、港湾の建設や都市開発が進んだ。かわりにアメリカは、王族による独裁体制の支援を約束。EHM戦略に新たな指標を示したが、のちにイラクでの失策へとつながる。

1975年　再度昇任を果たし、経済開発・地域計画担当部長に。MAINの100年の歴史上、最年少でパートナーとなる。複数の論文を発表し、反響を呼ぶ。ハーバード大学などで講演を実施。

1976年　アフリカやアジア、ラテンアメリカ、北アメリカ、中東など世界各地で主要プロジェクトを指揮する。イラン国王をとりまく政情からEHM戦略による帝国構築に関して新たな知見を得る。

1977年　コロンビアでの個人的な人間関係の中で、実際には自分の家族や生活を守ろうとしているだけの小作人にもかかわらず、共産主義テロリストや麻薬密売人などとレッテルを貼られ、窮状にあえぐ地元農民を目にする。

1978年　ファルハードの手引きにより間一髪でイランを離れる。イランの元軍司令官である彼の父親が住むローマに到着。アメリカの謀略やイラン当局の汚職、独裁政権などの影響で中東全域に反米感情が広がり、イラン国王は失脚間近だと彼の父親から聞かされる。そして、アメリカが友好的な姿勢を見せなければ、状況はさらに悪化すると警告を受ける。

1979年　イラン国王の亡命と、52人を人質にとったイラン人によるアメリカ大使館襲撃をめぐり、良心の呵責にさいなまれる。アメリカが水面下で悪事を働き、世界で帝国主義政策を展開する事実に直面する。数年前から関係が悪化し、別居を繰りかえしていた最初の妻と離婚する。

1980年　深い葛藤と罪悪感のすえ、経済的な豊かさや社会的地位などの要素が自分をMAINにつなぎとめていたと知る。同社を辞職。

1981年　（国際石油資本と決別しようとした）エクアドル大統領ハイメ・ロルドスと（パナマ運河と米軍基地をめぐる、みずからの政治姿勢により、アメリカの激しい怒りを買った）パナマ国家警備隊司令官オマール・トリホスが、それぞれCIAによる暗殺が強く疑われる航空機事故で死亡し、精神的に激しく動揺する。サウジアラビアで1974年、アメリカのエコノミック・ヒットマンがとりつけた開発契約の一部である都市開発事業に携わるベクテル社の技術責任者を父親に持つ女性と再婚する。

1982年　環境負荷の少ない発電をめざし、インディペンデント・パワー・システムズ（IPS）を設立。娘ジェシカ誕生。

1983～1989年　実力者たちとの出会いや税優遇などの「巡り合わせ」も奏功し、CEOとしてIPSの業績を飛躍的に伸ばす。一方、父親として国際社会が直面する危機を憂慮し、エコノミック・ヒットマンとしての過去を悔いる。告白本の執筆を始めるが、そのような書籍を出版しないとの条件で、厚遇のコンサルティング依頼を受ける。

1990~1991年　アメリカがパナマに侵攻しノリエガを禁固刑に処したあと、IPSを売却して45歳でリタイアする。みずからのエコノミック・ヒットマンとしての半生を綴る書籍の出版を真剣に考えるが、非営利団体の立ち上げに力を注ぐことになり、当該書籍の出版は団体の活動に不利になると言われる。

1992~2000年　イラクでEHM戦略が裏目に出て湾岸戦争へと結びつく。エコノミック・ヒットマンの告白本の執筆を三たび試みるが、脅迫と賄賂に屈する。罪悪感をやわらげるために、先住民に関する書籍を執筆したり非営利団体の活動を支援したりする。そのほかニューエイジのフォーラムで講演したり、アマゾン地域に足を運んだり、ヒマラヤ山脈に出向いてダライ・ラマと交流したりする。

2001~2002年　北アメリカの人たちを対象にアマゾン地域を案内し、先住民と触れ合う機会を設ける。2001年9月11日、アメリカ同時多発テロ事件が発生。現場となったニューヨークのグラウンド・ゼロを目の前にして、みずからの傷心を癒すためにも、エコノミック・ヒットマンの真実を記した告白本の出版を心に誓う。

2003~2004年　エクアドルのアマゾン地域を再訪し、石油会社と闘う意欲を示す先住民たちと意見を交わす。『エコノミック・ヒットマン』刊行。

2005~2016年　『エコノミック・ヒットマン』の世界的ヒットを受け、ビジネス会議や、CEOなどビジネスリーダーで構成する有力団体の会合、消費者会議、ミュージック・フェスティバル、50以上の大学など世界のさまざまな場で、死の経済から命の経済に転換する必要性を訴える。さらに活動を拡大。ABC、NBC、CNN、CNBC、NPR、A&E、ヒストリー・チャンネルなどのテレビ番組に加え、『タイム』誌、『ニューヨーク・タイムズ』紙、『ワシントン・ポスト』紙、『コスモポリタン』誌、『エル』誌、『デア・シュピーゲル』誌など多くの活字媒体の取材を受ける。また『The End of Poverty?（貧困は撲滅したのか？）』『Zeitgeist Addendum（時代精神・増補版）』『Apology of an Economic Hit Man（エコノミック・ヒットマンの贖罪）』など多くのドキュメンタリー映画でもとりあげられる。第二版となる『The New Confessions of an Economic Hit Man（エコノミック・ヒットマンの新たなる告白）』を上梓。

2017~2022年　第二版の世界的反響に伴い、さまざまなメディア・イベントに招かれると同時に、多くの講演依頼を受ける。世界各国の現首脳や元首脳、政治家、政府高官、企業経営者、学生、環境・社会団体の幹部たちと会談する。その中で、アメリカのEHM戦略の成功と失敗をもとに新EHM戦略を展開する中国の台頭を実感する。死の経済と決別するためには、米中の協力が欠かせないと考え、第三版となる本書の出版を決意する。

著者略歴

ジョン・パーキンスはこれまで四つの人生を歩んできた。一流コンサルティング会社のチーフ・エコノミストという表の顔と、エコノミック・ヒットマンという裏の顔を持ちあわせていた時代。成長いちじるしい代替エネルギー会社のCEOとして手腕を発揮しつつ、エコノミック・ヒットマンとしての過去を秘匿し、対価を受けとっていた日々。先住民文化の専門家として環境保護やサステナビリティを推進する書籍を著しつつ、引き続きEHM戦略の真相について黙し、恩恵を受けていたころ。そして作家、活動家としてみずからの特異な過去を告白し、共和国から世界帝国をめざしたアメリカのEHM戦略による国際的な謀略と不正を世界に伝える現在、である。彼は第三版となる本書で、あらためてEHM戦略の核心に迫り、中国によるきわめて効果的で恐ろしい新戦略について解説した。その上で、廃棄前提の破綻的な死の経済から再生可能な実りある命の経済に転換する道筋を示している。

本書で述べられている通り、ジョンのエコノミック・ヒットマンとしての任務は、低所得国を騙して過大な債務を課し、アメリカ企業に開発事業を請け負わせることだった。借金地獄におちいった低所得国は、アメリカや中国の企業による、石油など天然資源の採掘を許容することになるのだ。

ジョンは、現代の歴史的な出来事の一部に関して、当事者でもあり目撃者でもある。サウジアラビアにおけるマネーロンダリング事業やパーレビ国王をめぐる政変、エクアドル大統領ハイメ・ロルドスとパナマ国家警備隊司令官オマール・トリホス両氏の疑わしき死、アメリカのパナマ侵攻、二〇〇三年のイラク戦争勃発に至る国際情勢などが好例だ。

ジョンはエコノミック・ヒットマンを辞したあと、代替エネルギー会社インディペンデント・パワー・システムズ（IPS）を創設した。彼の経営手腕のもと、IPSの業績は代替エネルギーというハイリスク産業において、順調に上昇曲線を描く。いくつもの「巡り合わせ」が重なり、実力者たちの力添えもあって、業界の主力企業にまで成長した。だが、クーデターや暗殺を手がける「ジャッカル」やエコノミック・ヒットマンについて執筆しようとすると、彼自身や幼い娘の命が何者かによっておびやかされる。やむなく彼は、きわめて厚遇のコンサルティング契約と引き換えに、執筆を断念した。賄賂の前に屈したのである。

ジョンは一九九〇年代、そうした罪悪感をやわらげるために、ドリーム・チェンジやパチャママ同盟といった非営利団体を設立したり共同設立したりする。そしてコンサルティング業で得た報酬をもとに、特にアマゾン地域の先住民たちと連携しながら、先住民の権利や環境運動を支援する活動に力を注いだ。

分岐点となったのは、二〇〇一年九月一一日のアメリカ同時多発テロ事件だった。事件現場を前にしたジョンは告白本を出版する決意を固め、脅迫や賄賂に屈することなく『エコノミック・ヒットマン』の第一版を上梓する。三八か国語に翻訳された当書は、七三週連続で『ニューヨーク・タイムズ』紙のベストセラー書籍にノミネートされるなど世界的な大ヒットを記録し、同書は二〇〇万部以上を売り上げた。中国などアジア地域を含め、世界各地から講演の依頼が殺到し、ビジネス会議や消費者会議、環境会議、ミュージック・フェスティバル、五〇以上もの大学機関などで彼は壇上に立った。

ジョンの活動は、さまざまなメディアでとりあげられている。具体的にはABC、NBC、CNN、CNBC、NPR、A&E、ヒストリー・チャンネルといったテレビや、『タイム』誌、『ニューヨーク・タイムズ』紙、『ワシントン・ポスト』紙、『コスモポリタン』誌、『エル』誌、『デア・シュピーゲル』誌といった新聞雑誌などだ。さらに、複数のドキュメンタリー映画でも紹介されている。その活動が評価され、彼はレノン・オノ平和賞やレインフォレスト・アクション・ネットワークのビジネス問題提起賞を受賞した。

第一版『エコノミック・ヒットマン』以降のジョンの著書は、『The Secret History of the American Empire（ア

平和部隊の一員としてエクアドルにて（1968年）

メリカ帝国の知られざる歴史）』（ペンギンブックス・『ニューヨーク・タイムズ』紙ベストセラー）、『Hoodwinked（自己欺瞞）』（ランダムハウス）、『The New Confessions of an Economic Hit Man（エコノミック・ヒットマンの新たなる告白）』（ベレット・ケーラー）、『Touching the Jaguar（ジャガーに立ち向かう）』（ベレット・ケーラー）、そして最新作の本書『Confessions of an Economic Hit Man, 3rd Edition』（ベレット・ケーラー）である。

また、ほかにもジョンの著作には、先住民の文化や変遷を記した『Shapeshifting（変身）』『The World Is As You Dream It（思い描いた通りの世界になる）』『Psychonavigation（心理ナビゲーション）』『Spirit of the Shuar（ヒバロ族の哲学）』『The Stress-Free Habit（ストレス・フリーの習慣）』（いずれもインナー・トラディションズ）がある。

なお、講演予定や著書についての情報、ニュースレターの購読など、著者ジョン・パーキンスに関する、より詳しい情報は、ウェブサイトJohnPerkins.orgを確認してほしい。

ドリーム・チェンジおよびパチャママ同盟についての詳細は、dreamchange.orgとpachamama.orgに掲載されている。

本書に関する最新イベント情報やフォトギャラリーなどは、economichitmanbook.comで閲覧可能だ。